东汉儒家学者丛考

谢志平 著

中山大学出版社

·广州·

版权所有　翻印必究

图书在版编目（CIP）数据

东汉儒家学者丛考/谢志平著. —广州：中山大学出版社，2019.6
ISBN 978-7-306-06638-1

Ⅰ.①东… Ⅱ.①谢… Ⅲ.①儒家—哲学家—人物研究—中国—东汉时代　Ⅳ.①B222.5

中国版本图书馆 CIP 数据核字（2019）第 112719 号

Donghan Rujia Xuezhe Congkao

出 版 人：	王天琪
策划编辑：	嵇春霞
责任编辑：	王延红
封面设计：	刘　犇
责任校对：	罗梓鸿
责任技编：	何雅涛
出版发行：	中山大学出版社
电　　话：	编辑部 020-84111946，84113349，84111997，84110779
	发行部 020-84111998，84111981，84111160
地　　址：	广州市新港西路 135 号
邮　　编：	510275　传　真：020-84036565
网　　址：	http://www.zsup.com.cn　E-mail: zdcbs@mail.sysu.edu.cn
印 刷 者：	虎彩印艺股份有限公司
规　　格：	787mm×1092mm　1/16　24.625 印张　430 千字
版次印次：	2019 年 6 月第 1 版　2019 年 6 月第 1 次印刷
定　　价：	68.00 元

如发现本书因印装质量影响阅读，请与出版社发行部联系调换

本书是广东省教育厅特色创新项目（人文社科）"东汉儒学经师群体研究"（编号：2016WTSCX140）成果，并由广东外语外贸大学南国商学院"中国古代文学与文化创新科研团队"提供经费资助

序　言

周予同先生将有关经学史的著作简单分为三类："以经师为中心""以书籍为中心""以典章制度为中心"。于"以经师为中心"的著述，周予同认为"各史的《儒林传》或《儒学传》等属之"①。此类著作将经师个体的局部放大，虽于学术史的演变有所欠缺，但就个案研究而言，实在是必不可少的基础性工作。用现代的话说，乃是建立经学史研究的基本数据库。范晔的《后汉书·儒林列传》是东汉一代儒家学者的类传，也即儒学经师的集体传记，在分类上应该属于"以经师为中心"的经学史著作。但细细考察，范晔的这篇传记于东汉经学史研究尚不能起到数据库的作用。其原因或者说其缺陷主要有如下两点：

第一，经师数量不足，不能反映东汉一代全体儒家学者的整体风貌。据统计，《后汉书·儒林列传》的传主为四十二人，即便包括有些经师的父子所谓"家学"，充其量也不过五六十人。这只占到东汉儒学经师极小的一部分。造成《后汉书·儒林列传》漏载的原因我想大约有两个。一是我国古代经师兼具学者与官僚的双重身份。自西汉武帝独尊儒术以来，大凡入仕者，通经成为其重要手段。因此，有些官僚在史书中本身有传，就不可能再被列入儒林传。这样的人很多，如贾逵、杜林、郑兴、郑众、郑玄、杨震、袁敞等皆是。二是由于史书体例的局限性。《儒林列传》只是《后汉书》其中的一篇，篇幅显然不能太大，所以只能将儒学名家列为传主。实际上，有些经师的弟子及著录弟子数量动辄千人，这些弟子都是儒家学者，可惜他们的名姓大多失考。于此有补充者，如封建官学立有碑，记载学师情况，其中就有经师。如《隶释》卷十四有《学师宋恩等题名》，洪适云："其称师者二十人。史二人，孝义掾、业掾各一人。《易》掾二人，《易》师三人，《尚书》掾、《尚书》师各三人，《诗》掾四人，《春秋》掾、议掾、文学孝掾、文学掾各一人，文学师四人。从掾位及集曹、法曹、贼曹、辞

---

① 周予同：皮锡瑞《经学历史·序》，中华书局1959年版，第7页。

曹史又三十二人。其漫灭不可辨者十三人。汉永平中尝为四姓小侯立学，置五经师，此则蜀郡诸生也。当是郡守兴崇学校者镌石纪德，诸生既刻姓名而诸曹史亦缀其末，惜亡其碑不可考尔。"汉碑又多为碑主门生故吏所立，撰碑文者也多是名士硕儒，而他们的姓名往往见于汉碑。如《隶释》卷十四载有平原东郡门生苏衡等题名三十余人。赵明诚《金石录》有《封丘令王元赏碑》，碑阴载有其门生姓名。《隶释》卷十一有《高阳令杨著碑（并阴）》，碑主杨著为太尉杨震之孙、常山相杨让之子，其碑阴刻有杨秉、杨统门生姓名及出资立碑的金额。杨氏世传欧阳《尚书》，这些门生都可以补充东汉儒林。

第二，传记内容不足，不能反映传主作为儒家学者的独特性。《后汉书·儒林列传》既以儒学经师为传主，当以反映儒学活动为核心，如应详记经师之学术范畴、师承授受、学术行为、著作遗存及其成绩评价等，但范晔《后汉书·儒林列传》似乎并未达到此目标。对每一位经师，范晔仍以记载其人仕履为主，不但记载儒学活动多有欠缺，有些甚至还游离于传主作为经师的身份特点，显得很不协调。如记刘昆向风磕头以消灾、仁化以走虎，颇类方术；记孔僖上疏自证清白，颇似断案；记谢该又杂有孔融举荐之文，不但多占篇幅，且又不类。而于五经通儒只录许慎及蔡玄二人，其实东汉通五经者远超西汉，惜乎范书多不载。且于蔡玄又仅记寥寥数言，蔡氏经学著述只字未提，甚为可惜。

针对这两个缺点，后世学者也曾做出过矫正，其中成就较为突出的是清末唐晏的《两汉三国学案》。该书既梳理群经传承家法，又以每一经为纲目，将每经之下各派经师串联起来，集中载录他们的事迹。可以说，这是一部独立意义上的两汉三国儒林传。它的主要学术成就有：

（1）以群经传承顺序为纲，合理地将两汉三国众多儒家学者进行编排。该书以《易》《书》《诗》《礼》《春秋》《论语》《孝经》《孟子》《尔雅》九经为纲，以家法为目（如《易》：田氏、施氏、孟氏、梁丘氏、京氏、高氏、费氏）来编排。这样做的好处就是可以揭示汉代尤其是西汉传经重视家法的特点。

（2）该书收录的经师数量较两《汉书》有所增加，原因在于取材的广泛性。该书所载习经儒者，除见于两《汉书》儒林传外，还有儒林传所未载但见于它篇者。另外，该书既广泛采录其他传世文献如《华阳国志》《东观汉记》、谢承等《后汉书》、唐人史注及经注等记载的较可靠的儒者，还参考出土文献如《隶释》的记载。

（3）单个经师相关材料整理和编排也较为合理。每位经师既包含他的传记资料，也罗列他的经说。在每一经之后，还罗列《汉志》及《隋志》中有关的经学著作。这样就全景式地展示了该经师的生平、学术成就及对经学史的具体影响。

当然，唐晏《两汉三国学案》也有一些不足，主要有：①勾稽材料基本是抄而不考，机械地弥补两《汉书》儒林传的不足。《两汉三国学案》对于每一经师的生平事迹，仅仅从正史中抄出，附于此人名下而已，于一些重要的学术事件更是罔顾，无法突出儒林传作为儒者之传的特点。②在经师著录的广度上仍有不足。另外，唐晏对有些材料的来源也没有注明出处。

有鉴于此，本书拟从各种史料中勾稽东汉一代所有儒家经师的相关资料，在此基础上，对其进行全景式的详细考辨，内容涉及每一位经师的生平、宦迹、学术师承、家法流变、著作留存及辑佚情况，进而客观评价其人在经学史上的地位。本书将东汉经学学者个案研究与经学史整体研究相结合，在彻底弄清每一位儒家学者的学术底细的前提下，摸清东汉学术的家底，形成广谱意义上的东汉儒林传，为高质量的汉代经学史提供基础材料。

下面，对本书的内容做一些具体的说明。

一、关于入选学者的学术标准

本书既然以东汉儒学经师群体作为考察对象，顾名思义，当以儒家经师为主。两汉之经，只有《易》《书》《诗》、三《礼》以及《春秋》三传和《论语》《孝经》，不含《孟子》《尔雅》。所以治小学如《尔雅》者（如樊光、李巡等）不入选。两汉经学尤其是东汉经学常与谶纬杂糅，代表学派为京氏易学；至于东汉，京氏之学与数术之学及纬侯占卜之术流为一处，不易区分。但两者的学术性质显然有别，即就书目分类而言，前者列属六艺经部，作者多为儒者；后者列于子部，或天文，或五行，大抵属杂占类，作者多为方士。所以，遇到通《易》及谶纬者需要进行鉴别。如《隋志》子部五行家有"《易新林》一卷""《易灾条》二卷""《易决》一卷""《易杂占》七卷"，题"后汉方士许峻撰"。《后汉书·方术列传》言许峻为许曼祖父，"善卜占之术，多有显验，时人方之前世京房"，可见此人确为方士而非儒家。又《华阳国志·先贤士女总赞》云：

"何宗，字彦若，郫县人也。通经纬、天官、推步、图谶，知刘备应汉九世之运，赞立先主。为大鸿胪，方授公辅，会卒。"及《广汉士女赞》："朱仓，字云卿，什邡人也。受学于蜀郡张宁，餐豆屑饮水以讽诵。同业怜其贫，资给米肉，终不受。著《河洛解》。"考上述诸人所学均为占候之术非儒家，均不录，除非有明文言其人通经兼习占卜，如任安、樊英等方得入选。本书于汉碑也做如此考究。《隶释》卷十一有《绥民校尉熊君碑》，碑文载立碑者二人：其一人为长沙茶陵长文春季秋，此人"治天官日度，风角列宿，明知圣术"；另一人为重安侯相杜晖，字慈明，此人"体质弘亮，敦仁好道，治《易》梁丘、《春秋》公羊氏，综览百家，无所不甄"。按：前者明方术，不入；后者明经，乃入本书。其实范书亦然，明经者入《儒林传》；知方术者，入《方术传》。

二、关于入选者是否习经，全凭"明文有征"

所谓"明文有征"，即文献要有此人习经的明确记载，而不是推测或者泛语。其要点有五：

1. 汉碑所记往往有阿谀之嫌，若无明确通经之言，一般不录

如《隶释》卷六《议郎元宾碑》言碑主："博五经之滋味，览群书之要。"《刘熊碑》："六籍五典，如源如泉。"《隶释》卷十《童子逢盛碑》："至于垂髫，□惠聪哲，过庭受诫，退诵诗礼，心开意审，闻一知十。"蔡邕《玄文先生李休碑》："休少以好学，游心典谟，既综七经，又精群纬，钩深极奥，穷览圣旨。"《汝南周勰碑》："体仁足以长人，嘉德足以合礼，总六经之要，括《河》《洛》之机。"《赵宽碑》言赵宽："修习典艺，既敦《诗》《书》，说志《礼》《乐》。"这些碑文往往有夸大之嫌，须有佐证方能确定。如蔡邕《郭太碑》言郭太："遂考览六经，采综图纬，周流华夏，随集帝学，收文武之将坠，拯微言之未绝。""礼乐是悦，《诗》《书》是敦。"又考《高士传·郭太》："（郭太）与同县宗仲至京师，从屈伯彦学《春秋》，博洽无不通。"如此，则郭太习《春秋》。由此，郭太入选，而元宾、刘熊诸人不入选。

2. 若无习经的明确记载，即便某人言论之中含有经学，也不作为此人为儒者的根据

如何敞，《后汉书·何敞传》载："敞疾文俗吏以苛刻求当时名誉，故在职以宽和为政。及举冤狱，以《春秋》义断之。是以郡中无怨声，百姓化其

恩礼。"按：因《后汉书》本传并没有何敞习经的文字，所以所引语不作为何敞习《春秋》之根据。其实汉代官吏往往喜引《春秋》断案，如陈宠等。又如王符及徐干，《两汉三国学案》将其归入易学不知宗派，将王符《潜夫论》所引易义列为王氏易说，将徐干《中论》所引易说视为徐氏易义。其实考二人之传记，两人并无习经的记载，唐晏乃是臆测。

3. 若无习经的明确记载，不对文献描述做过多的推测

如《后汉书·韩歆传》云："建武中，歆为尚书令，上疏欲为费氏《易》《左氏春秋》立博士，诏下其议。四年正月，朝公卿、大夫、博士，见于云台。歆及大中大夫许淑与范升互相辩难，日中乃罢，竟不得立。"因韩歆争立费氏《易》，且与范升互相辩难，唐晏就将其归入费氏易家。唐氏之举较为武断，《韩歆传》无片言述及此人通《易》。

4. 东汉博士官是否通经要有文献依据，否则一般不入选

自西汉文帝立一经博士、武帝立五经博士以来，汉朝博士官似乎必通经，其实不然。考两汉文献，有不习经而明方术、通谶纬即为博士官者，西汉如文帝时术士公孙臣就是一例。东汉谶纬盛行，此种情况尤其明显。究其原因，大抵博士之官多参与朝廷议事，而东汉时期灾异频发，故术士多为汉帝所重，如杨统、杨厚父子，樊英、郋巡师徒等。《后汉书》卷六七《党锢列传》云魏朗"遂亡命到陈国。从博士郋仲信学《春秋图纬》，又诣太学受五经，京师长者李膺之徒争从之"。按：此博士郋仲信即郋巡，樊英弟子。《后汉书》卷八二《方术列传·樊英传》云："陈郡郋巡学传英业，官至侍中。"言樊英"少受业三辅，习京氏《易》，兼明五经。又善风角、星算、《河》《洛》七纬，推步灾异"，又云"英著《易章句》，世名樊氏学，以图纬教授"。樊英既明经，又著《易章句》，却以图纬授弟子，郋巡从樊英所受只是图纬占候之术，以此被朝廷立为博士。也即郋巡未必通经，否则魏朗也无必要"诣太学受五经"。东汉初年尚谶纬，无论是光武帝或是地方割据势力如公孙述等所立博士，若无明确文字证明，一般不入选。如《后汉书·方术列传》所载郭宪："光武即位，求天下有道之人，乃征宪拜博士。"《桓荣传》载建武二十八年（52）议太子太傅事，有博士张佚。司马彪《续汉书·祭祀志上》刘昭注引有建武时议封禅事，有博士充。此外，《公孙述传》有博士吴柱，《宋书·礼志一》载蔡邕《答丞相可斋议》，有博士任敏。又，周天游辑谢承《后汉书》卷六《路仲翁传》云："路仲翁好学，家居，受学者自远方而至。征博士。"

5. 即便有较为明确的文献记载，也要结合史实，慎重选择

如周天游辑谢承《后汉书》卷五《陈正传》载鲁国陈正获罪自辩，中有"臣朗月书章奏，侧光读五经"之语。按：自讼之言，当有夸大的成分，此不足信。又，《大明一统志》卷五〇："张遐，余汗人，幼聪明，日记万言。举孝廉，补郡功曹，不就。十九从杨震。震语人曰：'张遐当为天下后世儒宗。'建宁间召为石经博士，寻以疾还教授，诸葛瞻、陆逊辈皆其门人，卒赠族亭侯。所著有《五经通义》《易传》《筮原龟原》《吴越春秋》等书。"康熙《饶州府志》卷二四录有张遐"《易传》九卷、《筮原龟原》五卷"。地方志录先贤大抵夸大，本不足怪。但《大明一统志》《饶州府志》所载张遐著作历代史志书目不见著录，无文献根据，不足信。非比宋史能之《咸淳毗陵志》、明欧大任《百越先贤志》皆据前书参修。又，《华阳国志·广汉士女赞》载镡显、蔡弓"俱携手共学，冬则侍亲，春行受业。与张霸、李郃、张晧、陈禅为友，共师司徒鲁恭。显又与王稚子同见察孝于太守陈司空，历豫州刺史、光禄大夫、侍中、卫尉。弓为庐江太守，征拜议郎。而霸、郃、晧、禅皆至公卿"。按：据常璩书，镡显、蔡弓与张霸等皆为鲁恭弟子，此不可信。但可知镡显、蔡弓二人乃儒学之士。

三、入选儒家学者之断代

从纪年上讲，东汉一代自光武帝建武元年（25）至汉献帝建安二十五年（220），但自建安时期起，史家习惯上将其划为三国时代。其中有的学者死于建安二十五年之前，但其传不列于《后汉书》而载于《三国志》。如王粲，王畅之孙，明经学、善文章，《隋志》经部载有《尚书释问》四卷，题魏侍中王粲撰。王粲死于建安二十二年（217）瘟疫，《隋志》题"魏侍中"，明将其列入三国。《隋志》又载《毛诗义问》十卷，题魏太子文学刘桢撰，而刘桢亦死于建安二十二年（217）瘟疫。又如阮瑀"少受学于蔡邕"（《三国志·魏书·王粲传》），死于建安十七年（212）。三人皆卒于建安二十五年汉魏禅代之前，但后人皆目之三国时人。如王嘉《拾遗记》载建安三年（198），胥徒国献沉明石鸡之灵异事，王嘉将此条列于魏。其实非但后人，即便三国时人亦将建安时曹操执政视为曹氏政权开创时代，如《三国志·魏书·袁绍传》引王粲《汉末英雄记》云："［袁］绍后用［袁］遗为扬州刺史，为袁术所败。太祖称长大而能勤学者，唯吾与袁伯业耳。"又云："［袁］谭遂遣毗诣太祖。"直称曹操为太祖，俨然与汉朝别为一家。

因此，今于建安之儒者，如果此人在《后汉书》中有传，则列入东汉之儒；若此人在《三国志》中有传而《后汉书》中无之，则不录。

关于郑玄诸弟子的时限归属问题。郑玄本为东汉末人，其弟子大多入三国，如郗虑、崔琰等皆是。郑玄弟子中唯有临硕（临孝存），《后汉书·孔融传》言其早卒，当卒于郑玄之前，为东汉儒者无疑，今录之，余皆不录。

四、编排体例、文献引用

1. 编排体例以音序法编排

之所以不沿用《两汉三国学案》以六经及其家法为顺序，其主要原因在于：东汉经学早已失去严格的家法意义，若用家法编排，不仅许多经师会重复出现，于检索不利，恐怕也不符合东汉经学史的实际情况。既然这是资料性质的书，也当以便利为上，取音序排列最方便学者查找。

2. 参考文献

书中引语皆指明文献出处，引用古籍者，用书名篇目及卷数，引用近现代学术著作及论文，用作者、书名（篇名）、版次及页码。需要指出的是：书中引文凡《后汉书·儒林列传》文，除极个别无关主旨之段落外，皆全引。其原因在于四十二儒共占《儒林列传》一篇，分至每人则篇幅不长，既可见经师生平事迹之全貌，亦可明范书此传之短处。

3. 文献简称

对于书中频繁使用的文献采用简称，按学界惯例标目如下：

《汉书·艺文志》简称《汉志》。

《隋书·经籍志》简称《隋志》。

《旧唐书·经籍志》简称《旧唐志》或《旧志》，《新唐书·艺文志》简称《新唐志》或《新志》；若并称，简称作两《唐志》。

《经典释文序录》简称《序录》；相应地，吴承仕《经典释文序录疏证》简称《序录疏证》。

《直斋书录解题》简称《书录解题》。

《郡斋读书志》简称《郡斋志》。

《宋史·艺文志》简称《宋志》。

《艺文类聚》简称《类聚》。

《北堂书钞》简称《书钞》。

《太平御览》简称《御览》。

范晔《后汉书》简称范书，或直称《后汉书》；而其他八家《后汉书》则指明作者，如谢承《后汉书》。

吴树平《东观汉记校注》，简称《东观汉注》吴校本。

……

最后需要说明的是，本书的写作，于周天游《八家后汉书辑注》、吴树平《东观汉记校注》及孙启治、陈建华《中国古佚书辑本目录解题》三书得益最多，在此向诸先生表示感谢。此外，由于本书属于广谱意义上的东汉儒林传，在广度上当有漏收、误收之人；在单个经师的个案研究上当有精度不够之缺陷。于此两端，相信读者必有发现，如能告知，笔者当不胜感激；并将及时修订，以免贻误后学。

谢志平[①]　2018年9月14日

[①] 作者简介：谢志平，广东外语外贸大学南国商学院中文学院教师。

目　　录

巴茂	(1)
白侯子安	(1)
白仲职	(1)
班彪	(1)
班固	(5)
班超	(10)
班昭	(11)
包咸	(14)
包福	(15)
鲍骏	(15)
鲍永	(16)
鲍昱	(17)
边让	(18)
边韶	(19)
蔡弓	(20)
蔡景君	(20)
蔡朗	(21)
蔡茂	(21)
蔡玄	(21)
蔡衍	(22)
蔡邕	(22)
蔡湛	(30)
曹充	(31)
曹褒	(32)
曹曾	(35)
曹祉	(35)

岑晊	(36)
陈禅	(36)
陈平子	(36)
陈球	(36)
陈寔	(37)
陈纪	(38)
陈嚣	(39)
陈宣	(40)
陈弇	(40)
陈翼	(40)
陈元	(41)
陈重	(42)
成封	(42)
承宫	(43)
程曾	(43)
淳于长通	(44)
崔篆	(45)
崔骃	(46)
崔瑗	(47)
崔寔	(49)
崔烈	(50)
戴封	(51)
戴宏	(51)
戴凭	(52)
邓晨	(53)
邓禹	(53)
邓弘	(53)
邓绥	(54)
第五元先	(55)
第五种	(55)
刁曜	(56)
丁鲂	(56)

丁恭	(56)
丁鸿	(57)
董班	(58)
董崇	(58)
董钧	(59)
董正	(59)
窦武	(59)
窦玄	(60)
杜安	(60)
杜访	(60)
杜抚	(61)
杜晖	(62)
杜林	(62)
杜乔	(66)
杜真	(66)
杜子春	(66)
度尚	(67)
段肃	(68)
段翳	(68)
段著	(69)
法真	(69)
樊安	(69)
樊敏	(70)
樊鲦	(70)
樊准	(72)
樊英	(72)
范冉	(73)
范升	(74)
范式	(75)
冯绲	(75)
冯允	(76)
冯颢	(76)

冯良	(76)
冯衍	(77)
冯豹	(78)
冯异	(78)
冯胄	(79)
逢萌	(79)
伏湛	(79)
伏黯	(80)
伏恭	(81)
伏无忌	(82)
服虔	(82)
傅燮	(86)
盖豫	(86)
皋弘	(86)
高彪	(87)
高凤	(87)
高获	(88)
高吕	(88)
高诩	(88)
高诱	(89)
耿伯	(90)
耿况	(91)
耿弇	(91)
公沙穆	(91)
公孙晔	(91)
缑氏	(92)
顾奉	(92)
郭丹	(92)
郭恩	(93)
郭宏	(93)
郭亮	(93)
郭太	(93)

郭禧	(94)
觟阳鸿	(94)
韩伯高	(95)
韩生	(95)
韩说	(95)
韩子方	(95)
韩宗	(95)
寒朗	(96)
郝伯宗	(96)
何生	(96)
何汤	(97)
何休	(97)
何英	(101)
贺纯	(101)
侯芭	(101)
侯霸	(102)
侯苞	(102)
侯成	(103)
胡广	(103)
胡硕	(106)
胡宪	(106)
华松	(106)
华佗	(106)
桓荣	(107)
桓郁	(108)
桓焉	(109)
桓鸾	(110)
桓典	(110)
桓谭	(111)
皇甫规	(112)
皇甫嵩	(113)
黄昌	(113)

黄琼	(113)
霍谞	(115)
祭遵	(116)
贾复	(116)
贾宗	(117)
贾徽	(117)
贾逵	(117)
贾伯升	(125)
姜肱	(125)
姜岐	(126)
焦贶	(126)
井丹	(127)
景君	(127)
景鸾	(127)
孔耽	(129)
孔奋	(129)
孔奇	(129)
孔嘉	(130)
孔和	(130)
孔宪	(131)
孔览	(131)
孔乔	(131)
孔嵩	(132)
孔子建	(132)
孔僖	(132)
孔长彦	(133)
孔季彦	(133)
孔宙	(134)
孔褒	(135)
孔谦	(135)
孔融	(136)
孔昱	(138)

寇恂	(139)
隗嚣	(140)
来歙	(140)
朗宗	(141)
郎顗	(141)
雷义	(142)
礼震	(142)
李昺	(143)
李封	(143)
李吉	(143)
李颉	(144)
李郃	(144)
李固	(144)
李燮	(147)
李生	(147)
李咸	(148)
李修	(148)
李恂	(148)
李业	(149)
李育	(149)
李章	(150)
李照	(150)
李仲	(150)
廉范	(151)
梁恭	(151)
梁鸿	(151)
梁商	(152)
梁妠	(152)
梁松	(153)
梁竦	(153)
梁扈	(153)
廖扶	(154)

临硕	(154)
刘伯升	(154)
刘嘉	(155)
刘弘	(155)
刘秀	(155)
刘敏	(156)
刘苍	(157)
刘辅	(157)
刘京	(158)
刘睦	(158)
刘庄	(159)
刘羡	(160)
刘保	(161)
刘表	(161)
刘操	(164)
刘丕	(165)
刘宠（字祖荣）	(165)
刘宠（字世信）	(165)
刘炟	(166)
刘方	(168)
刘恭	(168)
刘固	(168)
刘祜	(168)
刘恺	(169)
刘宽	(170)
刘昆	(171)
刘轶	(173)
刘茂	(173)
刘淑	(173)
刘述	(174)
刘陶	(174)
刘熙	(176)

刘香	(177)
刘祐	(177)
刘瑜	(178)
刘虞	(178)
刘肇	(179)
刘珍	(179)
娄生	(181)
楼望	(181)
卢植	(182)
鲁恭	(185)
鲁丕	(187)
鲁峻	(189)
陆珫	(190)
闾葵班	(190)
吕羌	(190)
吕叔公	(191)
麻达	(191)
马江	(191)
马援	(191)
马皇后	(193)
马廖	(193)
马严	(194)
马融	(194)
马续	(205)
马日䃅	(205)
毛生	(206)
孟孝琚	(206)
孟郁	(207)
孟元叔	(207)
缪宇	(208)
牟融	(208)
牟长	(210)

牟纡	(211)
某通	(211)
欧阳歙	(211)
潘乾	(212)
彭闳	(213)
彭汪	(213)
濮阳闿	(213)
祁圣元	(214)
綦毋君	(214)
綦毋闿	(214)
强华	(215)
桥玄	(215)
谯玄	(216)
谯瑛	(219)
任安	(219)
任丹	(220)
任末	(220)
任棠	(221)
任延	(221)
阮谌	(222)
商仁	(223)
申君	(223)
申屠蟠	(223)
施延	(224)
宋汉	(224)
宋登	(224)
宋京	(225)
宋意	(225)
宋均	(225)
宋忠	(226)
苏竟	(228)
王况	(228)

孙晨	(229)
孙堪	(229)
孙林	(229)
孙期	(229)
索卢放	(230)
镡显	(230)
唐扶	(231)
唐檀	(231)
唐溪典	(231)
田君	(233)
洼丹	(233)
王苞	(234)
王章	(234)
王玢	(234)
王畅	(235)
王成	(235)
王充	(236)
王纯	(239)
王辅	(239)
王阜	(240)
王关	(240)
王奂	(240)
王涣	(241)
王景	(241)
王君公	(242)
王良	(242)
王烈	(243)
王调	(243)
王远	(243)
王泽	(243)
王遵	(244)
韦彪	(244)

韦著	(244)
卫宏	(245)
魏朗	(248)
魏满	(248)
魏应	(249)
文季姜	(249)
吴恢	(250)
吴祐	(250)
吴良	(251)
武梁	(251)
武荣	(252)
郗萌	(252)
夏承	(252)
夏馥	(253)
夏恭	(253)
夏牙	(253)
夏勤	(253)
鲜于璜	(254)
向长	(254)
谢该	(255)
谢廉	(255)
谢曼卿	(256)
谢夷吾	(256)
辛缮	(257)
熊旻举	(257)
徐宪	(257)
徐防	(257)
徐淑	(258)
徐诵	(259)
徐宣	(259)
徐巡	(259)
徐稚	(260)

许慎	(260)
许淑	(264)
薛汉	(264)
荀爽	(266)
荀悦	(271)
乐恢	(272)
延笃	(273)
严光	(275)
严象	(275)
严䜣	(275)
羊弼	(276)
杨充	(276)
杨春卿	(276)
杨统	(277)
杨厚	(278)
杨震	(278)
杨秉	(280)
杨赐	(281)
杨君	(283)
杨奇	(283)
杨伦	(284)
杨仁	(284)
杨太伯	(285)
杨由	(285)
杨政	(285)
杨终	(286)
阴猛	(288)
阴庆	(288)
殷苞	(288)
殷亮	(288)
尹苞	(288)
尹敏	(289)

尹勤	(290)
尹珍	(290)
尹宙	(290)
颍容	(291)
应奉	(292)
应劭	(293)
虞光	(296)
虞成	(296)
虞凤	(297)
虞歆	(297)
虞放	(297)
虞诩	(297)
爰延	(298)
袁安	(298)
袁京	(300)
袁敞	(300)
袁彭	(301)
袁汤	(301)
袁闳	(301)
袁满来	(301)
袁太伯	(302)
臧洪	(302)
翟酺	(302)
澹台敬伯	(303)
张霸	(303)
张楷	(304)
张道陵	(304)
张兴	(305)
张鲂	(305)
张辅	(305)
张纲	(305)
张恭祖	(306)

张汉直	(306)
张衡	(306)
张奂	(311)
张酺	(313)
张济	(313)
张堪	(314)
张匡	(314)
张迁	(314)
张勋	(314)
张玄	(315)
张驯	(315)
张禹	(316)
张贞	(316)
召驯	(317)
赵承	(317)
赵戒	(317)
赵典	(318)
赵建章	(318)
赵峻	(318)
赵牧	(319)
赵岐	(319)
赵翘	(322)
赵晔	(323)
赵昱	(324)
折像	(325)
甄宇	(325)
甄普	(325)
甄承	(325)
郑固	(325)
郑弘	(326)
郑兴	(326)
郑众	(329)

郑安世	(333)
郑玄	(333)
郑均	(346)
郑遂	(346)
郅恽	(347)
郅伯夷	(347)
挚恂	(348)
钟皓	(348)
钟兴	(348)
周党	(349)
周防	(349)
周举	(350)
周磐	(350)
周荣	(351)
周生	(351)
周燮	(352)
周泽	(352)
朱勃	(353)
朱伥	(354)
朱宠	(354)
朱晖	(355)
朱颉	(355)
朱穆	(355)
朱明叔	(356)
朱佑	(356)
祝睦	(357)
卓茂	(357)
宗资	(358)
左雄	(358)

参考文献 ································· (359)

巴茂

巴茂，丁鸿弟子。《后汉书·丁鸿传》曰："[白虎观会议后]门下由是益盛，远方至者数千人。彭城刘恺、北海巴茂、九江朱伥皆至公卿。"

巴茂既是丁鸿弟子，当习欧阳《尚书》（丁鸿为欧阳《尚书》名师，见"丁鸿"条）。《后汉书》说巴茂"至公卿"，但其人在诸家《后汉书》中均无传，也不知仕履与官职，除推知他大约处明帝、章帝时期外，其他事迹不详。

白侯子安

白侯子安，张昭之师，习《左传》，东汉末人，其余事迹不详。《三国志·吴书·张昭传》曰："张昭，字子布，彭城人也。少好学，善隶书，从白侯子安受《左氏春秋》，博览众书，与琅邪赵昱、东海王朗俱发名友善。"

白侯子安，复姓白侯，子安或名或字。郑樵《通志二十略·氏族五》云："后汉尚书郎白侯携，《吴志》白侯子张。"与今本《三国志》作"白侯子安"不同，不知孰是。

白仲职

白仲职，杨充之师，颍川人。《华阳国志·梓潼士女赞》云："杨充，字盛国，梓潼人也。少好学，求师遂业，受古学于扶风马季长、吕叔公、南阳朱明叔、颍川白仲职，精研七经。"按：马季长（马融）等四人皆以字并称，则"仲职"亦当为字，其名谁不得而知，大约与马融同时期人。

班彪

班彪，著名学者，班固之父，习《尚书》。《后汉书》卷四〇有传。《后汉书·班彪传》云："班彪，字叔皮，扶风安陵人也。祖况，成帝时为越骑校尉。父稚，哀帝时为广平太守。彪性沉重好古。"

班彪生卒年，本传云："建武三十年，[彪]年五十二，卒官。"则班彪生于西汉平帝元始三年（3），卒于东汉光武帝建武三十年（54）。

班彪习《尚书》，弟子著名者，有王充。《后汉书·王充传》云王充

"后到京师,受业太学,师事扶风班彪"。《论衡·自纪》云:"辞师受《论语》《尚书》。"不言何师。核之本传,则王充《论语》《尚书》或受之班彪。

一、主要事迹

(1) 公元25年,班彪投奔隗嚣。班彪本传云:"[彪]年二十余,更始败,三辅大乱。时隗嚣拥众天水,彪乃避难从之。"《汉书·叙传》作:"[彪]年二十,遭王莽败,世祖即位于冀州。"《后汉书·隗嚣传》云:"及更始败,三辅耆老士大夫皆奔归嚣。"更始败于公元25年,时年班彪二十三。

(2) 居西土时(25—37)先事隗嚣,劝隗嚣归汉,嚣不听,班彪乃依河西大将军窦融。窦融以班彪为从事,待彪甚敬。班彪于是为融出谋划策以归汉,窦融与光武往来书奏皆为彪所作。事见本传及《东观汉记》。

(3) 建武十三年(37),班彪从西土归光武帝,司隶校尉鲍永举茂才,为徐令。本传云:"及融征还京师,光武问曰:'所上章奏,谁与参之?'融对曰:'皆从事班彪所为。'帝雅闻彪才,因召入见,举司隶茂才,拜徐令,以病免。"《后汉书·窦融传》言窦融回京师,"数月,拜为冀州牧。十余日,又迁大司空"。《光武纪》建武十三年夏四月:"冀州牧窦融为大司空。"而建武十三年时任司隶校尉为鲍永。

又,《后汉书·王充传》云:"[充]后到京师,受业太学,师事扶风班彪。"《班固传》李贤注引谢承《后汉书》曰:"固年十三,王充见之,拊其背谓彪曰:'此儿必记汉事。'"班固生于建武八年(32),班固十三岁时则是建武二十一年(45),据《班彪传》,时班彪辞病归家。按:《王充传》,则班彪归家非是养病,乃是讲学于太学,两者不一,未知孰是。吴从祥云:"王充受业太学和师事班彪是两件事,并非一件事。王充早年十五岁左右曾到洛阳太学受业。从汉代太学制度和史籍记载来看,班彪未曾在太学授业,王充当为班彪私授弟子。"① 依此说,则王充或是以太学生身份从班彪私受经学,时班彪居家养病。

(4) 建武二十三年(47)以后,辟司空王况府。班彪上书言:"宜博选名儒有威重明通政事者,以为太子太傅。"见本传。本传言彪"复辟司徒王况府"。《光武纪》建武二十三年:"九月辛未,陈留太守王况为大司徒。"

---

① 吴从祥:《王充"师事班彪"考辨》,载《荆楚理工学院学报》2011年第3期。

（5）建武末，卒官望都长。本传言："后察司徒廉为望都长，吏民爱之。司徒荐为廉。建武三十年，年五十二，卒官。"

除《后汉书》本传外，班彪事迹又见于《汉书·叙传》、《东观汉记》（吴校本）卷一五、周天游辑华峤《后汉书》卷二。

二、班彪著述

本传言："[彪]所著赋、论、书、记、奏事合九篇。"今所传者，有《史记后传》，班固采之为《汉书》，班彪本传载其《后传序》。班彪在西土时又作《王命论》，言汉家尧后，符命所验，以劝隗嚣归汉，文载《汉书·叙传》。又有《北征赋》，载《文选》。另有《冀州赋》《览海赋》《悼骚赋》等残篇，见于《类聚》《文选》注、《水经注》所引。

班彪集录，《隋志》载："后汉徐令《班彪集》二卷，梁五卷，亡。"《旧唐志》："《班彪集》二卷。"《新唐志》："《班彪集》三卷。"今佚，严可均《全后汉文》卷二三、张鹏一《关陇丛书》有辑本。

三、班彪之学

1. 儒学

班彪之学以儒学为宗，如通《诗》。《北征赋》云："慕公刘之遗德，及行苇之不伤。"其义用《大雅·行苇》，与《毛诗》义同。《毛诗序》云："《行苇》，忠厚也。周家忠厚，仁及草木，故能内睦九族，外尊事黄耇，养老乞言，以成其福禄焉。"王先谦《诗三家义集疏》以为班氏家世《齐诗》，实则《行苇》诗义诸家无别。又："日晻晻其将暮兮，睹牛羊之下来。寤旷怨之伤情兮，哀诗人之叹时。"用《王风·君子于役》义。李善注引《毛序》曰："大夫久役，男女怨旷。"与今《毛诗序》文异义同。

又习《左传》，如《王命论》："是故刘氏承尧之祚，氏族之世，著乎《春秋》。"见《左传》，义见《汉书·高帝纪·赞》。《史记后传·序》云："定、哀之间，鲁君子左丘明论集其文，作《左氏传》三十篇，又撰异同，号曰《国语》。"

班彪于《论语》最熟，如《览海赋》："余有事于淮浦，览沧海之茫茫。悟仲尼之乘桴，聊从容而遂行。"（《类聚》卷八）《北征赋》："夫子固穷，游艺文兮。""君子履信，无不居兮。虽之蛮貊，何忧惧兮。"《与京兆丞郭季通书》："刘孟公藏器于身，用心笃固，实瑚琏之器，宗庙之宝也。"（《后汉书·苏竟传》注引《三辅决录》注）《王命论》："斗筲之子不秉帝王之重。"如此等等皆化用《论语》文。又，《王命论》曰："英雄诚知觉悟，畏若祸戒，超然远览，渊然深识，收陵、婴之明分，绝信、布之觊觎，距逐鹿之瞽说，审神器之有授，毋贪不可几，为二母之所笑，则福祚流于子孙，天禄其永终矣。"此处暗用《论语·尧曰》文："尧曰：'咨！尔舜！天之历数在尔躬，允执其中。四海困穷，天禄永终。'"何晏《集解》引包咸曰："允，信也。困，极也。永，长也。言为政信执其中则能穷极四海，天禄所以长终"之永终，作长久解。而伪古文《尚书·大禹谟》"四海困穷，天禄永终"之永终，作终止解，班彪《王命论》当从《论语》义。又，《汉书·成帝纪·赞》："臣之姑充后宫为婕妤，父子昆弟侍帷幄，数为臣言成帝善修容仪，升车正立，不内顾，不疾言，不亲指，临朝渊嘿，尊严若神，可谓穆穆天子之容者矣！"按：此处"臣之姑"乃班彪姑姑班婕妤，此文明显为班彪所作。所谓"升车正立，不内顾，不疾言，不亲指"乃化用《论语·乡党》孔门弟子言孔子之行"升车，必正立，车中，不内顾，不疾言，不亲指"。《正义》引郑注云："鲁读'车中内顾'，今从古。"《释文》同。班彪此处文用古《论语》。以上皆可暗证王充所习《论语》或受之于班彪。

班彪《尚书》之学，《冀州赋》云："遂发轸于京洛，临孟津而北厉。想尚甫之威虞，号苍兕而明誓。既中流而叹息，美周武之知性。谋人神以动作，享乌鱼之瑞命。"（《类聚》卷六，又二八，《初学记》卷八）其文义用今文《太誓》，与《尚书大传》同。

2. 老庄及易学

除儒学外，班彪亦好老庄及易学。《文选·北征赋》李善注引《汉书》曰："[班彪]性好庄、老。"此文不见范晔《后汉书》，或为其他《后汉书》中语。考之班彪之文，其言不虚，如《北征赋》云："达人从事有仪则兮，行止屈申与时息兮？君子履信无不居兮，虽之蛮貊何忧惧兮？"语用《庄子》"形体保神，各有仪则"、《周易·系辞》"天地盈虚，与时消息"及"履信思乎顺"成文。《王命论》："《易》曰：'鼎折足，覆公𫗧。'不胜其任也。"其义与西汉刘向、谷永等人论《易》略同。

3. 史学

但班彪最大贡献在于史学，他因不满意《史记》的史学立场及记叙西汉历史的不完整而续作《史记后传》六十篇，后为其子班固采入《汉书》，事详见本传。《隋志》也说："至后汉扶风班彪，缀后传数十篇，并讥正前失。彪卒，明帝命其子固续成其志。"但大要如刘知几《史通·内篇·六家》所云:"《汉书》家者,其先出于班固。马迁撰《史记》,终于今上。自太初已下,阙而不录。班彪因之,演成《后记》,以续前编。至子固,乃断自高祖,尽于王莽,为十二纪、十志、八表、七十列传,勒成一史,目为《汉书》。"

推测班彪作《史记后传》,起先搜集已有续《史记》之书,如刘向、刘歆、冯商、扬雄诸人之作(详见《史通·正史》篇),名为《别录》,以做参考。《汉志》"冯商所续太史公七篇",师古注引韦昭曰"冯商受诏续太史公十余篇,在班彪《别录》",即此。姚振宗《后汉艺文志》史部正史类有班彪《别录》,关于此书之内容,姚氏曰:"《别录》者,其即叔皮裒录诸家之史稿欤?"班彪另有著论一篇,阐述《史记》得失及自己的史学思想。本传"彪乃继采前史遗事,傍贯异闻,作后传数十篇,因斟酌前史而讥正得失。其略论曰"云云。《文心雕龙·史传》篇亦云:"尔其实录无隐之旨,博雅弘辩之才,爱奇反经之尤,条例踳落之失,叔皮论之详矣。"此篇论后儒或称之为《前史得失略论》(见姚振宗《后汉艺文志》),或作《史记论》(陆侃如、牟世金《文心雕龙译注》)。其实,此篇称为《史记后传序》或更为允当。

班固

班固,班彪之子,其传列于《后汉书》卷四〇《班彪传》内。班固之学,本传言:"固字孟坚。年九岁,能属文诵诗赋。及长,遂博贯载籍,九流百家之言,无不穷究。所学无常师,不为章句,举大义而已。"《世说新语·文学》刘孝标注引司马彪《续汉书》亦云:"固字孟坚,右扶风人。幼有俊才,学无常师,善属文,经传无不究览。"大概是与扬雄一类的博通型学者。

班固生卒,本传言:"初,洛阳令种兢尝行,固奴干其车骑,吏椎呼之,奴醉骂,兢大怒,畏宪不敢发,心衔之。及窦氏宾客皆逮考,兢因此捕系固,遂死狱中。时年六十一。"按:据《后汉书·窦宪传》及《安帝纪》,窦氏自杀于安帝永元四年(92),同年宾客等皆被逮捕下狱,班固也不能免。但班固是否就死于此年,学者有不同看法。①

---

① 若班固自杀于安帝永元四年(92),则班固生于建武八年(32)。高山《班固生卒年新论》认为班固生于建武九年(33),卒于安帝永元五年(93),也即后推一年。高文论证严密,结论可信。高文载《辽宁工程技术大学学报》(社会科学版)2009年第5期。

一、主要事迹

（1）建武三十年（54），班固从西河归扶风，乃撰《汉书》，时年班固二十二岁。本传云："父彪卒，归乡里。固以彪所续前史未详，乃潜精研思，欲就其业。"据《后汉书·班彪传》，班彪卒于建武三十年。

（2）明帝永平初（约59），班固上书东平王刘苍，谏桓梁、李育、郭基、殷肃。本传"永平初，东平王苍以至戚为骠骑将军辅政，开东阁，延英雄。时固始弱冠，奏记说苍曰"云云。

（3）永平中（约66），为人告其私撰国史，固弟班超上书，明帝赦固罪，命班固为兰台令史，校书东观，乃受诏撰《汉书》。事见本传。《汉书·叙传》亦云："[固]永平中为郎，典校秘书，专笃志于博学，以著述为业。"

（4）章帝建初四年（79），班固为玄武门司马，时群儒于白虎观讲论五经异同，固受命撰《白虎通》。本传云："后迁玄武司马。天子会诸儒讲论五经，作《白虎通德论》，令固撰集其事。"白虎观会议召开于章帝建初四年，《后汉书·章帝纪》建初四年："于是下太常，将、大夫、博士、议郎、郎官及诸生、诸儒会白虎观，讲议五经同异，使五官中郎将魏应承制问，侍中淳于恭奏，帝亲称制临决，如孝宣甘露石渠故事，作《白虎议奏》。"

（5）章帝章和元年（87），班固因丧去官。本传云："固后以母丧去官。"不言何时去官。按：《后汉书·曹褒传》云："拜褒侍中，从驾南巡，既还，以事下三公，未及奏，诏召玄武司马班固，问改定礼制之宜。固曰：'京师诸儒，多能说礼，宜广招集，共议得失。'帝曰：'谚言：作舍道边，三年不成。会礼之家，名为聚讼，互生疑异，笔不得下。昔尧作《大章》，一夔足矣。'"考《章帝纪》章和元年："八月癸酉，南巡狩。……冬十月丙子，车驾还宫。"则班固被召最早不过章和元年底，时班固还在官。

（6）和帝永元元年（89），随窦宪出击匈奴。本传云："永元初，大将军窦宪出征匈奴，以固为中护军，与参议。"班固为窦宪作铭而还，事见《后汉书·窦宪传》。

（7）永元二年（90）至永元四年（92），班固依附窦宪，于定塞北有功，但也不自修睦，终遭免官下狱。《窦宪传》云："北单于以汉还侍弟，复遣车谐储王等款居延塞，欲入朝见，愿请大使。宪上遣大将军中护军班固行中郎将，与司马梁讽迎之。"又云："宪既平匈奴，威名大盛，以耿夔、任尚等为爪牙，邓叠、郭璜为心腹。班固、傅毅之徒，皆置幕府，以典文章。刺史、守令多出其门。尚书仆射郅寿、乐恢并以忤意，相继自杀。由是朝臣震慑，望风承旨。"本传云："及窦宪败，固先坐免官。"按：另据班固本传，似乎其人品有亏，以致祸及己身。但班固卒后，后人也曾为之立碑。《水经注·济水》云："西北有《东太山成人班孟坚碑》。建和十年，尚书右丞，拜沇州刺史，从事秦闰等刊石颂德政，碑咸列焉。"又载于《隶释》卷二〇。

班固事迹又见于《东观汉记》（吴校本）卷一五、袁宏《后汉记》卷一三、周天游辑谢承《后汉书》卷三、司马彪《续汉书》卷三、华峤《后汉书》卷一、张璠《后汉记》。

二、班固之诗文

本传云："固所著《典引》《宾戏》《应讥》、诗、赋、铭、诔、颂、书、文、记、论、议、六言，在者凡四十一篇。"今可考者，《典引》《两都赋》全篇载本传及《文选》，《答宾戏》《幽通赋》全篇载《汉书·叙传》及《文选》，另有《竹扇赋》《终南山赋》《览海赋》《耿恭守疏勒城赋》《白绮扇赋》《汉颂论功歌诗灵芝歌》等残篇赋作，散见于《类聚》《书钞》《文选注》等书，又有《难庄论》《功德论》《离骚序》《拟连珠》《秦纪论》《高祖颂》《南巡颂》《东巡颂》《封燕然山铭》《十八侯铭》诸篇或全或残。班固文集，《隋志》载"后汉大将军护军司马《班固集》十七卷"。两《唐志》并载"《班固集》十卷"。宋人书目已不见载，佚。今所辑佚者，班固《咏史诗》等十一首见于逯钦立《先秦汉魏晋南北朝诗》卷五，又见于明冯惟讷辑《诗纪·汉》、丁福保《全汉诗》卷三；文见于明李宾《八代文钞》之《班孟坚文钞》一卷，又见于严可均《全后汉文》卷二四至二六。其集后人辑本有明张燮《七十二家集》辑有《班兰台集》四卷，明张溥《汉魏六朝百三名家集》辑有《班兰台集》一卷，张鹏一辑《兰台集》一卷。

三、班固之学

班固号为通儒。于《尚书》则从今文。如《后汉书·窦宪传》载："宪、秉遂登燕然山，去塞三千余里，刻石勒功，纪汉威德，令班固作铭曰：惟永元元年秋七月，有汉元舅曰车骑将军窦宪，寅亮圣明，登翼王室，纳于大麓，惟清缉熙。"大麓为山林，为古文说，见《史记》；"麓"通

"录"为今文说,见《汉书·于定国传》。

1.《诗》学

王先谦将其列入《齐诗》,其实未必。班氏《两都赋》云:"丰圃草以毓兽,制同乎梁驺,义合乎灵囿。"李贤注引《韩诗》曰:"东有圃草,驾言行狩。"又引薛汉《韩诗传》曰:"圃,博也,有博大之茂草也。"引《鲁诗传》曰:"古有梁邹者,天子之田也。"《诗·大雅·灵台》"王在灵囿,麀鹿攸伏",《毛诗故训传》(《毛传》)云:"囿所以域养禽兽也。"实则不主一家。又:"四夷间奏,德广所及。"《汉广序》曰"德广所及也",用《毛诗》;又,《汉志》云:"登高为赋,可以为大夫。"《诗·鄘风·定之方中》:"卜云其吉,终然允臧。"《毛传》:"建国必卜之,故建邦能命龟,田能施命,作器能铭,使能造命,升高能赋,师旅能誓,山川能说,丧纪能诔,祭祀能语,君子能此九者,可谓有德音,可以为大夫。"此为班说所本。则班固言《诗》不必尽与三家同。

2.《易》学

班固之《易》学不甚明了。王仁俊《续编》从《汉书·叙传》及《后汉书》本传采班固《易》说二节,辑为《周易班氏义》一卷,将其定为班固《易》学,失之武断。

3. 礼学

王仁俊《玉函山房辑佚书续编》有班固《周礼班氏义》一卷,采获自《白虎通·耕桑》《嫁娶》《社稷》三篇班固说《周礼》之文。王氏又从《白虎通·号》《瑞贽》《封公侯》三篇采获班固说《仪礼》之文,辑有《仪礼班氏义》一卷。

班固撰《白虎通》,本传言"天子会诸儒讲论五经,作《白虎通德论》,令固撰集其事"。历代书目所载,此书名或作《白虎通》,或作《白虎通义》,或作《白虎通德论》,或作《白虎议奏》。其作者或题班固,或题章帝,或不题作者;卷数也有六卷、十卷之分,如《隋志》"《白虎通》六卷",不题撰人。《旧唐志》:"《白虎通》六卷,汉章帝撰。"《新唐志》:"班固等《白虎通义》六卷。"《宋志》:"班固《白虎通》十卷。"《崇文总目》:"《白虎通德论》十卷。原释后汉班固撰,章帝建初四年诏诸儒会白虎观,讲议五经同异,诏集其事,凡十四篇。"钱东垣按:"《玉海》引《崇文目》同,考是书始名《通德论》,后诏固撰集成书,定称为《通义》,今仍作《通德论》,从其朔也,或称《白虎通》者,省文。"认为是一书多名。《直斋书录解题》:"《白虎通》十卷。"《郡斋读书志》:"《白虎通德论》十卷。"卷数都是十卷,显视为同一书。按:《白虎通》乃白虎观会议诸儒议经之言,由"固撰集其事",也即负责整理文字,非班固自作,王氏之论断亦不可从。

4. 小学

班固又通小学。《汉志》小学类序云:"至元始中,征天下通小学者以百数,各令记字于庭中。扬雄取其有用者以作《训纂》篇,顺续《苍颉》,又易《苍颉》中重复之字,凡八十九章。臣复续扬雄作十三章,凡一百二章,无复字,六艺群书所载略备矣。"班固续扬雄的字书十三章后世作《太甲》《在昔》。《旧唐志》:"《在昔》篇一卷,班固撰。《太甲》篇一卷,班固撰。"《新唐志》:"班固《在昔》篇一卷,《太甲》篇一卷。"但宋人书目不见载,已佚。或由班固之通小学,后世书家有认为其通书法,如张怀瓘《书断》将班固列入大篆与小篆之能品人物。

5. 其他

班固又曾作《离骚章句》。王逸《离骚章句序》云:"逮至刘向,典校经书,分以为十六卷。孝章继位,深宏道义艺,而班固、贾逵复以所见,改易前疑,各作《离骚经章句》,其余十五卷,阙而不说。"按:王逸乃东汉人,说班固、贾逵曾作《离骚章句》当有所据。但此事除见于王序外,《后汉书》及《汉纪》等书皆无明文,汉魏唐宋诸疏家亦不曾征引,恐亡佚已久。

四、史学成就

班固成就最大的莫过于史学。

1. 作《汉书》

班固接父班彪之力,由其《史记后传》衍至西汉一代,惜未能完全成书,后由班昭及马续继作,得以完成。此事为常谈,不必多言。需要指出的是其篇目之分合。大抵合注有一百一十五卷及一百二十卷两种。《隋志》:"《汉书》一百一十五卷,汉护军班固撰,太山太守应劭集解。"《旧唐志》:"《汉书》一百十五卷,班固作。又一百二十卷,颜师古注。"《新唐志》:"班固《汉书》一百一十五卷。"一百一十五卷为旧注,一百二十卷为颜师古注所分。隋唐之前用旧注本,如梁孝元帝萧绎《金楼子·著书》载其自著书:"注《前汉书》十二秩一百一十五卷。"隋唐以后用颜师古注本,即今本。但宋人目录也有仅载其白文者,如《崇文总目》"《汉书》一百卷,班固撰",《直斋书录解题》"《汉书》一百卷",《郡斋读书志》"《前汉书》一百卷"。

2. 参与撰写东汉史事

本传云:"显宗甚奇之,召诣校书部,除兰台令史,与前睢阳令陈宗、长陵令尹敏、司隶从事孟异共成《世祖本纪》。迁为郎,典校秘书。固又撰功臣、平林、新市、公孙述事,作列传、载记二十八篇,奏之。"《续汉书》亦云:"班固除兰台令史,与陈宗、尹敏共作《世祖本纪》。"(《书钞》卷六二引)这些著述或被采入《东观汉记》。《史通·古今正史》篇云:"在汉中兴,明帝始诏班固与睢阳令陈宗、长陵令尹敏、司隶从事孟异作《世祖本纪》,并撰功臣及新市、平林、公孙述事,作列传、载记二十八篇。自是以来,春秋考纪亦以焕炳,而忠臣义士莫之撰勒。于是又诏史官谒者仆射刘珍及谏议大夫李尤杂作记、表,名臣、节士、儒林、外戚诸传,起自建武,讫乎永初。事业垂竟而珍、尤继卒。复命伏无忌与谏议大夫黄景作诸王、王子、功臣、恩泽侯表,南单于、西羌传,地理志。"据《史通》,刘珍等只是续作,《东观汉记》所记东汉初年之事,仍班固诸人之篇。

3. 校书兰台时似又编书目

阮孝绪《七录序目》曰:"及后汉兰台犹为书部,又于东观及仁寿阁撰集新记,校书郎班固、傅毅并典秘籍。"《隋志》说得较《七录》明确:"又于东观及仁寿阁集新书,校书郎班固、傅毅等典掌焉。并依《七略》而为书部,固又编之,以为《汉书·艺文志》。"似透露其中消息。姚振宗《后汉艺文志·序》云:"按《七录》及《隋志》所云,则东京亦尝依《七略》编集东观仁寿阁所有书名。兰台书部、东观新记、仁寿阁新记其书亡于董卓之乱。"

4. 又被伪托作《汉武故事》

《崇文总目》载有"《汉武故事》五卷",题班固撰,五篇。《宋志》亦载"班固《汉武故事》五卷",盖延《崇文总目》之旧,每篇一卷。《郡斋读书志》作"《汉武故事》一卷",无篇数。晁公武云:"世言班固撰。唐张柬之《书洞冥记后》云:'《汉武故事》,王俭造。'"

班超

班超,班固之弟,史称投笔从戎者,也曾为兰台令史,《后汉书》卷四七有传。《后汉书·班超传》云:"班超字仲升,扶风平陵人,徐令彪之少子也。为人有大志,不修细节。然内孝谨,居家常执勤苦,不耻劳辱。有口辩,而涉猎书传。"班超所涉猎的书传为哪些经传?本传未明言,李贤注引《东观汉记》曰:"超持《公羊春秋》,多所窥览。"则知班超熟习《春秋公羊传》。

班超生卒，《后汉书·班超传》云班超："（永元）十四年八月至洛阳，拜为射声校尉。超素有匈胁疾，既至，病遂加。帝遣中黄门问疾，赐医药。其年九月卒，年七十一。"和帝永元十四年为公元102年，班超卒于该年，寿七十一，则班超生于光武帝建武八年（32）。按：此据范书明文而推，实则有疏漏处，最明显处，班超与班固同生于建武八年，何有二人为兄弟之说？今据高山《班固生卒年新论》所考，将班超之生年定于建武十年（34），卒于永元十六年（104）①。

班超虽习《春秋公羊传》，但据其本传，班超颇通群经。如本传载班超曰："是何言之陋也！以邑毁超，故今遭之。内省不疚，何恤人言！"《左传》昭公四年，子产引《诗》曰："礼义不愆，何恤于人言。"其诗句不见于今本《毛诗》，故杜预注："逸《诗》。"则班超兼习《左传》。

又，本传载班超在西域日久，"年老思土。（永元）十二年，上疏曰：'臣闻太公封齐，五世葬周，狐死首丘，代马依风。'"《礼记·檀弓》："大公封于营丘，比及五世皆，反葬于周，君子曰：'乐，乐其所自生，礼，不忘其本，古之人有言曰：狐死正丘首，仁也。'"则班超又习《礼记》。

姚振宗《后汉艺文志》有班超、班勇父子《西域风土记》。《后汉书·西域传序》曰："（和帝永元）九年，班超遣掾甘英穷临西海而还。皆前世所不至，《山经》所未详，莫不备其风土，传其珍怪焉。"又曰："今撰建武以后其事异于先者，以为《西域传》，皆安帝末班勇所记云。"姚氏引此文，认为二人著有是书，范书《西域传》大约据彼成篇。②

班超事迹又见于周天游辑谢承《后汉书》卷三、司马彪《续汉书》卷四、华峤《后汉书》卷二、张璠《汉记》。袁宏《后汉记》卷一〇亦略载其事。

班昭

班昭，班彪之女，班固之妹，家世儒学。《后汉书·列女传·曹世叔

---

① 详见高山《班固生卒年新论》，载《辽宁工程技术大学学报》（社会科学版）2009年第5期。
② 颜世明、高健认为班超之书本名《西域图》，今班超、班勇及甘英三书或杂糅。详见《班超〈西域风土记〉佚文蠡测——兼析甘英出使大秦路线》，载《南昌大学学报》（人文社会科学版）2014年第2期。

妻》云:"扶风曹世叔妻者,同郡班彪之女也,名昭,字惠班,一名姬①。博学高才。……[和]帝数召入宫,令皇后诸贵人师事焉,号曰大家。"《后汉书·皇后纪》云:"[邓]太后自入宫掖,从曹大家受经书,兼天文、算术。"

班昭事迹又见于周天游辑谢承《后汉书》卷五。

班昭卒年,本传云:"昭年七十余卒,皇太后素服举哀,使者监护丧事。"具体卒年不详。考《文选·东征赋》李贤注引《大家集》曰:"子穀为陈留长,大家随至官,作《东征赋》。"篇首云:"惟永初之有七兮,余随子乎东征。"安帝永初七年(113),班昭随子曹成(字子穀)赴任,途中作《东征赋》。本传又云班昭卒时邓太后为之服丧,邓后卒于安帝永宁二年(121);《皇后纪》"永宁二年二月,[邓后]寝病渐笃……三月崩"。如此,则班昭去世时间当在安帝永初七年与永宁二年之间,或卒于陈留。

一、班昭著述

本传云:"所著赋、颂、铭、诔、问、注、哀辞、书、论、上疏、遗令,凡十六篇。子妇丁氏为撰集之,又作《大家赞》焉。"《隋志》:"梁有《班昭集》三卷,亡。"两《唐志》不见载,但李善注《文选》时有引用,则唐时尚未佚。其后宋人书目不见载,或佚于唐宋代际。今之辑本,严可均《全后汉文》卷九六辑有班昭文存,张鹏一《扶风班氏佚书》辑有《曹大家集》一卷。

班昭著述著名者莫过于与马续一起续补《汉书》。《列女传》云:"兄固著汉书,其八表及《天文志》未及竟而卒,和帝诏昭就东观藏书阁踵而成之。……时《汉书》始出,多未能通者,同郡马融伏于阁下,从昭受读,后又诏融兄续继昭成之。"《隋志》亦云:"建初中,始奏表及纪传,其十志竟不能就。固卒后,始命曹大家续成之。"

又作《女诫》七篇,其辞俱载本传。历代史志目录所载,《隋志》:"《曹大家女诫》一卷。"《旧唐志》:"《女诫》一卷,曹大家撰。"《新唐志》:"曹大家《女诫》一卷。"《宋志》:"班昭《女戒》一卷。"并同。《直斋书录解题》亦载"《女诫》一卷",陈振孙云:"俗号传'《女孝经》'。"

---

① 此处应作:"班昭字惠姬。""班一名"三字衍文,见中华书局《后汉书》排印本校勘记。详见朱维铮《班昭考》一文,载《中华文史论丛》第82辑。

又注《列女传》。《隋志》："《列女传》十五卷，刘向撰，曹大家注。"《新唐志》："刘向《列女传》十五卷，曹大家注。"曾巩《列女传目录序》："刘向所叙《列女传》，凡八篇，事具《汉书》向列传。而《隋书》及《崇文总目》皆称向《列女传》十五篇，曹大家注。以《颂义》考之，盖大家所注，离其七篇为十四，与《颂义》凡十五篇，而益以陈婴母及东汉以来凡十六事，非向书本然也。"据曾巩说，《列女传》中东汉诸女事为班昭所续。但也有不同意见，如《崇文总目》"列女传十五卷，曹大家注"，云"陈婴母等十六传，后人所附"，并未确指班昭。大要如《四库总目》所云阙疑而已："《续传》一卷，曾巩以为班昭作，其说无证，特以意为之。晁公武竟以为项原作，则舛谬弥甚。《隋志》载项原《列女后传》十卷，非一卷也。必牵引旁文，曲相附会，则《隋志》又有赵母《注列女传》七卷、高氏《列女传》八卷、皇甫谧《列女传》六卷、綦毋邃《列女传》七卷，又有曹植《列女传颂》一卷、缪袭《列女赞》一卷，将《续传》亦可牵为赵母等，《颂》亦可牵为曹植等矣，又岂止刘歆、班昭、项原乎？今前七卷及《颂》题向名，《续传》一卷则不署撰人，庶几核其实而阙所疑焉。"

又注班固《幽通赋》，见于李善《文选注》所引。

二、班昭之学

1. 儒学

于《诗》或不主一家。如《女诫·卑弱》篇："斋告先君，明当主继祭祀也。"此用《采蘋》毛诗义。《毛传》曰："大夫妻能循法度也。能循法度，则可以承先祖，共祭祀矣。"此用《毛诗》。《女诫·和叔妹》篇引《诗》云："在彼无恶，在此无射。"李贤注："《韩诗·周颂》之言也。射，厌也。射音亦。《毛诗》'射'作'斁'也。"此用《韩诗》。但有时诸家较难区分。如《夫妇》篇云"《诗》著《关雎》之义"，按：《关雎》之义，三家以为后妃谏康王，喻妻当几谏夫，《毛诗》则以为王与后妃匹配之乐。以为人伦之大，故重人伦，则四家皆同。《韩诗外传》子夏问于孔子曰："《关雎》何以列于风之始？"孔子所答即为此义。又《针缕赋》："退逶迤以补过，似素丝之羔羊。"（《类聚》六五引）用《羔羊》义，四家皆同。

2. 礼学

班昭于礼学，多用《礼记》《仪礼》。如《女诫·夫妇》"是以《礼》贵男女之际"，"《礼》，八岁始教之书，十五而至于学矣"，《妇行》"女有四行，一曰妇德，二曰妇言，三曰妇容，四曰妇功"，皆用《礼记》诸篇成文。《专心》篇:"《礼》,夫有再娶之义,妇无二适之文,故曰夫者天也。"用《仪礼·服传》:"父在为母,何以期?至尊在,不敢伸也。父必三年而后娶,达子志也。""夫者,妻之天也。妇人不二斩者,犹曰不二天也。"

包咸

包咸,字子良,会稽人,通《鲁诗》《论语》。事迹见《后汉书·儒林列传》:

> 包咸字子良,会稽曲阿人也。少为诸生,受业长安,师事博士右师细君,习《鲁诗》《论语》。王莽末,去归乡里,于东海界为赤眉贼所得,遂见拘执。十余日,咸晨夜诵经自若,贼异而遣之。因住东海,立精舍讲授。光武即位,乃归乡里。太守黄谠署户曹史,欲召咸入授其子。咸曰:"礼有来学,而无往教。"谠遂遣子师之。
>
> 举孝廉,除郎中。建武中,入授皇太子《论语》,又为其章句。拜谏议大夫、侍中、右中郎将。永平五年,迁大鸿胪。每进见,锡以几杖,入屏不趋,赞事不名。经传有疑,辄遣小黄门就舍即问。
>
> 显宗以咸有师傅恩,而素清苦,常特赏赐珍玩束帛,奉禄增于诸卿,咸皆散与诸生之贫者。病笃,帝亲辇驾临视。八年,年七十二,卒于官。

包咸生卒年,本传言包咸"[明帝永平]八年,年七十二,卒于官",则包咸生于西汉哀帝建平元年(前6),卒于东汉明帝永平八年(65)。

包咸事迹又见于周天游辑谢承《后汉书》卷五《儒林列传》,其内容与范书略同。

包咸之学

据《儒林列传》,包咸之学,一为从右师细君习《鲁诗》。此事又见于陆玑《毛诗草木鸟兽虫鱼疏》:"又有曲阿包咸师事博士右师细君,习《鲁诗》,亦去归乡里。"

其二习《论语》。此事又见于何晏《论语集解·序》:"安昌侯张禹本受《鲁论》,兼讲《齐》说,善者从之,号曰'张侯论',为世所贵。包氏、周氏《章句》出焉。"皇侃《论语义疏》云:"包氏,包咸也。"陆德明

《释文序录》同："后汉包咸（陆德明自注：字子长，吴人，大鸿胪）、周氏（陆氏自注：不详何人）。并为《章句》，列于学官。郑玄就《鲁论》张、包、周之篇章，考之《齐》《古》，为之注焉。"

《隶释》卷一四载汉石经《鲁诗》残字："贾诸？贾之兮。包周□□□□，盖肆乎其肆也，□周［下阙］曰言□，而在于萧墙之内，盍、毛、包、周无于［下阙］。"按：上文为石经《论语》后蔡邕诸人之校勘记，其中有盍、包（咸）、周氏、毛氏四家，可验证包咸为东汉《论语》大家之一。

包咸《论语章句》，《隋志》及两《唐志》均无著录。包咸《论语》说今散见于何晏《论语集解》《释文》及其他书所引。马国翰《玉函山房辑佚书》据《论语集解》、《释文》、《文选》李善注及韩愈《论语笔解》辑佚二卷。王仁俊《续编》又从慧琳《一切经音义》及原本《玉篇》采获二处，以补马氏。龙璋《小学蒐佚》下编亦有包咸《论语注》一卷。

考包咸《论语》之家法，《论语·乡党》："升车，必正立，车中，不内顾，不疾言，不亲指。"《正义》引郑注云："鲁读'车中内顾'，今从古。"《释文》同。何晏《集解》引包咸曰："车中不内顾者，前视不过衡轭，傍视不过輢毂。"与古《论语》文同，包咸或习古《论语》。

今考包咸《论语章句》残文，包氏之经学当不止《论语》《鲁诗》，亦或明《公羊》。王应麟《困学纪闻》卷五云："周有八士，包氏注云：'四乳生八子。'其说本董仲舒《春秋繁露》，谓四产得八男，皆君子雄俊，此天所以兴周国。"

包福

包福，包咸之子，通《论语》。《后汉书·儒林列传·包咸传》云："［包咸］子福，拜郎中，亦以《论语》入授和帝。"其余事迹不详，约为东汉中期人。

鲍骏

鲍骏，桓荣弟子，九江人，习欧阳《尚书》。《后汉书·丁鸿传》云：

鸿初与九江人鲍骏同事桓荣，甚相友善，及鸿亡封，与骏遇于东海，阳狂不识骏。骏乃止而让之曰："昔伯夷、吴札乱世权行，故得申其志耳。《春秋》之义，不以家事废王事。今子以兄弟私恩而绝父不灭之基，可谓智乎？"鸿感悟，垂涕叹息，乃还就国，开门教授。鲍骏亦上书言鸿经学至行，显宗甚贤之。

李贤注引司马彪《续汉书》载鲍骏上明帝书曰："臣闻武王克殷，封比干之墓，表商容之闾，二人无功，下车先封之，表善显仁，为国之砥砺也。伏见丁鸿经明行修，志节清妙。"封比干、表商容事见《尚书大传》①，可考鲍骏习欧阳《尚书》之痕迹。

鲍永

鲍永，名儒鲍宣之子，《后汉书》卷二九有传。《鲍永传》云："鲍永字君长，上党屯留人也。父宣，哀帝时任司隶校尉，为王莽所杀。永少有志操，习欧阳《尚书》。"

鲍永生卒年，本传曰："后大司徒韩歆坐事（李贤注：建武十五年歆坐直言免也），永固请之不得，以此忤帝意，出为东海相。坐度田事不实，被征，诸郡守多下狱。永至成皋，诏书逆拜为兖州牧，便道之官。视事三年，病卒。"建武十五年为公元39年，鲍永为兖州牧三年病卒，当死于建武十八年（42），生年不详。

主要事迹

（1）王莽时，为郡功曹。太守苟谏召永为吏，常置府中，后鲍永举秀才，不应。事见本传。

（2）更始二年（24），征永两迁尚书仆射，持更始节安抚州郡。

（3）光武即位（25），归光武，为谏议大夫，奉命劝降更始河内太守。又为鲁郡太守，平内乱，修学校，政教有声。

（4）建武十一年（35），为司隶校尉，曾弹劾光武叔父赵王刘良大不敬，见本传。杜诗卒，鲍永言诗家贫无财，朝廷当助丧，事见《后汉书·杜诗传》。

---

① 陈寿祺辑本《尚书大传·大战》篇："武王旷乎若天下之已定，遂入殷，封比干之墓，表商容之闾，发钜桥之粟，散鹿台之财，归倾宫之女，而民知方。"又见于《后汉书·郎顗传》李贤注。

(5) 建武十五年（39），为东海相、兖州牧，建武十八年（42）卒。

鲍永事迹又见于《东观汉记》（吴校本）卷一四、周天游辑司马彪《续汉书》卷三、华峤《后汉书》卷二。

鲍昱

鲍昱，鲍永之子，习欧阳《尚书》，《后汉书》传附鲍永后。《后汉书》卷二九《鲍昱传》："昱字文泉①。少传父学，客授于东平。"

鲍昱生卒，《鲍昱传》云："［建初］四年，代牟融为太尉。六年，薨，年七十余。"鲍昱卒于章帝建初六年（81），则昱约生于公元9年，即王莽代汉之后不久。

一、主要事迹

（1）建武初（约26），东平太守戴涉以昱高都长。后为沘阳长。见本传。

（2）中元元年（56），官司隶校尉，明帝永平五年（62），因救火迟免官。见本传。

（3）明帝永平十三年（70），免官后为汝南太守。鲍昱兴修水利，郡民殷富。又治楚王刘英谋反事。见本传。

（4）永平十七年（74），代王敏为司徒。《明帝纪》永平十七年："二月乙巳，司徒王敏薨。三月癸丑，汝南太守鲍昱为司徒。"《耿恭传》言永平十八年（75）司徒鲍昱议当救耿恭之围。《郑均传》言建初三年（78）司徒鲍昱辟郑均。辟陈宠，见《陈宠传》。建初元年（76）大旱，鲍昱谏言章帝当减狱消灾，见本传。

（5）建初四年（79），代牟融为太尉。建初六年（81），卒。见本传。《章帝纪》建初四年："甲戌，司徒鲍昱为太尉，南阳太守桓虞为司徒。"《章帝纪》建初六年："六月丙辰，太尉鲍昱薨。"

鲍昱事迹又见于《东观汉记》（吴校本）卷一六、周天游辑司马彪《续汉书》卷三、袁宏《后汉记》卷一一。

---

① 《御览》卷四一八引《东观汉记》云字文渊，《书钞》卷六一引《续汉书》云字守文。吴树平《东观汉记校注》云："按'文渊'二字是，为避唐高祖李渊讳，'渊'字改作'泉'。"

二、鲍昱著述

本传言章帝建初元年鲍昱上疏当减狱消灾,"帝纳其言"。李贤注引《东观汉记》曰:"时司徒辞讼久者至十数年,比例轻重,非其事类,错杂难知。昱奏定《辞讼》七卷,《决事都目》八卷,以齐同法令,息遏人讼也。"

鲍昱所作《辞讼》七卷、《决事都目》八卷不见载隋唐志等史志书目。侯康《补后汉书艺文志》录有鲍昱《决事都目》,引《晋书·刑法志》云:"又汉时决事,集为《令甲》以下三百余篇,及司徒鲍公撰嫁娶辞讼决为《法比都目》,凡九百六卷。"则此书南朝时尚存,只是改了书名。

何为决事比?《周礼·大司寇》:"以邦成弊之。"郑玄注引郑司农云:"邦成,谓若今时决事比也。"贾公彦疏:"先郑云'邦成,谓若今时决事比也'者,此八者,皆是旧法成事品式。若今律,其有断事,皆依旧事断之,其无条,取比类以决之,故云决事比也。"依法律术语言之,所谓"决事比"乃指案例法。所谓《决事都目》《法比都目》就是搜集过去的案例,分类排列,集案例与判词于一体,为后来断案者提供依据。

其书虽佚,但今从《意林》及《御览》卷八四六所引《风俗通》中可窥见其内容之一斑:"汝南张妙会杜士,士家娶妇,酒后相戏。张妙缚杜士,捶二十下,又悬足指,士遂至死。鲍昱《决事》云:'酒后相戏,原其本心,无贼害之意,宜减死。'"

边让

边让,东汉文人,作有《章华台赋》。《后汉书》卷八〇下《文苑列传·边让传》云:"边让字文礼,陈留浚仪人也。少辩博,能属文。作《章华赋》,虽多淫丽之辞,而终之以正,亦如相如之讽也。"没有关于他通经的记载,但本传载议郎蔡邕因敬重边让,而向何进荐举。蔡邕谏语中云:"窃见令史陈留边让,天授逸才,聪明贤智。髫龀凤孤,不尽家训。及就学庐,便受大典,初涉诸经,见本知义,授者不能对其问,章句不能逮其意。心通性达,口辩辞长。非礼不动,非法不言。"可知边让颇涉经学。考其《章华台赋》,其中用典,也与经义相关。如"尔乃携窈窕,从好仇",此用《关雎》"窈窕淑女,君子好逑"义,但与《毛诗》义有别。按:《毛传》:"窈窕,幽闲也。"以为女子之防,边让此文作美态,两者不同。倒是与班昭《女诫》"入则乱发坏形，出则窈窕作态"颇为类似。赋中又有"比目应节而双跃兮"，《韩诗外传》曰："伯牙鼓琴，游鱼出听。"边让或习《韩诗》。

除《诗》外，如"繁手超于北里"，用《左传》"繁手淫声，慆堙心耳，乃忘和平"；"百揆时叙，庶绩咸熙。诸侯慕义，不召同期"，用《尚书·尧典》《太誓》成句，皆是明证。

边让之卒，本传曰："初平中，王室大乱，让去官还家。恃才气，不屈曹操，多轻侮之言。建安中，其乡人有构让于操，操告郡就杀之。"具体卒年不详。边让卒后，后人当有为其立碑。《隶释》卷二七《天下碑录》载"汉边让碑，在开封县"，是其证。又，建安时又为孔融所荐，见《御览》卷六九三引孔融《与曹公书荐边让》（《御览》卷七〇七引《边让别传》文同）。

边让著述，除《章华台赋》传世外，本传不载其他篇目，且云："文多遗失。"

边韶

边韶，习经。《后汉书》卷八〇上《文苑列传·边韶传》云：

> 边韶字孝先，陈留浚仪人也。以文章知名，教授数百人。诏口辩，曾昼日假卧，弟子私嘲之曰："边孝先，腹便便。懒读书，但欲眠。"韶潜闻之，应时对曰："边为姓，孝为字。腹便便，五经笥。但欲眠，思经事。寐与周公通梦，静与孔子同意。师而可嘲，出何典记？"嘲者大惭。韶之才捷皆此类也。
>
> 桓帝时，为临颍侯相，征拜太中大夫，著作东观。再迁北地太守，入拜尚书令。后为陈相，卒官。著诗、颂、碑、铭、书、策凡十五篇。

本传言边韶"以文章知名"，《类聚》卷二五引司马彪《续汉书》文同范书，惟作"以文学知名"。考汉代文学之意实则经学。①

本传又言边韶桓帝时"著作东观"，刘知几《史通·古今正史》篇："至元嘉元年，复令太中大夫边韶、大军营司马崔寔、议郎朱穆、曹寿杂作

---

① 详见王利器《文学古义今案》，王先生考定汉代的文学即为经学之意时，也以边韶为例。王文载《传统文化与现代化》1995年第2期。

孝穆、崇二皇及顺烈皇后传，又增《外戚传》入安思等后，《儒林传》入崔篆诸人。"可与本传参证。

边韶著作集，《隋志》不见载，《旧唐志》载有："《边韶集》二卷。"《新唐志》同："《边韶集》二卷。"今佚，文存见于严可均《全后汉文》卷六二。

边韶卒后，蔡邕为其书碑。《隶释》卷二七《天下碑录》云："汉边韶碑，在开封县东北五里墓前，蔡邕所书，今亡。"

蔡弓

蔡弓，《后汉书》无传，《华阳国志·广汉士女赞》以为蔡弓是鲁恭弟子："蔡弓，字子骞，洛人也。俱携手共学，冬则侍亲，春行受业。与张霸、李郃、张晧、陈禅为友，共师司徒鲁恭。……弓为庐江太守，征拜议郎。而霸、郃、晧、禅皆至公卿。"按：蔡弓若为鲁恭弟子，或习《鲁诗》，但常璩书此文不可尽信。考张霸诸人及鲁恭传记，皆无诸人师生关系之记载，但可知蔡弓当明经。

蔡景君

蔡景君，通《易》，见于李鼎祚《周易集解》。《集解》"谦"卦云："虞翻曰：'乾上九来之坤，与履旁通。天道下济，故亨。彭城蔡景君说：剥上来之三。'"

马国翰《玉函山房辑佚书》将此辑为《蔡氏易说》一卷，胡薇元《汉易十三家》辑有《周易蔡景君说》，内容同。

马国翰辑本序曰："景君当是蔡氏之字，名爵未详。虞翻称彭城蔡景君说，翻生汉季，及引述之，则蔡氏汉人在翻前。考《汉书·艺文志》有蔡公《易传》二篇，注：蔡公，卫人，事周王孙。意景君即蔡公，殆卫人而官彭城。虞氏称其官号，如南郡之称马融，长沙之称贾谊欤？"按：马国翰认为蔡景君或为西汉蔡公乃是臆说：若以地望代称，非如马融、贾谊等名家不可。蔡氏及其《易》说于汉四百年不见称举，绝非名家，故此说乃是马国翰臆测，不可从。但马氏以为其人为汉人在虞翻之前者倒是得其实，蔡景君当为东汉人。

蔡朗

蔡朗，琅琊王太傅，习《鲁诗》，见于《蔡邕集》所载《琅琊王傅蔡朗碑》（严可均《全后汉文》卷七五）。碑云："君讳朗，字伯明，……君雅操明允，威励不猛，履孝悌之性，怀文艺之才，包洞典籍，刊摘沈秘，知机达要，通含神契，既讨三五之术，又采《二南》之业，以《鲁诗》教授，生徒云集，莫不自远而至。栖迟不易其志，箪食曲肱，不改其乐，心栖清虚之域，行在玉石之间。是以德行儒林，智周当代，四岳称名，帝曰余闻。"

其人生平事迹及其仕履俱见碑文。关于其生卒，碑云："赋寿不永，遘此疾凶，年五十八，永兴六年夏卒，呜呼哀哉！"按：桓帝永兴只有三年，此文或传抄有误，具体年限已不可考，姑且存疑。

蔡茂

蔡茂，通儒学。《后汉书》卷二六《蔡茂传》云："蔡茂字子礼，河内怀人也。哀平间以儒学显，征试博士，对策陈灾异，以高等擢拜议郎，迁侍中。遇王莽居摄，以病自免，不仕莽朝。"据本传及《光武纪》，其事迹尚有更始败（25），避难西河，托命窦融。建武十三年（37）与窦融俱征，光武以蔡茂为议郎，后为广汉太守，建武二十年（44）为大司徒，建武二十三年（47）卒于官。

其人生卒，本传言蔡茂："［建武］二十三年薨于位，时年七十二。"建武二十三年为公元47年，则蔡茂生于成帝阳朔元年（前24）。

蔡玄

蔡玄，通五经。《后汉书·儒林列传·蔡玄》云：

> 蔡玄字叔陵，汝南南顿人也。学通五经，门徒常千人，其著录者万六千人。征辟并不就。顺帝特诏征拜议郎，讲论五经异同，甚合帝意。迁侍中，出为弘农太守，卒官。

除《后汉书》本传外，蔡玄事迹不见他书所载，其人学说也不见诸家引述。按：《后汉书·儒林列传》，其体例仿自《汉书·儒林传》，前列专经学者，最后两位传主许慎和蔡玄通五经。较之许慎，蔡玄默然无闻，但本传言其入弟子籍者"万六千人"，两不相配，不知何故。

蔡衍

蔡衍，明经。《后汉书》卷六七《党锢列传·蔡衍传》云："蔡衍字孟喜，汝南项人也。少明经讲授，以礼让化乡里。乡里有争讼者，辄诣衍决之，其所平处，皆曰无怨。"其人卒年，本传云"灵帝即位，复拜议郎，会病卒"。灵帝即位于建宁元年（168），则此年蔡衍卒，生年不详。

蔡邕

蔡邕，字伯喈，东汉著名学者，博学多才。《后汉书》卷六〇下《蔡邕传》云："少博学，师事太傅胡广。好辞章、数术、天文，妙操音律。"

蔡邕生卒年，本传云："及卓被诛，邕在司徒王允坐，殊不意言之而叹，有动于色。允勃然叱之曰：……即收付廷尉治罪。……邕遂死狱中。允悔，欲止而不及。时年六十一。"董卓及王允俱卒于献帝初平三年（192），则蔡邕也当卒于此年，生于顺帝阳嘉元年（132）①。

一、主要事迹

著名者有与马日䃅等校订五经文字，刻石太学，时为灵帝熹平四年（175）。本传云："邕以经籍去圣久远，文字多谬，俗儒穿凿，疑误后学，熹平四年，乃与五官中郎将堂溪典、光禄大夫杨赐、谏议大夫马日䃅、议郎张驯、韩说、太史令单飏等，奏求正定六经文字。灵帝许之，邕乃自书丹于碑，使工镌刻立于太学门外。于是后儒晚学，咸取正焉。及碑始立，其观视及摹写者，车乘日千余两，填塞街陌。"《灵帝纪》："［熹平］四年春三月，诏诸儒正五经文字，刻石立于太学门外。"

蔡邕事迹除本传外，又见于《东观汉记》（吴校本）卷一七、袁宏《后汉记》卷二五至二七、周天游辑谢承《后汉书》卷四、薛莹《后汉记》、司

---

① 殷芸《小说》："张衡亡月，蔡邕母方娠，此二人才貌相类，时人云：邕即衡之后身也。"张衡卒于顺帝永和四年（139），与顺帝阳嘉元年（132）相差七年，此为小说家言，不足据。

马彪《续汉书》卷四、华峤《后汉书》卷三、谢沈《后汉书》、袁山松《后汉书》卷二、张璠《后汉记》。又见《世说新语·品藻》篇品李膺、陈蕃，张华《博物志》卷六，言赠书数车于王粲，殷芸《小说》、干宝《搜神记》等载其灵异事。

二、蔡邕著述

本传云："所著诗、赋、碑、诔、铭、赞、连珠、箴、吊、论议、《独断》《劝学》《释诲》《叙乐》《女训》《篆势》、祝文、章表、书记，凡百四篇，传于世。"见于史志目录者，《隋志》："后汉左中郎将《蔡邕集》十二卷，梁有二十卷，录一卷。"两《唐志》载《蔡邕集》二十卷。此二十卷本当为完帙，宋人书目或五卷，如《崇文总目》；或十卷，如《郡斋读书志》及《直斋书录解题》，均非完整。即便十卷本者，不仅篇目亡佚，而且其中也掺杂他人作品及后人之辑佚文，非其旧。《郡斋读书志》载《蔡中郎集》十卷，云："所著文章百四篇，今录止存九十篇，而铭墓居其半。或曰碑铭，或曰神诰，或曰哀赞，其实一也。尝自云'为《郭有道碑》，独无愧辞'，则其他可知矣。凡文集，其人正史自有传者，止掇论其文学之辞，及略载乡里、所终爵位，或死非其理，亦附见，余历官与其善恶，率不录。若史逸其行事者，则杂取他书详载焉，庶后有考。"按：四百余篇至于宋代只有九十余篇，佚十之七八。后世碑铭有假托蔡邕作者，如《老子铭》，欧阳修《集古录》云："世言碑铭蔡邕作。今检邕集无此文皆不可知也。"《直斋书录解题》亦载十卷，云："《唐志》二十卷，今本阙亡之外，才六十四篇。其间有称建安年号及为魏宗庙颂述者，非邕文也。卷末有天圣癸亥欧阳静所书《辨证》甚详，以为好事者杂编他人之文相混，非本书。"

今《蔡邕集》通行十卷本，明清以来有多种刻本及辑本。如明张燮《七十二家集》辑有《蔡中郎集》十二卷，明张溥《汉魏六朝百三名家集》有《蔡中郎集》二卷，清高均儒辑有《蔡中郎集》十卷、外集四卷，严可均《全后汉文》卷六九至卷八〇收录。按：蔡邕于文体之贡献，在于碑铭创作达到新高度。略可见者，如为桓彬作碑（见《后汉书·桓彬传》），又为胡广作碑铭（见于《后汉书·胡广传》），又题《曹娥碑》"黄绢幼妇，外孙齑臼"（见《后汉书·列女传》李贤注引《会稽典录》）。所作甚多，必然过滥。《困学纪闻》卷一三云："蔡邕文，今存九十篇，而铭墓居其半。曰碑，曰铭，曰神诰，曰哀赞，其实一也。自云为《郭有道碑》，独无愧辞，则其他可知矣。其颂胡广、黄琼，几于老、韩同传，若继成汉史，岂有南、董之笔?"

《蔡邕集》之中又往往析出单篇别行者,如《隋志》:"《劝学》一卷,蔡邕撰。"其他见于唐宋人书目所载及类书所引者,如《独断》《劝学》《篆势》《月令章句》《明堂论》《琴操》等。后儒辑本又往往单辑,其实仍在《蔡邕集》中。如钱大昭《补续汉书艺文志》有蔡邕《劝学》《圣皇》《女史》篇各一卷。逯钦立《先秦汉魏晋南北朝诗·全汉诗》卷七录有蔡邕诗,《御览》卷三三引有蔡邕《王乔录》,侯康《补后汉书艺文志》据彼录有蔡邕《王乔传》一卷,其实只为一篇。又《女诫》(本传作《女训》),见《文选·女史箴》注及《御览》引,姚振宗等补后汉艺文志者又单录。这些著述以其学术性质的不同需要分别加以论述。

三、蔡邕之学

1.《易》学

虽偶用十翼说,如熹平六年(177)蔡邕上疏中云:"《坤》为地道,《易》称安贞。"此用《坤·文言》:"地道也,妻道也。"《彖》词:"安贞之吉,应地无疆。"但桓灵之时,朝政混乱,天地多灾异,观蔡邕对策,往往用瑞应今文家说,于《易》则京氏。如《续汉志·五行志》:

> 光和元年诏策问曰:"连年蝗虫至冬踊,其咎焉在?"蔡邕对曰:"臣闻《易传》曰:'大作不时,天降灾,厥咎蝗虫来。'《河图秘征》篇曰:'帝贪则政暴而吏酷,酷则诛深必杀,主蝗虫。'蝗虫,贪苛之所致也。"

按:蔡邕所引《易传》为京氏《易传》。本传载其对,蔡邕引《易》"得臣无家",云"言天下何私家之有",同《汉书·五行志》载谷永"《易》得臣无家"说,则蔡邕当用京氏《易》。又,《明堂月令论》:"《易》正月之卦曰《益》。其经曰:'王用享于帝,吉。'"此用孟氏易卦气说。

2.《尚书》学

蔡邕《尚书》学当为今文学。如熹平六年(177)蔡邕上疏引"《洪范传》曰:'政悖德隐,厥风发屋折木。'"其所陈七事,其五曰:"臣闻古者取士,必使诸侯岁贡。"贡士之说,见于《尚书大传》:"古者诸侯之于天子,三年一贡士。一适谓之攸好德,再适谓之贤贤,三适谓之有功。"又

《续汉书·五行志》载蔡邕对灾异,中引《传》曰"貌之不恭,是谓不肃,时则有难祸",见《洪范五行传》。又言"昔武王伐纣,曰'牝鸡司晨,惟家之索'。"用《牧誓》文。皆今文《尚书》说。有时貌似古文家言,其实仍然今文家法。如《尚书·尧典》:"在璿玑玉衡,以齐七政。"孔《疏》云:"汉世以来,谓之浑天仪者是也。马融云:'浑天仪可旋转,故曰玑。衡,其横箫,所以视星宿也。以璿为玑,以玉为衡,盖贵天象也。'蔡邕云:'玉衡长八尺,孔径一寸,下端望之以视星辰。盖悬玑以象天而衡望之,转玑窥衡以知星宿。'"据孔《疏》,蔡邕说同马融,为古文《尚书》说。其实不然,以璇玑玉衡为浑天仪乃纬书说。孙星衍《尚书今古文注疏》释之云:

  《初学记》引《尚书考灵曜》云:"观玉仪之旋,昏明主时。"郑注云:"以玉为浑仪,故曰玉仪。"《晋书·天文志》引《春秋文曜钩》云:"唐尧即位,羲和立浑仪。"《隋书·天文志》引晋刘智云:"或问曰颛顼造浑仪,黄帝为盖天。"此皆同马郑说也。

《御览》卷七○三引蔡邕《巴郡太守谢表》:"诏书前后赐石镜奁、礼经素字、《尚书章句》《白虎议奏》,合成二百一十二卷。"如此,则朝廷所赐给蔡邕的《尚书章句》当为今文《尚书章句》,不知是否《桓君大小太常章句》。

3.《诗》学

蔡邕之《诗》学,当三家兼采。蔡邕于《诗》,后世以为习《鲁诗》,如《四库全书总目提要·诗序》:"观蔡邕本治《鲁诗》,而所作《独断》,载《周颂》三十一篇之《序》,皆只有首二句,与《毛序》文有详略,而大旨略同。"蔡邕《诗》学何家?书传无明文。意者,大约蔡邕撰《鲁诗》石经,于是将《鲁诗》作为蔡氏《诗》学家法。① 如《初学记》卷一四引蔡邕《协和婚赋》:"《葛覃》恐其失时,《标梅》求其庶士。"与《葛覃·序》"后妃之本也。后妃在父母家,则志在于女功之事,躬俭节用,服浣濯之衣,尊敬师傅,则可以归安父母,化天下以妇道也"不同,王先谦《诗三家义集疏》以《协和婚赋》为鲁说。按:清儒之说其实不然。考蔡邕引

---

  ① 清儒此说较为武断。如《大雅·卷阿》:"雝雝喈喈。"郑笺云:"雍雍喈喈,喻民臣和协。"王先谦曰:"鲁齐'雝'作'噰'"鲁说见《论衡·讲瑞》篇,齐说见焦氏《易林》)。蔡邕字伯喈,正用"雝雝喈喈"之意,蔡邕之"邕"与诸家文字皆异,家法异同不必拘泥于文字之别。

诗，或用《韩诗》。如《后汉书》卷八〇《文苑列传·边让传》载蔡邕荐边让于何进，曰："虽振鹭之集西雍，济济之在周庭，无以或加。"李贤注引《韩诗》曰："振鹭于飞，彼西雍。"引薛君《韩诗章句》曰："鹭，洁白之鸟也。西雍，文王辟雍也。言文王之时，辟雍学士皆洁白之人也。"按：蔡邕所引诗，见于《周颂·振鹭》。其诗义，《独断》曰："《振鹭》，二王之后来助祭之所歌也。"《毛序》："二王之后来助祭也。"鲁、毛义同而与《韩诗》义有别。据《韩诗》，以鹭比喻天下学士，以辟雍为学宫；据毛、鲁，以鹭比喻天下助祭之诸侯大臣（含二王之后），以辟雍为祭宫。蔡邕荐边让，当荐士也，从《韩诗》说。蔡邕亦或用《毛诗》。如灵帝熹平六年（177），蔡邕上书："宣王遭旱，密勿祗畏，无以或加。"所谓"密勿祗畏"意为言见灾而戒惧也，意同《尚书·汤诰》商汤祷旱灾，《高宗肜日》武丁警雉雊。其义用《毛诗》。《云汉·毛序》云："仍叔美宣王也。宣王承厉王之烈，内有拨乱之志，遇灾而惧，侧身修行，欲销去之。天下喜于王化复行，百姓见忧，故作是诗也。"其义与《御览》引《韩诗》及注，所谓"宣王遭旱仰天"稍有不同。按：蔡邕上疏对灵帝，当更倾向于《毛诗》，意为君主若自警，臣下无不欣然。蔡邕又间或自创其义。如《困学纪闻》卷三云："近世说《诗》者，以《关雎》为毕公作，谓得之张超，或谓得之蔡邕。未详所出。"又如《召南·驺虞》，《周礼·钟师》贾疏引《五经异义》韩、鲁说，云"驺虞，天子掌鸟兽官"。《文选·李陵与苏武诗》李善注引《琴操》曰："《驺虞》者，邵国之女所作也。古者役不逾时，不失嘉会。"若依清儒所言，《琴操》为蔡邕所作，何不用《鲁诗》说？此为蔡邕自创《诗》说之又一证。

4. 《礼》学

蔡邕之《礼》学，乃撰《月令章句》《月令问答》《明堂月令论》《独断》诸篇。

本传载蔡邕的著述，其中没有提到《月令章句》。蔡邕所著《月令章句》见录于《隋志》："《月令章句》十二卷，汉左中郎将蔡邕撰。"两《唐志》并有《月令章句》十二卷，题戴颙撰。姚振宗《隋书经籍志考证》云乃是误题。《宋志》子部农家类："蔡邕《月令章句》一卷。"但明人修《文渊阁书目》不见著录，恐亡于元代。

《月令章句》佚文常见于汉唐间诸儒征引，如梁刘昭注司马彪《续汉书》《后汉书》李贤注及《旧唐书》等。且后儒所引往往篇目不同，如《月令章句》《明堂月令论》《月令问答》《明堂论》等等。四者之关系，大抵如王谟辑本序所言："《隋志》但有《月令章句》无《明堂月令论》，而陶氏《说郛》又有蔡邕《月令问答》一篇。检其中'更叟'一条，据《三国志》注亦引作《明堂月令论》。而《御览》引《明堂论》'门闱'一条又作《章句》。大抵此书原只案《月令》十二月为章句十二卷，其所《问答》乃是卷首发凡，而《明堂论》则又因其中有明堂太庙之文推而论之者也。"严可均《全后汉文》卷八〇《月令问答》按语亦云："《月令问答》《明堂论》《月令篇名》等三篇，皆《月令章句》之文，其书久亡，明刻本入本集，今从之。"

蔡邕《月令章句》遗文，后儒有辑本多种，唯有所题篇名不同。题名《月令章句》的，臧庸《拜经堂丛书》辑有《蔡氏月令章句》二卷，王谟《汉魏遗书钞》辑有蔡邕《月令章句》一卷，蔡云《元和蔡氏所著书》辑有蔡氏《月令章句》一卷，黄奭《黄氏逸书考》辑有《蔡邕月令章句》一卷，陆尧春辑有《蔡氏明堂月令章句》一卷，马国翰《玉函山房辑佚书》及王仁俊《续编》并辑有蔡邕《月令章句》一卷，陶濬宣《稷山馆辑补书》辑有蔡氏《月令章句》一卷，叶德辉《观古堂所著书》辑有蔡氏《月令章句》四卷。

题名《明堂月令论》的，臧庸《拜经堂丛书》、王谟《汉魏遗书钞》、蔡云《元和蔡氏所著书》、黄奭《黄氏逸书考》、严可均《全后汉文》卷八〇并有辑本。

题名《月令问答》的，陶宗仪《说郛》、臧庸《拜经堂丛书》、蔡云《元和蔡氏所著书》、黄奭《黄氏逸书考》、马国翰《玉函山房辑佚书》、严可均《全后汉文》卷八〇并有辑本。

本传云蔡邕又撰《独断》。但此书不见隋唐志所载，而见于宋人书目，如《崇文总目》《直斋书录解题》《郡斋读书志》及《宋志》，皆载二卷，题蔡邕撰。此书实为蔡邕撰汉史而先修礼制之书，时间当在入东观校书之前，名"独断"意为"按断"①；其内容如陈振孙所言："记汉世制度、礼文、车服及诸帝世次，而兼及前代礼乐。"王应麟《玉海》云："是书间有颠错，嘉祐中，余择中更为次序，释以己说，故别本题《新定独断》。"今不见王氏新定本。今存本亦二卷，虽有佚文，但大体完整。此书论《礼》，《四库全书总目提要》云："是书于礼制，多信《礼记》，不从《周官》。"

---

① 代国玺认为《独断》之名为蔡邕自取，有双重意思："既是记录他撰写之时不敢与人共论的心境，又是以谦虚严谨的态度表明此书为自己的私人见解。"见氏著《蔡邕〈独断〉考论》，载《文献》2015年第1期。

5.《乐》学

本传载有蔡邕精通乐律事,如做"焦尾琴"事、闻音知杀心事。《御览》卷五七七引《搜神记》亦言蔡邕做"焦尾琴"事。崔豹《古今注》卷中《音乐》云"后汉蔡邕益琴为九弦,后还用七弦"。皆可证蔡邕通音乐。

本传言蔡邕有《叙乐》,此书不见著录于隋唐志。《隋志》及两《唐志》有桓谭撰《琴操》二卷及晋广陵相孔衍撰《琴操》三卷。蔡邕著《琴操》不见本传及史志目录,《水经注》、《文选》李善注及唐宋类书所引皆题蔡邕,诸家据以辑佚,系名蔡氏。马瑞辰曰:"蔡邕本传言邕所著有《叙乐》而无《琴操》,而今本《琴操》及传注所引皆属蔡邕。疑《琴操》即在《叙乐》中,犹《琴道》为《新论》之一篇耳。"黄奭《黄氏逸书考》辑有《琴操》及补遗一卷,孙星衍辑有《琴操》补遗,王仁俊《玉函山房辑佚书续编》辑有蔡邕《琴操》及佚文各一卷。

6.《春秋》学

蔡邕于《春秋》,大抵三传兼采。如《蔡邕集》载《朱公叔谥议》:"《春秋》曰'刘卷卒','葬刘文公'。《公羊传》曰:'刘卷者何?天子大夫也'。经又曰:'王子虎卒'。《左传》曰:'王叔文公卒,而如同盟,礼也'。此皆天子大夫得称其礼,与同盟诸侯敌体故也。"朱公叔,即朱穆,其人卒后,蔡邕为其议谥号。蔡邕之文公羊、左氏兼采,不拘家法,便宜论事。

7. 史学

本传云:"其撰集汉事,未见录以继后史。适作《灵纪》及十意,又补诸列传四十二篇,因李傕之乱,湮没多不存。"《东观汉记》:"蔡邕徙朔方,上书求还,续成十志。"(《初学记》卷二一引)本传:"邕前在东观,与卢植、韩说等撰补后汉记,会遭事流离,不及得成,因上书自陈,奏其所著十意。"李贤注:"犹《前书》十志也。"刘昭注司马彪《续汉志·律历志》引蔡邕戍边上章曰:"臣自在布衣,常以为《汉书》十志。"则"十意"即为"十志",因避桓帝刘志讳而改称。李贤注又引《蔡邕别传》载"十志"中有六目云:"有律历意第一,礼意第二,乐意第三,郊祀意第四,天文意第五,车服意第六。"刘知几《史通·古今正史》篇云:"熹平中,光禄大夫马日磾,议郎蔡邕、杨彪、卢植著作东观,接续纪传之可成者,而邕别作朝会、车服二志。后坐事徙朔方,上书求还,续成十志。"严可均曰:"刘知几《史通》称邕作《朝会》《车服》二志,又《后汉》本传云'事在《五行》《天文志》',则十意中有《朝会》及《五行》,其余二意盖《地理》《艺文》也。"蔡邕作汉史,生前只完成《灵帝纪》、十志及列传四十二篇，除十志有部分遗文外，其余均亡佚。

十志之中今可考见者，如《律历志》。司马彪《续汉志·律历志》云："光和元年中，议郎蔡邕、郎中刘洪补续《律历志》，邕能著文，清浊钟律，洪能为算，述叙三光。今考论其业，义指博通，术数略举，是以集录为上下篇，放续《前志》，以备一家。"如此，则蔡邕之作为司马彪所采。按：本传载熹平四年（175）蔡邕等议历数，又见于《续汉书·律历志》《宋书·历志一》《御览》卷六〇。

《天文志》。《初学记》卷一载："蔡邕《天文志》言天体者三，一曰周髀，二曰宣夜，三曰浑天。"又见于司马彪《续汉书·天文志》刘昭注引。此志正文全无，《初学记》所引当是序。

《礼志》。《续汉书·礼仪志》刘昭注引谢沈《后汉书》云："太傅胡广博综旧仪，立汉制度，蔡邕依以为志，谯周后改定以为《礼仪志》。"其遗文见于刘昭注所引。

《祭祀志》。《续汉书·祭祀志》刘昭注引谢沈《后汉书》："蔡邕引中兴以来所修者为祭祀志。"其遗文其遗文见于刘昭注所引。

《天文志》。《续汉书·天文志》刘昭注引谢沈《后汉书》："蔡邕撰建武已后，星验著明，以续前志。谯周接继其下者。"其遗文见于刘昭注所引。

《朝会志》。据《史通·古今正史》篇，此志为蔡邕所撰。其遗文见于《续汉书·礼仪志》刘昭注引蔡邕说。

《车服志》。据《史通·古今正史》篇，此志为蔡邕所撰。其遗文见于《续汉书·舆服志》刘昭注引蔡邕《表志》及《御览》所引。

《乐志》。《续汉书·礼仪志》中刘昭注引有蔡邕《礼乐志》，将《礼志》与《乐志》不分。按：《书钞》卷九六《谶》篇引蔡邕《叙乐》云"世祖追修前业，采谶纬之文，曰《太予乐府》，曰《黄门鼓吹》"。此文与刘昭注引文同。如此，蔡邕本传言其作《叙乐》之篇，乃《乐志》中语，非散论音乐之文，更非《琴操》中语。①

8. 书学

蔡邕书学，凡有二目。其一为小学及书法之著作。如本传载其《篆势》《劝学》。《隋志》小学类有："蔡邕《圣皇篇》《黄初篇》《吴章篇》，蔡邕《女史篇》，合八卷，亡。"及"蔡邕《本草》七卷"。两《唐志》小学类，

---

① 今人刘跃进亦认为《叙乐》为散论音乐之作。见刘跃进《蔡邕著述摭录》，载《古籍整理研究学刊》2002年第4期。

蔡邕撰"《圣草章》一卷","《今字石经论语》二卷"。按：蔡邕作《劝学篇》，见于本传。《隋志》："《劝学》一卷，蔡邕撰。"两《唐志》并载："《劝学》篇一卷，蔡邕撰。"释玄应《一切经音义》及唐宋类书有引。任大椿《小学钩沉》卷五辑有《劝学》篇，顾震福《小学钩沉续编》卷一有《劝学》篇，黄奭《黄氏逸书考》辑有蔡邕《劝学》篇一卷，马国翰《玉函山房辑佚书》及王仁俊《玉函山房辑佚书续编》并有《劝学》篇一卷，严可均《全后汉文》卷八〇有《劝学》篇，龙璋《小学蒐佚》上编有《劝学》篇一卷。今考其遗文，无关书法。

任大椿《小学钩沉》卷五有《圣皇》篇，黄奭《黄氏逸书考》辑有《蔡邕圣皇》篇，严可均《全后汉文》卷八〇有《圣皇》篇，龙璋《小学蒐佚》上编辑有蔡邕《圣皇》篇一卷。本传不言蔡邕作《圣皇》篇，张怀瓘《书断》："汉灵帝熹平年诏蔡邕作《圣皇》篇。"《隋志》："梁有蔡邕《圣皇》篇，亡。"两《唐志》载《圣草章》一卷，题蔡邕作。诸家皆从《书断》采获。

严可均《全后汉文》卷八〇、王仁俊《玉函山房辑佚书续编》辑有蔡邕《篆势》一卷。《晋书·卫恒传》引蔡邕《篆势》，二书据以辑佚。

蔡邕书学其二为其书法作品及其成就。本传载其亲撰石经。《北史·江式传》载江式上表论历代字学："左中郎将陈留蔡邕采李斯、曹喜之法，为古今杂形，诏于太学立石碑，刊载《五经》，题书楷法，多是邕书也。后开鸿都，书画奇能，莫不云集。时诸方献篆，无出邕者。"《隋志》亦云："又后汉镌刻七经，著于石碑，皆蔡邕所书。"其事及石经残文又见于《隶释》《集古录》《金石录》。

蔡邕书法成就。唐张怀瓘《书断》列书法神品二十五人。中有蔡邕。飞白三人，中有蔡邕。又列妙品九十八人，其中大篆四人，中有蔡邕；小篆五人，中有蔡邕；隶书二十五人，有蔡邕。张怀瓘云："伯喈八分、飞白入神，大篆、小篆、隶书入妙。"又云"[钟]繇善书，师曹喜、蔡邕、刘德升。"唐李嗣真《书后品》列上中品七人，中有蔡邕。唐张彦远《历代名画记》叙历代能画人名，其中后汉六人，中有蔡邕。

蔡湛

《隶释》卷五《稿长蔡湛颂》云：

> 君讳湛，字子德，河内修武人也。……湛则其中子也，少耽七典。

圣朝明哲，以爵宠贤。光和四年十二月甲□，诏书拜并州刺史。光和四年七月七日丁□□。

洪适云："右汉故稿长蔡君之颂，隶额。在真定，有阴，灵帝光和四年立。"蔡湛当卒于光和四年（181）前不久。《稿长蔡湛颂》及其碑阴亦载于赵明诚《金石录》。

东汉人以《诗》《书》《礼》《易》《春秋》《论语》《孝经》为七经，亦称七典。《后汉书·张纯传》"七经谶"，李贤注云："七经：《诗》《书》《礼》《乐》《易》《春秋》及《论语》也。"李注据纬书而言，非是。按：《后汉书·翟酺传》"而孝宣论六经于石渠"，《汉志》论语类有"《议奏》十八篇。"班固自注："石渠论。"孝经类亦有"《五经杂议》十八篇"，班氏亦注云："石渠论。"明汉人以《论语》《孝经》为经，而六艺之中《乐》本无经而有纬，汉人若见《乐经》，何烦王莽使阳城子长造《乐经》？要之，据经而言，则《诗》《书》《礼》《易》《春秋》《论语》《孝经》为七；据纬而言，则《诗》《书》《礼》《乐》《易》《春秋》《论语》《孝经》为八。

曹充

曹充，曹褒之父，习庆氏《礼》，学行见于《后汉书》卷三五《曹褒传》：

> ［褒］父充，持庆氏《礼》，建武中为博士，从巡狩岱宗，定封禅礼，还，受诏议立七郊、三雍、大射、养老礼仪。显宗即位，充上言："汉再受命，仍有封禅之事，而礼乐崩阙，不可为后嗣法。五帝不相沿乐，三王不相袭礼，大汉当自制礼，以示百世。"帝问："制礼乐云何？"充对曰："《河图括地象》曰：'有汉世礼乐文雅出。'《尚书璇机钤》曰：'有帝汉出，德洽作乐，名予。'"帝善之，下诏曰："今且改太乐官曰太予乐，歌诗曲操，以俟君子。"拜充侍中。作章句辨难，于是遂有庆氏学。

依《曹褒传》所言，庆氏《礼》乃曹充创立于明帝命其制汉礼时。《汉书·儒林传》言礼三家：大小戴及庆氏。《后汉书·儒林列传》及《续汉书》言建武初立今文十四博士均无庆氏《礼》，则庆氏《礼》立于学官当在东汉中世之后。而班固所谓三家礼或是连及而言，实则西汉时期庆氏《礼》并未确立家法更不曾立于学官，曹充所称庆氏学，乃是尊师，如《大传》系于伏生。

据本传，曹充当撰有《礼章句》。按：《后汉书》所言曹充所"作章句辩难"，意为"作《章句》，以［此］辩难"，其写作意图一如夏侯建作《尚书小夏侯章句》用作辩难，曹充所作的书名并不叫作《章句辩难》。朱彝尊《经义考》卷一三八著录有"曹氏［充］《礼章句辩难》，佚"，恐不妥。此外，从曹充引纬书对明帝的情形来看，他的《礼章句》也当含有纬书说。

曹褒

曹褒，曹充之子，习庆氏《礼》。《后汉书·儒林列传》云："建武中，曹充习庆氏学，传其子褒，遂撰《汉礼》，事在《褒传》。"《隋志》亦云："后汉唯曹元（按：字讹，当作充）传庆氏，以授其子褒。"《后汉书》卷三五《曹褒传》云："曹褒字叔通，鲁国薛人也。……褒少笃志，有大度，结发传充业，博雅疏通，尤好礼事。常感朝廷制度未备，慕叔孙通为汉礼仪，昼夜研精，沉吟专思，寝则怀抱笔札，行则诵习文书，当其念至，忘所之适。"

一、主要事迹

（1）章帝时为博士，事见本传章帝元和二年（85）求博士诏。

（2）章帝章和元年（87），受诏撰《汉礼》。本传云："章和元年正月，乃召褒诣嘉德门，令小黄门持班固所上叔孙通《汉仪》十二篇，敕褒曰：'此制散略，多不合经，今宜依礼条正，使可施行。于南宫、东观尽心集作。'褒既受命，乃次序礼事，依准旧典，杂以《五经》谶记之文，撰次天子至于庶人冠婚吉凶终始制度，以为百五十篇，写以二尺四寸简。其年十二月奏上。帝以众论难一，故但纳之，不复令有司平奏。"

（3）章和二年（88），和帝即位，曹褒乃撰汉《新礼》章句，拔擢为监羽林左骑。本传言："会帝崩，和帝即位，褒乃为作章句，帝遂以《新礼》二篇冠。擢褒监羽林左骑。"

（4）和帝永元四年（92），为射声校尉，后迁城门校尉、将作大将。本传云："永元四年，迁射声校尉。……迁城门校尉、将作大匠。"

（5）永元七年（95）为河内太守。本传云："[永元]七年，出为河内太守。"后迁侍中，永元十四年（102）卒于官。本传云："有顷征，再迁，复为侍中。褒博物识古，为儒者宗。十四年，卒官。"

曹褒事迹又见于《东观汉记》（吴校本）卷一五、袁宏《后汉记》卷一二、周天游辑谢承《后汉书》卷三及司马彪《续汉书》卷三。

二、曹褒著述

1.《汉礼》及《汉礼章句》

曹褒之作，一为一百五十篇《汉礼》及《汉礼章句》。关于两书命运，《后汉书·曹褒传》云："后太尉张酺、尚书张敏等奏褒擅制《汉礼》，破乱圣术，宜加刑诛。帝虽寝其奏，而《汉礼》遂不行。"按：《曹褒传》所言其著《礼》事往往会使人误解曹褒新作的礼称为"新礼"。其实，曹褒所新作，本传明言名为《汉礼》，至于和帝"遂以《新礼》二篇冠"乃是将《新礼》二篇置于《汉礼》之前。所谓《新礼》乃是新莽时刘歆等杂定天子以至庶人婚礼，事见《汉书·平帝纪》及《王莽传》。《汉礼章句》今亡，《汉礼》既"杂以《五经》谶记之文"，则其《章句》中也当杂有谶纬之说。后儒也有此论，如晁公武《郡斋读书志》"《易乾凿度》二卷"条下云："昔通儒谓纬书伪起哀、平，光武既以谶立，故笃信之。陋儒阿世，学者甚众。郑玄、何休以之通经，曹褒以之定礼。历代革命之际，莫不引谶为符瑞，故桓谭、张衡之徒皆深疾之。"《汉礼》的基本内容可从蔡邕《独断》中窥见一斑："珠冕爵、冔收、通天冠、进贤冠、长冠、缁布冠、委貌冠、皮弁、惠文冠，古者天子冠所加者，其次在《汉礼》。"确为言制度之事，与《曹褒传》所述正合。

2.《通义》

此外，本传又言："褒博物识古，为儒者宗。作《通义》十二篇，演经杂论百二十篇，"则曹褒又作《通义》十二篇及其他经义杂论一百二十篇。按：曹褒《五经通义》无考，朱彝尊《经义考》著录有曹褒《五经通义》十二篇，并云："按：刘向、曹褒俱撰《五经通义》，群书所引大都皆向之说，惟《太平御览》一条窃有可疑。文云：'歌者象德，舞者象功，君子尚德下功，故歌在堂舞在庭。何言歌在堂也？《燕礼》曰"升歌鹿鸣"，以是知之。何言舞在庭也？《援神契》曰"合忻之乐舞于堂，四夷之乐陈于户"，以是明之。'度刘向时《援神契》未行于世，至褒撰礼多杂以五经谶记之文，然则此盖褒十二篇中语也。"然范晔仅云其为《通义》，并未言明其为何通义，不知朱彝尊何以断定其为《五经通义》？朱彝尊所引《太平御览》文字所论乃礼仪，如确为曹褒所作，亦不能定其为《五经通义》，仅可见其为礼学而已。①

3. 传《礼记》

本传又曰："[褒]又传《礼记》四十九篇，教授诸生千余人，庆氏学遂行于世。"按：此段文往往为人所误解曹褒传《礼记》四十九篇，则是小戴《礼》也，或庆氏《礼》与小戴《礼》同源而别传。误解的根源在于不明汉人所谓《礼》与《礼记》之区别。汉人所谓《礼》乃指《仪礼》，亦称《礼经》，礼学三家——大小戴及庆氏均指研习《礼经》而言，而非《礼记》。《隋志》叙三《礼》在汉代的传习，条理分明，先《礼经》，次《周礼》，次《礼记》。其于《礼经》云："汉初，有高堂生传十七篇，又有古经，出于淹中，而河间献王好古爱学，收集余烬，得而献之，合五十六篇，并威仪之事。而又得《司马穰苴兵法》一百五十五篇，及《明堂阴阳》之记，并无敢传之者。唯古经十七篇与高堂生所传不殊，而字多异。自高堂生至宣帝时后苍，最明其业，乃为《曲台记》。苍授梁人戴德，及德从兄子圣、沛人庆普，于是有大戴、小戴、庆氏，三家并立。后汉唯曹元传庆氏，以授其子褒。然三家虽存并微，相传不绝。汉末，郑玄传小戴之学，后以古经校之，取其于义长者作注，为郑氏学。"所谓高堂生十七篇，为《仪礼》，大小戴、庆氏三家亦为《仪礼》学，郑玄据小戴《仪礼》经，自为一家"郑氏学"，亦指《仪礼》学。

《曹褒传》言曹充"作章句辩难，于是遂有庆氏学"，言曹褒"庆氏学遂行于世"，而《汉书·儒林传》云："仓说《礼》数万言，号曰《后氏曲台记》，授沛闻人通汉子方、梁戴德延君、戴圣次君、沛庆普孝公。孝公为东平太傅。德号大戴，为信都太傅；圣号小戴，以博士论石渠，至九江太守。由是《礼》有大戴、小戴、庆氏之学。"两者岂非矛盾？其实，从庆氏《礼》的基本特点我们或许看出一些端倪。庆氏《礼》虽不能见，但据《曹褒传》及《独断》所述，我们可以判断：庆氏《礼》的核心在于制度建设，其形态可能更接近于"礼容"派，也即《汉书·儒林传》所说的徐生等人"善为容"。用现代术语来说，这是侧重于应用型与实践型的学派。且看曹褒字叔通，范书本传、《东观汉记》及谢承《后汉书》都说曹褒"常慕叔孙通为汉礼仪"，这已经很清楚了。《隋志》也说："汉兴，叔孙通定朝仪，武帝时始祀汾阴后土，成帝时初定南北之郊，节文渐具。后汉又使曹褒定汉

---

① 此段考证来自于林海硕士论文《后汉艺文志汇补》，中山大学2014年。

仪，是后相承，世有制作。"如此，则可知庆氏学擅长制作，远祖为叔孙通，而近祖则为后苍。

《汉志》六艺礼部著录有《曲台后苍》九篇，关于《曲台记》的内容，《汉志》师古注引如淳曰："行礼射于曲台，后苍为记，故名曰《曲台记》。《汉官》曰大射于曲台。"引晋灼曰："天子射宫也。西京无太学，于此行礼也。"刘歆《七略》亦言："宣皇帝时行射礼，博士后苍为之辞，至今记之曰《曲台记》。"（《文选·齐竟陵文宣王行状》注）依刘歆所说，似乎此《曲台记》主要是说射礼。范玉秋说："《后苍曲台记》是因后苍在曲台校书著记而得名，但其内容，却主要是由'士礼'而推补出'诸侯之礼''天子之礼'，是完备汉代之礼仪制度，解说《仪礼》十七篇的'记'。"① 范说大体可信。如此，正可照应《汉书·礼乐志》所言"苍等推士礼而致于天子之说"，实乃后氏礼学家法之确立过程。

换句话说，后苍弟子庆普恰恰继承了后氏礼学当中创通性的一面，从而确立了庆氏学，但在前汉并无机会立于学官，因为没有创建制度的机会。西汉倒也有几次议礼之举，如元帝永光四年（40）议罢郡国庙（见《汉书·礼乐志》及《韦玄成传》），如石渠阁会议（见《汉书·宣帝纪》），如哀帝为自己亲母上尊号（见《师丹传》《孔光传》《王莽传》诸篇），可惜无一涉及制度创建。到了王莽改制才有机会，但王莽采用的是包括《周礼》在内的古代典籍，用的是刘歆诸通达型学者，而非庆氏《礼》学专家。到了东汉，百废待兴，光武、明帝、章帝三世复礼，最终庆氏《礼》才得以大兴，如此解读方能前后畅通，各种说法的矛盾涣然冰释。

曹曾

曹曾，欧阳歙弟子，《后汉书·儒林列传》云："济阴曹曾字伯山，从［欧阳］歙受《尚书》，门徒三千人，位至谏议大夫。"其余事迹不详。

曹祉

曹祉，曹曾之子，习欧阳《尚书》。《后汉书·儒林列传》云："［曾］子祉，河南尹，传父业教授。"其余事迹不详。

---

① 范玉秋：《后苍经学探论》，载《东岳论丛》2012年第8期。

岑晊

岑晊，通群经，范晔《后汉书·党锢列传》有传，但不云岑晊习经，其通经事见于《御览》卷二六四引袁山松《后汉书》："岑晊字公孝，高才绝人，五经六艺，无不洞贯。太守成瑨请为功曹，时谣曰：'南阳太守岑公孝，弘农成瑨但坐啸。'"其余事迹具见范书本传。

陈禅

陈禅，字纪山，巴郡安汉人，《后汉书》卷五一有传，但据本传，陈禅乃一位能吏，不言此人通经术。《华阳国志·广汉士女赞》云："[镡显]与张霸、李郃、张晧、陈禅为友，共师司徒鲁恭。……而霸、郃、晧、禅皆至公卿。"按诸陈禅本传亦无师事鲁恭文，姑且存疑。

陈平子

陈平子，长沙人，范式同学。《后汉书》卷八一《独行列传·范式传》云："[范式]后到京师，受业太学。时诸生长沙陈平子亦同在学，与式未相见，而平子被病将亡，谓其妻曰：'吾闻山阳范巨卿，烈士也，可以托死。吾殁后，但以尸埋巨卿户前。'乃裂素为书，以遗巨卿。既终，妻从其言。时式出行适还，省书见瘗，怆然感之，向坟揖哭，以为死友。乃营护平子妻儿，身自送丧于临湘。未至四五里，乃委素书于柩上，哭别而去。其兄弟闻之，寻求不复见。"

此事也见于周天游辑谢承《后汉书》卷五《独行传》，与范书略同。

陈球

陈球，通儒学。《后汉书》卷五六《陈球传》云："陈球字伯真，下邳淮浦人也。历世著名。父亹，广汉太守。球少涉儒学，善律令。"《隶释》载蔡邕《太尉陈球碑》云："甘味道艺，强学博物，凡坟素遗训，圣贤立言，掬精极微，无□不究。"陈球学兼儒法，与陈宠略等。

陈球生卒，《陈球传》："[灵]帝大怒，策免郃，郃与球及刘纳、阳球皆下狱死。球时年六十二。"《灵帝纪》光和二年（179）："冬十月甲申，司徒刘郃、永乐少府陈球、卫尉阳球、步兵校尉刘纳谋诛宦者，事泄，皆下狱死。"陈球卒于灵帝光和二年（179），年六十二，则球生于安帝元初五年（118）。

弟子著名者有郑玄，见《郑玄传》。胡元仪《北海三考·师承考》云："郑君从球受业，盖习律令欤？故郑君有《律令章句》之作，魏时垂为国宪也。"

又有所谓管宁、华歆。《隶释》卷二〇列有《水经注》所载汉碑，中有陈球三碑。洪适云："下邳有汉太尉陈球墓，墓前有三碑是弟子管宁、华歆等造。"按诸《后汉书·陈球传》、《三国志》管宁、华歆等本传，皆不见有管宁、华歆共师陈球的记载，不知洪适所依何据？

陈球事迹除本传外，又见于《东观汉记》（吴校本）卷一七、周天游辑谢承《后汉书》卷四、司马彪《续汉书》卷四、张璠《后汉记》，及《蔡邕集》《隶释》《集古录》《金石录》所载诸碑文。

陈寔

陈寔，东汉名士，以德行著称，曾为太丘长，人称"陈太丘"。《后汉书》卷六二有传。《陈寔传》云："陈寔字仲弓，颍川许人也。出于单微。自为儿童，虽在戏弄，为等类所归。少作县吏，常给事厮役，后为都亭佐。而有志好学，坐立诵读。县令邓邵试与语，奇之，听受业太学。"谢承《后汉书》亦云："陈寔字仲弓，诣太学，郭林宗、陈仲举为亲友。归家，立精舍，讲授诸生数百人。"（《御览》卷一八一引）

陈寔生卒年，本传云："中平四年，年八十四，卒于家。"今《蔡邕集》载有陈寔三碑，其一曰："年八十有三，中平三年八月丙午遭疾而终。"其二曰："春秋八十有三，中平三年八月丙子卒。"其三曰："春秋八十有三，寝疾而终。"且碑首句即云"维中平五年春三月癸未，豫州刺史典，以褒功述德"，立碑时间距离陈寔卒年不到两年，当可信。赵明诚《金石录》云："邕集仲弓三碑皆邕撰。其一碑云：中平三年秋八月丙子卒。三碑皆云春秋八十有三。《后汉书·仲弓传》以为中平四年年八十四卒于家者，疑传误。"今据陈寔碑，定为灵帝中平三年（186）陈寔卒，年八十三，生于和帝永元十六年（104）。

一、主要事迹

陈寔仕履皆为地方职，如本郡西门亭长，郡功曹。后为黄琼所辟，候补闻喜长，两次任太丘长。其人为政在宽，以德服人，称盗贼为"梁上君子"的典故即来自陈寔。

本传又云陈寔卒后"海内赴者三万余人，制衰麻者以百数。共刊石立碑，谥为文范先生。"按：陈寔三碑，其一云"谥曰文范先生"，与范书本传同。而另一碑则云："谥为文节先生。"与本传谥号不同。考其碑文又有"文为德表，范为士则。存海没号，不亦宜乎"之语，检《三国志·魏书·邓艾传》："［邓艾］年十二，随母至颍川，读故太丘长陈寔碑文，言'文为世范，行为士则'，艾遂自名范，字士则。"则此碑存文最真，陈寔谥号或为"文节"，范书误。

陈寔事迹又见于《东观汉记》（吴校本）卷一七，袁宏《后汉记》卷二三、二四，周天游辑谢承《后汉书》卷四，司马彪《续汉书》卷四，华峤《后汉书》卷三，《蔡邕集》陈寔三碑，《隶释》卷一八《太丘长陈寔坛碑》、卷一九《司空掾陈寔残碑》（又载于《集古录》及《金石录》），《世说新语·政事》诸篇及张华《博物志》卷六。

二、陈寔著述

侯康《补后汉书艺文志》录有陈寔《异闻记》。侯氏引周婴《卮林》曰："予又览《北户录》引陈仲弓《异闻记》曰：'东城池有王余鱼，池决，鱼不得去，将死。或以镜照之，鱼看影，谓其有双，于是比目而去。'则此书唐尚存也。"侯康云："隋唐志无此书，唐时未必存，或段公路从他处转引。"按：《抱朴子·内篇》卷三《对俗》云"故太丘长颍川陈仲弓，笃论士也，撰《异闻记》云，其郡人张广定者"云云，也是此书中语。

陈纪

陈纪，字元方，陈寔之子，魏司空陈群之父，习《齐诗》。《后汉书》卷六二《陈纪传》云："纪字元方，亦以至德称。兄弟孝养，闺门雍和，后进之士皆推慕其风。及遭党锢，发愤著书数万言，号曰《陈子》。"陈纪卒年，本传云："建安初，袁绍为太尉，让于纪；纪不受，拜大鸿胪。年七十一，卒于官。"不云具体时间，《献帝纪》亦不载。《古文苑》卷十九载有邯郸淳《后汉鸿胪陈君碑》云陈纪"不幸寝疾，年七十有一，建安四年六月卒"。建安四年（199）卒，年七十一，则陈纪生于顺帝永建四年（129）。

《后汉书》本传不言陈纪治何经，陈氏之经学见于《序录》："后汉陈元方亦传《齐诗》。"盖陆德明见于别本《后汉书》。唐成伯玙《毛诗指说》亦云："后汉陈元方亦学《齐诗》。"

陈纪事迹又见于周天游辑谢承《后汉书》卷四及袁山松《后汉书》。另外，陈纪乃东汉名士，其人事迹又多次见于《世说新语》，如《德行》《言语》《政事》《方正》《规箴》《夙惠》等篇，大抵载其聪慧与见识。殷芸《小说》也载有数则，同《世说新语》。

陈纪之《诗》学略可考见者，如《世说新语·言语》载陈元方答客难曰："昔高宗放孝子孝己，尹吉甫放孝子伯奇，董仲舒放孝子符起。"刘孝标注引《琴操》曰："尹吉甫，周卿也，有子伯奇，母死更娶。后妻生子曰伯邽。乃谮伯奇于吉甫，于是放伯奇于野。宣王出游，吉甫从，伯奇乃作歌，以言感之。宣王闻之曰：'此孝子之辞也。'吉甫乃求伯奇于野，而射杀后妻。"按：此用《小雅·小弁》三家义，与《毛序》"刺幽王也。太子之傅作焉"不同。

陈纪著作，本传言其撰有《陈子》。《陈君碑》亦云陈纪"乃覃思著书三十余万言，言不务华，事不虚设，其所交释合赞，规圣哲而后建旨明归焉，今所谓《陈子》者也"。侯康《补后汉书艺文志》据碑文录有《陈子》。其书今佚。

陈嚣

陈嚣，习《韩诗》。此人不见载于范晔《后汉书》，其习经事见于《东观汉记》："陈嚣，字君期，明《韩诗》，时语曰：'关东说诗陈君期。'"（《御览》卷六一五引）

陈嚣之字，《东观汉记》作君期，谢承《后汉书》作子公。《书钞》卷五六引谢承《后汉书》云："陈嚣字子公，拜太中大夫。年七十，每朝贺，帝待以师傅之礼，赐几杖，入朝不趋，赞事不名。以病乞骸骨，以大夫位终。"周天游《八家后汉书辑注》云："按京师之语，当以'君期'为是。"①

---

① 周天游：《八家后汉书辑注》，上海古籍出版社1986年版，第217页。

陈嚣之籍贯，《类聚》卷九六引谢承《后汉书》作："会稽陈嚻（按：作嚣）。"则陈嚣为会稽人。其余事迹见周天游辑谢承《后汉书》卷六。

陈宣

陈宣，习《鲁诗》。司马彪《续汉志·五行志》："鱼孽，刘歆传以为介虫之孽，谓蝗属也。"刘昭注引谢承《后汉书》曰：

> 陈宣子兴，沛国萧人也。刚猛性毅，博学，明《鲁诗》。遭王莽篡位，隐处不仕。光武即位，征拜谏议大夫。建武十年，洛水出造津，城门校尉欲奏塞之，宣曰：'昔周公卜雒以安宗庙，为万世基，水不当入城门。如为灾异，人主过而不可辞，塞之无益。昔东郡金堤大决，水欲没郡，令、吏、民散走；太守王尊亡身敕以住立不动，水应时自消。尊人臣，尚修正弭灾，岂况朝廷中兴圣主，天所挺授，水必不入。'言未绝，水去。上善其言。后乘舆出，宣列引在前，行迟，乘舆欲驱，钩宣车盖使疾行，御者堕车下。宣前谏曰：'王者承天统地，动有法度，车则和鸾，步则佩玉，动静应天。昔孝文时，边方有献千里马者，还而不受。陛下宜上稽唐虞，下以文帝为法。'上纳其言，遂徐行按辔。迁为河堤谒者，以病免，卒于家。

此陈宣事也见于《类聚》《御览》诸书所引，周天游将其辑为谢承《后汉书》卷六《陈宣传》。

陈弇

陈弇，丁鸿弟子，习欧阳《尚书》。《后汉书·儒林列传》云："又陈留陈弇，字叔明，亦受欧阳《尚书》于司徒丁鸿，仕为蕲长。"

其事迹又见于周天游辑司马彪《续汉书》卷五《儒林传》："弇以《尚书》教授，躬自耕种。常有黄雀飞来，随弇翱翔。"及袁山松《后汉书》卷四，内容与司马彪《续汉书》略同。

陈翼

陈翼，杨震弟子，《后汉书·杨震传》："会三年（安帝延光三年，124）

春,因饮酖而卒,时年七十余。弘农太守移良承樊丰等旨,遣吏于陕县留停震丧,露棺道侧,谪震诸子代邮行书,道路皆为陨涕。岁余,顺帝即位,樊丰、周广等诛死,震门生虞放、陈翼诣阙追讼震事。"陈翼其余事迹不详。

陈元

陈元,陈钦之子,习费氏《易》,见《后汉书·儒林列传》:"建武中,范升传孟氏《易》,以授杨政,而陈元、郑众皆传费氏《易》,其后马融亦为其传。"《序录》与《隋志》亦云陈元"传费氏之学"。又习《左传》,见《后汉书》卷三六《陈元传》。本传云:"陈元字长孙,苍梧广信人也。父钦,习《左氏春秋》,事黎阳贾护,与刘歆同时而别自名家①。……元少传父业,为之训诂,锐精覃思,至不与乡里通。以父任为郎。"

一、主要事迹

(1) 建武四年(28),陈元上疏争立《左传》博士。本传云:"建武初,元与桓谭、杜林、郑兴俱为学者所宗。时议欲立《左氏传》博士,范升奏以为《左氏》浅末,不宜立。元闻之,乃诣阙上疏曰……书奏,下其议,范升复与元相辩难,凡十余上。帝卒立《左氏》学,太常选博士四人,元为第一。"据《范升传》,范升认为《左氏》不可立时在建武四年。此事又见于《后汉书·儒林列传》:"建武中,郑兴、陈元传《春秋左氏》学。时尚书令韩歆上疏,欲为《左氏》立博士,范升与歆争之未决,陈元上书讼《左氏》,遂以魏郡李封为《左氏》博士。后群儒蔽固者数廷争之。及封卒,光武重违众议,而因不复补。"也载于《隋志》:"至建武中,尚书令韩歆请立而未行。时陈元最明《左传》,又上书讼之。于是乃以魏郡李封为《左氏》博士。后群儒蔽固者,数廷争之。及封卒,遂罢。"

(2) 建武七年(31),辟司空李通府。本传云:"元以才高著名,辟司空李通府。"《光武纪》建武七年:"五月戊戌,前将军李通为大司空。"十二年(36)秋:"大司空李通罢。"

(3) 建武十二年(36),辟司徒欧阳歙府,年老病归,卒于家。本传云:"李通罢,元后复辟司徒欧阳歙府,数陈当世便事、郊庙之礼,帝不能

---

① 李贤注:"元父钦,字子佚。以《左氏》授王莽,自名《陈氏春秋》,故曰别也。"

用。以病去，年老，卒于家。"

陈元除习《左传》并为其训诂外，建武四年上疏中有云："陛下拨乱反正，文武并用。""拨乱反正"之语见《公羊传》，则陈元也习《公羊》。

陈元事迹又见于《东观汉记》（吴校本）卷一五、周天游辑华峤《后汉书》卷二。

二、陈元著述

钱大昭《补续汉书艺文志》有陈元《左氏训诂》，钱氏注："《释文序录》作《左氏异同》。"按《序录》云："司空南阁祭酒陈元作《左氏同异》。"此书今佚，也不见载《序录》所附书目。

陈元集存，《隋志》："又有司徒掾《陈元集》一卷。"两《唐志》不见载，早佚。严可均《全后汉文》卷一九辑有陈元文。

陈重

陈重，习《鲁诗》、颜氏《春秋》。《后汉书》卷八一《独行列传·陈重传》："陈重字景公，豫章宜春人也。少与同郡雷义为友，俱学《鲁诗》、颜氏《春秋》。太守张云举重孝廉，重以让义，前后十余通记，云不听。……义明年举孝廉，重与俱在郎署。……后为司徒所辟，拜侍御史，卒。"不云卒于何时。《后汉书·雷义传》云顺帝俱征陈、雷二人，则陈重为顺帝时人。

陈重事迹又见于周天游辑谢承《后汉书》卷五《独行传》，及《通典·职官志》杜佑自注引赵岐《三辅决录》："陈重与其友雷义俱拜尚书郎。义以左黜。重见义去官，亦以病免。"

成封

成封，东汉名儒，曾参与白虎观会议，事见《后汉书·丁鸿传》。《丁鸿传》云："肃宗诏鸿与广平王羡及诸儒楼望、成封、桓郁、贾逵等，论定五经同异于北宫白虎观，使五官中郎将魏应主承制问难，侍中淳于恭奏上，帝亲称制临决。"李贤注引《东观汉记》曰："与太常楼望、少府成封、屯骑校尉桓郁、卫士令贾逵等集议。"可见成封白虎观会议时官为少府。《丁鸿传》又言丁鸿白虎观会议后"数受赏赐，擢徙校书，遂代成封为少府"，也可知成封是以少府官职论议白虎观,但不知成封卸任少府官职之后担任何官。除参与白虎观会议外,其余事迹也不详。

承宫

承宫,习《春秋》。《后汉书》卷二七《承宫传》云:"承宫字少子,琅邪姑幕人也。少孤,年八岁为人牧豕。乡里徐子盛者,以《春秋经》授诸生数百人,宫过息庐下,乐其业,因就听经,遂请留门下,为诸生拾薪。执苦数年,勤学不倦。经典既明,乃归家教授。遭天下丧乱,遂将诸生避地汉中,后与妻子之蒙阴山,肆力耕种。禾黍将熟,人有认之者,宫不与计,推之而去,由是显名。三府更辟,皆不应。永平中,征诣公车。车驾临辟雍,如宫拜博士,迁左中郎将。……[永平]十七年,拜侍中祭酒。"

承宫卒年,《承宫传》云"建初元年,[承宫]卒,肃宗褒叹,赐以冢地"。建初元年为公元76年,承宫生年不详。

承宫事迹又见于《东观汉记》(吴校本)卷一四、周天游辑谢承《后汉书》卷二、司马彪《续汉书》卷三、袁宏《后汉记》卷一〇。

程曾

程曾,习《春秋》严氏学。《后汉书·儒林列传·程曾传》云:

> 程曾字秀升,豫章南昌人也。受业长安,习严氏《春秋》,积十余年,还家讲授。会稽顾奉等数百人常居门下。著书百余篇,皆五经通难,又作《孟子章句》。建初三年,举孝廉,迁海西令,卒于官。

据本传,程曾所著书有二,一为五经论难,其内容大约与许慎《五经异义》类似,也即经义异同的考察,"皆五经通难"表明并非以此为书名。但侯康《补后汉书艺文志》录有程曾《五经通难》,书名值得商榷。

其二为《孟子章句》。马国翰《玉函山房辑佚书》有辑本一卷。马氏序云:"《后汉书·儒林列传》言,[程曾]作《孟子章句》不详卷,《隋书·经籍志》未及著录,佚在隋前,诸书亦绝少征引。"马氏据宋熙时子注《孟子外书》采得一节,题为《孟子程氏章句》一卷。按:《孟子外书》实乃伪书,焦循《孟子正义》详辨之,故马氏此辑不足为据。

淳于长通

淳于长通，习《易》与《春秋》，明方术，东汉桓灵时期会稽人。《御览》卷三八五引谢承《会稽先贤传》："淳于长通年十七，说宓氏《易经》，贯洞内事万言，兼《春秋》，乡党称曰圣童。"按："宓""服""伏"古音通。《汉志》易类有"服氏两篇"，王先谦《汉书补注》引《会稽先贤传》，曰："淳于长通说宓氏《易经》，宓与服通。"陈直《汉书新证》云："考宓子贱之宓，又与伏、服二姓相通，故伏生为子贱之后。刘向《别录》，以服氏齐人，知即宓氏也。《淮南子·齐俗训》：'客有见于宓子者'，《赵策》作'服子'是也。"① 以王、陈二说，似西汉《尚书》学始祖又传《易》学。考《隋志》云："《周易集林》十二卷，京房撰。《七录》云伏万寿撰。"伏万寿为伏恭之子，伏生之后，见《后汉书·儒林列传》。王、陈说或是。

淳于长通，有时又作"叔通"。彭晓《周易参同契通真义序》："不知[魏伯阳]师授谁氏，得古文《龙虎经》，尽获妙旨。乃约《周易》撰《参同契》三篇。未尽纤微，复作《补塞遗脱》一篇，继演丹经之玄奥。所述多以寓言借事，隐显异文。密示青州徐从事，徐乃隐名而注之。至于后汉孝桓帝时，公[指魏伯阳]复授与同郡淳于叔通，遂行于世。"《郡斋读书志》录有《彭晓注参同契》三卷，题汉魏伯阳撰。晁公武云："案《神仙传》：伯阳，会稽上虞人，通贯诗律，文辞赡博，修真养志，约《周易》作此书，凡九十篇。徐氏笺注。桓帝时，以授同郡淳于叔通，因行于世。彭晓为之解。"

又作淳于斟，字叔显。《真诰》卷十二："定录府有典柄执法郎淳于斟，字叔显，主试有道者。斟会稽上虞人，汉桓帝时作徐州县令。"陶弘景自注："《易参同契》云，桓帝时，上虞淳于叔通受术于青州徐从事，仰观乾象，以处灾异，数有效验。以知术，故郡举方正，迁洛阳市长，如此亦为小异。"

又作淳于翼。《后汉记》卷二二："[度]尚字博平，初为上虞长。县民故洛阳市长淳于翼，学问渊深，大儒旧名，常隐于田里，希见长吏。尚往候之，晨到其门，翼不即相见。主簿曰还，不听，停车待之。翼晡乃见，尚总其道德，极谈而还。"今本《搜神记》卷六："汉桓帝即位，有大蛇见

---

① 陈直：《汉书新证》，天津人民出版社1979年版，第227页。

德阳殿上。洛阳令淳于翼曰：'蛇有鳞，甲兵之象也。见于省中，将有椒房大臣受甲兵之诛也。'乃弃官遁去。至延熹二年，诛大将军梁冀，捕治家属，扬兵京师也。"《开元占经》卷一二〇引《会稽典录》："淳于翼字叔通，除洛阳市长。桓帝即位，有大蛇见德阳殿上，翼占曰：'以蛇有鳞，甲兵之应也。'"

可见淳于长通之《易》学主占候，颇显灵异，大抵京氏学之流，所以后世往往将其人视作术士仙家一类人物，名字也屡见更改。如《元和姓纂》卷三："会稽上虞《列仙传》有淳于斟，字叔孙。"又有小异。其实按其事迹，实为一人。

崔篆

崔篆，崔骃祖父，明经。《后汉书》卷五二《崔骃传》云："舒小子篆，王莽时为郡文学，以明经征诣公车。""建武初，朝廷多荐言之者，幽州刺史又举篆贤良。篆自以宗门受莽伪宠，惭愧汉朝，遂辞归不仕。客居荥阳，闭门潜思，著《周易林》六十四篇，用决吉凶，多所占验。"卒年不详，当在光武世。

崔篆事迹又见于《东观汉记》（吴校本）卷一六。

《史通·古今正史》篇云："至元嘉元年，复令太中大夫边韶、大军营司马崔寔、议郎朱穆、曹寿杂作孝穆、崇二皇及顺烈皇后传，又增《外戚传》入安思等后，《儒林传》入崔篆诸人。"则《东观汉记》当有《儒林传》，内有崔篆。

崔篆著述，本传言有《周易林》六十四篇，此书《隋志》不见载，《旧唐志》有"《崔氏周易林》十六卷，不题撰人"，《新唐志》："《崔氏周易林》十六卷，崔篆。"关于此书，余嘉锡《四库提要辨证》认为乃是传于今世的《焦氏易林》。按：崔篆《易林》实属数术类，以占候为主要内容，所以崔篆《易》学家法虽不能断定，大概也是京氏学一类。

崔篆集录，《隋志》："梁有王莽建新大尹《崔篆集》一卷，亡。"两《唐志》复载"《崔篆集》一卷"。严可均《全汉文》卷六一将本传所载《慰志赋》辑为崔文一卷。

崔骃

崔骃，字亭伯①，崔篆之孙，通数经。《后汉书》卷五二《崔骃传》云："篆生毅，以疾隐身不仕。……毅生骃，年十三能通《诗》《易》《春秋》，博学有伟才，尽通古今训诂百家之言，善属文。"

崔骃卒年，本传云："［和帝］永元四年，［骃］卒于家。"则崔骃卒于92年，生年不详。

崔骃交友，本传云："［骃］少游太学，与班固、傅毅同时齐名。"②

崔骃事迹又见于《东观汉记》（吴校本）卷一七、周天游辑华峤《后汉书》卷二、袁山松《后汉书》及袁宏《后汉记》卷一二。

崔骃著述，本传云："［骃］所著诗、赋、铭、颂、书、记、表、《七依》《婚礼结言》《达旨》《酒警》合二十一篇。"其中，《达旨》俱载本传，其文拟扬雄《解嘲》。崔骃集录，《隋志》："后汉长岑长《崔骃集》十卷。"《旧唐志》："《崔骃集》十卷。"《新唐志》："《崔骃集》十卷。"李贤注《崔骃传》"骃上《四巡颂》以称汉德"曰："按：《骃集》有东、西、南、北四巡颂，流俗本'四'多作'西'者，误。"则《崔骃集》唐时尚存，今佚。明人张溥《汉魏百三名家集》辑有《崔亭伯集》。崔骃存诗五首并残句，见于逯钦立《先秦汉魏晋南北朝诗》卷五、明冯惟讷《诗纪·汉》、丁福保《全汉诗》卷二，文见于严可均《全后汉文》卷四四。

崔骃之学

1.《易》学

《达旨》云："《易》称'备物致用'，'可观而有所合'，故能扶阳以出，顺阴而入。""备物致用"，见《系辞》。"可观而有所合"，见《序卦》。"扶阳以出，顺阴而入"义，郑玄注《易乾凿度》曰："阳起于子，阴起于午，天数大分。以阳出《离》，以阴入《坎》，《坎》为中男，《离》为中女。太一之行，出从中男，入从中女。因阴阳男女之偶为终始也。"则崔骃之《易》学，于京氏《易》为近。

---

① 《御览》卷二三八引华峤《后汉书》云："崔骃字亭伯，辟大将军窦宪府掾。"
② 林家骊、孙宝认为"崔骃在太学时期与班固有同学之谊的可能不大"，见所著《崔骃四考》，载《浙江大学学报》（人文社会科学版）2013年第6期。

2. 《礼》与《春秋》学

《达旨》云："威械臧而俎豆布，六典陈而九刑厝。""六典"见《周礼》："太宰之职，掌建邦之六典，以佐王理邦国；一曰理典，二曰教典，三曰礼典，四曰政典，五曰刑典，六曰事典。"《左传》曰："周有乱政而作九刑。"杜预注云："周之衰，为刑书，谓之九刑。"《达旨》又云"包胥单辞而存楚"，事见《左传》。

3. 《诗》学

于《诗》，《达旨》云："展季效贞于门女。"事见《韩诗外传》："鲁有男子独处，夜暴风雨至，妇人趋而托之，男子闭户不纳，曰：'吾闻男子不六十不闲居。'妇人曰：'子何不学柳下惠然？妪不逮门之女，国人不称其乱焉。'"

崔骃善文，又家世儒学，后世小说家亦有其轶事。如殷芸《小说》云：

> 崔骃有文才，其县令往造之。骃子瑗年九岁，书门曰："人虽干木，君非文侯，何为光光，入我里闾？"令见之，问骃，骃曰："必瑗所书。"召瑗，将诘所书，乃曰："君使臣以礼，臣事君以忠。"

崔瑗

崔瑗，崔骃中子，传附于《崔骃传》。《后汉书》卷五二《崔骃传》云："瑗字子玉，早孤，锐志好学，尽能传其父业。年十八，至京师，从侍中贾逵质正大义，逵善待之，瑗因留游学，遂明天官、历数、《京房易传》、六日七分。诸儒宗之。与扶风马融、南阳张衡特相友好。"谢承《后汉书》也说："崔瑗字子玉，讲论六经，三辟公府，论议京师，谈高妙。"（《书钞》卷六八引）

崔瑗生卒，本传云："汉安初，大司农胡广、少府窦章共荐瑗宿德大儒，从政有迹，不宜久在下位，由此迁济北相。时李固为太山太守，美瑗文雅，奉书礼致殷勤。岁余，光禄大夫杜乔为八使，徇行郡国，以臧罪奏瑗，征诣廷尉。瑗上书自讼，得理出。会病卒，年六十六。"按《杜乔传》："汉安元年，以乔守光禄大夫，使徇察兖州。"则崔瑗为杜乔所弹劾且病卒于顺帝汉安二年（143），生于章帝建初三年（78）。张怀瓘《书断》也说："[崔骃]以顺帝汉安二年卒，年六十六。"

崔瑗事迹又见于《东观汉记》（吴校本）卷一七、周天游辑谢承《后汉书》卷三、华峤《后汉书》卷一、司马彪《续汉书》卷四及张怀瓘《书断》。赵岐《三辅决录》中亦有其事迹。

一、崔瑗之学

除明京氏《易》外，本传又有载其学《礼》事："年四十余，始为郡吏。以事系东郡发干狱。狱掾善为礼，瑗闲考讯时，辄问以《礼》说。其专心好学，虽颠沛必于是。"

二、崔瑗著述

本传曰："瑗高于文辞，尤善为书、记、箴、铭，所著赋、碑、铭、箴、颂、《七苏》《南阳文学官志》《叹辞》《移社文》《悔祈》《草书势》、七言，凡五十七篇。其《南阳文学官志》称于后世，诸能为文者皆自以弗及。"《隋志》："后汉济北相《崔瑗集》六卷。"注云："梁五卷。"两《唐志》并载《崔瑗集》五卷。其佚文可考者，如李贤引《崔瑗集》注瑗《七苏》篇曰："瑗集载其文，即枚乘《七发》之流。"《后汉书·光武纪》李贤注引有崔瑗《中垒校尉箴》，《后汉书》卷五九《张衡传》："张衡字平子，南阳西鄂人也。"李贤注："有平子墓及碑在焉，崔瑗之文也。"

此外，《旧唐志》有"《飞龙篇篆草势合》三卷，崔瑗撰"，《新唐志》载："崔瑗《飞龙篇篆草势合》三卷"。《晋书·卫恒传》载有崔瑗《草书势》，侯康《补后汉书艺文志》曰："案瑗本传及卫恒皆但称瑗有《草书势》，无《篆势》，《唐志》有之，岂因瑗兼善小篆而附益之耶？"另，钱大昭《补续汉书艺文志》有崔瑗《飞龙》篇，但后世不见其文。如此，则所谓《飞龙篇篆草势合》由三篇组成，今唯有草书势，其余两篇亡佚。

崔骃有此三篇，原因在于他工书法，尤善篆、草。《晋书·卫恒传》云："后有崔瑗、崔寔，亦皆称工，杜氏杀字甚安，而书体微瘦。崔氏甚得笔势，而结字小疏。"《书断》说崔瑗："文章盖世，善章草，师于杜度，点画之间，莫不调畅。伯英祖述之，其骨力精熟过之也。"又说，"其遗迹绝少，又妙小篆，今有《张平子碑》。……子玉章草入神，小篆入妙。"将其章草列入神品，小篆列入妙品。唐李嗣真《书后品》书法上上品只有二人：隶书程邈、小篆崔瑗。可见一斑。

本传又言崔骃所作有箴、铭之文。所作箴，往往后世混误。如《直斋书录解题》有《二十四箴》一卷，题扬雄撰。晁公武云："今广德军所刊本，校［扬雄］集中无《司空》《尚书》《博士》《太常》四箴。集中所有，

2. 《礼》与《春秋》学

《达旨》云:"威械臧而俎豆布,六典陈而九刑厝。""六典"见《周礼》:"太宰之职,掌建邦之六典,以佐王理邦国;一曰理典,二曰教典,三曰礼典,四曰政典,五曰刑典,六曰事典。"《左传》曰:"周有乱政而作九刑。"杜预注云:"周之衰,为刑书,谓之九刑。"《达旨》又云"包胥单辞而存楚",事见《左传》。

3. 《诗》学

于《诗》,《达旨》云:"展季效贞于门女。"事见《韩诗外传》:"鲁有男子独处,夜暴风雨至,妇人趋而托之,男子闭户不纳,曰:'吾闻男子不六十不闲居。'妇人曰:'子何不学柳下惠然?妪不逮门之女,国人不称其乱焉。'"

崔骃善文,又家世儒学,后世小说家亦有其轶事。如殷芸《小说》云:

> 崔骃有文才,其县令往造之。骃子瑗年九岁,书门曰:"人虽干木,君非文侯,何为光光,入我里闾?"令见之,问骃,骃曰:"必瑗所书。"召瑗,将诘所书,乃曰:"君使臣以礼,臣事君以忠。"

崔瑗

崔瑗,崔骃中子,传附于《崔骃传》。《后汉书》卷五二《崔骃传》云:"瑗字子玉,早孤,锐志好学,尽能传其父业。年十八,至京师,从侍中贾逵质正大义,逵善待之,瑗因留游学,遂明天官、历数、《京房易传》、六日七分。诸儒宗之。与扶风马融、南阳张衡特相友好。"谢承《后汉书》也说:"崔瑗字子玉,讲论六经,三辟公府,论议京师,谈高妙。"(《书钞》卷六八引)

崔瑗生卒,本传云:"汉安初,大司农胡广、少府窦章共荐瑗宿德大儒,从政有迹,不宜久在下位,由此迁济北相。时李固为太山太守,美瑗文雅,奉书礼致殷勤。岁余,光禄大夫杜乔为八使,徇行郡国,以臧罪奏瑗,征诣廷尉。瑗上书自讼,得理出。会病卒,年六十六。"按《杜乔传》:"汉安元年,以乔守光禄大夫,使徇察兖州。"则崔瑗为杜乔所弹劾且病卒于顺帝汉安二年(143),生于章帝建初三年(78)。张怀瓘《书断》也说:"[崔骃]以顺帝汉安二年卒,年六十六。"

崔瑗事迹又见于《东观汉记》(吴校本)卷一七、周天游辑谢承《后汉书》卷三、华峤《后汉书》卷一、司马彪《续汉书》卷四及张怀瓘《书断》。赵岐《三辅决录》中亦有其事迹。

一、崔瑗之学

除明京氏《易》外，本传又有载其学《礼》事："年四十余，始为郡吏。以事系东郡发干狱。狱掾善为礼，瑗闲考讯时，辄问以《礼》说。其专心好学，虽颠沛必于是。"

二、崔瑗著述

本传曰："瑗高于文辞，尤善为书、记、箴、铭，所著赋、碑、铭、箴、颂、《七苏》《南阳文学官志》《叹辞》《移社文》《悔祈》《草书势》、七言，凡五十七篇。其《南阳文学官志》称于后世，诸能为文者皆自以弗及。"《隋志》："后汉济北相《崔瑗集》六卷。"注云："梁五卷。"两《唐志》并载《崔瑗集》五卷。其佚文可考者，如李贤引《崔瑗集》注瑗《七苏》篇曰："瑗集载其文，即枚乘《七发》之流。"《后汉书·光武纪》李贤注引有崔瑗《中垒校尉箴》，《后汉书》卷五九《张衡传》："张衡字平子，南阳西鄂人也。"李贤注："有平子墓及碑在焉，崔瑗之文也。"

此外，《旧唐志》有"《飞龙篇篆草势合》三卷，崔瑗撰"，《新唐志》载："崔瑗《飞龙篇篆草势合》三卷"。《晋书·卫恒传》载有崔瑗《草书势》，侯康《补后汉书艺文志》曰："案瑗本传及卫恒皆但称瑗有《草书势》，无《篆势》，《唐志》有之，岂因瑗兼善小篆而附益之耶？"另，钱大昭《补续汉书艺文志》有崔瑗《飞龙》篇，但后世不见其文。如此，则所谓《飞龙篇篆草势合》由三篇组成，今唯有草书势，其余两篇亡佚。

崔骃有此三篇，原因在于他工书法，尤善篆、草。《晋书·卫恒传》云："后有崔瑗、崔寔，亦皆称工，杜氏杀字甚安，而书体微瘦。崔氏甚得笔势，而结字小疏。"《书断》说崔瑗："文章盖世，善章草，师于杜度，点画之间，莫不调畅。伯英祖述之，其骨力精熟过之也。"又说，"其遗迹绝少，又妙小篆，今有《张平子碑》。……子玉章草入神，小篆入妙。"将其章草列入神品，小篆列入妙品。唐李嗣真《书后品》书法上上品只有二人：隶书程邈、小篆崔瑗。可见一斑。

本传又言崔骃所作有箴、铭之文。所作箴，往往后世混误。如《直斋书录解题》有《二十四箴》一卷，题扬雄撰。晁公武云："今广德军所刊本，校[扬雄]集中无《司空》《尚书》《博士》《太常》四箴。集中所有，皆据《古文苑》。而此四箴，或云崔骃，或云崔子玉，疑不能明也。"所作铭文等，又散见后书所引，如《金楼子·戒子》引崔子玉座右铭曰："无道人之短，无说己之长。施人慎勿念，受恩慎勿忘。"严可均一并辑入崔瑗文存，见于《全后汉文》卷四五。

又，《华阳国志·蜀郡士女赞》云："扬雄，字子云，成都人也。……自刘向父子、桓谭等深敬服之。其玄渊源懿，后世大儒张衡、崔子玉、宋仲子、王子雍皆为注解。吴郡陆公纪尤善于《玄》，称雄圣人。"据此，崔瑗似曾为扬雄作品做过注解，具体情况已不可考。

崔寔

崔寔，又作崔实，崔瑗之子，传附于《后汉书·崔瑗传》之后。本传曰：

> 崔寔字子真，一名台，字元始。少沉静，好典籍。父卒，隐居墓侧。服竟，三公并辟，皆不就。……其后辟太尉袁汤、大将军梁冀府，并不应。大司农羊傅、少府何豹上书荐寔才美能高，宜在朝廷。召拜议郎，迁大将军冀司马，与边韶、延笃等著作东观。……以病征，拜议郎，复与诸儒博士共杂定五经。会梁冀诛，寔以故吏免官，禁锢数年。……建宁中病卒。

灵帝建宁从168年至172年，凡四年。崔寔"建宁中病卒"，则他约卒于170年，生年不详。

崔寔事迹又见于《东观汉记》（吴校本）卷一七、周天游辑谢承《后汉书》卷三及华峤《后汉书》卷一。

一、崔寔著述

本传言："所著碑、论、箴、铭、答、七言、祠、文、表、记、书凡十五篇。"《隋志》："五原太守《崔寔集》二卷，录一卷。"注曰"亡"。严可均《全后汉文》卷四五辑有其文。明归有光辑有崔寔《嵖岈子》。

本传载有其《政论》，仲长统评曰："凡为人主，宜写一通，置之坐侧。"篇中有云"量力度德，《春秋》之义"。文义用《左传》隐公十一年，息侯伐郑，"不度德，不量力"。又有："昔孔子作《春秋》，褒齐桓，懿晋文，叹管仲之功。夫岂不美文、武之道哉？诚达权救敝之理也。"俱见《左传》：齐桓公伐楚，责以包茅不贡，王祭不供；晋文公召王盟诸侯于践土；管仲相公子纠而射桓公，此并权变之道也。

《隋志》子部法家载《正论》六卷，注云："汉大尚书崔寔撰。"《旧唐志》作"《崔氏政论》五卷"，《新唐志》作"《崔氏政论》六卷"。据《后汉书》本传，则《政论》为正。严可均《全后汉文》卷四六、马国翰《玉函山房辑佚书》及王仁俊《玉函山房辑佚书续编》、姚振宗《师石山房丛书》并有辑本。

本传言崔寔"著作东观"，崔寔又参与写作《东观汉记》。《史通·古今正史》篇云："至元嘉元年，复令太中大夫边韶、大军营司马崔寔、议郎朱穆、曹寿杂作孝穆、崇二皇及顺烈皇后传，又增外戚传入安思等后，儒林传入崔篆诸人。寔、寿又与议郎延笃杂作《百官表》，顺帝功臣孙程、郭愿及郑众、蔡伦等传。"据此知《东观汉记》有《百官表》，为崔寔、曹寿、延笃所作。

崔寔又作《四民月令》。《隋志》："《四人月令》一卷，后汉大尚书崔寔撰。"按：改"民"为"人"，避李世民讳。《旧唐志》："《四人月令》一卷，崔实撰。"《新唐志》："崔寔《四民月令》一卷。"《宋志》不见载，已佚，今散见于《玉烛宝典》《齐民要术》及唐宋类书所引。后世辑本，《说郛》有崔寔《四民月令》一卷，任兆麟辑有《四民月令》一卷，黄奭《黄氏逸书考》有《四民月令》一卷，严可均《全后汉文》卷四七有《四民月令》一卷，王仁俊《玉函山房辑佚书续编》有崔寔《四民月令》一卷，唐鸿学辑有《四民月令》一卷。

二、崔寔书法

崔寔又擅长书法。张怀瓘《书断》中列能品一百零七人，其中章草十五人，内有崔寔。唐李嗣真《书后品》云："崔、卫素负高名，王、庾旧称拔萃，崔章草甚妙，卫正体尤绝。世将楷则远类羲之，犹有古制，稚恭章草颇推笔力，不谢子真。"又列上下品十二人，崔寔以章草书与名其中。

崔烈

崔烈，崔骃之孙，其事迹见于《后汉书·崔骃传》，范书不言其人通经学。《世说新语·文学》云："服虔既善《春秋》，将为注，欲参考同异。闻崔烈集门生讲传，遂匿姓名，为烈门人赁作食。每当至讲时，辄窃听户壁间。既知不能逾己，稍共诸生叙其短长。烈闻，不测何人，然素闻虔名，意疑之。明蚤往，及未寤，便呼：'子慎！子慎！'虔不觉惊应，遂相与友善。"余嘉锡《笺疏》云："（《崔骃传》）而不言其经学。然《崔骃传》言骃年十三，能通《诗》《易》《春秋》，博学有伟才。《孔僖传》亦称僖与崔骃同游太学，习《春秋》。崔瑗传言其好学，尽能传父之业。年十八，从侍中贾逵质正大义，逵善待之。逵固以《左氏传》名家者，然则崔氏盖世传左氏者也。烈承其家学，故亦以《左传》讲授，与服子慎共术同方，则其于《春秋》为不浅，得此可补史阙。"

崔烈卖官鬻爵事又见于晋司马彪《九州春秋》，与范书同。

另《隶释》卷八《博陵太守孔彪碑》载崔烈等故吏门生为孔彪立碑事，碑云："故吏司徒掾、博陵安平崔烈，字威考。"按：范书不载崔烈之字，《孔彪碑》正可补史阙文。

戴封

戴封，通经。《后汉书》卷八一《独行列传》云："戴封字平仲，济北刚人也。年十五，诣太学，师事鄅令东海申君。……永元十二年，征拜太常，卒官。"

其事迹又见于周天游辑谢承《后汉书》卷五《独行传》，与范书略同。

戴宏

戴宏，字元襄，生卒年不详，治经学，《后汉书》无传。其人事迹见于《后汉书》卷六四《吴祐传》："祐以光禄四行迁胶东侯相。时济北戴宏父为县丞，宏年十六，从在丞舍。祐每行园，常闻讽诵之音，奇而厚之，亦与为友，卒成儒宗，知名东夏，官至酒泉太守。"李贤注引《济北先贤传》曰："宏字元襄，刚县人也。年二十二，为郡督邮，曾以职事见诘，府君欲挞之。宏曰：'今鄙郡遭明府，咸以为仲尼之君，国小人少，以宏为颜回，岂闻仲尼有挞颜回之义？'府君异其对，即日教署主簿。"

戴宏事迹也见于周天游辑谢承《后汉书》卷四《吴祐传》，与范书略同。

戴宏经学今可考者见于《公羊疏》所引。何休《公羊解诂·序》"传《春秋》者非一"，徐彦疏引戴宏《序》云："子夏传与公羊高，高传与其子平，平传与其子地，地传与其子敢，敢传与其子寿。至汉景帝时，寿乃其弟子齐人胡毋子都著于竹帛，与董仲舒皆见于图谶。"《公羊解诂·序》又云："恨先师观听不决，多随二创。"徐彦疏云："此先师，戴宏等也。凡论义之法，先观前人之理，听其辞之曲直然，以义正决之。今戴宏作《解疑论》而难《左氏》，不得《左氏》之理，不能以正义决之，故云'观听不决'。"

马国翰《玉函山房辑佚书》有戴宏《解疑论》一卷，将戴宏《序》视为《解疑论》之序，并从徐疏所引辑得二节。钱大昭《补续汉书艺文志》有戴宏《解疑论》，钱氏自注："难《左氏》。"按：据徐疏所引二处，一为序，论及《公羊》传授源流，一说吴与扬州异称，似乎并非难《左传》。

戴凭

戴凭，习京氏《易》。《后汉书·儒林列传·戴凭传》云：

> 戴凭字次仲，汝南平舆人也。习京氏《易》。年十六，郡举明经，征试博士，拜郎中。
>
> 时，诏公卿大会，群臣皆就席，凭独立。光武问其意。凭对曰："博士说经皆不如臣，而坐居臣上，是以不得就席。"帝即召上殿，令与诸儒难说，凭多所解释。帝善之，拜为侍中，数进见问得失。帝谓凭曰："侍中当匡补国政，勿有隐情。"凭对曰："陛下严。"帝曰："朕何用严？"凭曰："伏见前太尉西曹掾蒋遵，清亮忠孝，学通古今，陛下纳肤受之诉，遂致禁锢，世以是为严。"帝怒曰："汝南子欲复党乎？"凭出，自系廷尉，有诏敕出。后复引见，凭谢曰："臣无謇谔之节，而有狂瞽之言，不能以尸伏谏，偷生苟活，诚惭圣朝。"帝即敕尚书解遵禁锢，拜凭虎贲中郎将，以侍中兼领之。
>
> 正旦朝贺，百僚毕会，帝令群臣能说经者更相难诘，义有不通，辄夺其席以益通者，凭遂重坐五十余席。故京师为之语曰："解经不穷戴侍中。"在职十八年，卒于官，诏赐东园梓器，钱二十万。

戴凭事迹又见于《东观汉记》（吴校本）卷一八、周天游辑谢承《后汉书》卷五《儒林传》。

戴凭传京氏《易》又见于《序录》："由是前汉多京氏学，后汉戴冯（按：即戴凭。陆氏自注：字次仲，汝南平舆人，侍中兼领虎贲中郎将）、孙期、魏满并传之。"

邓晨

邓晨，通《易》。袁宏《后汉记》卷一："新野人邓晨，字伟卿，家富于财。晨少受《易》，好节义。世祖与之善，以姊妻之，是为新野公主。世祖与晨游宛，穰人蔡少公，道术之士也，言'刘秀当为天子'。或曰：'是国师公刘子骏也。'世祖笑曰：'何知非仆耶？'坐者皆笑。当是时，莽行一切之法，犯罪辄斩之，名曰'不顺时令'。晨谓世祖曰：'王莽暴虐，盛夏斩人，此天亡之时，宛下言傥能应也。'世祖笑而不应。"

邓禹

邓禹，光武帝刘秀同乡及其重要谋臣，《后汉书》卷一六有传。邓禹习经事，《邓禹传》云："邓禹字仲华，南阳新野人也。年十三，能诵《诗》，受业长安。"《东观汉记》也说："邓禹笃于经书，教学子孙。"（《书钞》卷九七引）

邓禹生卒年，《邓禹传》言建武元年（25）光武即位禹为司徒，"禹时年二十四"。则邓禹生于平帝元始二年（2）。"永平元年，年五十七薨，谥曰元侯。"《后汉书·明帝纪》永平元年（58）："夏五月，太傅邓禹薨。"

邓禹事迹又见于《东观汉记》（吴校本）卷九、周天游辑谢承《后汉书》卷二、司马彪《续汉书》卷二、华峤《后汉书》卷一，袁宏《后汉记》卷一也载有其事。

邓弘

邓弘，字叔纪，和熹皇后兄，邓训之子，邓禹之孙，习欧阳《尚书》。《后汉书·邓禹传》："弘少治欧阳《尚书》，授帝禁中，诸儒多归附之。"《御览》卷五〇〇引《东观汉记》云："邓弘，字叔纪。和熹后兄也。天资喜学，师事刘述，常在师门，布衣徒行，讲诵孜孜。"

邓弘卒年，《后汉书·邓禹传》云："元初二年（115），弘卒。"

邓绥

邓绥，和帝皇后，通经。《后汉书》卷一〇《皇后纪》云："和熹邓皇后讳绥，太傅[邓]禹之孙也。父[邓]训……六岁能《史书》，十二通《诗》《论语》。诸兄每读经传，辄下意难问。志在典籍，不问居家之事。母常非之，曰：'汝不习女工以供衣服，乃更务学，宁当举博士邪？'后重违母言，昼修妇业，暮诵经典，家人号曰'诸生'。父训异之，事无大小，辄与详议。"又云："[邓]太后自入宫掖，从曹大家受经书，兼天文、算数。昼省王政，夜则诵读，而患其谬误，惧乖典章，乃博选诸儒刘珍等及博士、议郎、四府掾史五十余人，诣东观雠校传记。"邓太后从班昭受学事又见于《列女传》。

邓太后习经传事又见于《东观汉记》。《书钞》卷二六引《东观汉记》言邓后"博览五经传记"，"诸兄读经，难问其意"。又见于周天游辑司马彪《续汉书》卷一，其中有云："后自入宫，遂博览五经传记，图谶内事，风雨占候，《老子》《孟子》《礼记·月令》《法言》，不观浮华申韩之书。"（《御览》卷一三七引）较之范书，邓氏所学尤为广博。袁宏《后汉记》卷一四也载邓皇后事。

邓皇后生卒年，《皇后纪》："永宁二年二月，[邓后]寝病渐笃……三月崩。在位二十年，年四十一。"永宁二年为公元121年，则邓太后生于章帝建初六年（81）。

邓皇后之经学家法。《皇后纪》云："元兴元年，帝崩，长子平原王有疾，而诸皇子夭没，前后十数，后生者辄隐秘养于人间。殇帝生始百日，后乃迎立之。尊后为皇太后，太后临朝。和帝葬后，宫人并归园，太后赐周、冯贵人策曰：'朕与贵人托配后庭，共欢等列，十有余年。不获福祐，先帝早弃天下，孤心茕茕，靡所瞻仰，夙夜永怀，感怆发中。今当以旧典分归外园，惨结增叹，燕燕之诗，曷能喻焉？'"邓太后引诗见《诗·邶风·燕燕》："燕燕于飞，差池其羽。之子于归，远送于野。瞻望不及，泣涕如雨。"《毛诗序》："卫庄姜送归妾也。"《列女传·母仪》篇云："卫姑定姜者，卫定公之夫人，公子之母也。公子既娶而死，其妇无子，毕三年之丧，定姜归其妇，自送之，至于野。恩爱哀思，悲心感恸，立而望之，挥泣垂涕。乃赋诗曰：'燕燕于飞，差池其羽。之子于归，远送于野。瞻望不及，泣涕如雨。'送去归泣而望之。又作诗曰：'先君之思，以畜寡人。'君子谓定姜为慈姑过而之厚。"按：《鲁诗》义是慈姑送媳，《毛诗》则是正妻送妾。邓太后与周、冯贵人俱是和帝妃，则邓后用《毛诗》义。

第五元先

第五元先，姓第五。《后汉书·第五伦传》云："第五伦字伯鱼，京兆长陵人也。其先齐诸田，诸田徙园陵者多，故以次第为氏。"郑玄之师。《后汉书·郑玄传》云："郑玄字康成，北海高密人也。……遂造太学受业，师事京兆第五伦，始通京氏《易》、《公羊春秋》、三统历、《九章算术》。"第五伦其余事迹不详。

史承节《郑康成祠碑》云："师事第五元，始通京氏《易》、《公羊春秋》、三统历《九章算术》。"王利器《郑康成年谱》云："今案元先、恭祖皆字。"按：先谓先生，非字。若以字论，史承节当与郑玄本传同，不至于少一"先"字。其实汉人称先生常用"先"字省称。如《汉志》易类有"《服氏》二篇"，师古注引刘向《别录》云："服氏，齐人，号服光。"陆德明《序录》自注同样引《别录》云服先。吴承仕《序录疏证》云："先者，先生之省称，如《梅福传》称叔孙通为叔孙先之比。以系尊称，故云号服先。"

第五种

姓第五，名种，第五伦曾孙，《后汉书》卷四一有传，附于第五伦之后。但《后汉书》本传不言其人通经，习经之事记载于《御览》卷六八引华峤《后汉书》："第五种字兴先，少厉志议，通经学。"其余事迹俱见范书及周天游辑华峤《后汉书》。

第五种经学之痕迹不见于范书本传，《御览》卷二六五引华峤《后汉书》云："时中常侍单超兄子匡为济阴太守，负其势，大为贪放。刺史第五种欲取之，闻羽素抗厉，乃召羽谓曰：'闻公不畏强御，今欲相委以重事，若何？'对曰：'愿庶几于一割。'羽出，遂驰至定陶，闭城门，收匡宾客亲吏四十余人，七日中，起发其臧五六千万。种即举奏，一州震栗。"按："不畏强御"乃经书习语。《诗·大雅·烝民》："不侮矜寡，不畏强御。"《公羊传》庄公十二年："仇牧可谓不畏强御矣。"

刁曜

刁曜，范晔《后汉书》无传，其通经事见于周天游辑谢承《后汉书》卷六："刁曜迁鲁相，行县，使三老执辔御车，所顿亭传，辄讲经书。"（《书钞》卷七五引）又曰："彭城刁曜字子卿。"（《御览》卷九七六引）其余事迹俱见周辑谢承书。

丁鲂

《隶释》卷一七《广汉属国都尉丁鲂碑》云：

广汉属国故都尉丁君，讳鲂，字叔河。君□往知形，九德就穆，耽乐术艺文雅，少畴治《易》《韩诗》，垂意春秋，兼究秘□。

又云此碑"元嘉元年十一月六日造"。按：东汉桓帝元嘉元年为151年，则丁鲂当卒于此年前不久。

丁恭

丁恭，习《公羊春秋》严氏学。《后汉书·儒林列传·丁恭传》云：

丁恭字子然，山阳东缗人也。习公羊严氏《春秋》。恭学义精明，教授常数百人，州郡请召不应。建武初，为谏议大夫、博士，封关内侯。十一年，迁少府。诸生自远方至者，著录数千人，当世称为大儒。太常楼望、侍中承宫、长水校尉樊鯈等皆受业于恭。二十年，拜侍中祭酒、骑都尉，与侍中刘昆俱在光武左右，每事谘访焉。卒于官。

丁恭之学，《后汉书·光武纪》载建武二年（26）春正月有日食，博士丁恭议曰："古帝王封诸侯不过百里，故利以建侯，取法于雷，强干弱枝，所以为治也。今封诸侯四县，不合法制。"《御览》卷九〇引《东观汉记》也说："博士丁恭等议：'古帝王封诸侯不过百里，故利以建侯，取法于雷。'"按：《礼记·王制》："公侯田方百里，伯七十里，子男五十里。"《白虎通·封公侯》篇云："地不过百里，象雷震百里所润云雨同。"《御览》引《孝经·援神契》曰："二王之后称公，大国称侯，皆千乘。象雷震百里所润云雨同。"皆今文家说，丁恭与之同。《易·蛊卦》："不事王侯。"李鼎祚《周易集解》引虞翻注："震为侯。"其义与《易系词》"帝出乎震"相反。虞翻六世传孟氏《易》，则丁恭《易》义与孟京氏暗合。另外，所谓"强干弱枝"之说，实则用《公羊》天下一统、六合统贯之意。

丁鸿

丁鸿，桓荣弟子，《后汉书》卷三七有传。《丁鸿传》云："丁鸿字孝公，颍川定陵人也。""鸿年十三，从桓荣受欧阳《尚书》。三年而明章句，善论难，为都讲，遂笃志精锐，布衣荷担，不远千里。"华峤《后汉书》云："荣弟子丁鸿学最高。"（《后汉书·桓荣传》注引）

主要事迹

（1）光武世及明帝永平初年，丁鸿让爵于弟，游于外乡。后遇同学鲍骏，骏以《春秋》大义劝鸿袭爵，于是丁鸿乃归家教授。事见本传。

（2）明帝永平十年（67），召至朝廷，为侍中。本传云："永平十年诏征，鸿至即召见，说《文侯之命》篇，赐御衣及绶，禀食公车，与博士同礼。顷之，拜侍中。"

（3）永平十三年（70），为射声校尉。本传云："［永平］十三年，兼射声校尉。"

（4）章帝建初四年（79），封鲁阳乡侯，与诸儒评五经异同于白虎观，后为少府。本传云："建初四年，徙封鲁阳乡侯。肃宗诏鸿与广平王羡及诸儒楼望、成封、桓郁、贾逵等，论定五经同异于北宫白虎观，使五官中郎将魏应主承制问难，侍中淳于恭奏上，帝亲称制临决。鸿以才高，论难最明，诸儒称之，帝数嗟美焉。时人叹曰：'殿中无双丁孝公。'数受赏赐，擢徙校书，遂代成封为少府。"则今《白虎通义》所载《尚书》说多为欧阳家说。

为少府，从章帝东巡。《东观汉记》曰："元和二年，车驾东巡狩，鸿以少府从。上奏曰：'臣闻古之帝王，统治天下，五载巡狩，至于岱宗，柴祭于天，望秩山川，协时月正日，同斗斛权衡，使人不争。陛下尊履蒸蒸，奉承弘业，祀五帝于明堂，配以光武，二祖四宗，咸有告祀。瞻望太山，嘉泽降澍，柴祭之日，白气上升，与燎烟合，黄鹄群翔，所谓神人以和，答响之休符也。'上善焉。"

（5）章帝元和三年（86），改封马亭乡侯。本传云："元和三年，徙封马亭乡侯。"

（6）永元元年（89），为太常。本传云："和帝即位，迁太常。"

（7）永元四年（92），为司徒。本传云："永元四年，代袁安为司徒。"《和帝纪》永元四年："闰月丁丑，太常丁鸿为司徒。"上疏言宜削外戚权柄，事见本传。

（8）永元六年（94），卒。本传："[永元]六年，鸿薨，赐赠有加常礼。"《和帝纪》永元六年："己卯，司徒丁鸿薨。"

丁鸿事迹除见于《东观汉记》外，又见于袁宏《后汉记》卷一三、周天游辑司马彪《续汉书》卷三、华峤《后汉书》卷二。

考丁鸿疏奏，其人亦习《春秋》。永元四年（92）四月日食，丁鸿上封事，中曰："《春秋》日食三十六，弑君三十二。变不空生，各以类应。"与刘向上成帝疏同，丁疏中屡引三家乱晋、三桓胁鲁为例证，皆为明证。《困学纪闻》卷九云："《春秋繁露》云：'天不刚，则列星乱其行；君不坚，则邪臣乱其官。故为天者务刚其气，为君者务坚其政。'丁鸿《日食封事》：'天不可以不刚，不刚则三光不明；王不可以不强，不强则宰牧纵横。'其言出于此。"王应麟所言不虚。

董班

董班，李固弟子。《后汉书·李固传》："南阳人董班亦往哭固，而殉尸不肯去。"李贤注引《楚国先贤传》曰："班字季，宛人也。少游太学，宗事李固，才高行美，不交非类。尝耦耕泽畔，恶衣蔬食。闻固死，乃星行奔赴，哭泣尽哀。司隶案状奏闻，天子释而不罪。班遂守尸积十日不去。桓帝嘉其义烈，听许送丧到汉中，赴葬毕而还也。"董班生卒年及其余事迹不详。

董崇

董崇，与寇恂同门，当习《左传》。《寇恂传》云："帝数策书劳问恂，同门生茂陵董崇说恂曰：'上新即位，四方未定，而君侯以此时据大郡，内得人心，外破苏茂，威震邻敌，功名发闻，此谗人侧目怨祸之时也。'"按：《寇恂传》云："恂素好学，乃修乡校，教生徒，聘能为《左氏春秋》者，亲受学焉。"

董钧

董钧，习庆氏《礼》。《后汉书·儒林列传·董钧传》云：

> 董钧字文伯，犍为资中人也。习庆氏《礼》。事大鸿胪王临。元始中，举明经，迁廪牺令。病去官。建武中，举孝廉，辟司徒府。
>
> 钧博通古今，数言政事。永平初，为博士。时草创五郊祭祀，及宗庙礼乐，威仪章服，辄令钧参议，多见从用，当世称为通儒。累迁五官中郎将，常教授门生百余人。后坐事左转骑都尉。年七十余，卒于家。

本传言董钧"永平初，为博士"，《华阳国志·公孙述刘二牧志》云："汉搜求隐逸，旌表忠义。……董钧习礼明经，贡为博士。"以为举博士光武帝平蜀之后，与本传明帝永平时不同。

《华阳国志·犍为士女赞》亦载其事迹云："文伯习礼，继武孙通。董钧，字文伯，资中人也。少受业于鸿胪王临。永平初，议天地宗庙郊祀仪礼，钧与太常定其制；又定诸侯王丧礼。历城门校尉、五官中郎将，以儒学贵，称继叔孙通。"

董钧参与议定宗庙礼乐事又见于《续汉书·礼仪志》刘昭注引谯周《五经然否论》："汉初或云三老答天子拜，遭王莽之乱，法度残缺。汉中兴，定礼仪，群臣欲令三老答拜。城门校尉董钧驳曰：'养三老，所以教事父之道也。若答拜，是使天下答子拜也。'诏从钧议。"

董正

董正，番禺人，通数经。《御览》卷三八五引《广州先贤传》曰："董正字伯和，南海人。少有令姿，贫寒不戚，耽意术籍，志在规俗。年十五，通《毛诗》、三《礼》、《春秋》。"（亦载于《广东通志》卷四四）

窦武

窦武，桓帝窦皇后之父，窦融玄孙，少明经。《后汉书》卷六九《窦武传》云："窦武字游平，扶风平陵人，安丰戴侯融之玄孙也。父奉，定襄太守。武少以经行著称，常教授于大泽中，不交时事，名显关西。"据《后汉书》本传、《陈蕃传》及《灵帝纪》，窦武死于与陈蕃诛宦官不成而被曹节矫诏杀，事在灵帝建宁元年（168）。窦武生年不详。

窦玄

窦玄，字叔高，明经。《文选·褚渊碑文》："汉结叔高，晋姻武子，方斯蔑如也。"李善注引赵岐《三辅决录》："平陵窦叔高以经术称。"引挚虞注曰："叔高名玄，以明经为郡上计吏。朝会数百人，叔高仪状绝众，天子异其貌，以公主妻之。出朝，同辈嘲笑焉。叔高时以自有妻，不敢以闻，方欲迎妻与决，未发，而诏叔高就第成婚。"《御览》卷三八九引《三辅决录》与注同，或为挚虞注所掺入。

杜安

杜安，通经。袁宏《后汉记》卷一八载郑凯答朱宠论颍川人物曰："杜伯夷经学称于师门，政事熙于国朝，清身不苟，有于陵之操，损己存公，有公仪之节，以荣华为尘埃，以富贵为厚累，草庐蓬门，藜藿不供，出于定陵。"杜伯夷，即杜安。《后汉书·乐恢传》载乐恢荐颍川杜安，李贤注引华峤《后汉书》曰："[杜]安亦节士也，年十三入太学，号奇童。洛阳令周纡自往候安，安谢不见。京师贵戚慕其行，或遗之书，安不发，悉壁藏之。及后捕案贵戚宾客，安开壁出书，印封如故。"

《后汉书·杜根传》也载有杜安事迹，《东观汉记》（吴校本）卷十七亦有杜安事迹，两者略同。

杜访

杜访，李固弟子。《后汉书·李固传》言固死后："弟子赵承等悲叹不已，乃共论固言话，以为《德行》一篇。"李贤注引谢承《后汉书》曰："固所授弟子，颍川杜访、汝南郑遂、河内赵承等七十二人，相与哀叹悲愤，以为眼不复瞻固形容，耳不复闻固嘉训，乃共论集《德行》一篇。"据谢承书则杜访与撰《德行》篇。

杜抚

杜抚，习《韩诗》，通五经，薛汉弟子。《后汉书·儒林列传·杜抚传》云：

> 杜抚字叔和，犍为武阳人也。少有高才。受业于薛汉，定《韩诗章句》。后归乡里教授。沉静乐道，举动必以礼。弟子千余人。后为骠骑将军东平王苍所辟，及苍就国，掾史悉补王官属，未满岁，皆自劾归。时，抚为大夫，不忍去，苍闻，赐车马财物遣之。辟太尉府。建初中，为公车令，数月卒官。其所作《诗题约义通》，学者传之，曰《杜君法》云。

一、主要事迹

杜抚事迹又见于《华阳国志·犍为士女赞》："杜抚，字叔和，资中人也。少师事薛汉，治五经，教授门生千人。太守王卿召为功曹，司徒辟，不诣。及闻公免，必往承问。东平宪王为骠骑将军，辟西曹掾；后罢，为王师，在骠骑府者遣之，数年乃去。数应三公徵，抚侍送故公。作《诗通议说》。弟子南阳冯良，亦以道学征聘。"

二、杜抚籍贯

本传及谢承《后汉书》均作"犍为武阳人"，《华阳国志》作"资中人"。张森楷《校勘记》云赵晔到资中诣杜抚受《韩诗》，则资中为是。

三、杜抚弟子

杜抚弟子著名者，有赵晔。《后汉书·儒林列传·赵晔传》云："（赵晔）到犍为资中，诣杜抚受《韩诗》，究竟其术。"《会稽典录》也云："抚卒，晔经营葬之，然后归。"（《御览》卷五五六引）

四、杜抚著述

1.《韩诗章句》

据本传所述,则杜氏《韩诗章句》非杜抚自作,乃是由薛氏《韩诗章句》改定而成。杜抚为何改定?按:薛汉父子本《鲁诗》家薛广德之后,后改习《韩诗》(详见"薛汉"条),或者《薛君章句》中杂有《鲁诗》家说,杜抚改定之。抑或薛氏章句繁多,杜抚因此减省而改定,类似于张霸改定樊鲦《春秋严氏章句》及张奂改定牟融的《尚书大小桓君章句》的情形。

2.《诗题约义通》

此书名与《华阳国志》作《诗通议说》不同。刘攽《后汉书刊误》云:"题下当有脱字,盖合云'文约义通'。"但陆玑《毛诗草木鸟兽虫鱼疏》:"[杜]抚定《韩诗章句》,建初中为公车令,卒官。其所作《诗题约义通》,学者传之,曰杜君注。"与《后汉书》略同而微异。究竟事实如何?已不得而知,所以曾朴《补后汉书艺文志并考》干脆题作"杜抚《韩诗注》"。今此书已佚。

另外,钱大昭《补续汉书艺文志》有《建武注记》,钱氏注云:"永平中马严留仁寿阁(阅)与校书郎杜抚、班固等杂定。"《马严传》云:"显宗召见,严进对闲雅,意甚异之,有诏留仁寿闼,与校书郎杜抚、班固等杂定《建武注记》。"

杜晖

杜晖,习《易》《春秋》。《隶释》卷一一载有《绥民校尉熊君碑》,碑文由二人所书,事迹刻于碑后,其一即杜晖。碑云:"故桂阳阴山豫章□长重安侯相杜晖字慈明,体质弘亮,敦仁好道,治《易》梁丘、《春秋》公羊氏,综览百家,无所不甄,典历三城,居官清惠,遗爱□民,春秋六十终□后[阙]。"洪适云:"茶陵长文春、重安侯相杜晖二人,官寿行事各数十言,似是同郡盛德之士作文者。惜其无所记录,故附之左方也。"

据碑文,此碑造于建安二十一年(216),则杜晖也当卒于此年前不久。

杜林

杜林,东汉著名学者,西汉大儒杜业之子,传家学,通群经。《后汉书》卷二七《杜林传》云："杜林字伯山[①]，扶风茂陵人也。父业，成哀间为凉州刺史。林少好学沉深，家既多书，又外氏张竦父子喜文采，林从竦受学，博洽多闻，时称通儒。"

一、主要事迹

（1）西汉时为郡吏。本传云："初为郡吏。王莽败，盗贼起，林与弟成及同郡范逡、孟冀等，将细弱俱客河西。"

（2）建武元年（25）至建武六年（30），杜林依隗嚣，居河西。居河西时，得古文漆书，隗嚣以杜林为持书大夫，后杜林辞官。《隗嚣传》："及更始败，三辅耆老士大夫皆奔归嚣。嚣素谦恭爱士，倾身引接为布衣交。以前王莽平河大尹长安谷恭为掌野大夫，平陵范逡为师友，赵秉、苏衡、郑兴为祭酒，申屠刚、杜林为持书。"杜林本传云："隗嚣素闻林志节，深相敬待，以为持书平。后因疾告去，辞还禄食。嚣复欲令强起，遂称笃。嚣意虽相望，且欲优容之，乃出令曰：'杜伯山天子所不能臣，诸侯所不能友，盖伯夷、叔齐耻食周粟。今且从师友之位，须道开通，使顺所志。'林虽拘于嚣，而终不屈节。"李贤注引《东观汉记》曰："林寄嚣地，终不降志辱身，至簪蒿席草，不食其粟也。"

（3）建武六年（30），杜林离河西归扶风，为侍御史，徐巡乃师从杜林，杜林又与卫宏、郑兴等研习古文。本传云："建武六年，弟成物故，嚣乃听林持丧东归……光武闻林已还三辅，乃征拜侍御史，引见，问以经书故旧及西州事，甚悦之，赐车马衣被。群僚知林以名德用，甚尊惮之。京师士大夫，咸推其博洽。河南郑兴、东海卫宏等，皆长于古学。兴尝师事刘歆，林既遇之，欣然言曰：'林得兴等固谐矣，使宏得林，且有以益之。'及宏见林，暗然而服。济南徐巡，始师事宏，后皆更受林学。林前于西州得漆书《古文尚书》一卷，常宝爱之，虽遭难困，握持不离身。出以示宏等曰：'林流离兵乱，常恐斯经将绝。何意东海卫子、济南徐生复能传之，是道竟不坠于地也。古文虽不合时务，然愿诸生无悔所学。'宏、巡益重之，于是古文遂行。"据《隗嚣传》及《杜林传》，杜林奔隗嚣在更始三年，也即建武元年（25），离开天水在建武六年，得古文漆书当在此六年间。

（4）建武七年（31），杜林参与议郊祀。本传云："明年，大议郊祀制，多以为周郊后稷，汉当祀尧。诏复下公卿议，议者佥同，帝亦然之。林独

[①] 唐张怀瓘《书断中》："后汉杜林，字北山。""伯""北"同音相讹，当以"伯山"为正。

以为周室之兴,祚由后稷,汉业特起,功不缘尧。祖宗故事,所宜因循。定从林议。"又司马彪《续汉志·郊祀志》云:"至七年五月,诏三公曰:'汉当郊尧。其与卿大夫、博士议。'时侍御史杜林上疏,以为'汉起不因缘尧,与殷周异宜,而旧制以高帝配。方军师在外,且可如元年郊祀故事'。上从之。"刘昭注引《东观汉记》载林议曰:"当今政卑易行,礼简易从,人无愚智,思仰汉德。基业特起,不因缘尧。尧远于汉,人不晓信,言提其耳,终不说谕。后稷近周,人户知之,又据以兴,基由其祚。《诗》曰:'不愆不忘,率由旧章。'宜如旧制,以解天下之惑。"

(5)建武八年(32),议水灾。此事本传不见载,见于《续汉书·五行志》刘昭注。《续汉志·五行志》:"鱼孽,刘歆传以为介虫之孽,谓蝗属也。"刘昭注引《东观汉记》曰:"建武八年间,郡国比大水,涌泉盈溢。杜林以为仓卒时兵擅权作威,张氏虽皆降散,犹尚有遗脱,长吏制御无术,令得复炽,元元侵陵之所致也。上疏曰:'臣闻先王无二道,明圣用而治'云云。"

(6)建武九年(33),为大司徒司直。本传云:"后代王良为大司徒司直。林荐同郡范逡、赵秉、申屠刚及陇西牛邯等,皆被擢用,士多归之。"不言何时为司直官。《后汉书·隗嚣传》:"牛邯字孺卿,狄道人。有勇力才气,雄于边垂。及降,大司徒司直杜林、太中大夫马援并荐之,以为护羌校尉,与来歙平陇右。"《马援传》云:"[建武]九年,拜援为太中大夫,副来歙监诸将平凉州。"则杜林官至大司徒司直并荐举来歙等事在建武九年。

(7)建武十一年(35),为光禄勋。本传云:"[建武]十一年,司直官罢,以林代郭宪为光禄勋。"杜林为光禄勋,以为不宜增加科条法禁,事见本传。

(8)建武十九年(43),为东海王刘疆太傅,从光武南巡。本传云:"后皇太子疆求乞自退,封东海王,故重选官属,以林为王傅。从驾南巡狩。"刘疆废为东海王及光武南巡时为建武十九年。

(9)建武二十年(44),为少府。本传云:"明年,代丁恭为少府。"为少府,拒马援所赠良马。《东观汉记》曰:"林与马援同乡里,素相亲厚。援从南方还,时林马适死,援令子持马一匹遗林,曰:'朋友有车马之馈,可且以备乏。'林受之。居数月,林遣子奉书曰:'将军内施九族,外有宾客,望恩者多。林父子两人食列卿禄,常有盈,今送钱五万。'援受之,谓子曰:'人当以此为法,是杜伯山所以胜我也。'"马援从南方还京师时在建武二十年秋。

（10）建武二十二年（46），为光禄勋，大司空，建武二十三年（47）卒。本传云："二十二年，复为光禄勋。顷之，代朱浮为大司空，博雅多通，称为任职相。明年薨，帝亲自临丧送葬，除子乔为郎。"《光武纪》建武二十二年："冬十月壬子，大司空朱浮免。癸丑，光禄勋杜林为大司空。"建武二十三年卒："秋八月丙戌，大司空杜林薨。"

杜林事迹又见于《东观汉记》（吴校本）卷一四、周天游辑司马彪《续汉书》卷三。

二、杜林之学

1. 《尚书》学

漆书古文《尚书》，杜林、卫宏、徐巡等人或许只是训诂，并无系统性的经义解说。《隋志》云："后汉扶风杜林，传《古文尚书》，同郡贾逵为之作训，马融作传，郑玄亦为之注。然其所传，唯二十九篇，又杂以今文，非孔旧本。自余绝无师说。"后世辑佚者，有清王绍兰辑《漆书古文尚书逸文考》一卷。从《说文》《史记正义》、《文选》李善注采得卫宏、杜林、徐巡之说。如《史记·司马相如传》《正义》引杜林注："豸，似貊，白色。"王氏以为此文即释《牧誓》"如虎如貅，如豺如螭"。

2. 小学

《汉书·艺文志》六艺小学类有"杜林《苍颉训纂》一篇。杜林《苍颉故》一篇"。"凡小学十家，四十五篇。入扬雄、杜林二家二篇。……扬雄取其有用者以作《训纂》篇，顺续《苍颉》，又易《苍颉》中重复之字，凡八十九章。臣复续扬雄作十三章，凡一百二章，无复字，六艺群书所载略备矣。《苍颉》多古字，俗师失其读，宣帝时征齐人能正读者，张敞从受之，传至外孙之子杜林，为作训故，并列焉。"《隋志》："后汉郎中贾鲂作《滂喜》篇，故曰《三苍》。梁有《苍颉》二卷，后汉司空杜林注，亡。"《旧唐志》："《苍颉训诂》二卷，杜林撰。"《新唐志》："杜林《苍颉训诂》二卷。"马国翰《玉函山房辑佚书》有杜林《仓颉训诂》一卷，王绍兰辑有《杜林训诂逸文》一卷。隋唐志又有张揖《三苍训诂》等书，史注、《文选》李善注、唐宋类书、《一切经音义》所引《仓颉》《三苍》之文及训诂，往往不分诸家，清儒辑本一如是。

杜乔

杜乔,通群经。《后汉书》卷六三《杜乔传》:"杜乔字叔荣,河内林虑人也。少为诸生,举孝廉,辟司徒杨震府。稍迁为南郡太守,转东海相,入拜侍中。"李贤注引司马彪《续汉书》曰:"乔少好学,治《韩诗》、京氏《易》、欧阳《尚书》,以孝称。虽二千石子,常步担求师。"杜乔顺帝汉安元年(142)为光禄大夫,使徇察兖州,后迁光禄勋,事见《后汉书》本传。桓帝建和元年(147)九月,代胡广为太尉,同年十一月,为梁冀所陷下狱,与李固俱死狱中。事见本传及《桓帝纪》。

杜乔事迹又见于周天游辑袁山松《后汉书》卷三、谢承《后汉书》卷四、司马彪《续汉书》卷四。

杜真

杜真,习《易》与《春秋》。《后汉书·翟酺传》:"逮[酺]诣廷尉。及杜真等上书讼之,事得明释。卒于家。"李贤注引陈寿《益部耆旧传》曰:"杜真字孟宗,广汉绵竹人也。少有孝行,习《易》《春秋》,诵百万言,兄事同郡翟酺。酺系被下狱,真上檄章救酺,系狱笞六百,竟免酺难,京师莫不壮之。"此事迹也载于《华阳国志·广汉士女赞》,杜真生卒年及其他事迹不详。

杜子春

杜子春,刘歆弟子,注《周礼》,事迹见贾公彦《序周礼废兴》引马融《周官传》:"唯歆独识,其年尚幼,务在广览博观,又多锐精于《春秋》。末年,乃知其周公致太平之迹,迹具在斯。奈遭天下仓卒,兵革并起,疾疫丧荒,弟子死丧。徒有里人河南缑氏杜子春尚在,永平之初,年且九十,家于南山,能通其读,颇识其说,郑众、贾逵往受业焉。"杜子春从刘歆受《周礼》且郑众、贾逵又从杜氏受学之事又见载于《序录》:"王莽时,刘歆为国师,始建立《周官经》,以为《周礼》。河南缑氏杜子春受业于歆,还家以教授门徒,好学之士郑兴父子等并作《周礼解诂》。多往师之。贾景伯亦作《周礼解诂》。"

而《隋志》云:"至王莽时,刘歆始置博士,以行于世。河南缑氏及杜子春受业于歆，因以教授。"将缑氏地名与杜子春相混淆，以为两人。

今杜氏遗说见于郑玄注《周礼》所引，马国翰《玉函山房辑佚书》有《周礼杜氏注》二卷，均从郑玄注《周礼》采获，题杜子春撰。

度尚

度尚，习京氏《易》、古文《尚书》。《后汉书》卷三八《度尚传》："度尚字博平，山阳湖陆人也。家贫，不修学行，不为乡里所推举。"李贤注引司马彪《续汉书》曰："尚少丧父，事母至孝，通京氏《易》、古文《尚书》。为吏清洁，有文武才略。"与范书不同。按诸此人学行，当以《续汉书》所记为是。如据《后汉书》本传，度尚初为郡计吏，后为郎中、上虞长，"为政严峻"，迁"文安令"。延熹五年（162）为荆州刺史、中郎将、桂阳太守时平定叛乱甚有功，与《续汉书》记载"文武才略"正合。

一、生卒年

本传云："[尚]年五十，延熹九年，卒于官。"桓帝延熹九年为166年，则度尚生于安帝元初四年（117）。

二、主要事迹

除范书本传外，度尚事迹也见于袁宏《后汉记》卷二二、周天游辑谢承《后汉书》卷三、司马彪《续汉书》卷三、《隶释》卷七、赵明诚《金石录》上所载《荆州刺史度尚碑》及蔡邕《度尚碑》等。

度尚事迹著名者有为孝女曹娥立碑事。本传云："孝女曹娥者，会稽上虞人也。父盱，能弦歌，为巫祝。汉安二年五月五日，于县江溯涛婆娑迎神，溺死，不得尸骸。娥年十四，乃沿江号哭，昼夜不绝声，旬有七日，遂投江而死。至元嘉元年，县长度尚改葬娥于江南道傍，为立碑焉。"《后汉书·列女传·曹娥传》亦云："元嘉元年，县长度尚改葬娥，为立碑。"

李贤注引谢承《会稽典录》曰："上虞长度尚弟子邯郸淳，字子礼。时甫弱冠，而有异才。尚先使魏朗作曹娥碑，文成未出，会朗见尚，尚与之饮宴，而子礼方至督酒。尚问朗碑文成未？朗辞不才，因试使子礼为之，操笔而成，无所点定。朗嗟叹不暇，遂毁其草。其后蔡邕又题八字曰：'黄绢幼妇，外孙齑臼。'"撰《曹娥碑》之邯郸淳，《会稽典录》以为是度尚弟子，而《水经注·渐江水》曰："上虞县东有龙头山，南带长江，东连上陂，江之道南有曹娥碑。县令度尚使外甥邯郸子礼为碑文，以彰孝烈。"认为邯郸淳是度尚的外甥，两说不同。

段肃

段肃，注《穀梁传》。《序录》云："段肃《（穀梁）注》十二卷。"陆德明自注："不详何人。"《隋志》："《春秋穀梁传》十四卷，段肃注，疑汉人。"《新唐志》也有："《春秋穀梁传》段肃《注》十三卷。"吴承仕《序录疏证》引惠栋《九经古义》云："班固奏记东平王云：'弘农功曹史殷肃，达学洽闻，才能绝伦。'章怀《注》云：'《固集》殷作段。'然则殷肃即段肃也。"杨树达曰："晋冯、段肃见下文固奏记，文称'京兆祭酒晋冯、弘农功曹史殷肃'。'殷'与'段'形近误也。"按：杨说是。如《汉书·儒林传》言京氏《易》之传承："[京]房授东海殷嘉。"《汉志》六艺易类有"京氏段嘉十二篇"，师古注引苏林曰："东海人，为博士。"晋灼曰："儒林不见。"师古曰："苏说是也。嘉即京房所从受易者也，见《儒林传》及刘向《别录》。"《儒林传》"殷嘉"即为《艺文志》"段嘉"，字形近而误。从上述字形流变过程来看，当以段肃为正。

此段肃亦是续《史记》者。《史通·正史》篇云："其后刘向、向子歆及诸好事者若冯商、卫衡、扬雄、史岑、梁审、肆仁、晋冯、段肃、金丹、冯衍、韦融、萧奋、刘恂等相次撰续，迄于哀平间，犹名《史记》。"

王仁俊《玉函山房辑佚书续编》有《春秋穀梁段氏注》一卷，只有序文无佚文。

段翳

段翳，通《易经》，明方术。《后汉书》卷八二《方术列传·段翳传》云："段翳字元章，广汉新都人也。习《易经》，明风角。时有就其学者，虽未至，必豫知其姓名。尝告守津吏曰：'某日当有诸生二人，荷担问翳舍处者，幸为告之。'后竟如其言。又有一生来学，积年，自谓略究要术，辞归乡里。翳为合膏药，并以简书封于筒中，告生曰：'有急发视之。'生到葭萌，与吏争度，津吏棓破从者头。生开筒得书，言到葭萌，与吏斗头破者，以此膏裹之。生用其言，创者即愈。生叹服，乃还卒业。翳遂隐居窜迹，终于家。"段翳生卒年不详。其事迹又见于《华阳国志·广汉士女赞》，所载与《后汉书》本传略同。

段翳弟子著名者,有翟酺。《华阳国志·广汉士女赞》云:"翟酺,字子超,洛人也。少事段翳,以明天官为侍中、尚书。"

段著

段著,张霸弟子。《后汉书·张霸传》云:"张霸字伯饶,蜀郡成都人也。年数岁而知孝让,虽出入饮食,自然合礼,乡人号为'张曾子'。七岁通《春秋》,复欲进余经,父母曰'汝小未能也',霸曰'我饶为之',故字曰'饶'焉。后就长水校尉樊鯈受严氏《公羊春秋》,遂博览五经。诸生孙林、刘固、段著等慕之,各市宅其傍,以就学焉。"

此段文字亦见于《华阳国志·蜀郡士女赞》,与范书略同。

法真

法真,通五经、谶纬,法正祖父。《后汉书·逸民列传》云:"法真字高卿,扶风郿人,南郡太守雄之子也。好学而无常家,博通内外图典,为关西大儒。弟子自远方至者,陈留范冉等数百人。……号曰玄德先生。年八十九,中平五年,以寿终。"法真卒于灵帝中平五年(188),年八十九,则法真生于和帝永元十二年(100)。

《三国志·蜀书·法正传》云:"法正字孝直,[右]扶风郿人也。祖父真,有清节高名。"裴松之注引挚虞《三辅决录注》曰:"真字高卿,少明五经,兼通谶纬,学无常师,名有高才。……友人郭正等美之,号曰玄德先生。年八十九,中平五年卒。"与范书略同。

其余事迹可考者,如《御览》卷六一一引无名氏《后汉书》赞美其苦学精神曰:"法真隐居大洋,讲论术艺,历年不窥园圃。"

樊安

《隶释》卷六《中常侍樊安碑》云:"君讳安,字子仲,南阳湖阳人也。"又云:"君幼好学,治《韩诗》《论语》《孝经》,兼通记传,古今异义。"

樊安生卒年,碑云:"[安]年五十有六,永寿四年二月甲辰卒。"则樊安生于和帝永元十五年(103),卒于桓帝永寿四年(158)。其余事迹俱见碑文。此碑亦见于欧阳修《集古录》。

樊敏

《隶释》卷一一《巴郡太守樊敏碑》云："君讳敏，字升达。"又云樊敏"总角好学，治《春秋》严氏经，贯究道度，无文不睹"。

此碑"建安十年三月上旬造石"。樊敏生卒年，碑云："八十有四，岁在汁洽，纪验期臻，奄□臧形，凡百咸痛，士女涕泠。"洪适曰："碑云'八十有四，岁在汁洽'，盖献帝建安八年癸未岁也。卒后二年立此碑。"

樊敏事迹俱见此碑。此碑又载于赵明诚《金石录》。

樊鯈

樊鯈，樊宏之子，师受丁恭，传附宏后。《后汉书》卷三二《樊鯈传》："（樊）鯈字长鱼，谨约有父风。事后母至孝，及母卒……服阕，就侍中丁恭受公羊严氏《春秋》。"

一、生卒年

本传云："[永平]十年，鯈卒，赗赠甚厚，谥曰哀侯。"明帝永平十年为公元57年。樊鯈生年不详。

二、主要事迹

本传言"永平元年，拜长水校尉，与公卿杂定郊祠礼仪，以谶记正五经异说。北海周泽、琅邪承宫并海内大儒，鯈皆以为师友而致之于朝"。《章帝纪》建初四年（79）云："至永平元年，长水校尉鯈奏言，先帝大业，当以时施行。欲使诸儒共正经义，颇令学者得以自助。"《御览》卷九一引《东观汉记》亦云："长水校尉樊鯈奏言，先帝大业，当以时施行，欲使诸儒共正经义，颇令学者得以自助。于是下太常、将军、大夫、博士、议郎、郎官及诸王诸儒会白虎观，讲议五经同异。"据此，则白虎观会议实由樊鯈发起。

袁宏《后汉记》卷一〇云："鯈字长鱼，樊宏之子也。建武中，诸王争招致宾客，好事者皆与之周旋。更遣人请鯈，鯈精义于学，一无所应。及捕诸王客,倏不在其中,世祖以是器之。永平初,与公卿杂定郊祀礼仪及五经异义,立朝居正,多所匡谏,上亦敬重焉。"司马彪《续汉书》云:"樊倏字长亘,为长水校尉,与公卿杂定郊祀礼仪,以谶记正五经异说。"(《书钞》卷六一引)周天游《辑注》云:"范书本传作'长鱼',袁纪亦然。按鱼、亘形近易讹,续书作'亘',当系《书钞》引误。"① 按:《后汉记》作樊倏。樊鯈字长鱼,则"鯈"字正,"倏"字误。

除范书本传及《后汉记》外,樊鯈事迹又见于《东观汉记》(吴校本)卷一二、周天游辑司马彪《续汉书》卷三。

三、樊鯈之学

本传云:"初,鯈删定《公羊严氏春秋章句》,世号'樊侯学',教授门徒前后三千余人。"公羊樊侯学今佚,本传载有樊鯈引《公羊传》文。本传云"[永平]二年以寿张国益东平王,徙封鯈燕侯。其后广陵王荆有罪,帝以至亲悼伤之,诏鯈与羽林监南阳任隗杂理其狱。事竟,奏请诛荆。引见宣明殿,帝怒曰:'诸卿以我弟故,欲诛之;即我子,卿等敢尔邪!'鯈仰而对曰:'天下高帝天下,非陛下之天下也。《春秋》之义,"君亲无将,将而诛焉"。是以周公诛弟,季友鸩兄,经传大之。'"按:"君亲无将,将而诛焉"见于《公羊传》庄公三十二年。《公羊传》又曰:"季子杀母兄,何善尔?诛不得避兄,君臣之义也。"俱为樊鯈立论所本。

据本传,樊鯈删定的《公羊樊氏章句》出自丁恭。《后汉书·儒林列传》云:"丁恭字子然,山阳东缗人也。习《公羊严氏春秋》。……建武初,为谏议大夫、博士,封关内侯。十一年,迁少府。诸生自远方至者,著录数千人,当世称为大儒。太常楼望、侍中承宫、长水校尉樊鯈等皆受业于恭。二十年,拜侍中祭酒、骑都尉,与侍中刘昆俱在光武左右,每事谘访焉。"按:丁恭弟子改定《严氏章句》的有钟兴及樊鯈二人。钟兴改《严氏章句》后授皇太子刘庄,而明帝刘庄于建武十九年(43)立为太子,则钟兴改定章句在建武十九年之前。丁恭为侍中在建武二十年(44),樊鯈"就侍中丁恭受《公羊严氏春秋》",说明樊鯈改定章句在建武二十年之后。

---

① 周天游:《八家后汉书辑注》,上海古籍出版社1986年版,第384页。

樊准

樊准，樊宏族曾孙，传见《后汉书》卷三二。《樊准传》云："准字幼陵，宏之族曾孙也。父瑞，好黄老言，清静少欲。准少励志行，修儒术，以先父产业数百万让孤兄子。"樊准生卒年，《樊准传》云："元初三年，（准）代周畅为光禄勋。五年，卒于官。"安帝元初五年为公元118年。

樊准事迹又见于《东观汉记》（吴校本）卷一二。

樊准学行，有谏言邓太后荐察举应选通经术者，事见《儒林传》序："及邓后称制，学者颇懈。时，樊准、徐防并陈敦学之宜，又言儒职多非其人，于是制诏公卿妙简其选，三署郎能通经术者，皆得察举。"

樊准之学，本传不载具体家法。考其永元十五年（103）、永初之初上书所引，杂有数经。永元十五年疏中云"臣闻贾谊有言'人君不可以不学'"，"故虽大舜圣德，孳孳为善"，"详览群言，响如振玉"。均见于《孟子》"金声而玉振"也。《孟子》："鸡鸣而起，孜孜为善者，舜之徒"，"虽阙里之化，矍相之事，诚不足言"。见于《礼记》："孔子射于矍相之圃，盖观者如堵墙也。""文吏则去法律而学诋欺，锐锥刀之锋，断刑辟之重，德陋俗薄，以致苛刻。"见于《左传》："郑人铸刑书，叔向使贻子产书曰：'今子相郑，立谤政，铸刑书，人知争端矣。将弃礼而征于书，锥刀之末，将尽争之，郑其败乎！'"

本传又载，安帝永初初年（107）准上疏言灾异引《传》曰："饥而不损兹曰太，厥灾水。"此为《洪范五行传》之文。准《疏》又引《春秋穀梁传》曰："五谷不登，谓之大侵。大侵之礼，百官备而不制，群神祷而不祠。"又引《诗》曰"京师翼翼，四方是则"。李贤注："《韩诗》之文也。翼翼然，盛也。"以上数则可考其儒学之大概。

樊英

樊英，通五经，尤善占候。《后汉书》卷八二《方术列传》云："樊英字季齐，南阳鲁阳人也。少受业三辅，习京氏《易》，兼明五经。又善风角、星算、《河》、《洛》、七纬，推步灾异。隐于壶山之阳，受业者四方而至。州郡前后礼请不应；公卿举贤良方正、有道，皆不行。……初，英著《易章句》，世名樊氏学，以图纬教授。颍川陈寔少从英学。……年七十余，卒于家。"卒年不详，约在顺帝世。

樊英事迹又见于袁宏《后汉记》卷一八、周天游辑谢承《后汉书》卷五《方术传》及谢沈《后汉书》。

因樊英善风角占卜，所以后世志怪小说常记其灵异事，如干宝《搜神记》云：

> 樊英隐于壶山。尝有暴风从西南起，英谓学者曰："成都市火甚盛。"因含水噀之。乃命计其时日，后有从蜀来者，云："是日大火，有云从东起，须臾大雨火遂灭。"

又见于《御览》卷三八九引《樊英别传》：

> 樊英既见陈毕，西南向唾，天子问其故，对曰："成都今日失火。"后蜀郡太守上火灾，言时云雨从东北来，故火不为害。

樊英著述除本传云有《易章句》外，《抱朴子·内篇》卷一九《遐览》载葛洪所见道经有"樊英《石壁文》三卷"。侯康《补后汉书艺文志》据此录入。

范冉

《后汉书》卷八一《独行列传·范冉传》："范冉，字史云，陈留外黄人也。少为县小吏，年十八，奉檄迎督邮，冉耻之，乃遁去。到南阳，受业于樊英。又游三辅，就马融通经，历年乃还。……（冉）与汉中李固、河内王奂亲善，而疏贾伟节、郭林宗焉。"蔡邕《贞节先生陈留范史云铭》云："（范）涉五经，览书传，尤笃《易》《尚书》。"

范冉生卒年，《范冉传》云冉："中平二年，年七十四，卒于家。"范冉卒于灵帝中平二年（185），年七十四，则生于安帝永初五年（111）。

范书作"范冉"，他书多作"范丹"。李贤注："'冉'或作'丹'。"李贤注引袁山松《后汉书》作"冉"，《符融传》李贤注引谢承《后汉书》也作"冉"。《初学记》卷二〇，《类聚》卷六、卷二九，《御览》卷四二五、卷六三四、卷七五七引谢承《后汉书》皆作"丹"，《御览》卷四六五引《东观汉记》也作"丹"。范丹谥号真节先生，《蔡中郎文集》卷二《贞节先生陈留范史云铭》亦作"丹"。疑范书误，今姑且依范书，存其旧。

范冉事迹又见于《东观汉记》（吴校本）卷一八、周天游辑谢承《后汉书》卷五《独行传》、司马彪《续汉书》卷五《独行传》、华峤《后汉书》卷三、袁山松《后汉书》卷四、张璠《后汉记》，及蔡邕《范丹碑》。干宝《搜神记》也载有其事迹。

范升

范升，习梁丘《易》。《后汉书》卷三六《范升传》云："范升字辩卿，代郡人也。少孤，依外家居。九岁通《论语》《孝经》，及长，习梁丘《易》《老子》，教授后生。"

一、主要事迹

范升事迹，本传云范升王莽时王邑辟升大司空府。建武二年（26），光武以范升为议郎、博士。升上疏谦让于梁恭、吕羌。建武四年（28）光武立《左传》、费氏《易》博士，范升以为二经不可立。"后升为出妻所告，坐系，得出，还乡里。永平中，为聊城令，坐事免，卒于家。"卒年不详。

范升事迹又见于《东观汉记》（吴校本）卷一五。

二、范升之学

建武四年（28），议不可立《左传》、费氏《易》云："孔子曰：'博学约之，弗叛矣夫。'夫学而不约，必叛道也。颜渊曰：'博我以文，约我以礼。'孔子可谓知教，颜渊可谓善学矣。《老子》曰：'学道日损。'损犹约也。又曰：'绝学无忧。'绝末学也。……孔子曰：'攻乎异端，斯害也已。'《传》曰：'闻疑传疑，闻信传信，而尧舜之道存。'愿陛下疑先帝之所疑，信先帝之所信，以示反本，明不专己。天下之事所以异者，以不一本也。《易》曰：'天下之动，贞夫一也。'又曰：'正其本，万事理。'五经之本自孔子始，谨奏《左氏》之失凡十四事。"

范升所引《论语》《老子》语正合其学。又引《传》曰云云既见于《穀梁传》桓公五年"信以传信，疑以传疑"，又化用《公羊传》哀公十四年文"君子曷为为《春秋》？拨乱世，反诸正，莫近诸《春秋》。则未知其为是与？其诸君子乐道尧、舜之道与？末不亦乐乎尧、舜之知君子也？制《春秋》之义，以俟后圣，以君子之为，亦有乐乎此也"。所引《易》，前者见《系辞》，后者不见今本《易》，当为梁丘《易》先师之遗说。

三、范升弟子

著名者有杨政,见《儒林列传》。《后汉书·儒林列传》云:"建武中,范升传孟氏《易》,以授杨政。"与本传言范升习梁丘《易》不合。《儒林传·杨政》云:"杨政字子行,京兆人也。少好学,从代郡范升受梁丘《易》,善说经书。"则升习孟氏《易》误。《序录》也说:"后汉范升(陆氏自注:代郡人,博士)传梁丘《易》,以授京兆杨政。"与《儒林传》合。

范式

范式,通经。《后汉书》卷八一《独行列传》云:"范式字巨卿,山阳金乡人也,一名汜。少游太学,为诸生,与汝南张劭为友。"又云:"[范式]后到京师,受业太学。"其人事迹最著名者乃是与张劭期而会面,一诺千金,"范张相会",传为美谈。此后仕履,本传云"式后迁庐江太守,有威名,卒于官",卒年不详。

范式事迹又见于周天游辑谢承《后汉书》卷五《独行传》、华峤《后汉书》卷三,及《隶释》卷一九《范式碑》。

冯绲

冯绲,学《公羊春秋》。《后汉书》卷三八《冯绲传》:"冯绲字鸿卿,巴郡宕渠人也,少学《春秋》《司马兵法》。"李贤注引谢承《后汉书》曰:"绲学《公羊春秋》。"

冯绲本传不载绲引《春秋》之语。其人为武将,《后汉书》俱载其武功,如《桓帝纪》延熹五年(162):"冬十月,武陵蛮叛,寇江陵,南郡太守李肃坐奔北弃市;辛丑,以太常冯绲为车骑将军,讨之。假公卿以下奉。又换王侯租以助军粮,出濯龙中藏钱还之。十一月,冯绲大破叛蛮于武陵。"冯绲卒年,本传云:"后拜屯骑校尉,复为廷尉,卒于官。"具体卒年不详,约为灵帝初年。

冯绲事迹也见于周天游辑谢承《后汉书》卷三、《风俗通义·怪神》、《华阳国志·巴志》、干宝《搜神记》、《隶释》卷七及《金石录》所载《车骑将军冯绲碑》。按《冯绲碑》:"君讳绲,字皇卿,幽州君之元子也。少耽学问，习父业，治《春秋》严，《韩诗》仓氏，兼律大杜。"冯绲之字，本传云字鸿卿，而碑云字皇卿，不知孰是。碑又云冯绲"习父业"，则绲之经学当来自其父冯焕。冯焕事迹略见于《冯绲传》，亦不云其明经。赵明诚《金石录》载有《冯使君墓阙铭》。赵氏云："《汉书·冯绲传》绲父焕安帝时为幽州刺史，而绲碑亦云幽州君之元子。此字在宕渠绲墓前双石阙上，知其为焕阙也。"据冯绲父子碑阙，似两人俱通经术。

冯允

冯允，冯绲之弟，学《尚书》。《冯绲传》曰："绲弟允，清白有孝行，能理《尚书》，善推步之术。拜降虏校尉，终于家。"卒年不详，约在灵帝世。

冯颢

冯颢，习《易》。《华阳国志·广汉士女赞》云："冯颢，字叔宰，鄭人也。少师事杨仲桓及蜀郡张光超，后又事东平虞叔雅。初为谒者，威仪济济；为成都令，迁越巂太守，所在著称。为梁冀所不善，冀风州追迫之，隐居。作《易章句》及《刺奢说》，修黄老，恬然终日。"

冯良

冯良，杜抚弟子，南阳人。《后汉书》卷五三《周燮传》、袁宏《后汉记》卷一七有其事。《周燮传》云"良字君郎"，《后汉记》云"良字君卿"，两字形近而误，不知孰是。冯良从杜抚学之事又见于《东观汉记》（吴校本）卷一七，及《华阳国志·犍为士女赞》："［杜抚］弟子南阳冯良，亦以道学征聘。"

《东观汉记》云："南阳冯良少作县吏，耻在冢役，因坏车杀马，毁裂衣冠。主挞之。从杜抚学。"（《书钞》卷七七引，此事又载于《周燮传》）其事迹与赵晔同，谢承《后汉书》云："赵晔字长君，会稽山阴人。少尝为县吏，奉檄送督邮。晔心耻斯役，遂弃车马去，到犍为诣杜抚受《韩诗》。"（《书钞》卷一〇三引）姚之骃辑本按语曰："范书又载南阳冯良事，与长君事前后雷同，不知何以一时有此二士？"二人俱为杜抚弟子，事迹或混同不可辨。

冯衍

冯衍，冯野王之孙，通《诗》善文。《后汉书》卷二八《冯衍传》云："冯衍字敬通，京兆杜陵人也。祖野王，元帝时为大鸿胪。衍幼有奇才，年九岁，能诵《诗》。至二十而博通群书。"

冯衍王莽末追随光武，但不得封，"居贫年老，卒于家"，生卒年不详，约卒于明帝时。

一、主要著述

本传言："［衍］所著赋、诔、铭、说、问交、德诰、慎情、书记说、自序、官录说、策五十篇，肃宗甚重其文。"冯衍文，本传载其《显志赋》。其文集，《隋志》有"后汉司隶从事《冯衍集》五卷"，两《唐志》并载"《冯衍集》五卷"。《后汉书·冯衍传》李贤注引用集文，则唐时未亡。今佚。后世辑本有明张燮《七十二家集》辑有《冯曲阳集》二卷，明张溥《汉魏六朝百三名家集》辑有《冯曲阳集》一卷，严可均《全后汉文》卷二〇，张鹏一《东汉四人小集》辑有《冯曲阳集》一卷。

二、冯衍之学

1. 史学

冯衍又续《史记》。刘知几《史通·正史》篇云："《史记》所书年止太初。其后刘向、向子歆及诸好事者，若冯商、卫衡、扬雄、史岑、梁审、肆仁、晋冯、段肃、金丹、冯衍、韦融、萧奋、刘恂等，相继撰续，迄于哀平间，犹名《史记》。"

2. 经学

《显志赋》有曰："美《关雎》之识微兮，愍王道之将崩；拔周唐之盛德兮，捃桓文之谲功。"用《韩诗》义。李贤注引薛汉《韩诗章句》曰："诗人言雎鸠贞洁，以声相求，必于河之洲，蔽隐无人之处。故人君动静，退朝入于私宫，妃后御见，去留有度。今人君内倾于色，大人见其萌，故咏《关雎》，说淑女，正容仪也。"

本传载其说廉丹曰："昔逢丑父伏轼而使其君取饮，称于诸侯；郑祭仲立突而出忽，终得重定，美于《春秋》。盖以死易生，以存易亡，君子之道也。"逢丑父事见《左传》成公二年"鞌之战",《春秋》美祭仲立郑公子突事见《公羊传》桓公十一年,以为祭仲善行经权。

又云:"今海内溃乱,人怀汉德,甚于诗人思召公也,爱其甘棠,而况子孙乎?人所歌舞,天必从之。"此句化用《诗·召南·甘棠》及《诗·小雅》:"虽无德与汝,式歌且舞。"按:甘棠美召公,四家《诗》皆同。

又,李贤注《冯衍传》引《冯衍集》所载《与妻弟任武达书》,篇中云:"牝鸡司晨,唯家之索。"此句用《尚书·牧誓》引古人之言。

三、其他

本传又云冯衍"博通群书",非止经学。如《困学纪闻》卷一○云:"冯衍赋云:'皋陶钓于雷泽兮,赖虞舜而后亲。'未详所出。《水经注》引《墨子》曰:'舜渔濩泽。'今《墨子·尚贤》篇曰:'舜渔雷泽,尧得之服泽之阳。''服'字,疑即'濩'字。"可为冯衍博学之一证。

冯衍事迹又见于《东观汉记》(吴校本)卷一四、周天游辑华峤《后汉书》卷二。

冯豹

冯豹,通经,冯衍之子,传附衍后。《后汉书》卷二八《冯豹传》云:"豹字仲文……长好儒学,以《诗》《春秋》教骊山下。乡里为之语曰:'道德彬彬冯仲文。'"据本传,其人事迹有:章帝时,"举孝廉,拜尚书郎","拜为河西副校尉";和帝时,"迁武威太守,视事二年,河西称之,复征入为尚书。永元十四年,卒于官"。冯豹生年不详。

冯豹事迹又见于《东观汉记》(吴校本)卷一四,周天游辑华峤《后汉书》卷二,又见于《御览》四九六、《初学记》卷一○引《三辅决录》,与范书本传同。

冯异

冯异,通《左传》。《后汉书》卷一七《冯异传》:"冯异字公孙,颍川父城人也。好读书,通《左氏春秋》《孙子兵法》。"袁宏《后汉记》卷一也说:"[冯]异字公孙,通《左氏春秋》,好《孙子兵法》,为郡功曹,监五县事,与父城令苗萌共守。"

冯异卒年，本传言："九年春……明年夏，病发，薨于军，谥曰节侯。"《光武纪》建武十年（34）："征西大将军冯异薨。"

冯异之学，本传载其建武六年（30）辞谢言："臣闻管仲谓桓公曰：'愿君无忘射钩，臣无忘槛车。'齐国赖之。"事见《左传》，此为冯异通《左氏》之证。又载建武六年夏与诸将议兵事有言"攻者不足，守者有余"，文见《孙子兵法》。

冯异事迹又见于《东观汉记》（吴校本）卷九、周天游辑司马彪《续汉书》卷二、华峤《后汉书》卷一、袁山松《后汉书》卷三。

冯胄

冯胄，李郃门人。《后汉书》卷八二《方术列传·李郃传》云："年八十余，卒于家。门人上党冯胄独制服，心丧三年，时人异之。"

逢萌

逢萌，通《春秋》。《后汉书》卷八三《逸民列传·逢萌传》云："逢萌字子康，北海都昌人也。家贫，给事县为亭长。时尉行过亭，萌候迎拜谒，既而掷楯叹曰：'大丈夫安能为人役哉！'遂去之长安学，通《春秋经》。时王莽杀其子宇，萌谓友人曰：'三纲绝矣！不去，祸将及人。'即解冠挂东都城门，归，将家属浮海，客于辽东。""及光武即位，乃之琅邪崂山"，"连征不起，以寿终"，卒年不详，约在光武世。

逢萌事迹又见于《东观汉记》（吴校本）卷一八、袁宏《后汉记》卷五、周天游辑司马彪《续汉书》卷五。

伏湛

一、主要事迹

（1）成帝时，为博士弟子。本传云："成帝时，以父任为博士弟子。"

（2）王莽时，为绣衣执法。本传云："五迁，至王莽时为绣衣执法，使督大奸，迁后队属正。"

（3）更始立（23），为平原太守。本传云："更始立，以为平原太守。时仓卒兵起，天下惊扰，而湛独晏然，教授不废。"

（4）光武即位（25），为尚书、大司徒司直。本传云："光武即位，知湛名儒旧臣，欲令干任内职，征拜尚书，使典定旧制。时大司徒邓禹西征关中，帝以湛才任宰相，拜为司直，行大司徒事。"

（5）建武三年（27），为大司徒。本传云："建武三年，遂代邓禹为大司徒，封阳都侯。"《后汉书·光武纪》建武三年："三月壬寅，以大司徒司直伏湛为大司徒。"

（6）建武五年（29），免大司徒官。本传云："时蒸祭高庙，而河南尹、司隶校尉于庙中争论，湛不举奏，坐策免。"不云何时免官。《光武纪》建武五年："十一月壬寅，大司徒伏湛免，尚书令侯霸为大司徒。"

（7）建武六年（30），封不其侯。本传云："［建武］六年，徙封不其侯，邑三千六百户，遣就国。"

（8）建武十三年（37），光武复征，病卒。本传云："十三年夏，征，敕尚书择拜吏日，未及就位，因宴见中暑，病卒。"

伏湛事迹又见于《东观汉记》（吴校本）卷一三、周天游辑司马彪《续汉书》卷三、袁山松《后汉书》卷三。

二、《诗》学

伏湛，习《齐诗》，《后汉书》卷二六《伏湛传》云："伏湛字惠公，琅邪东武人也。九世祖胜，字子贱，所谓济南伏生者也。湛高祖父孺，武帝时，客授东武，因家焉。父理，为当世名儒，以《诗》授成帝，为高密太傅，别自名学。湛性孝友，少传父业，教授数百人。"

伏湛《诗》学仅见于本传上疏光武引诗为说，余无可考："臣闻文王受命而征伐五国，必先询之同姓，然后谋于群臣，加占蓍龟，以定行事，故谋则成，卜则吉，战则胜。其《诗》曰：'帝谓文王，询尔仇方，同尔弟兄，以尔钩援，与尔临冲，以伐崇墉。'"诗见《大雅·皇矣》，伏氏说或为《齐诗》义。

伏黯

伏黯，习《齐诗》，伏湛之侄、伏恭之父。《后汉书·儒林列传·伏恭传》云："伏恭字叔齐，琅邪东武人，司徒湛之兄子也。湛弟黯，字稚文，以明《齐诗》，改定章句，作《解说》九篇，位至光禄勋，无子，以恭为后。"伏黯习《齐诗》事又见于陆玑《毛诗草木鸟兽虫鱼疏》："其后伏黯传理家学，改定章句，作《解说》九篇，位至光禄勋，以授嗣子恭。"

伏恭

伏恭，习《齐诗》。《后汉书·儒林列传·伏恭传》云：

> 伏恭字叔齐，琅邪东武人，司徒湛之兄子也。湛弟黯，字稚文，以明《齐诗》，改定章句，作《解说》九篇，位至光禄勋，无子，以恭为后。
> 恭性孝，事所继母甚谨，少传黯学，以任为郎。建武四年，除剧令。视事十三年，以惠政公廉闻。青州举为尤异，太常试经第一，拜博士，迁常山太守。郭修学校，教授不辍，由是北州多为伏氏学。永平二年，代梁松为太仆。四年，帝临辟雍，于行礼中拜恭为司空，儒者以为荣。
> 初，父黯章句繁多，恭乃省减浮辞，定为二十万言。在位九年，以病乞骸骨罢，诏赐千石奉以终其身。十五年，行幸琅邪，引遇如三公仪。建初二年冬，肃宗行飨礼，以恭为三老。年九十，元和元年卒，赐葬显节陵下。

伏恭生卒年，本传言伏恭章帝元和元年（84）卒，年九十，则伏恭生于西汉哀帝建平四年（前3）。

伏恭事迹又见于《东观汉记》（吴校本）卷一三、汪文台辑司马彪《续汉书》卷二、周天游辑华峤《后汉书》卷三。

据本传，伏恭曾改定其父伏黯的《齐诗章句》，但细核经学史，这部《齐诗章句》凡伏理、伏黯、伏恭三代所撰。伏黯、伏恭父子是西汉伏生之后，自伏黯父伏理受学匡衡，始习《齐诗》。《后汉书·伏湛传》："伏湛……父理，为当世名儒，以《诗》授成帝，为高密太傅，别自名学。"《汉书·儒林传》云："[匡]衡授琅邪师丹、伏理斿君、颍川满昌君都。君都为詹事，理高密太傅，家世传业。丹大司空，自有《传》。由是《齐诗》有翼、匡、师、伏之学。"

伏黯只是改定章句，非自作，改由何人？考伏氏家学，此章句应始作于伏理。所谓"别自名学""由是《齐诗》有翼、匡、师、伏之学"，当有章句传授。伏理作《齐诗章句》也见于陆玑《毛诗草木鸟兽虫鱼疏》："其后伏黯传理家学，改定章句，作《解说》九篇，位至光禄勋，以授嗣子恭。恭以黯任为郎，永平中拜司空。恭删黯章句定为二十万言，年九十卒。"既改定章句，则此章句当来自伏理。但伏理《齐诗章句》今不可见。

关于《齐诗》及其章句的传习，《隋志》云："《齐诗》，魏代已亡。"《序录》："《齐诗》久亡。"但《文献通考》引《中兴艺文志》云："《齐诗》所存不全，或疑后人所为，然章句间有自立处，此不可易者。"似到宋代尚可见《齐诗章句》佚文。

伏无忌

伏无忌，伏湛曾孙，习《齐诗》。《伏湛传》曰："[湛]二子：隆，翕。翕嗣爵，卒，子光嗣。光卒，子晨嗣。晨谦敬博爱，好学尤笃，以女孙为顺帝贵人，奉朝请，位特进。[晨]卒，子无忌嗣，亦传家学，博物多识，顺帝时，为侍中屯骑校尉。"伏无忌卒年不详。

伏无忌著述，本传言："永和元年，诏无忌与议郎黄景校定中书五经、诸子百家、艺术。元嘉中，桓帝复诏无忌与黄景、崔寔等共撰《汉记》。又自采集古今，删著事要，号曰《伏侯注》。"

《伏侯注》全名《伏侯古今注》，本传李贤注云："其书上自黄帝，下尽汉质帝，为八卷，现行于今。"《后汉书》李贤注多次引用伏侯《古今注》。《隋志》史部杂史类有"《古今注》八卷，伏无忌撰"。《旧唐志》同，今佚。马国翰《玉函山房辑佚书》、黄奭《黄氏逸书考》并有辑本。

关于伏无忌与撰《汉记》事，《史通·古今正史》篇云："复命伏无忌与谏议大夫黄景作《诸王》《王子》《功臣》《恩泽侯表》《南单于》《西羌传》《地理志》。"

服虔

服虔，东汉著名学者，精于《左传》。《后汉书·儒林列传·服虔传》云：

> 服虔字子慎，初名重，又名祇，后改为虔，河南荥阳人也。少以清苦建志，入太学受业。有雅才，善著文论，作《春秋左氏传解》，行之至今。又以《左传》驳何休之所驳汉事六十条。举孝廉，稍迁，中平末，拜九江太守。免，遭乱行客，病卒。所著赋、碑、诔、书记、《连珠》《九愤》，凡十余篇。

服虔事迹又见于周天游辑张莹《后汉南记》《世说新语·文学》篇及

《后汉书·延笃传》："笃论解经传，多所驳正，后儒服虔等以为折中。"《后汉书·朱俊传》载有陶谦向朱俊举荐服虔事。

一、左氏学

服虔为东汉左氏学名家，其注《左传》事亦见于《世说新语·文学》："郑玄欲注《春秋传》，尚未成时，行与服子慎遇宿客舍，先未相识，服在外车上与人说己注传意。玄听之良久，多与己同。玄就车与语曰：'吾久欲注，尚未了。听君向言，多与吾同。今当尽以所注与君。'遂为服氏注。"又云："服虔既善《春秋》，将为注，欲参考同异。闻崔烈集门生讲传，遂匿姓名，为烈门人赁作食。每当至讲时，辄窃听户壁间。既知不能逾己，稍共诸生叙其短长。烈闻，不测何人，然素闻虔名，意疑之。明早往，及未寤，便呼：'子慎！子慎！'虔不觉惊应，遂相与友善。"小说家言，自不必全信，但可侧闻服虔治学转益多师。至于所谓服虔《左传》注多与郑玄同，赵坦宾《甓斋札记》曰："服注虽本于郑氏，然时与郑违。如郑注《尚书·微子》篇，以箕子为纣诸父，服氏以为纣庶兄；郑注《礼记·内则》篇，以《左氏传》鞶厉为鞶裂，服氏以为鞶为大带，厉是大带之垂者。"曾朴《补后汉书艺文志》于服虔《春秋左传解谊》目下有详议。

本传云服虔作《春秋左氏传解》，《序录》亦云："九江太守服虔……并注解《左氏传》。"史志目录作《春秋左氏传解谊》。《隋志》载："《春秋左氏传解谊》三十一卷，汉九江太守服虔注。"两《唐志》并载服虔注《春秋左氏传解谊》三十卷，又有服虔《春秋左氏音隐》一卷。《序录》亦载有服虔《（左传）解谊》三十卷，又有服虔《（左传）音》一卷，正合《隋志》三十一卷之数。但陆德明云："汉人不作音。"后儒对陆氏说有所驳正。张守节《史记正义·论例·音例》云："至魏秘书孙炎，始作反音。又未甚切。今并依孙反音，以传后学。"于此说，日人泷川资言《史记会注考证》云：

> 《颜氏家训·音辞》篇云：孙叔言创尔雅音义，是汉末人，独知反语。至于魏世，此事大行。《陆德明经典释文序》云：古人音书，止为譬况之说，孙炎始为翻语，魏朝以降，蔓衍寔繁。其说皆与张守节合。唐元和十年，景审序慧琳《一切经音义》云：古来音反，多以傍纽，而为双声，始自服虔。《史记·张耳陈馀传》：吾王孱王也。《索隐》案，服虔音锄闲反。服虔先于孙炎。《梁玉绳瞥记》云：翻切起于孙叔然，而涿郡高诱在孙之前，其注《吕氏春秋》《淮南子》，有急气、缓

气、闭口、笼口之未能，已为反切萌芽矣。

按此，则服虔《春秋左氏传解谊》凡注文三十卷，音一卷。此书宋人书目不见著录，当佚。

关于服虔左氏学之影响，《隋志》云："然诸儒传《左氏》者甚众。永平中，能为《左氏》者，擢高第为讲郎。其后贾逵、服虔并为训解。晋时，杜预又为《经传集解》。《穀梁》范甯注，《公羊》何休注，《左氏》服虔、杜预注，俱立国学。然《公羊》《穀梁》，但试读文，而不能通其义。后学三传通讲，而《左氏》唯传服义。至隋，杜氏盛行，服义及《公羊》《穀梁》浸微，今殆无师说。"至于唐孔颖达撰《五经正义》，于《左传》用杜预注，《疏》中间或采之，故后世不传。今散见于孔颖达《左传正义》、裴骃《史记集解》、贾公彦《仪礼疏》《周礼疏》、郦道元《水经注》、杜佑《通典》、陆德明《经典释文》、《三国志》裴松之注、《文选》注、孔颖达《毛诗正义》、《太平御览》等书中。马国翰有《春秋左氏传解谊》四卷，题后汉服虔撰。除马氏外，王谟《汉魏遗书钞》辑有服虔《左氏传解谊》四卷，黄奭《黄氏逸书考》有《服虔春秋左传解谊》一卷，袁钧《郑氏佚书》有《春秋传服氏注》十二卷，沈豫辑有《春秋左传服注》二卷、续一卷、补遗一卷，王仁俊《玉函山房辑佚书续编》辑有《春秋左氏传服氏注》一卷。

二、主要著述

1.《春秋成长说》

《隋志》载："《春秋成长说》九卷，服虔撰。"两《唐志》并载服虔撰《春秋成长说》七卷。宋人书目不复见载。马国翰辑有服虔《春秋成长说》一卷，将《公羊传》昭公三十一年"黑肱以滥来奔"，徐彦疏"服虔《成长义》云'邾娄本附庸三十里耳，而言五分之，为六里国也'者，彼乃《左氏》之偏辞，未足以夺；《公羊》以为邾娄本大国，但《春秋》之前在名例，隐元年何氏有成解"辑入。

2.《春秋膏肓释疴》

《隋志》："《春秋左氏膏肓释疴》十卷，服虔撰。"两《唐志》并载服虔撰《春秋左氏膏肓释疴》五卷。宋人书目不复见载。马国翰辑有服虔《春秋膏肓释疴》一卷，从《礼记·檀弓上》孔疏、司马彪《续汉书·礼仪志》刘昭注所引，辑为一卷。王仁俊《玉函山房辑佚书续编》亦有《驳春秋释疴》一卷，题服虔撰，何休驳。姚振宗《隋书经籍志考证》云："何休作《膏肓》以短《左氏》，故服氏有是《释》，犹郑氏之《箴》也。"

3. 《通俗文》

《隋志》："《通俗文》一卷，服虔撰。"但两《唐志》不复见，两《唐志》小学类倒载有李虔《续通俗文》二卷。《颜氏家训·书证》云："《通俗文》，世间题云'河南服虔字子慎造'。虔既是汉人，其叙乃引苏林、张揖；苏、张皆是魏人。且郑玄以前，全不解反语，通俗反音，甚会近俗。阮孝绪又云'李虔所造'。河北此书，家藏一本，遂无作李虔者。晋《中经簿》及《七志》，并无其目，竟不得知谁制。然其文义允惬，实是高才。殷仲堪常用字训，亦引服虔俗说，今复无此书，未知即是通俗文，为当有异？或更有服虔乎？不能明也。"则六朝时就有人怀疑其作者。但唐宋类书时有所引，题服氏之名。如《御览》卷六〇五："服虔《通俗文》曰：方絮曰纸。"此书大抵训诂之作，类似于《尔雅》中的《释训》《释言》《释诂》等篇。其文散见于《释文》、《文选》李善注、释玄应《一切经音义》及唐宋类书，后儒据以辑佚。任大椿《小学钩沉》卷六有服虔《通俗文》，顾震福《小学钩沉续编》有服虔《通俗文》，臧庸辑有《通俗文》一卷，黄奭《黄氏逸书考》有《服虔通俗文》一卷，马国翰《玉函山房辑佚书》有《通俗文》一卷，顾怀三辑有《通俗文》一卷、补音一卷，龙璋《小学蒐佚》上编辑有《通俗文》一卷。马国翰辑本序以为服虔作《通俗文》一卷，李虔续之为二卷，又认为李虔即《陈情表》作者李密。

4. 注《汉书》

颜师古《汉书叙例》云："《汉书》旧无注解，唯服虔、应劭等各为《音义》，自别施行。"《隋志》："《汉书音训》一卷，服虔撰。"两《唐志》并载服虔《汉书音训》一卷。宋人书目不见著录①。今散于颜师古《汉书注》、《史记》三家注、唐宋类书、《玉海》等书。杨守敬《汉书二十三家注钞》有辑本。

5. 《春秋汉驳议》

本传："［服虔］又以《左传》驳何休之所驳汉事六十条。"《隋志》载："梁有《春秋汉议驳》二卷，服虔撰，亡。""梁有《汉议驳》二卷，服虔撰，亡。"但《旧唐志》载"《何氏春秋汉记》十一卷，服虔撰"。《新唐志》载服虔"《驳何氏春秋汉议》十一卷"。按：两《唐志》所载当为同一书，此书即为本传所谓驳何休汉事六十条。

---

① 孙亚华认为《汉书音训》"在北宋初尚存或有残本，至王应麟生活的南宋中叶，殆已全佚矣"。见孙亚华《服虔〈汉书音训〉亡佚时间考略》，载《辽宁行政学院学报》2006年第6期。

6.《春秋塞难》

《隋志》:"《春秋塞难》三卷,服虔撰。"两《唐志》并载服虔《春秋塞难》三卷。

三、《易》学

黄奭《黄氏逸书考》从《释文》采得服虔《易》说一节,辑为《服虔易注》一卷。

傅燮

傅燮,刘宽弟子。《后汉书·傅燮传》云:"傅燮字南容,北地灵州人也。本字幼起,慕南容三复白圭,乃易字焉。身长八尺,有威容。少师事太尉刘宽。"

傅燮事迹又见于袁宏《后汉记》卷二四至二五,周天游辑谢承《后汉书》卷四、司马彪《续汉书》卷四。

盖豫

盖豫,周防之师,传古文《尚书》。《后汉书·儒林列传·周防传》云:"[周防]师事徐州刺史盖豫,受古文《尚书》。"

朱彝尊《经义考》云:"东汉为《古文尚书》者不一家,有盖豫所传,有杜林所得,初不本于孔安国,而孔颖达《正义》孔所传者贾逵、马融等皆是。世儒不察,见古文字即以为安国所传,亦粗疏矣。"此说东汉传古文《尚书》为多途,近得其实。

皋弘

皋弘,桓荣同门,习欧阳《尚书》。《桓荣传》:"会欧阳博士缺,帝欲用荣。荣叩头让曰:'臣经术浅薄,不如同门生郎中彭闳、扬州从事皋弘。'帝曰:'俞,往,女谐。'因拜荣为博士,引闳、弘为议郎。"李贤注引谢承《后汉书》曰:"皋弘字奉卿,吴郡人也。家代为冠族。少有英才,与桓荣相善。"此二人既是桓荣同门,则也当是朱普弟子。皋弘生卒年不详,约与桓荣同时。

高彪

高彪，习《左传》。《隶释》卷一〇《外黄令高彪碑》云："师事□□尉汝南许公……明于《左氏》，桓帝时上立博士，章文襜袘类乎班贾。"又云："后迁外黄令，光和七年六月卒。"按：灵帝光和六年（183）十二月改元中平，此言光和七年，盖不知改元事。光和七年为中平元年（184）。

《后汉书》卷八〇《文苑列传·高彪传》云："高彪字义方，吴郡无锡人也。家本单寒，至彪为诸生，游太学。有雅才而讷于言。尝从马融欲访大义，融疾不获见，乃覆刺遗融书曰：'承服风问，从来有年，故不待介者而谒大君子之门，冀一见龙光，以叙腹心之愿。不图遭疾，幽闭莫启。昔周公旦父文兄武，九命作伯，以尹华夏，犹挥沐吐餐，垂接白屋，故周道以隆，天下归德。公今养疴傲士，故其宜也。'融省书惭，追谢还之，彪逝而不顾。""后郡举孝廉，试经第一，除郎中，校书东观，数奏赋、颂、奇文，因事讽谏，灵帝异之。"

《太平御览》卷六〇六引《杂事》文同范书，宋史能之《咸淳毗陵志·人物》据此修，文同。明欧大任《百越先贤志》云："又无锡高彪常访马融，覆刺遗书及饯督军御史第五永作箴一篇。议郎蔡邕等美其文，以为莫尚也。"（据范晔《后汉书》、《汉杂事》《世说新语》参修）与此小异。

高彪事迹又见于《东观汉记》（吴校本）卷一八，周天游辑谢承《后汉书》卷五。

《高彪碑》言高彪桓帝时上书朝廷，为《左传》争立博士。洪适曰："东都五经博士，《春秋》惟有严颜皆传《公羊》者。建武中，因韩歆、陈元之请，尝以李封为《左氏》博士。群儒数廷争，遂废其官。高君复上章于威宗时，盖亦不行其言。"按：洪说是。建武四年（28）李封为东汉首位《左传》博士，不久李封去世，《左传》博士被废。此后虽有贾逵、郑兴父子等竭力倡导，后汉习者益重，但纵观东汉，《左传》并不曾立于学官。

高彪著述遗存，《隋志》云："梁有外黄令《高彪集》二卷，录一卷。"题曰"亡"。两《唐志》复载"《高彪集》二卷"。明冯惟讷《诗纪·汉》卷三辑有高彪诗，严可均《全后汉文》卷六六辑有高彪文。

高凤

高凤，隐士，通经。《后汉书·逸民列传·高凤传》："高凤字文通，南阳叶人也。少为书生，家以农亩为业，而专精诵读，昼夜不息。妻尝之田，曝麦于庭，令凤护鸡。时天暴雨，而凤持竿诵经，不觉潦水流麦。妻还怪问，凤方悟之。其后遂为名儒，乃教授业于西唐山中。"又云："凤年老，执志不倦，名声著闻。……隐身渔钓，终于家。"

高凤事迹又见于《东观汉记》（吴校本）卷一八、周天游辑谢承《后汉书》卷五《逸民传》，司马彪《续汉书》卷五《逸民传》与范书同。

高获

习欧阳《尚书》，师从欧阳歙。《后汉书》卷八二《方术列传·高获传》："高获字敬公，汝南新息人也。为人尼首方面。少游学京师，与光武有旧。师事司徒欧阳歙。歙下狱当断，获冠铁冠，带铁锧，诣阙请歙。帝虽不赦，而引见之。谓曰：'敬公，朕欲用子为吏，宜改常性。'获对曰：'臣受性于父母，不可改之于陛下。'出便辞去。"卒年不详，约在光武末世。

高获事迹又见于周天游辑谢承《后汉书》卷五《方术传》，与范书同。

高吕

高吕，通经。周天游辑谢承《后汉书》卷七《高吕传》云："高吕为广汉太守，朝省官事，昼讲经典。"（《书钞》卷七五引）

高诩

高诩，习《鲁诗》。《后汉书·儒林列传·高诩传》云：

> 高诩字季回，平原般人也。曾祖父嘉，以《鲁诗》授元帝，仕至上谷太守。父容，少传嘉学，哀、平间为光禄大夫。
>
> 诩以父任为郎中，世传《鲁诗》。以信行清操知名。王莽篡位，父子称盲，逃，不仕莽世。光武即位，大司空宋弘荐诩，征为郎，除符离长。去官，后征为博士。建武十一年，拜大司农。在朝以方正称。十三年，卒官，赐钱及冢田。

据本传，高诩卒于建武十三年（37），生年不详。

高氏世习《鲁诗》事也见于陆玑《毛诗草木鸟兽虫鱼疏》："时平原高

嘉亦以《诗》授元帝，为上谷太守传子容少为光禄大夫，孙诩以父任为郎中，以世传《鲁诗》知名，王莽时逃去不仕。又有曲阿包咸师事博士右师细君，习《鲁诗》，亦去归乡里。世祖即位，征诩为博士，至大司农，咸举孝廉除郎中，至大鸿胪。"

高诩事迹又见于《东观汉记》（吴校本）卷一八。

高诱

高诱，卢植弟子，《后汉书》无传，曾注《淮南鸿烈》《吕氏春秋》《战国策》《孝经》等书。据前二书自序，知诱乃涿县人，少从卢植受学，建安十七年（212）由濮阳令迁监河东。高诱《淮南鸿列注解序》云："自诱之少，从故侍中同县卢君。"①

高诱著述

《吕氏春秋注·自序》云："诱正《孟子章句》，作《淮南》《孝经解》毕讫。"其实高诱所著，不止四种书。

1. 注《吕氏春秋》

《隋志》载："《吕氏春秋》二十六卷，秦相吕不韦撰，高诱注。"两《唐志》并载："《吕氏春秋》二十六卷，吕不韦撰，高诱注。"其后《宋志》《直斋书录解题》《郡斋读书志》皆载"《吕氏春秋》二十六卷，吕不韦撰，后汉高诱注"。唯有《崇文总目》载此书为三十六卷，当"二"误作"三"。此书今存。

2. 注《孟子》

高诱《吕氏春秋注序》云其"正《孟子章句》"，《玉海·艺文》"汉孟子章句"条："《儒林传》：程曾著书百余篇，皆五经通难。又作《孟子章句》。"王应麟云："高诱正章句。"侯康曰："似是正程曾之书也。"该书历代书目不见著录。焦循《孟子正义》卷一"孟子题辞疏"辑录高氏注《淮南子》等书中涉及孟子所言者，以为高氏《孟子章句》，实非其旧。马国翰

---

① 高诱何时从卢植受学？齐思和认为"盖在其归隐之后"，也即卢植于献帝初平元年（190）辞官归隐上谷时，见氏著《中国史探研》，中华书局1981年版，第241页。李秀华《高诱生平事迹考》认为在灵帝熹平五年（176）卢植担任侍中之际，据高诱所述，以李秀华说较为可信。李文载《河北北方学院学报》（社会科学版）2009年第3期。

《玉函山房辑佚书》据此辑为《孟子高氏章句》一卷。又俞樾《春在堂全集》辑有《孟子高氏义》一卷。

3. 注《战国策》

《隋志》载有："《战国策》二十一卷，高诱撰注。"两《唐志》著录："《战国策》三十二卷，高诱注。"卷篇书目差距巨大，然宋曾巩《校定战国策序》曰："此书有《高诱注》者二十一篇，或曰三十二篇。"大约唐人重新进行过编定。此后书目大抵以三十三篇为定。《宋志》："高诱注《战国策》三十三卷。"《直斋书录解题》作三十卷，题"后汉高诱注""凡三十三篇"。《郡斋读书志》作"《战国策》三十三卷"。但《崇文总目》只载八卷，云："今篇卷亡阙，第二至十、三十一至三阙，又有后汉高诱注，本二十卷，今阙第一、第五、十一至二十，止存八卷。"后曾巩校书，加以补缀。《郡斋读书志》云《战国策》："《崇文总目》多阙，至皇朝曾巩校书，访之士大夫家，其书始复完。汉高诱注，今止十篇，余逸。"《玉海》亦云："书目有异同者。如南丰《战国策目录》序末云：此书有高诱注者二十一篇，或云三十二篇。《崇文总目》存者八篇，今存者十篇云。"

4. 注《淮南子》

《隋志》："《淮南子》二十一卷，高诱注。"两《唐志》并载："《淮南子注解》二十一卷，高诱撰；《淮南鸿烈音》二卷，高诱撰。"《崇文总目》亦载有："《淮南子》二十一卷，高诱注。"而《宋志》："高诱注《淮南子》十三卷。"卷帙减少，且高诱注与许慎注掺杂一起。今本作二十一卷，恐非其旧。

5. 似又注《礼记》

钱大昭《补续汉书艺文志》有高诱《礼记注》，钱氏注曰："《类聚》引之。"

6.《易》学著述

黄奭《黄氏逸书考》从高氏注《吕氏春秋》得其《易》说六节，辑为《高诱易义》一卷。

耿伯

耿伯，杜乔门生。周天游辑司马彪《续汉书》卷四《杜乔传》："累祖吏二千石。乔少好学，治《韩诗》、京氏《易》、欧阳《尚书》，以孝称。虽二千石子，常步担求师。"（范书本传注引）又云："乔诸生耿伯尝与鲔同止。冀讽吏执鲔为乔门生。"（范书本传注引）

耿况

耿况，东汉耿弇之父，字侠游，以明经为郎，事迹见《后汉书·耿弇传》："[耿弇]父况，字侠游，以明经为郎，与王莽从弟伋共学《老子》于安丘先生，后为朔调连率。"

耿况事迹又见于《东观汉记》（吴校本）卷一〇。

耿弇

耿弇，习《诗》《礼》，《后汉书》卷一九有传。《耿弇传》云："耿弇字伯昭，扶风茂陵人也。"不云习经。李贤注引袁山松《后汉书》曰："弇少学《诗》《礼》，明锐有权谋。"

耿弇生卒年，本传云："（弇）年五十六，永平元年卒，谥曰愍侯。"永平元年（58）耿弇五十六岁卒，则其生于平帝元始三年（3）。

耿弇事迹又见于《东观汉记》（吴校本）卷一〇，周天游辑谢承《后汉书》卷二、司马彪《续汉书》卷二、华峤《后汉书》卷一、袁山松《后汉书》卷三。

公沙穆

公沙穆，通经、明占候。《后汉书》卷八二《方术列传·公沙穆传》云："公沙穆字文乂，北海胶东人也。家贫贱。自为儿童不好戏弄，长《韩诗》《公羊春秋》，尤锐思《河》《洛》推步之术。举孝廉，为弘农县令，辽东属国都尉。"其卒，本传云："年六十六卒官。"卒年不详，约在桓帝时。

公沙穆事迹又见周天游辑谢承《后汉书》卷五《方术传》、袁山松《后汉书》卷四。《金楼子·立言》亦载有公沙穆言论，曰："居家之方，唯俭与约；立身之道，唯谦与学。"

公孙晔

公孙晔，通《尚书》，见于谢承《后汉书》："晔字春光，到太学，受《尚书》，写书自给。"（《书钞》卷一〇一引）谢承书又云："公孙晔拜博士、侍中，国有疑事，常使进见，问其得失，所陈皆据经依义，补益国家，深见省纳。"（《御览》卷二一九引）其事迹详见周天游辑谢承《后汉书》卷六《公孙晔传》。

缑氏

缑氏，习《周礼》，东汉初年人。贾公彦《序周礼废兴》引马融《周官传》言西汉末《周礼》传授，云："徒有里人河南缑氏杜子春尚在，永平之初，年且九十，家于南山，能通其读，颇识其说，郑众、贾逵往受业焉。"以缑氏为杜子春籍贯。《序录》同："河南缑氏杜子春受业于歆，还家以教授门徒。"但《隋志》却将缑氏视为人名而非地名："至王莽时，刘歆始置博士，以行于世。河南缑氏及杜子春受业于歆，因以教授。"而汉人亦有姓缑者如《后汉书·申屠蟠传》："同郡缑氏女玉为父报仇。"李贤注引《续汉书》云："同县大女缑玉为从父报仇，杀夫之从母兄李士。姑执玉以告吏。"巧合的是，《旧唐志》有："《礼记要钞》六卷，缑氏撰。"《新唐志》经部礼类亦有："《缑氏要钞》六卷。"姚振宗《后汉艺文志》录有缑氏《礼记要钞》，认为"河南缑氏别为一人"，从《隋志》说。今从姚氏说。按：缑氏《礼注要钞》书名列于杜预、干宝、徐邈等晋人之后，到底此缑氏是传《周礼》之汉人还是别有一晋人通礼者？只能存疑。

顾奉

顾奉，程曾弟子。《后汉书·儒林列传》："程曾字秀升，豫章南昌人也。受业长安，习严氏《春秋》，积十余年，还家讲授。会稽顾奉等数百人常居门下。"顾奉当习严氏《春秋》，其余事迹不详。

郭丹

郭丹，通经。《后汉书》卷二七《郭丹传》云："郭丹字少卿，南阳穰人也。……后从师长安……既至京师，常为都讲，诸儒咸敬重之。"

其师公孙昌。御览卷七〇九引《东观汉记》云："郭丹师事公孙昌，敬重，常持蒲编席，人异之。"

郭丹生卒年，本传云郭丹"[永平]五年，卒于家，时年八十七"。则郭丹生于西汉成帝阳朔元年（前24），卒于明帝永平五年（62）。

郭丹事迹又见于袁宏《后汉记》卷九，周天游辑谢承《后汉书》卷二。

郭恩

郭恩，通《易》与《春秋》。《三国志·魏书·方技传·管辂传》："父为利漕，利漕民郭恩兄弟三人，皆得躄疾，使辂筮其所由。"裴松之注引《管辂别传》曰："利漕民郭恩，字义博，有才学，善《周易》《春秋》，又能仰观。辂就义博读《易》，数十日中，意便开发，言难逾师。"按：此述管辂少年事，郭恩当属东汉人。

郭宏

郭宏，通经。《御览》卷四六三引谢承《后汉书》云："郭宏为郡上计吏，朝廷问宏颍川风俗所尚，土地所出，先贤将相儒林文学之士，宏援经以对，陈事答问，出言如浮，引义如流。"可见此人明经，其余事迹见周天游辑谢承《后汉书》卷七《郭宏传》。

郭亮

郭亮，李固弟子。《李固传》言李固死后："固弟子汝南郭亮，年始成童，游学洛阳，乃左提章钺，右秉铁锧，诣阙上书，乞收固尸。不许，因往临哭，陈辞于前，遂守丧不去。夏门亭长呵之曰：'李、杜二公为大臣，不能安上纳忠，而兴造无端。卿曹何等腐生，公犯诏书，干试有司乎？'亮曰：'亮含阴阳以生，戴干履坤。义之所动，岂知性命，何为以死相惧？'亭长叹曰：'居非命之世，天高不敢不局，地厚不敢不蹐。耳目适宜视听，口不可以妄言也。'"李贤注引谢承《后汉书》曰："亮字恒直，朗陵人也。"郭亮卒年及其他事迹不详。

郭太

郭太，又作郭泰，字林宗，东汉士林领袖。《后汉书》卷六八有传，中云："就成皋屈伯彦学，三年业毕，博通坟籍。善谈论，美音制。"不言习经。且郭太以清高有德闻名于当时，与李膺齐名，不以儒术著称。其习经之事见于皇甫谧《高士传·郭太》："[郭太]与同县宗仲至京师，从屈伯彦学《春秋》，博洽无不通。"如此，则郭太习《春秋》。

郭太生卒年，本传云"［建宁元年］明年春，［太］卒于家，时年四十二"。李贤注引谢承《后汉书》曰："泰以建宁二年正月卒。"《高士传》也说："凡司徒辟大常，赵典举有道，［太］皆不就，以建宁二年卒于家。"则郭太生于顺帝永建三年（128），卒于灵帝建宁二年（169）。

郭太又精谶纬星占。本传云："或劝林宗仕进者，［太］对曰：'吾夜观乾象，昼察人事，天之所废，不可支也。'"袁宏《后汉记》卷二四亦载："［太］家有书五千卷，率多图纬星历之事。"

郭太事迹除见于范书、谢承《后汉书》、袁宏《后汉记》及皇甫谧《高士传》外，又见于蔡邕《郭有道碑》及殷芸《小说》。

郭禧

郭禧，郭躬从孙，儒法兼修，《后汉书》无传，其事迹附于《后汉书·郭躬传》后，云："镇弟子禧，少明习家业，兼好儒学，有名誉，延熹中亦为廷尉。建宁二年，代刘宠为太尉。"不言其字，亦不载卒年。

赵明诚《金石录》载有《太尉郭禧碑》《郭禧碑阴》及《郭禧后碑》。赵氏云："太尉郭禧碑文字残缺，所存才百许字，其可见者，公讳禧，字君房而已。"赵氏又云："右《郭禧后碑》，残缺尤甚。其略可辨者，云：惟光和二年夏五月甲寅，太中大夫故太尉郭公薨。"灵帝光和二年为公元179年。此两段碑文可补史阙。

觟阳鸿

觟阳鸿，习孟氏《易》。《后汉书·儒林列传》云："时，中山觟阳鸿，字孟孙，亦以孟氏《易》教授，有名称，永平中为少府。"李贤注："姓觟阳，名鸿也。'觟'，音胡瓦反。其字从'角'字，或作'鮭'。从'鱼'者，音胡佳反。"觟阳鸿又见于《牟融传》，正作"觟阳鸿"。《牟融传》云融："［永平］十一年，代觟阳鸿为大司农。"则觟阳鸿在永平中（约永平九年，66）为少府之后，转为大司农，永平十一年（68）免大司农官。其后事迹不详。

觟阳鸿习孟氏《易》事又见于《序录》："后汉觟阳鸿（陆氏自注：字孟孙，中山人，少府。）皆传孟氏《易》。"

觟阳鸿事迹又见于《东观汉记》（吴校本）卷一八，与范书同。

韩伯高

韩伯高，薛汉弟子，习《韩诗》。《后汉书·儒林列传·薛汉传》云："[薛汉]弟子犍为杜抚、会稽澹台敬伯、钜鹿韩伯高最知名。"韩伯高其余事迹不详。

韩生

韩生，与光武同学，当习欧阳《尚书》。《后汉书》卷一《光武帝纪》："王莽天凤中，[光武]乃之长安，受《尚书》，略通大义。"李贤注引《东观汉记》曰："受《尚书》于中大夫庐江许子威。资用乏，与同舍生韩子合钱买驴，令从者僦，以给诸公费。"

韩说

韩说，通五经。《后汉书》卷八二《方术列传·韩说传》云："韩说字叔儒，会稽山阴人也。博通五经，尤善图纬之学。举孝廉。与议郎蔡邕友善。数陈灾眚，及奏赋、颂、连珠。稍迁侍中。光和元年十月，说言于灵帝，云其晦日必食，乞百官严装。帝从之，果如所言。中平二年二月，又上封事，克期宫中有灾。至日南宫大火。迁说江夏太守，公事免。年七十，卒于家。"卒年不详。

韩子方

韩子方，张贞之师，通《易》。《华阳国志·犍为士女赞》："黄帛，僰道人，张贞妻也。贞受《易》于韩子方，去家三十里，船覆，死。贞弟求丧经月，不得。帛乃自往没处躬访，不得，遂自投水中。大小惊眄。积十四日，持夫手浮出。时人为语曰：'符有先络僰道帛，求其夫，天下无有其偶。'县长韩子冉嘉之，召帛子，幸之，为县股肱。"

韩宗

韩宗，张纮之师。《三国志·吴书·张纮传》："张纮字子纲，广陵人。

游学京都还本郡，举茂才，公府辟，皆不就。避难江东。孙策创业，遂委质焉。表为正议校尉，从讨丹杨。"裴松之注引《吴书》曰："[张]纮入太学，事博士韩宗，治京氏《易》、欧阳《尚书》，又于外黄从濮阳闿受《韩诗》及《礼记》《左氏春秋》。"

寒朗

寒朗，习《尚书》。《后汉书》卷四一《寒朗传》："寒朗字伯奇，鲁国薛人也。生三日，遭天下乱，弃之荆棘；数日兵解，母往视，犹尚气息，遂收养之。及长，好经学，博通书传，以《尚书》教授。举孝廉。"

寒朗生卒年，本传云："永初三年，太尉张禹荐朗为博士，征诣公车，会卒，时年八十四。"则朗生于光武建武二年（26）。

郝伯宗

郝伯宗，通经，景鸾同学。《华阳国志·梓潼士女赞》云："景鸾，字汉伯，梓潼人也。少与广汉郝伯宗、蜀郡任叔本、颍川李仲、渤海孟元叔游学七州，遂明经术。"按：四人皆以字并称，则伯宗亦为其字，其名不详。

何生

何（盍）生，失名字，《论语》名家。《隶释》卷一四载《石经论语》残碑云：

贾诸？贾之兮。包周□□□□。盖肆乎其肆也。□周（下阙）曰言□而在于萧墙之内。盍、毛、包、周无于（下阙）。

按：上文为石经《论语》后蔡邕诸人之校勘记，有盍、毛、包（咸）、周氏四家。侯康《补后汉书艺文志》曰："盍氏、毛氏盖亦注《论语》之人，然别无他据，又列名于包咸之前，或西汉人亦未可知。"西汉人年代久远，两书未必皆能逃脱西汉末年战乱，故两人为东汉之人较为合理。

何汤

何汤,桓荣弟子。《桓荣传》李贤注引谢承《后汉书》曰:"何汤字仲弓,豫章南昌人也。荣门徒常四百余人,汤为高第,以才明知名。荣年四十无子,汤乃去荣妻为更娶,生三子,荣甚重之。后拜郎中,守开阳门候。上微行夜还,汤闭门不纳,更从中东门入。明旦,召诣太官赐食,诸门候皆夺俸。建武十八年夏旱,公卿皆暴露请雨。洛阳令著车盖出门,汤将卫士钩令车收案,有诏免令官,拜汤虎贲中郎将。上尝叹曰:'赳赳武夫,公侯干城,何汤之谓也。'汤以明经尝授太子,推荐荣,荣拜五更,封关内侯。荣常言曰:'此皆何仲弓之力也。'"

何休

何休,东汉公羊大师,通群经。《后汉书·儒林列传·何休传》云:

> 何休字邵公,任城樊人也。父豹,少府。休为人质朴讷口,而雅有心思,精研六经,世儒无及者。以列卿子诏拜郎中,非其好也,辞疾而去。不仕州郡。进退必以礼。
>
> 太傅陈蕃辟之,与参政事。蕃败,休坐废锢,乃作《春秋公羊解诂》,覃思不窥门,十有七年。又注训《孝经》《论语》、风角七分,皆经纬典谟,不与守文同说。又以《春秋》驳汉事六百余条,妙得《公羊》本意。休善历算,与其师博士羊弼,追述李育意以难二传,作《公羊墨守》《左氏膏肓》《穀梁废疾》。
>
> 党禁解,又辟司徒。群公表休道术深明,宜侍帷幄,单臣不悦之,乃拜议郎,屡陈忠言。再迁谏议大夫,年五十四,光和五年卒。

何休生卒年,本传云何休卒于灵帝光和五年(182),年五十四,则何休生于顺帝永建四年(129)。

一、主要事迹

本传言何休自陈蕃败后杜门不出十七年,终成《春秋公羊解诂》,"十七"或为"十五"之误。按:《续汉书·天文志》《后汉书》之《灵帝纪》

《陈蕃传》《窦武传》《张奂传》云灵帝建宁元年（168）杀蕃、武等，距离光和五年（182）只有十五年。王利器云："按'十有七年'当作'十有五年'，古文'五'作'义'，与'七'形近。何休卒在光和五年，距此正是十五年。然则何休《春秋公羊解诂》之成，乃在其没之岁也。"①

何休事迹又见于周天游辑谢承《后汉书》卷五《儒林传》、司马彪《续汉书》卷五《儒林传》及王嘉《拾遗记》。

二、何休之学

王嘉《拾遗记》云："精研六经，世儒无及者。""京城谓康成为'经神'，何休为'学海'。"

1. 《春秋公羊解诂》

见于本传。又《序录》云："《公羊》用何休注。"并载有"何休注《公羊》十二卷"。见于史志目录所载，《隋志》："《春秋公羊解诂》十一卷，汉谏议大夫何休注。"《旧唐志》："《春秋公羊经传》十三卷，何休注。"《新唐志》："何休《公羊解诂》十三卷。"《崇文总目》："《春秋公羊经传》解诂二十二卷，何休撰。"《宋志》："何休《公羊传》十二卷。"《郡斋读书志》："《春秋公羊传》十二卷，何休注。"《直斋书录解题》："《春秋公羊传解诂》十二卷，何休撰。"按：上述目录所载，《崇文总目》"二十二卷"当为"十二卷"之衍文。十一、十二和十三卷之间的卷数差异盖在于分合有别，大概十二卷者，经传注相连，《春秋》十二公，每公一卷，凡十二卷。十一卷者，或将闵公合并，十三卷者，又将经传分离，多出一卷。何休《公羊解诂》今存，入《十三经注疏》中，题"何氏学"。于此，张华《博物志》卷六《文籍考》云："何休注《公羊传》，云'何氏学'。又不能解者。或答云：休谦词，受学于师，乃宣此义不出于己。此言为允。"

2. 《公羊墨守》《左氏膏肓》《穀梁废疾》

事见本传。王嘉《拾遗记》亦云何休"作《左氏膏肓》《公羊废疾》《穀梁墨守》，谓之'三阙'"。书成之后，郑玄不同意何休之说，作《箴膏肓》《发墨守》《起废疾》，事见于《后汉书·郑玄传》。《序录》亦云："又何休（陆氏自注：字邵公，任城人，后汉谏大夫）。作《左氏膏肓》《公羊墨守》《穀梁废疾》。郑康成箴《膏肓》，发《墨守》，起《废疾》，自是《左氏》大兴。"三书见于史志所载，《隋志》："《春秋左氏膏肓》十卷，何

---

① 王利器：《郑康成年谱》，齐鲁书社1983年版，第69页。

休撰。《春秋穀梁废疾》三卷，何休撰。《春秋公羊墨守》十四卷，何休撰。"但何休与郑玄书其内容往往相杂，如《隋志》又载："《春秋穀梁废疾》三卷，何休撰，郑玄释，张靖笺。"《旧唐志》："《春秋左氏膏肓》十卷，何休撰，郑玄箴。《春秋公羊墨守》二卷，何休撰，郑玄发。《春秋穀梁废疾》三卷，何休作，郑玄释，张靖笺。"《新唐志》："何休《左氏膏肓》十卷，郑玄箴。《墨守》一卷，郑玄发。《穀梁废疾》三卷，郑玄释，张靖笺。"唐以后三书逐渐散佚。如《左氏膏肓》，《宋志》与《直斋书录解题》尚录有："《左氏膏肓》十卷。"《郡斋读书志》与《崇文总目》并载"《左氏膏肓》九卷"，云："书今残逸，第七卷亡。"而《公羊墨守》与《穀梁废疾》则不见宋人书目著录，当佚。

王谟《汉魏遗书钞》辑有何休《左氏膏肓》一卷，王仁俊《玉函山房辑佚书续编》有《驳春秋释疴》一卷，题服虔撰，何休驳。

王谟《汉魏遗书钞》有何休《公羊墨守》一卷，《旧唐志》："《春秋公羊墨守》二卷，何休撰，郑玄发。"实则二者不可分。清儒辑本大抵两者混同，如《四库全书》经部春秋类有郑玄《发墨守》一卷，武億辑有郑玄撰《发墨守》一卷，黄奭《黄氏逸书考》辑有《发公羊墨守》一卷，袁钧《郑氏遗书》有《发公羊墨守》一卷，刘逢禄撰有《发墨守评》一卷。诸家辑本往往如此。

王谟《汉魏遗书钞》辑有何休《穀梁废疾》一卷，但清儒往往将郑玄《起废疾》与何休《废疾》一并辑佚。如《四库全书》经部春秋类有郑玄《起废疾》一卷，武億辑有郑玄《起废疾》一卷，黄奭《黄氏逸书考》辑有郑玄《释穀梁废疾》一卷，孔广林《郑学十八种》有郑玄《释穀梁废疾》一卷，刘逢禄撰有《穀梁废疾申何》二卷等，诸家皆如此。大抵保留在经疏中。

3.《公羊条例》

何休《公羊解诂序》云"往者略依胡毋生《条例》"，徐疏："何氏本者作《墨守》以距敌《长义》，以强义，为《废疾》以难《穀梁》，造《膏肓》以短《左氏》，尽在注传之前，犹郑君先作《六艺论》讫，然后注书，故云'往者'也。"《隋志》："梁有《春秋公羊传条例》一卷，何休撰。"《旧唐志》："《春秋公羊条传》一卷，何休注。"《新唐志》："何休《公羊条传》一卷。"

4.《春秋汉议》

本传云："又以《春秋》驳汉事六百余条，妙得《公羊》本意。"《隋志》："《春秋汉议》十三卷，何休撰。"《旧唐志》："《何氏春秋汉议》十一卷，何休撰，郑玄驳，糜信注。"《新唐志》："《春秋汉议》十卷，糜信注，郑玄驳。"王仁俊《玉函山房辑佚书续编》从《通典》卷八〇采获一处，定为《春秋汉议》。《通典》卷八〇"未逾年天子崩诸侯薨议"条："后汉安帝崩，立北乡侯，未逾年薨，以王礼葬。于春秋何义也？何休答曰：'春秋，未逾年，鲁君子野卒，降成君称卒，从大夫礼可也。'"《隋志》又录有《春秋议》十卷，何休撰。两《唐志》不见载，不知此《春秋议》与《春秋汉议》是何种关系？此书早佚，已不可考。

5.《公羊谥例》

《隋志》载"《春秋公羊谥例》一卷，何休撰。"但两《唐志》不载，散佚已久，其文略见于徐疏所引。马国翰有《春秋文谥例》辑本一卷。马氏云："此书翼《公羊解诂》而作。"从其逸文来看，大约是特地阐述《公羊传》的条目如"五始""三科""九旨""七等""六辅""二类""七缺"的大义的。

6. 注《论语》

本传云："（何休）又注训《孝经》《论语》、风角七分，皆经纬典谟，不与守文同说。"何注《论语》，其书《隋志》、两《唐志》均不见载，何晏《论语集解》亦未见引。后儒辑佚，刘恭冕辑有《何休注训论语述》一卷，俞樾辑有《何劭公论语义》一卷，王仁俊《玉函山房辑佚书续编》辑有《论语何注》一卷，龙璋《小学蒐佚》下编补辑有《何注论语》一卷。诸家辑本大抵从何休《公羊解诂》中采得何氏引《论语》以解《公羊》之文，恐非何休旧书。《书钞》卷九六引《论语》何休注："君子儒将以明道，小人儒则矜其名。"侯康曰："按：何《〈论语〉注》隋唐《志》已不著录，虞氏未必见其书，所引二语与何晏《集解》引《孔注》同。未知'休'字为'晏'字传写之讹，抑虞氏从他书转引也？"

7.《冠礼约制》

杜佑《通典》卷五七引有其文，马国翰《玉函山房辑佚书》将其辑为一卷。马氏辑本序云："意以古礼繁重，人多惮行，冠礼浸以日废，乃参酌时制而为此。亦委屈存礼之苦衷也。"丁晏《佚礼扶微》亦有辑本，两者文同。胡玉缙《续修四库全书提要》认为此篇取《士冠礼》大意，非释义。今考《通典》卷五七之引文，实则《士冠礼》之节略版，而名曰《冠礼约制》，名实相副。

何英

何英，通经纬。《华阳国志·先贤士女总赞》："何英，字叔俊，郫人也。杨由，字哀侯，成都人也。二子学通经纬。英著《汉德春秋》十五卷。"

贺纯

贺纯，会稽人，通经，约为桓帝世人。《李固传》："陛下拨乱龙飞，初登大位，聘南阳樊英、江夏黄琼、广汉杨厚、会稽贺纯。"李贤注引谢承《后汉书》曰："纯字仲真，会稽山阴人。少为诸生，博极群艺。十辟公府，三举贤良方正，五征博士，四公车征，皆不就。后征拜议郎，数陈灾异，上便宜数百事，多见省纳。迁江夏太守。"

贺纯事又见于《三国志·吴书·贺齐传》裴注引虞预《晋书》曰："〔贺〕齐伯父纯，儒学有重名，汉安帝时为侍中、江夏太守。去官，与江夏黄琼、广汉杨厚公交，车征。"

侯芭

侯芭，扬雄弟子，见《汉书·扬雄传》："而巨鹿侯芭常从雄居，受其《太玄》《法言》焉。"雄卒，"侯芭为起坟，丧之三年"。

侯芭为扬雄收殓事又见刘歆《七略》："扬雄卒，弟子侯芭负土作坟，号曰玄冢。"（《文选·刘先生夫人墓志》注、《御览》卷五五八引，《类聚》卷四〇、《御览》卷五五〇并引扬雄《家牒》说同。）

侯芭之字，一说字铺子。《论衡·案书》篇云："扬子云作《太玄》，侯铺子随而宣之。"陈直《汉书新证》言："据此，侯芭字铺子也。"一说字子常，姚振宗《隋书经籍志考证》云："唐王涯《说玄》称'巨鹿侯芭子常'，则又字子常，由是知《扬雄传》'芭'下脱'子'字，其原文则云'而巨鹿侯芭子常，从扬雄居'，下文王邑、严尤谓桓谭曰：'子常称扬雄书，岂能传于后世乎？'此称'子常'，即谓侯芭，非但称桓谭。"

侯霸

侯霸，习《穀梁春秋》，官至大司徒。《后汉书》卷二六《侯霸传》云："侯霸字君房，河南密人也。……成帝时，任霸为太子舍人。霸矜严有威容，家累千金，不事产业。笃志好学，师事九江太守房元，治《穀梁春秋》，为元都讲。"按：侯霸师房元，名凤，字子元，《侯霸传》称的是其字。《汉书·儒林传》云："房凤字子元，不其人也。"后与刘歆、王龚等为《左传》争立学官，不成，又同上《移让太常博士书》，触怒权贵，三人皆外任，其中"[房]凤九江太守，至青州牧"，时在哀帝即位之初。如此，侯霸或随房凤至九江而习通《穀梁》欤？

侯霸卒年，本传："[建武]十三年（37），霸薨，帝深伤惜之，亲自临吊。"《光武纪》："[建武]十三年春正月庚申，大司徒侯霸薨。"

侯霸又通律。本传李贤注引《东观汉记》云："从许宁远学《律》也。"

除《后汉书》本传外，侯霸事迹又见于《东观汉记》（吴校本）卷一三、袁宏《后汉记》卷五、周天游辑司马彪《续汉书》卷三、司马彪《续汉书》卷三、华峤《后汉书》卷二及袁山松《后汉书》卷三。

侯苞

侯苞，又作侯包，习《韩诗》。《隋志》有《韩诗翼要》十卷，题汉侯苞撰。《新唐志》也载有《韩诗翼要》十卷，但不题作者。《旧唐志》也有《韩诗翼要》十卷，题卜商撰。按：此为误题。

侯苞，两《汉书》无传，不详何人。王谟《汉魏遗书钞》辑有《韩诗翼要》一卷，马国翰《玉函山房辑佚书》也辑有《韩诗翼要》一卷，王仁俊《玉函山房辑佚书续编》亦有《韩诗翼要》一卷，多从《毛诗正义》《隋书·音乐志》中采获。

侯苞习《韩诗》，《困学纪闻》卷三亦云："董氏举侯包言：卫武公作《抑》诗，使人日诵于其侧。朱子谓：不知此出在何处？愚考侯包之说，见于《诗正义》。《隋经籍志》：《韩诗翼要》十卷，侯包撰。然则包学《韩诗》者也。"

侯苞又注《法言》。《隋志》："梁有《扬子法言》六卷，侯苞注。亡。"今侯氏注零星见于唐宋类书所引。《御览》卷九二二："扬子《法言》曰：

朱鸟翾翾，归其肆矣。（侯苞注曰：朱鸟，燕别名，四海肆也。）"

侯成

侯成，治《春秋》。《隶释》卷八《金乡长侯成碑》："君讳成，字伯盛，山阳防东人也。"又云侯成"治《春秋》经，博综书传，以典籍教授，滋滋履真，安贫乐道，忽于时荣，敬上接下，温故知新"。

侯成生卒年，碑云："君年八十一，建宁二年岁在己酉，四月二日癸酉遭疾而卒。"则侯成卒于灵帝建宁二年（169），生于和帝永元元年（89）。侯成事迹俱见碑文。

胡广

胡广，东汉著名官僚，学通五经。《后汉书》卷四四《胡广传》云："胡广字伯始，南郡华容人也。"李贤注引谢承《后汉书》曰："广有雅才，学究五经，古今术艺皆毕览之。"

一、主要事迹

（1）安帝元初四年（117），举孝廉。本传："[法]雄因大会诸吏，真自于牖间密占察之，乃指广以白雄，遂察孝廉。既到京师，试以章奏，安帝以广为天下第一。旬月拜尚书郎，五迁尚书仆射。"李贤注引谢承《后汉书》曰："年二十七，举孝廉。"为尚书仆射，谏言顺帝，事见本传。

（2）汉安元年（142），为司徒。本传："广典机事十年，出为济阴太守，以举吏不实免。复为汝南太守，入拜大司农。汉安元年，迁司徒。"《顺帝纪》汉安元年："十一月壬午，司隶校尉赵峻为太尉，大司农胡广为司徒。"

（3）本初元年（146），为太尉，与立桓帝。本传："质帝崩，代李固为太尉，录尚书事。以定策立桓帝，封育阳安乐乡侯。"《顺帝冲帝殇帝纪》本初元年："丁亥，太尉李固免。戊子，司徒胡广为太尉，司空赵戒为司徒，与梁冀参录尚书事。太仆袁汤为司空。"

（4）建和元年（147），以病免太尉，同年九月为司空。本传："以病逊位。又拜司空，告老致仕。"《桓帝纪》建和元年："六月，太尉胡广罢，大司农杜乔为太尉。""九月丁卯，京师地震。太尉杜乔免，冬十月，司徒赵戒为太尉，司空袁汤为司徒，前太尉胡广为司空。"

（5）和平元年（150），告老免司空官。本传："又拜司空，告老致仕。"《桓帝纪》和平元年："司空胡广罢。"

（6）永兴元年（153），为太尉。本传："寻以特进征拜太常，迁太尉，以日食免。"《桓帝纪》永兴元年："冬十月，太尉袁汤免，太常胡广为太尉。"

（7）永兴二年（154），为太常、太尉。本传："复为太常，拜太尉。"《桓帝纪》永兴二年："太尉胡广免，司徒黄琼为太尉。"《桓帝纪》延熹元年（158）："太尉黄琼免，太常胡广为太尉。"

（8）延熹二年（159），免太尉官。本传："延熹二年，大将军梁冀诛，广与司徒韩縯、司空孙朗坐不卫宫，皆减死一等，夺爵土，免为庶人。"《桓帝纪》延熹二年："太尉胡广坐免。"

（9）延熹九年（166），又为司徒。本传："后拜太中大夫、太常。九年，复拜司徒。"《桓帝纪》延熹九年："五月，太常胡广为司徒。"

（10）建宁元年（168），为太傅。本传："灵帝立，与太傅陈蕃参录尚书事，复封故国。以病自乞。会蕃被诛，代为太傅，总录如故。"《灵帝纪》建宁元年："司徒胡广为太傅，录尚书事。"

（11）熹平元年（172），卒。本传："年八十二，熹平元年薨。"《灵帝纪》："熹平元年春三月壬戌，太傅胡广薨。"则胡广生于和帝永元三年（91）。李贤注引盛弘之《荆州记》曰："菊水出穰县。芳菊被涯，水极甘香。谷中皆饮此水，上寿百二十，七八十者犹以为夭。太尉胡广所患风疾，休沐南归，恒饮此水，后疾遂瘳，年八十二薨也。"

胡广事迹又见于《东观汉记》（吴校本）卷一六、袁宏《后汉记》卷二三至二四、《蔡中郎文集》所载《太傅安乐乡文恭侯胡公碑》《二胡公碑》、周天游辑谢承《后汉书》卷三、司马彪《续汉书》卷四、华峤《后汉书》卷二、谢沈《后汉书》及殷芸《小说》。

二、胡广之学

胡广儒学之略可考者，如通《左传》。本传载顺帝时议立皇后，胡广上疏有言："宜参良家，简求有德，德同以年，年钧以貌，稽之典经，断之圣虑。"广之所持乃《五经异义》所谓左氏说。《左传》昭公二十六年云："昔先王之命曰：'王后无嫡，则择立长，年钧以德，德钧以卜。'"

又通《易》。疏中又云"政令犹汗，往而不反。"《易·涣》卦九五爻辞曰："涣汗其大号，王居无咎。"《汉书·刘向传》载刘向说此易义曰："言号令如汗，汗出而不反者也。"如此，则胡广同刘向说。

弟子著名者有蔡邕（详见"蔡邕"条）。

三、胡广著述

本传："初，扬雄依《虞箴》作《十二州二十五官箴》，其九箴亡阙，后涿郡崔骃及子瑗又临邑侯刘騊駼增补十六篇，广复继作四篇，文甚典美。乃悉撰次首目，为之解释，名曰《百官箴》，凡四十八篇。其余所著诗、赋、铭、颂、箴、吊及诸解诂，凡二十二篇。"《隋志》有："后汉太傅《胡广集》二卷，录一卷。亡。"两《唐志》并载《胡广集》二卷。严可均《全后汉文》卷五六辑有胡广文。

1. 续有《汉志》之作

司马彪《续汉志·礼仪志·序》刘昭注引谢承《后汉书》曰："太傅胡广博综旧仪，立汉制度，蔡邕依以为志，谯周后改定以为《礼仪志》。"《南齐书·礼仪志》云"胡广撰旧仪""缀识时事"。

2. 注王隆《汉官》，为《汉官解诂》

事见《续汉书·百官志》："故新汲令王隆作小学《汉官》篇。"刘昭注多引胡广语。《隋志》："《汉官解诂》三篇，汉新汲令王隆撰，胡广注。"《新唐志》："王隆《汉官解诂》三卷，胡广注。徐广《车服杂注》一卷。"

胡广所作《汉制度》与《汉官解诂》诸书所引，往往混文，清儒有多种辑本：王谟《汉魏遗书钞》辑有《胡广汉制度》，孙星衍《汉官六种》附于胡广《汉官解诂》，王仁俊《玉函山房辑佚书续编》辑有《胡广汉制度》一卷。王谟《汉魏遗书钞》有王隆撰、胡广注《汉官解诂》，孙星衍《汉官六种》辑有王隆撰、胡广注《汉官解诂》一卷，黄奭《黄氏逸书考》有王隆撰、胡广注《汉官解诂》一卷。

3. 似又注《汉书》

考颜师古《汉书叙例》中所列《汉书》旧注众家：荀悦、服虔、应劭、伏俨、刘德、郑氏、李斐、李奇、邓展、文颖、张揖、苏林、张晏、如淳、孟康、项昭、韦昭、晋灼、臣瓒、郭璞、蔡谟、崔浩，无胡广。但唐宋类书偶见所引其注，如《御览》卷二六六："《汉书》胡广注曰：秋冬岁尽，各计县户口垦田，钱谷出入，盗贼多少，上集簿。丞、尉以下岁诣郡，课校其功，功多尤为最者，于廷尉劳勉之，以劝其后。负多尤为殿者，于后曹对责，以纠怠慢也。"侯康《补后汉书艺文志》录有胡广《汉书音义》。

侯康曰："《汉书》旧注屡引胡公（康按：即广也），似皆出广所著《汉官解诂》，惟《史记·贾谊传·索隐》两引胡广。《司马相如传·索隐》九引胡广，则显为《汉书》注矣。"

胡硕

胡硕，胡广少子，通群经。蔡邕《陈留太守胡硕碑》云："君讳硕，字季睿，交趾都尉之孙，太傅安乐乡侯（按：胡广）少子也。"又云胡硕"总角入学，治孟氏《易》、欧阳《尚书》、《韩诗》，博综古文，击览篇籍"。

胡硕生卒年，碑云灵帝建宁元年（168）七月二十一日"是日疾遂大渐，刻漏未分，奄忽而卒，时年四十一"。则胡硕生于顺帝永建三年（128）。

胡硕事迹又见于蔡邕《胡硕碑》（《文选·魏都赋》注引蔡邕《胡亿碑》，碑题与内容不符，误）、《太傅安乐侯胡公夫人灵表》《交趾都尉胡府君夫人黄氏神诰》《议郎胡公夫人哀赞》诸文。

胡宪

胡宪，桓荣弟子。《桓荣传》云："积五年，荣荐门下生九江胡宪侍讲，乃听得出，且一人而已。"其他事迹不详。

华松

华松，丁恭弟子。其人不见范晔书，《御览》卷三九八引谢承《后汉书》云："华松家本孤微，其母夜梦两伍伯夹门，言司隶在此。松年十五，师事丁子然（按：丁恭字子然），学《春秋》。十九当冠，出，诸生曰：'此宰相之器也。'"华松其他事迹见周天游辑谢承《后汉书》卷七。

华佗

华佗，名医，通五经。《后汉书》卷八二《方术列传·华佗传》云："华佗字元化，沛国谯人也，一名敷。游学徐土，兼通数经。"《三国志·魏书·方技传》亦载有华佗，述华佗通经，文同范书。裴注："古'敷'字与'专'相似，写书者多不能别。寻佗字元化，其名宜为旉也。"《三国志》本传载有华佗药到病除、起死回生各种神奇案例，颇为神化。所以其事迹也见于张华《博物志》和干宝《搜神记》（干书华佗字符化，与范书不同），大抵与《三国志》类似。

华佗卒年，《三国志·魏书·方技传》云华佗为曹操所杀以后，"及后[曹操]爱子仓舒病困，太祖叹曰：'吾悔杀华佗，令此儿强死也'"。《三国志·魏书·邓哀王传》云"邓哀王冲字仓舒……年十三，建安十三年疾病"。则华佗死于建安十三年（208）之前。

桓荣

桓荣，习欧阳《尚书》，《后汉书》卷三七《桓荣传》载其学行云：

> 桓荣字春卿，沛郡龙亢人也。少学长安，习欧阳《尚书》，事博士九江朱普。贫窭无资，常客佣以自给，精力不倦，十五年不窥家园。至王莽篡位乃归。会朱普卒，荣奔丧九江，负土成坟，因留教授，徒众数百人。莽败，天下乱。荣抱其经书与弟子逃匿山谷，虽常饥困而讲论不辍，后复客授江淮间。

《汉书·儒林传》述欧阳《尚书》传承序列云："而平当授九江朱普公文、上党鲍宣。普为博士。"《后汉书·儒林列传》云："沛国桓荣习欧阳《尚书》。荣世习相传授，东京最盛。"

主要事迹

(1) 建武十九年（43），年六十余，辟大司徒戴涉府。为弟子何汤所荐，拜欧阳《尚书》博士。为博士，又荐门生胡宪侍讲太子宫，事见本传。

(2) 建武二十八年（52），为太子少傅，博士张佚为太傅，事见本传。

(3) 建武三十年（54），为太常，见本传。

(4) 明帝永平二年（59），建成三雍，以桓荣为五更，见本传。

(5) 约卒于永平十年（67）。《桓荣传》云"显宗即位，……荣八十余，……永平二年三雍初成，拜荣为五更。每大射养老礼毕，帝辄引荣及弟子升堂，执经自为下说。…荣每疾病，帝辄遣使者存问……及笃，（荣）上疏谢恩，让还爵土。……荣卒，帝亲自变服，临丧送葬，赐冢茔于首山之阳。除兄子二人补四百石，都讲生八人补二百石，其余门徒多至公卿"。

李贤注引华峤《后汉书》曰:"荣弟子丁鸿学最高。"考《丁鸿传》:"永平十年诏征,鸿至即召见,说《文侯之命》篇。"与《桓荣传》所言桓荣卒后,"除兄子二人补四百石,都讲生八人补二百石,其余门徒多至公卿"正合。如此,桓荣约卒于永平十年(67),年及九十,约生于成帝阴朔三年(前22)。

桓荣事迹又见于《东观汉记》(吴校本)卷一五、袁宏《后汉记》卷九、周天游辑司马彪《续汉书》卷三、华峤《后汉书》卷二。

桓郁

桓郁,桓荣之子,习欧阳《尚书》。《后汉书》卷三七《桓郁传》云:"郁字仲恩,少以父任为郎。敦厚笃学,传父业,以《尚书》教授,门徒常数百人。"

一、主要事迹

(1)明帝永平十年(67)左右,荣卒,桓郁让爵于兄子桓泛。明帝不许。事见本传。

(2)永平十四年(71)为议郎。本传云:"帝以郁先师子,有礼让,甚见亲厚,常居中论经书,问以政事,稍迁侍中。"李贤注引《东观汉记》曰:"永平十四年为议郎,迁侍中。"为议郎,校定明帝《五家要说章句》,以侍中监虎贲中郎将。事见本传。

(3)永平十五年(72),入授皇太子经,迁越骑校尉。事见本传。

(4)章帝建初二年(77),为屯骑校尉。

(5)和帝即位(88),窦宪荐桓郁授和帝经,官迁长乐少府,与刘方俱侍讲禁中,又迁奉车都尉。事见本传。桓郁授和帝事又见于《后汉书·孝和孝殇帝纪》章和二年(88):"五月京师旱。诏长乐少府桓郁侍讲禁中。"又《窦宪传》:"和帝即位,太后临朝,宪以侍中,内干机密,出宣诰命。……又屯骑校尉桓郁,累世帝师,而性和退自守,故上书荐之,令授经禁中。所以内外协附,莫生疑异。"

(6)永元四年(92),代丁鸿为太常。永元五年(93),病卒。本传云:"永元四年,代丁鸿为太常,明年,病卒。"

桓郁事迹又见于《东观汉记》(吴校本)卷一五、周天游辑华峤《后汉书》卷一及袁宏《后汉记》卷九。

二、桓郁之学

桓氏父子之《尚书》学，本传言："初，荣受朱普学章句四十万言，浮辞繁长，多过其实。及荣入授显宗，减为二十三万言。郁复删省定成十二万言。由是有《桓君大小太常章句》。"

此外，本传又载桓郁校定明帝刘庄《五行章句》"[明]帝自制《五家要说章句》，令郁校定于宣明殿。"李贤注："《华峤书》曰'帝自制《五行章句》'，此言'五家'，即谓五行之家也。"又引《东观汉记》曰："上谓郁曰：'卿经及先师，致复文雅。'其冬，上亲于辟雍，自讲所制《五行章句》已，复令郁说一篇。"

据李贤注，《五行》说夏侯家法，欧阳家用之，则后汉《尚书》家法非乱于郑玄，玄遍注群经乃风气使然，非开风气者也。

《尚书桓君大小太常章句》由桓荣、桓郁父子二人撰定。考《桓荣传》，荣于建武十九年（43）刘庄立为太子后不久入内侍讲，则桓荣改定从朱普所受《尚书章句》大约也在此时。桓郁凡授二帝：一于明帝永平十五年（72）授章帝刘炟《尚书》；一为和帝即位（88），窦宪荐桓郁与宗正刘方俱侍讲禁中。永平十五年（72）刘炟十六岁，和帝即位年方十岁，相较而言，和帝习经时年幼，似乎桓郁在授和帝《尚书》时减省章句较为合理。此外，和帝永元四年（92）桓郁为太常，章句号为《桓君大小太常章句》似也说明其定于和帝世。

桓郁弟子著名者有杨震、朱宠，本传云："门人杨震、朱宠，皆至三公。"

桓焉

桓焉，桓郁之子，传欧阳《尚书》。《桓郁传》云："郁中子焉，能世传其家学。"[①] 焉传附于桓郁后，言："焉字叔元，少以父任为郎。明经笃行，有名称。"桓焉学行，曾授安帝《尚书》。本传："永初元年[107]，入授安帝，三迁为侍中步兵校尉。"

---

① 李贤注引华峤《后汉书》曰："郁六子，普、延、焉、俊、酆、良。普嗣侯，传国至曾孙，绝。酆、良子孙皆博学有才能。"

汉安二年（143），桓焉卒。本传："汉安元年［142］，以日食免。明年，卒于家。"《顺帝纪》汉安元年："冬十月辛未，太尉桓焉、司徒刘寿免。"

桓焉弟子著名者有黄琼、杨赐。本传："弟子传业者数百人，黄琼、杨赐最为显贵。"

桓焉事迹又见于《东观汉记》（吴校本）卷一五及周天游辑华峤《后汉书》卷一。

桓鸾

桓鸾，桓郁之孙，桓焉弟桓良之子，传附焉后。《桓鸾传》曰："鸾字始春，焉弟子也①。少立操行，褞袍糟食，不求盈余。"李贤注引《东观汉记》曰："鸾父良，龙舒侯相。"又云："鸾贞亮之性，著乎幼冲。学览六经，莫不贯综。推财孤寡，分贿友朋。泰于待贤，狭于养己。常著大布褞袍，粝食醋餐。"

桓鸾生卒年，本传云："［灵帝］中平元年，年七十七，［鸾］卒于家。"则桓鸾生于安帝永初二年［108］。

桓鸾事迹除本传及李贤注所引《东观汉记》外，又见于周天游辑袁山松《后汉书》卷三。

桓典

桓典，桓焉之孙，《桓焉传》："［桓］焉孙典。"李贤注引华峤《后汉书》曰："焉长子衡，早卒。中子顺，顺子典。"桓典受家学，习欧阳《尚书》。《桓典传》云："典字公雅，复传其家业，以《尚书》教授颍川，门徒数百人。"

桓典卒年，《桓典传》："车驾都许，迁光禄勋。建安六年，卒官。"

桓典事迹又见于《东观汉记》（吴校本）卷一五、周天游辑司马彪《续汉书》卷三、华峤《后汉书》卷一。

---

① 《太平御览》卷六九三引南朝宋范泰《古今善言》曰："桓鸾字始春，焉弟也。"与史不符，乃是脱文。

桓谭

桓谭，习五经，博通群书。《后汉书》卷二八《桓谭传》云："桓谭字君山，沛国相人也。父成帝时为太乐令。谭以父任为郎，因好音律，善鼓琴。博学多通，遍习五经，皆诂训大义，不为章句。能文章，尤好古学，数从刘歆、扬雄辩析疑异。"

桓谭卒年，本传云："其后有诏会议灵台所处，帝谓谭曰：'吾欲以谶决之，何如？'谭默然良久，曰：'臣不读谶。'帝问其故，谭复极言谶之非经。帝大怒曰：'桓谭非圣无法，将下斩之。'谭叩头流血，良久乃得解。出为六安郡丞；意忽忽不乐，道病卒，时年七十余。"按：《续汉志》："是年（中元元年，56）初营北郊，明堂、辟雍、灵台未用事。"则桓谭当卒于公元56年。

桓谭事迹又见于《东观汉记》（吴校本）卷一四、袁宏《后汉记》卷四、周天游辑谢承《后汉书》卷二、华峤《后汉书》卷二。

一、桓谭著述

本传云："所著赋、诔、书、奏，凡二十六篇。"《隋志》载有："《桓谭集》五卷，亡。"两《唐志》并载："后汉《桓谭集》二卷。"宋人书目不见著录，当佚。文存见严可均《全后汉文》卷一二。

代表作《新论》

本传云："初，谭著书言当世行事二十九篇，号曰《新论》，上书献之，世祖善焉。"范书本传李贤注载有其篇目，云："《新论》，一曰《本造》，二《王霸》，三《求辅》，四《言体》，五《见征》，六《遣非》，七《启寤》，八《祛蔽》，九《正经》，十《识通》，十一《离事》，十二《道赋》，十三《辨惑》，十四《述策》，十五《闵友》，十六《琴道》。《本造》《述策》《闵友》《琴道》各一篇，余并有上下。《东观记》曰：'光武读之，来言卷大，令皆别为上下，凡二十九篇。'"本传又云："《琴道》一篇未成，肃宗使班固续成之。"李贤注引《东观汉记》云："《琴道》未毕，但有《发首》一章。"考后世目录所载，《隋志》："《桓子新论》十七卷，后汉六安丞桓谭撰。"两《唐志》并载："《桓子新论》十七卷，桓谭撰。"则自班固补续《琴道》一篇之后，其书完整。又，十七卷者，每篇一卷，其实也未从光武所言分合上下篇。十六篇而十七卷者，大约一篇为自序。《御览》

卷六〇二引《新论》曰：

> 余为《新论》，术辨古今，亦欲兴治也。何异《春秋》褒贬耶？今有疑者，所谓蚌异蛤，二五为非十也。谭见刘向《新序》、陆贾《新语》，乃为《新论》。庄周寓言乃云"尧问孔子"，《淮南子》云"共工争帝地维绝"，亦皆为妄作。故世人多云短书不可用。然论天间莫明于圣人，庄周等虽虚诞，故当采其善，何云尽弃耶？

侯康曰："此文似《新论·自序》。"或是。

此书宋人书目不见著录，当佚。后世辑本，《说郛》辑有桓谭《新论》，孙冯翼辑有《新论》一卷，严可均《全后汉文》卷一三至一五辑有桓谭《新论》三卷。

《论衡·超奇》篇言桓谭及其《新论》云："又作《新论》，论世间事，辩照然否，虚妄之言，伪饰之辞，莫不证定。彼子长、子云说论之徒，君山为甲。自君山以来，皆为鸿眇之才，故有嘉令之文。"

二、桓谭之学

桓谭之学，又善乐。本传云桓谭王莽时为掌乐大夫，又见于《新论》。《旧唐志》载有："《乐元起》二卷，桓谭撰。《琴操》二卷，桓谭撰。"《新唐志》："桓谭《乐元起》二卷，又《琴操》一卷。"马瑞辰曰："桓谭《新论》有《琴道》篇，不闻有《琴操》。《琴操》言伏羲始作琴，与《琴道》言神农始作琴不合，则《琴操》绝非桓谭所作。《文选》注引《新论》'雍门说孟尝君曰：今君下罗帐来清风'，《北堂书钞》引作《琴操》。唐人误以《琴道》为《琴操》之证也。"

明归有光辑有桓谭撰《荆山子》（《诸子汇函》）《四库全书总目提要》："是编以自周至明子书每人采录数条，多有本非子书而摘录他书数语称以子书者，且改易名目，诡怪不经。"

皇甫规

皇甫规，通经。《后汉书》卷六五《皇甫规传》："皇甫规字威明，安定朝那人也。……冲质之间，梁太后临朝，规举贤良方正。对策曰：……梁冀忿其刺己，以规为下第，拜郎中。托疾免归，州郡承冀旨，几陷死者再三。遂以《诗》《易》教授,门徒三百余人,积十四年。后梁冀被诛,旬月之间,礼命五至,皆不就。"

皇甫规生卒年,本传云:"熹平三年[174],以疾召还,未至,[规]卒于谷城,年七十一。"则皇甫规生于和帝元兴元年(104)。

其人著述,本传云:"[规]所著赋、铭、碑、赞、祷文、吊、章表、教令、书、檄、笺记,凡二十七篇。"《隋志》载有"[梁]又有司农卿《皇甫规集》五卷,亡"。《旧唐志》:"《皇甫规集》五卷。"《新唐志》:"《皇甫规集》五卷。"后佚,严可均《全后汉文》卷六一辑有其文存,张澍《二酉堂丛书》有《皇甫司农集》一卷。

皇甫嵩

皇甫嵩,皇甫规之侄,通经,《后汉书》卷七一《皇甫嵩传》云:"皇甫嵩字义真,安定朝那人,度辽将军规之兄子也。父节,雁门太守。嵩少有文武志介,好《诗》《书》,习弓马。"其人文武兼修,与张奂、冯绲、卢植类等。

皇甫嵩卒年,本传云:"寻李傕作乱,嵩亦病卒。"李傕、郭汜于献帝初平三年(192)叛乱,则皇甫嵩也当卒于此年。

皇甫嵩事迹又见于《东观汉记》(吴校本)卷一七、袁宏《后汉记》卷二七、周天游辑谢承《后汉书》卷四、司马彪《续汉书》卷五、华峤《后汉书》卷三、袁山松《后汉书》卷四、张璠《汉记》。

黄昌

黄昌,习经。《后汉书·酷吏列传·黄昌传》:"黄昌字圣真,会稽余姚人也。本出孤微。居近学官,数见诸生修庠序之礼,因好之,遂就经学。"其卒年,本传云黄昌"汉安元年,进补大司农,左转太中大夫,卒于官"。

黄昌事迹又见于周天游辑谢承《后汉书》卷五《酷吏传》。

黄琼

黄琼,桓焉弟子,《桓焉传》:"[桓焉]弟子传业者数百人,黄琼、杨赐最为显贵。"《后汉书》卷六一《黄琼传》云:"黄琼字世英,江夏安陆人,魏郡太守香之子也。"黄琼之父黄香有文名,名具《文苑列传》。

一、主要事迹

（1）黄琼年少时不乐仕进，"五府征辟，连年不应"。

（2）永建二年（127），与杨厚等应征，途中称病，李固以书劝之，乃至京师，拜议郎，后为尚书仆射。本传云："永建中，公卿多荐琼者，于是与会稽贺纯、广汉杨厚俱公车征。琼至纶氏，称疾不进。有司劾不敬，诏下县以礼慰遣，遂不得已。先是征聘处士多不称望，李固素慕于琼，乃以书逆遗之曰……，琼至，即拜议郎，稍迁尚书仆射。"按：黄琼本传有琼于永建三年（128）上疏事，则永建三年黄琼已到京师，征琼事当在永建二年为宜。琼应征到京，上疏荐黄错、任棠等，又谏言顺帝不应废籍田之礼，事俱见本传。

（3）永和三年（138）至永和五年（140），为尚书令，议选举，后为魏郡太守。本传云："顷之，迁尚书令。琼以前左雄所上孝廉之选，专用儒学文吏，于取士之义，犹有所遗，乃奏增孝悌及能从政者为四科，事竟施行。又雄前议举吏先试之于公府，又覆之于端门，后尚书张盛奏除此科。琼复上言：'覆试之作，将以澄洗清浊，覆实虚滥，不宜改革。'帝乃止。出为魏郡太守，稍迁太常。"按：左雄卒于永和三年，所以黄琼乃言"前左兄所上"云云，则此议选举事必在永和三年之后，《顺帝纪》永和五年（140）："太常桓焉为太尉。"桓焉之后乃是黄琼为太常。

（4）桓帝和平元年（150），侍讲禁中。本传："和平中，以选入侍讲禁中。"桓帝和平年号只有一年，即和平元年。

（5）元嘉元年（151），为司空。《桓帝纪》元嘉元年："太常黄琼为司空。"本传："元嘉元年，迁司空。"为司空，以为梁冀礼制不应过度。事见本传。

（6）元嘉二年（152），免司空，为太仆。

（7）永兴元年（153），免太仆，为司徒。本传："会以地动策免（司空）。复为太仆。"不云何时。《桓帝纪》元嘉二年十一月："司空黄琼免。"《桓帝纪》永兴元年："冬十月，太尉袁汤免，太常胡广为太尉。司徒吴雄罢，司空赵戒免；以太仆黄琼为司徒，光禄勋房植为司空。"

（8）永兴二年（154），为太尉。《桓帝纪》永兴二年："太尉胡广免，司徒黄琼为太尉。"本传："永兴元年，迁司徒，转太尉。"

（9）延熹元年（158），免太尉，为大司农。本传："延熹元年，以日食免。复为大司农。"《桓帝纪》延熹元年："太尉黄琼免，太常胡广为太尉。"

（10）延熹二年（159），为太尉。本传："明年，梁冀被诛，太尉胡广、司徒韩縯、司空孙朗皆坐阿附免废，复拜琼为太尉。"《桓帝纪》延熹二年："大司农黄琼为太尉。"

（11）延熹四年（161），免太尉，为司空，同年秋免。本传："[延熹]四年，以寇贼免[太尉]。其年复为司空。秋，以地震免。"《桓帝纪》延熹四年四月："太尉黄琼免。"五月："前太尉黄琼为司空"。九月："司空黄琼免。大鸿胪刘宠为司空。"

（12）延熹七年（164）卒。本传："[延熹]七年，疾笃……其年卒，时年七十九。"则黄琼生于章帝元和三年（86）。

二、黄琼之学

黄琼虽习欧阳《尚书》，但他永建年间上疏顺帝曰："间者以来，卦位错谬，寒燠相干，蒙气数兴，日暗月散。原之天意，殆不虚然。陛下宜开石室，案《河》《洛》，外命史官，悉条上永建以前至汉初灾异，与永建以后讫于今日，孰为多少。"又，"[永建]三年，大旱，琼复上疏曰：'昔鲁僖遇旱，以六事自让，躬节俭，闭女谒，于逸侍者十三人，诛税民受货者九人，退舍南郊，天立大雨。今亦宜顾省政事，有所损阙，务存质俭，以易民听。'"事见《春秋考异邮》："僖公之时，雨泽不澍，比于九月，公大惊惧，率群臣祷山川，以六过自让，绌女谒，放下逸侍郭都等十三人，诛领人之吏受货赂赵祝等九人。曰：'辜在寡人。方今天旱，野无生稼，寡人当死，百姓何谤，请以身塞无状。'"按：《困学纪闻》卷一三亦云："钟离意谓：成汤遭旱，以六事自责，本于《荀子》。黄琼谓：鲁僖遇旱，以六事自让，本于《春秋考异邮》。"

如此，则欧阳《尚书》家在后汉不唯家法不纯，也兼通谶纬。

黄琼事迹又见于《东观汉记》（吴校本）卷一七、袁宏《后汉记》卷二二、《风俗通义·愆礼·十反》篇、周天游辑谢承《后汉书》卷四、司马彪《续汉书》卷四及华峤《后汉书》卷三。

霍谞

霍谞，明经。《后汉书》卷四八《霍谞传》云："霍谞字叔智，魏郡邺人也。少为诸生，明经。"霍谞事迹，具见本传。

考霍谞之学，本传云："有人诬谞舅宋光于大将军梁商者，以为妄刊章文,坐系洛阳诏狱,掠考困极。谐时年十五,奏记于商曰……谐闻《春秋》之义,原情定过,赦事诛意,故许止虽弑君而不罪,赵盾以纵贼而见书。此仲尼所以垂王法,汉世所宜遵前修也。传曰:'人心不同,譬若其面。'斯盖谓大小窊隆丑美。"按:霍谐前述所谓原情定罪之许止事见于《公羊传》昭公十九年:"冬,葬许悼公。贼未讨何以书葬?不成乎弑也。许悼公是止进药而杀,是以君子加弑焉。葬许悼公是君子之赦止。赦止者,免止罪之辞也。"何休注云:"原止欲愈父之病,无害父之意,故赦之。"《春秋》宣公二年云:"晋赵盾弑其君夷獆(《左传》作"夷皋")。"其实弑君者乃是赵盾之从弟赵穿,书赵盾乃意在归罪,三《传》皆同。后引《传》曰乃见于《左传》襄公三十一年(前542)郑子产谓子皮曰:"人心不同,譬如面焉。吾岂敢谓子面如吾面乎?"

祭遵

祭遵,光武功臣,通经。《后汉书》卷二〇《祭遵传》云:"祭遵字弟孙,颍川颍阳人也。少好经书。"袁宏《后汉记》卷一:"祭遵字弟孙,颍阳人。家富给而遵恶衣服,不自修饰,又好经学。"

祭遵学行,本传云祭遵死后,博士范升上疏称颂遵曰:"遵为将军,取士皆用儒术,对酒设乐,必雅歌投壶。又建为孔子立后,奏置五经大夫。虽在军旅,不忘俎豆,可谓好礼悦乐,守死善道者也。"

祭遵卒年,本传云遵"[建武]九年春,卒于军"。建武九年为公元33年。

祭遵事迹又见于周天游辑谢承《后汉书》卷二、司马彪《续汉书》卷二、华峤《后汉书》卷一及袁宏《后汉记》卷一。

贾复

贾复,光武功臣,习《尚书》《周易》,《后汉书》卷一七《贾复传》云:"贾复字君文,南阳冠军人也。少好学,习《尚书》。事舞阴李生,李生奇之,谓门人曰:'贾君之容貌志气如此,而勤于学,将相之器也。'"又云:"复知帝欲偃干戈,修文德,不欲功臣拥众京师,乃与高密侯邓禹并剽甲兵,敦儒学。"李贤注引《东观汉记》曰:"复阖门养威重,授《易经》,起大义。"

本传所载李生赞贾复事又见于《后汉书》卷五一《桥玄传》载曹操过

桥玄墓所作之文："李生厚叹贾复。"此事或在东汉传为美谈。

贾复卒年，本传云贾复"[建武]三十一年卒，谥曰刚侯"。建武三十一年为公元55年。

贾复事迹除见于范书及《东观汉记》外，又见于周天游辑司马彪《续汉书》卷二、华峤《后汉书》卷一、袁山松《后汉书》卷三。

贾宗

贾宗，贾复少子。《后汉书》卷一七有传，附于贾复之后。《贾宗传》云："宗字武孺，少有操行，多智略。……宗兼通儒术，每宴见，常使与少府丁鸿等论议于前。章和二年卒，朝廷愍惜焉。"《书钞》卷六一引《东观汉记》亦云："贾宗，字武孺，为长水校尉。……上美宗既有武节，又兼经术，每宴会，令与当世大儒司徒丁鸿问难经传。"

贾徽

贾徽，贾逵之父，刘歆弟子，习《左传》，通群经。《后汉书》无传，事迹见《后汉书·贾逵传》："[逵]父徽，从刘歆受《左氏春秋》，兼习《国语》《周官》，又受古文《尚书》于涂恽，学《毛诗》于谢曼卿，作《左氏条例》二十一篇。"《序录》："歆授扶风贾徽（陆氏自注：字元伯，后汉颍阴令，作《春秋条例》二十一卷）。徽传子逵。"贾徽生卒年及其他事迹均不详，所作《左氏条例》已佚，也不见征引。

贾逵

贾逵，字景伯，贾徽之子，东汉古学大师，通群经。《后汉书》卷三六《贾逵传》云："贾逵字景伯，扶风平陵人也。""逵悉传父业，弱冠能诵《左氏传》及五经本文，以大夏侯《尚书》教授，虽为古学，兼通五家《穀梁》之说。① 自为儿童，常在太学，不通人间事。身长八尺二寸，诸儒为之语曰：'问事不休贾长头。'"《东观汉记》亦云："贾逵，字景伯，能讲《左氏》及五经本文，以大小夏侯《尚书》教授。长八尺二寸，诸儒为之语

---

① 李贤注："五家谓尹更始、刘向、周庆、丁姓、王彦等，皆为《穀梁》。""王彦"，《汉书·儒林传》作"王亥"。

曰：'问事不休贾长头。'"（《御览》卷六一五引）

贾逵生卒年，本传曰："[逵]永元十三年卒，时年七十二。"则贾逵卒于永元十三年（101），生于光武建武六年（30）。

一、主要事迹

（1）明帝永平中，作《左传解诂》《国语解诂》共五十一篇，献于朝廷。又对瑞应，明帝使作《神雀赋》，为议郎，与班固共校书东观。事见本传。

（2）明帝永平十五年（72），为刘苍《光武受命中兴颂》训诂。《光武十王传》云："[永平]十五年春，行幸东平，赐苍钱千五百万，布四万匹。帝以所作《光武本纪》示苍，苍因上《光武受命中兴颂》。帝甚善之，以其文典雅，特令校书郎贾逵为之训诂。"

（3）章帝建初元年（76）至四年（79），贾逵侍讲禁中，受诏发明《左传》经义优于《公》《谷》二传之处。又受诏撰《尚书》今古文异同、四家诗异同，并作《周官解故》。章帝以逵为卫士令。事见本传。

（4）建初四年（79），贾逵与白虎观会议，评五经异同。《后汉书·丁鸿传》："肃宗诏鸿与广平王羡及诸儒楼望、成封、桓郁、贾逵等，论定五经同异于北宫白虎观。"李贤注引《东观汉记》曰："[鸿]与太常楼望、少府成封、屯骑校尉桓郁、卫士令贾逵等集议。"

（5）和帝永元三年（91），为中郎将。本传云："和帝即位，永元三年，以逵为左中郎将。"

（6）永元八年（96），为侍中、骑都尉。本传："[永元]八年，复为侍中，领骑都尉。内备帷幄，兼领秘书近署，甚见信用。"

（7）永元十三年（101）卒，年七十二。本传："[贾逵]永元十三年卒，时年七十二。"

贾逵事迹又见于《东观汉记》（吴校本）卷一五、袁宏《后汉记》卷一二、周天游辑谢承《后汉书》卷三、司马彪《续汉书》卷三、华峤《后汉书》卷二，及赵岐《三辅决录》、王嘉《拾遗记》等书。

二、贾逵著述

本传言："逵所著经传义诂及论难百余万言，又作诗、颂、诔、书、连珠、酒令凡九篇，学者宗之，后世称为通儒。"《隋志》载《贾逵集》一卷，注云："梁二卷。"两《唐志》复载二卷。今佚，严可均《全后汉文》卷三一有辑本。按：《贾逵集》中当有《神雀颂》。本传载明帝时有神雀集宫殿官府，明帝诏问贾逵并使其作《神雀颂》。姚振宗《后汉艺文志》总集类有《永平神雀颂》五篇，贾逵《神雀赋》即在其中。《困学纪闻》卷一九引《论衡》云："永平中，神雀群集，诏上《神雀颂》。百官上颂，文比瓦石。唯班固、贾逵、傅毅、杨终、侯讽五颂金玉，孝明览焉。"据此，当时多人作有《神雀颂》。

三、贾逵之学

贾逵著名者，乃争立古文经之官学地位。本传云："逵数为帝言古文《尚书》与经传《尔雅》诂训相应，诏令撰欧阳、大小夏侯《尚书》、古文同异。逵集为三卷，帝善之。复令撰齐、鲁、韩《诗》与《毛氏》异同。并作《周官解故》。……［建初］八年，乃诏诸儒各选高才生，受《左氏》《穀梁春秋》、古文《尚书》、《毛诗》，由是四经遂行于世。"

1.《易》学

范书本传及他书不言贾逵治《易》，但贾逵既弱冠即能"诵五经本文"，想必也当明《易》，只是具体何家已不可考。黄奭《黄氏逸书考》辑有《贾逵易义》，王仁俊《玉函山房辑佚书续编》及《十三经汉注》辑有《周易贾氏义》。黄氏采自《汉上易传》，王仁俊采自《左传》序疏。

2.《尚书》学

贾逵本传言其"以大夏侯《尚书》教授"，今所考者，司马彪《续汉志·律历志》载有贾逵论历法，中有贾逵引《洪范》曰"日月之行，则有冬夏"，引《五纪论》曰："日月循黄道，南至牵牛，北至东井，率日日行一度，月行十三度十九分度七。"按：《五纪论》，刘向《洪范五行传论》之一，此为贾逵习夏侯《尚书》之一证。本传又云"逵数为帝言古文《尚书》与经传《尔雅》诂训相应，诏令撰欧阳、大小夏侯《尚书》、古文同异"，明贾逵不主一家，而尤其于古文《尚书》贡献最大。《后汉书·儒林传》云："扶风杜林传古文《尚书》，林同郡贾逵为之作训，马融作传，郑玄注解，由是古文《尚书》遂显于世。"据此，杜林、贾逵、马融及郑玄诸家所传古文《尚书》，其本如一，也即杜林漆书，非孔壁古文。因此，其篇目不出伏生二十八篇之外。故后儒亦不以其为真古文。如《隋志》："后汉扶风杜林，传古文《尚书》，同郡贾逵为之作训，马融作传，郑玄亦为之注。然其所传，唯二十九篇，又杂以今文，非孔旧本。自余绝无师说。"（按：详

见"马融"条）

此书早佚，后儒有多重辑本。王仁俊《玉函山房辑佚书续编》辑有贾逵《古文尚书训》一卷，《十三经汉注》有贾逵《书古文训》。又，《玉函山房辑佚书续编》有《尚书古文同异》一卷，《十三经汉注》有《书古文同异》一卷，采自《诗·齐风》孔疏。诸家补后汉艺文志者均有著录。钱大昭《补续汉书艺文志》有贾逵《尚书训》，钱氏注："用漆书。"姚振宗《后汉艺文志》亦有贾逵《古文尚书训》，云："（《说文》）凡十七引贾侍中说或由面质或取是书。"侯康《补后汉书艺文志》录有贾逵《尚书今古文同异》三卷，认为《五经异义》贾逵说"六宗"云云"大约皆此书中语也"，或是。

3. 《诗》学

本传言贾逵通《毛诗》。《序录》："后汉郑众、贾逵传《毛诗》，马融作《毛诗注》，郑玄作《毛诗笺》，申明毛义难三家，于是三家遂废矣。"陆玑《毛诗草木鸟兽虫鱼疏》："其后郑众、贾逵传《毛诗》，马融作《毛诗传》，郑玄作《毛诗笺》。"皆云贾逵习《毛诗》。《隋志》云："郑众、贾逵、马融，并作《毛诗传》，郑玄作《毛诗笺》。"据《隋志》，贾逵不但传《毛诗》，还为《毛诗》作注。故王仁俊《玉函山房辑佚书续编》辑有贾逵《毛诗贾氏义》，以为《风俗通义·祀典》"左中郎将贾逵说，以为龙第三有天田星。灵者，神也，故祀以报功"与《诗序·丝衣》"绎宾尸也。高子曰：'灵星之尸也'"亦有"灵星"之语，故王氏据以为辑佚，实则牵强。其实本传言贾逵《诗》学著作，只是四家诗异同，《隋志》载："梁有《毛诗杂议难》十卷，汉侍中贾逵撰，亡。"《毛诗杂义难》或即为彼作，但此书久佚。

4. 《礼》学

三《礼》之中，贾逵专治《周礼》，不闻其习《仪礼》《礼记》。于《周礼》，本传云贾逵"作《周官解诂》"，《序录》亦云："贾景伯亦作《周礼解诂》。"贾公彦《序周礼废兴》引马融《周官传》云："徒有里人河南缑氏杜子春尚在，永平之初，年且九十，家于南山，能通其读，颇识其说，郑众、贾逵往受业焉。众、逵洪雅博闻，又以经书记传相证明为《解》，逵《解》行于世，众《解》不行。兼揽二家，为备多所遗阙。"贾公彦又引郑玄《周礼注·序》云："世祖以来，通人达士大中大夫郑少赣，名兴，及子大司农仲师，名众，故议郎卫次仲、侍中贾君景伯、南郡太守马季长，皆作《周礼解诂》。"据马融说，贾逵《周礼》受之杜子春，然本传言贾逵"悉传父业"，其父贾徽"兼习《国语》《周官》"，如此，则贾逵之《周礼》

当受之于父而非杜子春。两者不知孰是。贾逵《周官解诂》隋唐史志目录不见载，久佚。贾疏所引往往"贾马"并称，马国翰将其辑为《周礼贾氏解诂》一卷，王仁俊《玉函山房辑佚书续编》亦有《周礼贾氏注》一卷。

侯康《补后汉书艺文志》录有贾逵《周礼解诂》。《魏书·刘芳传》云：

> 《孟春令》云"其数八"，又云"迎春于东郊"。贾逵云："东郊，木帝太昊，八里。"……《孟夏令》云"其数七"，又云"迎夏于南郊"。贾逵云："南郊，火帝炎帝，七里。"……《中央令》云"其数五"。贾逵云："中央，黄帝之位，并南郊之季，故云兆五帝于四郊也。"……《孟秋令》云"其数九"，又曰"迎秋于西郊"。贾逵云："西郊，金帝少皞，九里。"……《孟冬令》云"其数六"，又云"迎冬于北郊"。贾逵云："北郊，水帝颛顼，六里。"

又，《隋书·音乐志下》引贾逵、郑玄曰："圜钟，夹钟也。"侯康云："皆出此书。"按：贾逵言"圜钟，夹钟也"，当出自《周礼解诂》，为解《大司乐》章。而《刘芳传》所引贾逵说，明为解《月令》，不合《周礼》。抑或贾氏有《礼记注》？

5.《春秋》学

当为三《传》兼治。何则？据本传，贾逵传父业，治《左氏》，又"兼通五家穀梁之说"，又受命"发出《左氏传》大义长于二传者"，如此，贾逵必然兼通三传。其《春秋》学著作，见于史志目录者，《隋志》载有："《春秋左氏长经》二十卷，汉侍中贾逵章句。《春秋左氏解诂》三十卷，贾逵撰。《春秋释训》一卷，贾逵撰。《春秋左氏经传朱墨列》一卷，贾逵撰。《春秋三家经本训诂》十二卷，贾逵撰。"《旧唐志》："《春秋三家经诂训》十二卷，贾逵撰。《春秋左氏长经章句》三十卷，贾逵撰。《春秋左氏传解诂》三十卷，贾逵撰。"《序录》："贾逵《左氏解诂》三十卷。"《新唐志》："贾逵《春秋左氏长经章句》二十卷，又《解诂》三十卷，《春秋三家训诂》十二卷。"

贾逵作《左传训诂》。本传云："（贾逵）尤明《左氏传》《国语》，为之《解诂》五十一篇，永平中，上疏献之。显宗重其书，写藏秘椽。"《序录》云："歆授扶风贾徽。徽传子逵。逵受诏列《公羊》《穀梁》不如《左氏》四十事，奏之，名曰《左氏长义》，章帝善之。逵又作《左氏训诂》。"《隋志》亦云："然诸儒传《左氏》者甚众。永平中，能为《左氏》者，擢高第为讲郎。其后贾逵、服虔并为训解。"此书已佚，其说散见于孔颖达《左传正义》、裴骃《史记集解》、贾公彦《周礼疏》、《御览》、罗泌《路史》、徐彦《公羊疏》、郦道元《水经注》等书所引。马国翰有《春秋左氏传解诂》二卷，题后汉贾逵撰。此外，王谟《汉魏遗书钞》辑有贾逵《春秋左氏传解诂》一卷，黄奭《黄氏逸书考》有贾逵《春秋左氏解诂》一卷。

又作《春秋左氏长经章句》。《隋志》载有"《春秋左氏长经》二十卷，汉侍中贾逵章句"。两《唐志》并有"《春秋左氏长经章句》二十卷，贾逵撰"，与《隋志》同。所谓《春秋左氏长经》并章句，乃是贾逵发得《左氏》较《公羊》《穀梁》义长之说，凡两次。首次贾逵于章帝建初元年（76）受帝命发得《左氏》义长者三十事。事见本传："肃宗立，降意儒术，特好古文《尚书》、《左氏传》。建初元年，诏逵入讲北宫白虎观、南宫云台。帝善逵说，使发出《左氏传》大义长于二传者。""贾逵于是具条奏之曰"云云，第二次于建初四年（79）贾逵论白虎观，与李育辩难《左氏》《公羊》义之优劣四十一事。事见《后汉书·儒林列传·李育传》：

> 常避地教授，门徒数百。颇涉猎古学。尝读《左氏传》，虽乐文采，然谓不得圣人深意，以为前世陈元、范升之徒更相非折，而多引图谶，不据理体，于是作《难左氏义》四十一事。建初元年，卫尉马廖举育方正，为议郎。后拜博士。四年，诏与诸儒论五经于白虎观，育以《公羊》义难贾逵，往返皆有理证，最为通儒。

后儒有时将两者混为一谈。如《御览》卷六〇九引《三辅决录》曰："贾逵建初元年，受诏列《春秋公羊》《穀梁》不如左氏四十事奏之，名《左氏长义》。帝大善，赐布五百匹。"可见，东汉末年的赵岐对此二事已不甚了然。但贾逵之后不久的何休却将二事分得很清楚。他的《公羊解诂·序》云："贾逵缘隙奋笔，以为《公羊》理短，《左氏》理长。"徐彦《疏》云："逵作《长义》四十一条，云《公羊》理短，《左氏》理长。"讲的是与李育论难事。孔颖达疏杜预《春秋左传序》亦云："章帝时贾逵上《春秋大义》以抵《公羊》《穀梁》，又与《左氏》作《长义》。"显然分为二事。

《春秋左氏长经章句》宋人诸家书目不见载，大约亡于唐末。马国翰《玉函山房辑佚书》有辑本一卷。考马氏辑本，将贾逵于建初元年上疏及唐人所引逵《左氏》训诂遗说视为《长义章句》，实为不妥，其书实则已亡。

关于贾逵扬《左传》而诋二传事之评价，可谓毁誉参半。赞美者，如杜预《春秋左氏传序》孔疏云："至章帝时，贾逵上《春秋大义》四十条，以抵《公羊》《穀梁》，帝赐布五百匹。又与《左氏》作《长义》。至郑康成，箴《左氏膏肓》，发《公羊墨守》，起《穀梁废疾》。自此以后，二传遂微，《左氏》学显矣。"以贾逵为东汉《左传》流布之功臣。但也不乏斥其媚世者，如刘知几《史通·申左》篇云："贾逵撰《左氏长义》，称在秦者为刘氏，乃汉室所宜推先，但取悦当时，殊无足采。"

贾逵又为三传《春秋》经文作过训诂。《隋志》及两《唐志》均载有贾逵《春秋三家经本训诂》十二卷。考其遗文，此书内容当比较三传经文之异同。如《公羊传》庄公八年，《春秋经》云："秋，八月，甲午，宋万弑其君接及其大夫仇牧。"徐彦疏："正本皆作'接'字，故贾氏云'《公羊》《穀梁》曰接'是也。"昭公四年，经云："春，王正月，大雨雪。"《左传》作"大雨雹"，徐疏："正本皆作'雹'字，《左氏》经亦作'雹'字，故贾氏云'《穀梁》作大雨雪'。"又，《小雅·渐渐之石》孔疏："《春秋经》贾氏《训诂》云：'秦始皇父讳楚，而改为荆州。'"侯康曰："据此数条知此书体例于《左氏》经文之异《公》《穀》者必释之。"隋唐《志》并载十二卷，大约《春秋》十二公，每公一卷。《南齐书·陆澄传》载陆澄与王俭书曰："《左氏》太元取服虔，而兼取贾逵《经》，由服传无《经》，虽在注中，而《传》又有无《经》者故也。今留服而去贾，则《经》有所阙。"则贾逵精校经文为六朝人所采。

6. 注《国语》

贾逵《国语》之事见于本传："（贾逵）尤明《左氏传》《国语》，为之《解诂》五十一篇，永平中，上疏献之。"李贤注："《左氏》三十篇，《国语》二十一篇也。"此书载于《隋志》："《春秋外传国语》二十卷，贾逵注。"两《唐志》不复见。贾逵此注为韦昭注《国语》采获较多。韦昭《国语注》序云："至于章帝，郑大司农为之训注，解疑释滞，昭晰可观，至于细碎，有所阙略。侍中贾君敷而衍之，其所发明，大义略举，为已憭矣，然于文间时有遗忘。"按：韦昭以为贾逵章帝时注《国语》，据范书本传，实在明帝永元时。此书唐时尚存，李善注《文选》多引用，今佚。后世辑佚众家从《国语》韦昭注、《文选》注、《史记集解》《玉篇》、唐人类书中采获。王谟《汉魏遗书钞》、劳格《月河精舍丛钞》、黄奭《黄氏逸书考》、马国翰《玉函山房辑佚书》及王仁俊《续编》、蒋曰豫《蒋侑石遗书》并有辑本。

7. 注《离骚》

王逸《离骚章句序》云："逮至刘向，典校经书，分以为十六卷。孝章继位，深宏道艺，而班固、贾逵复以所见，改易前疑，各作《离骚经章句》，其余十五卷，阙而不说。"按：王逸乃东汉人，说贾逵曾作《离骚章句》当有所据。但此事除见于彼说外，《后汉书》及《汉纪》等书皆无明文，《离骚》洪兴祖《楚辞补注》引贾侍中（逵）说："楚人谓女曰嬃"及"贾逵云：羿之先祖也，为先王射官。"则宋时其书尚存，但不见书目著录，今佚，亦无辑本。

8. 又通历法

司马彪《续汉志·律历志》云："永元中，复令史官以《九道法》候弦望，验无有差跌。逵论集状，后之议者，用得折衷，故详录焉。"其下详录贾逵之论。中有云："逵论曰：合《春秋》《三统》九道终数，可以知合朔、弦、望、月食加时。据官注天度为分率，以其术法上考建武以来月食凡三十八事，差密近，有益，宜课试上。"据此，贾逵之历学乃本之《春秋世经》《三统历》，或由其父贾徽受之于刘歆，而贾逵传家学而已。关于贾逵上所论历之时间，司马彪云："案逵论，永元四年也。"

9. 后儒以为贾逵著《汉史》

钱大昭《补续汉书·艺文志》有《汉史》，钱氏注云："临邑侯刘复与班固、贾逵共述。"大约以为贾逵曾与班固及刘复俱校书东观故，事见本传。按：《史通》等书不见载贾逵曾参与作《汉书》，杜预《春秋左传集解序》孔疏引有贾逵《太史公十二诸侯年表序》云："鲁君子左丘明作传。"如此，则贾逵在东观时或对皇家所藏旧史如《史记》等做过校订而不必修汉史。按：贾逵所谓古学大师，当明三义。其一，"古学"初指《左氏》学。贾逵本传云："弱冠能诵《左氏传》及五经本文，以大夏侯《尚书》教授，虽为古学，兼通五家《穀梁》之说。"将《左氏》与《穀梁》对言，明汉人最初视《左氏》为古学，将《公羊》《穀梁》视为今学。其原因，大约来自刘歆校书中秘，"见古文《春秋左氏传》，大好之"之故，由《左氏》之古文而衍变为古学之概念。推而广之，后儒言"古学"者，皆是如此。如《隋志》云："言五经者，皆凭谶为说。唯孔安国、毛公、王璜、贾逵之徒独非之，相承以为妖妄，乱中庸之典。故因汉鲁恭王、河间献王所得古文，参而考之，以成其义，谓之'古学'。当世之儒，又非毁之，竟不得行。"贾逵古学大师之誉首要来自其众多《左氏》学著述及对提高《左传》地位之贡献。其二，贾逵又精于训诂与字学。《北史·江式传》载江式上表论历代字学，云："又诏侍中贾逵修理旧文，殊艺异术，王教一端，苟有可以加于国者，靡不悉集。逵即汝南许慎古学之师也。"如此，许慎《说文》五百四十部，始一终亥，编排严密，其底本当来自贾逵。其三，贾逵注书亦绝非如清儒所言所谓今古学泾渭分明，了不相涉。如《公羊传》于襄公二十一年云："十有一月庚子，孔子生。"《穀梁传》于襄公二十年十月云："庚子，孔子生。"《左传》襄公二十一年，孔疏引贾逵注《经》云："此年仲尼生。"《左传》昭公二十四年，孔疏载服虔引贾逵语："仲尼时年三十五。"也以孔子为襄公二十一年生。按：贾逵用《公羊》说。又，董仲舒《对策》云："见素王之文。"《公羊疏》引贾逵《春秋序》云："立素王之法。"依坊间所言，"今学家以孔子为素王，古文家以孔子为文献家"云云不必尊信，大抵自武帝独尊儒术始，尊孔子为圣乃汉儒通说。

贾伯升

贾伯升，贾逵之孙。《序录》："京兆尹延笃受《左氏》于贾逵之孙伯升，因而注之。"按：延笃从堂溪惠受《左传》，与此文大异，不知陆元朗所依何据？

姜肱

姜肱，通五经，明谶纬。《后汉书》卷五三《姜肱传》云："姜肱字伯淮，彭城广戚人也。家世名族。肱与二弟仲海、季江，俱以孝行著闻。其友爱天至，常共卧起。及各娶妻，兄弟相恋，不能别寝，以系嗣当立，乃递往就室。肱博通五经，兼明星纬，士之远来就学者三千余人。"李贤注引谢承《后汉书》曰："肱性笃孝，事继母恪勤。母既年少，又严厉。肱感《恺风》之孝，兄弟同被而寝，不入房室，以慰母心。"《凯风·序》曰："《凯风》，美孝子也。卫之淫风流行，虽有七子之母，犹不能安其室。故美七子能尽其孝道，以慰其母心而成其志尔。"魏源云："如《毛序》所说，宜为千古母仪所羞道。"按：汉人多不从《毛诗》此说。如《易林》："《凯风》无母，何恃何怙？幼孤弱子，为人所苦。"王先谦曰："'人'即继母，故肱读此诗而感其义也。"与姜肱兄弟谨事继母义正合。

本传言姜肱明星纬事，蔡邕《彭城姜肱碑》亦云："及其学而知之者，《三坟》《五典》，《八索》《九丘》，府仰占候，推步阴阳，有名物定事之能，独见先睹之效。"

姜肱生卒年，本传云："[肱]年七十七，熹平二年终于家。"灵帝熹平二年为公元173年，则肱生于和帝永元九年（97）。

姜肱事迹又见于袁宏《后汉记》卷二二、周天游辑谢承《后汉书》卷三、司马彪《续汉书》卷四、《风俗通义·十反》蔡邕《彭城姜肱碑》，皇甫谧《高士传》。

姜岐

姜岐，通群经。《御览》卷五〇八引皇甫谧《高士传·姜岐》云：

> 姜岐字子平，汉阳上邽人也。少失父，独以母兄居，治《书》《易》《春秋》，恬居守道，名重西州。延熹中，沛国桥玄为汉阳太守，召岐，欲以为功曹。岐称病不就，玄怒，敕督邮尹益收岐，若不起者，趣嫁其母而后杀岐。益争之，玄怒益，挞之。益得杖，且谏曰："岐少修孝义，栖迟衡庐，乡里归仁，名宣州里，实无罪状，益敢以死守之。"玄怒，乃止。岐于是高名逾广。其母死，丧礼毕，尽让平水田与兄岑，遂隐居，以畜蜂、豕为事，教授者满于天下，营业者三百余人。辟州从事，不诣。民从而居之者数千家。后举贤良，公府辟以为茂才，为蒲坂令，皆不就，以寿终于家。

焦贶

焦贶，郑弘之师。袁宏《后汉记》卷一二：

> 郑弘字巨君，会稽山阴人也。曾祖自齐徙山阴。事博士焦贶。门徒数百人，当举明经，其妻劝贶曰："郑生有卿相才，应此举也。"从之。楚王英之谋反，诬天下知名者，贶为河东太守，及楚事遇，疫病道死，妻子闭诏狱，考掠连年。诸故人，皆易姓名以避祸，弘独髡首负锁讼贶罪。明帝感悟，乃原免家属。弘送贶丧及妻子于陈留，毕葬旋乡里，为乡啬夫。

按：此焦贶又误作焦永，如《后汉书》卷四三《乐恢传》云："乐恢字伯奇，京兆长陵人也。……恢长好经学，事博士焦永。永为河东太守，恢随之官，闭庐精诵，不交人物。"乐恢之师焦永与郑弘之师焦贶仕履事迹皆同，显然为一人。《后汉书集解》引惠栋曰："案《郑弘传》，弘师河东太守焦贶，坐楚王英事被收。袁纪称贶尝为博士，后为河东太守，则永当为贶也。"惠栋说是。袁宏《后汉记》卷一三曰："恢字伯奇，京兆长陵人也。恢事博士焦贶，贶为河东太守，恢随之官，闭庐专精，不与掾吏交。"袁记不误。

井丹

井丹，通五经。《后汉书》卷八三《逸民列传·井丹传》云："井丹字大春，扶风郿人也。少受业太学，通五经，善谈论，故京师为之语曰：'五经纷纶井大春。'"本传言其"以寿终"，卒年不详，然本传又言阴烈皇后弟阴就欲交接井丹，丹不肯，后隐居不仕。如此，则井丹约卒于明帝世。

井丹事迹又见于《东观汉记》（吴校本）卷一八、袁宏《后汉记》卷七。《书钞》引《三辅决录》亦云："井丹字大春，少通五经，善谈论，故京师为之语曰：'五经纷纶井大春。'"

景君

《隶释》卷六载有《谒者景君墓表》《郯令景君阙铭》《北海相景君碑》，碑主为景君，其中《郯令景君阙铭》云：

> 惟元初四年三月丙戌郯令景君卒，以五年二月□□□□序。君存时恬然无欲，乐道安贫，信而好古，非法不言，治欧阳《尚书》。祖父河南尹，父步兵校尉。业门徒上录三千余人。明明侧陋，远近照闻，□司聘请流化下邳。

据碑文，景君卒于安帝元初四年（117），生年不详，其事迹亦仅见于《隶释》三碑。三碑亦载于欧阳修《集古录》、赵明诚《金石录》。

洪适曰："景君三世传欧阳《尚书》，高第编牒至三千人。公卿皆以为明经举首，亦颖门之耆儒也。碑既不载其名，《儒林传》唯有广汉景鸾乃治《齐诗》、施氏《易》者，范氏罔罗疏略，盖不止一郯令也，惜哉！"

景鸾

景鸾，通经明纬。《后汉书·儒林列传·景鸾传》云：

> 景鸾字汉伯，广汉梓潼人也。少随师学经，涉七州之地。能理《齐诗》、施氏《易》，兼受《河》《洛》图纬，作《易说》及《诗

解》，文句兼取《河》《洛》，以类相从，名为《交集》。又撰《礼内外记》，号曰《礼略》。又抄风角杂书，列其占验，作《兴道》一篇，及作《月令章句》。凡所著述五十余万言。数上书陈救灾变之术。州郡辟命不就，以寿终。

其事迹又见于《华阳国志·梓潼士女赞》：

> 景鸾，字汉伯，梓潼人也。少与广汉郝伯宗、蜀郡任叔本、颍川李仲、渤海孟元叔游学七州，遂明经术。还，乃撰《礼略》《河洛交集》《风角杂书》《月令章句》，凡五十万言。太守贶命为功曹，察孝廉，举有道，博士徵，不诣。然上陈时政，言经得失。又戒子孙人纪之礼，及遗令，期死葬不设衣衿，务在节俭，甚有法度。卒终布衣。

《御览》卷九五引《蜀郡耆旧传》亦载其事，与《华阳国志》略同。

景鸾著述

1.《诗解》

陆玑《毛诗草木鸟兽虫鱼疏》亦云："又蜀郡任末、广汉景鸾皆以明习《齐诗》教授，著述而卒。"其《诗》学著作，本传言作《诗解》，但姚振宗《后汉艺文志》录有景鸾《诗解文句》，意者，姚氏将"诗解文句"四字连读。姚氏云："按'文句'即'章句'之异名。"按：姚氏句读非是。若按姚氏句读，原文作"作《易说》及《诗解文句》，兼取《河》《洛》，以类相从，名为《交集》"。"兼取"的主语无着落，而"文句兼取"文气连贯，似较优。且《文句》为《章句》之异名，乃是姚氏臆说，无文献依据。《经义考》所录作《诗解》，当不误。

2.《月令章句》

侯康曰："蔡邕《月令问答》称'前儒为章句者，皆用意传，非其本旨'，疑即指鸾书。"此书内容不可考，但从《后汉书》的记载来看，景鸾的《月令章句》也当含有纬书灾异的内容。

3.《礼略》

本传又言景鸾撰有《礼略》一书。按：《隋志》有《礼略》二卷，不著何人所撰。侯康曰："以《（景）鸾传》考之，则鸾撰也。"或是。

孔耽

孔耽，治《礼》。《隶释》卷五《梁相孔耽神祠碑》云：

> 君讳耽，兄弟三人，君窜长。厥先出自殷烈，毁家者质，故君字伯本。初鲁遭亡新之际，苗胄析离，始定兹者。巡洛阳以来，遭元二轼轲。君少治《礼经》，人民相食，舞土茅茨，躬菜菱沥，消邢瘦腊，防养其亲，慈仁质桷，精静诚信天授之性，飞其学也。……光和五年，岁在壬戌夏六月记。

此碑立于灵帝光和五年（182），碑文未载孔耽生卒年。

孔奋

孔奋，刘歆弟子，习《左传》。《后汉书》卷三一《孔奋传》云："孔奋字君鱼，扶风茂陵人也。曾祖霸，元帝时为侍中。奋少从刘歆受《春秋左氏传》，歆称之，谓门人曰：'吾已从君鱼受道矣。'"本传又言孔奋光武时为武威太守，卒年不详。

孔奋事迹又见于《东观汉记》（吴校本）卷一四、周天游辑司马彪《续汉书》卷三、华峤《后汉书》卷二。

孔奇

孔奇，孔奋之弟。《后汉书》卷三一《孔奋传》云："（孔奋）弟奇，游学洛阳。奋以奇经明当仕，上病去官，守约乡间，卒于家。奇博通经典，作《春秋左氏删》。"孔奇生卒年不详。按：《孔丛子》卷七《连丛子》载有《左氏传义诂序》，曰："先生名奇，字子异，其先鲁人，即褒成君次儒第二子之后也。"又云："先生雅好儒术，淡忽荣禄，不愿从政。遂删撮《左氏传》之难者，集为《义诂》，发伏阐幽，赞明圣祖之道，以祛后学，著书未毕，而早世不永，宗人子通痛其不遂，惜兹大训不行于世，乃校其篇目，各如本第，并序答问，凡三十一卷。"若据《连丛子》，孔奇所作书名与《后汉书》不同，此其一。其二，《春秋左氏删》的内容也绝非简单删减《左传》篇目。《汉志》有《铎氏微》三篇，班固自注：楚太傅铎椒也。

其书内容，《史记十二诸侯年表》云："铎椒为楚威王太傅，为王不能尽观《春秋》，采取成败，卒四十章，为《铎氏微》。"王应麟《艺文志考证》引刘向《别录》亦云："左丘明授曾申，申授吴起，起授其子期，期授楚人铎椒，椒作《抄撮》八卷。"若单纯从书名来推测，《左氏删》大约也像《铎氏微》一样，是《左传》的节略版。据《连丛子》，《左氏删》乃是挑选出各家对《左传》训诂与注解的精义，同时删去作者认为不合理的解释，如此，则《左氏删》乃是一部《左氏》训诂学著作，所以名为《左氏传义诂》。从《后汉书》所云"[奇]博通经典，作《春秋左氏删》"一语的因果关系来看，《连丛子》或得其实。按：《孔丛子》之书，陈振孙云："孔氏子孙杂记其先世系言行之书也。"后儒虽猜测为王肃所伪造，但叙孔门家学之材料，当有所本。上述材料或可补史传之阙。

孔嘉

孔嘉，孔奋之子，习《左传》。《后汉书·孔奋传》云："奋晚有子嘉，官至城门校尉，作《左氏说》云。"《序录》云："侍中孔嘉（陆氏自注：字山甫，扶风人。）……注解《左氏传》。"据《序录》孔嘉字山甫，又曾官至侍中，此为范书所不载，陆德明或见别本《后汉书》。至于孔嘉乃是其父晚年之子，《孔奋传》云："时陇西余贼隗茂等夜攻府舍，残杀郡守，贼畏奋追急，乃执其妻子，欲以为质。奋年已五十，唯有一子，终不顾望，遂穷力讨之。吏民感义，莫不倍用命焉。郡多氐人，便习山谷，其大豪齐钟留者，为群氐所信向。奋乃率厉钟留等令要遮钞击，共为表里。贼窘惧逼急，乃推奋妻子以置军前，冀当退却，而击之愈厉，遂禽灭茂等，奋妻子亦为所杀。"《御览》卷三一〇引《东观汉记》与此同。则孔嘉乃是孔奋五十之后阵前丧子之后所生。

孔和

孔和，习《公羊》严氏学。《隶释》卷一有《孔庙置守庙百石孔和碑》，云：

> 元嘉三年三月丙子朔，廿七日壬寅，司徒雄、司空戒，下鲁相承，书从事下当用者，选其年□以上，经通一艺，杂试通利，能奉弘先圣之礼，为宗所归者，如诏书。书到，言：永兴元年六月甲辰朔，十八

日辛酉，鲁相平，行长史事卞守长擅，叩头死罪，敢言之司徒司空府，壬寅诏书，为孔子庙置百石卒史一人，掌主礼器，选年□十以上，经通一艺，杂试，能奉弘先圣之礼，为宗所归者，平叩头叩头，死罪死罪。谨按文书，守文学掾鲁孔龢，师孔宪，户曹史孔览等，杂试，龢修《春秋严氏经》，通，高第，事亲至孝，能奉先圣之礼，为宗所归，除䆊补名状如牒，平惶恐叩头，死罪死罪，上司空府。（按：释文从高文《汉碑集释》）

按：此碑又载于其他碑刻辑，碑文如一，题名各异，如欧阳修《集古录》作《吴雄修孔子庙碑》，赵明诚《金石录》作《孔子庙置卒史碑》，今人高文《汉碑集释》作《乙瑛碑》。

孔宪

孔龢之师，习公羊严氏学，见"孔龢"条。又《孔子礼器碑》阴载有出资修孔庙礼器诸人姓名，其中有"鲁孔宪仲则，百"，则孔宪字仲则。《乙瑛碑》与《孔子礼器碑》俱不载孔宪官爵，或为白衣处士。

孔览

孔览，通《公羊春秋》。《乙瑛碑》云："（孔龢）师孔宪，户曹史孔览等，杂试，龢修《春秋严氏经》，通。"（详见"孔龢"条）按：此处句读不甚清晰。或孔宪与孔览俱孔龢之师，则原句为"（孔龢）师孔宪、户曹史孔览等"；或孔览为杂试孔龢经学成就者。从"孔览等"之"等"字来看，孔览恐非孔龢之师，乃是与他众考试孔龢经学者。

孔乔

孔乔，明经。《后汉书》卷八二《方术列传·樊英传》云："至建光元年，复诏公车赐策书，征［樊］英及同郡孔乔、李昺、北海郎宗、陈留杨伦、东平王辅六人，唯郎宗、杨伦到洛阳，英等四人并不至。"

李贤注引谢承《后汉书》曰："乔字子松，宛人也，学古文《尚书》、《春秋左氏传》。常幽居修志，锐意典籍，至乃历年身不出门，乡里莫得瞻见。公车征不行，卒于家。"此外孔乔生卒年及其他事迹不详。

孔嵩

孔嵩，范式友人，曾受业太学，当通经。《书钞》卷六七引谢承《后汉书》云："孔嵩字巨山，与范式俱在太学。嵩家贫，佣为新野阿里街[卒]。"《后汉书·独行列传·范式传》及《御览》卷四○七引谢承《后汉书》也载有孔嵩与范式交游事，但范书以孔嵩字"仲山"，谢承书作"巨山"。周天游《辑注》云："此'巨'恐系涉范式字巨卿而误。"甚是。

孔子建

孔子建，孔僖曾祖父，通经，西汉末世东汉初年人。《后汉书·儒林列传·孔僖传》云："孔僖字仲和，鲁国鲁人也。自安国以下，世传古文《尚书》、《毛诗》。曾祖父子建，少游长安，与崔篆友善。及篆仕王莽为建新大尹，尝劝子建仕。对曰：'吾有布衣之心，子有衮冕之志，各从所好，不亦善乎！道既乘矣，请从此辞。'遂归，终于家。"

本传云"自安国以下，世传古文《尚书》、《毛诗》"，《后汉书集解》引李良裘说，谓安国未闻受《毛诗》，"毛诗"疑"鲁诗"之误。

孔僖

孔僖，明《春秋》。《后汉书·儒林列传·孔僖传》云：

> 孔僖字仲和，鲁国鲁人也。自安国以下，世传古文《尚书》、《毛诗》。曾祖父子建，少游长安，与崔篆友善。及篆仕王莽为建新大尹，尝劝子建仕。对曰："吾有布衣之心，子有衮冕之志，各从所好，不亦善乎！道既乘矣，请从此辞。"遂归，终于家。僖与崔篆孙骃复相友善，同游太学，习《春秋》。

孔僖之卒年，本传言孔僖章帝元和二年（85）"冬，拜临晋令，崔骃以《家林》筮之，谓为不吉，止僖曰：'子盍辞乎？'僖曰：'学不为人，仕不择官，凶吉由己，而由卜乎？'在县三年，卒官，遗令即葬"。则孔僖卒于章帝章和二年（88）。

孔长彦

孔长彦，孔僖长子，通经。《后汉书·儒林列传·孔僖传》云："（孔僖）二子：长彦、季彦，并十余岁。……长彦好章句学，季彦守其家业，门徒数百人。"按：所谓章句之学乃是汉代朝廷明经取士之官方之学，如《易》类施氏章句、孟氏章句、京氏章句，《尚书》大小夏侯章句、桓氏大小太常章句，《诗》包氏章句，《春秋》严氏、颜氏章句，等等，具体何家难以确定。《儒林列传》说孔长彦好章句学，大约意在说明长彦好仕进，与季彦守业笃学的态度形成对比而已。

孔季彦

孔季彦，孔僖次子，通经。《后汉书·儒林列传·孔僖传》载有其事迹，云：

> （孔僖）二子：长彦、季彦，并十余岁。……长彦好章句学，季彦守其家业，门徒数百人。延光元年，河西大雨雹，大者如斗。安帝诏有道术之士极陈变眚，乃召季彦见于德阳殿，帝亲问其故。对曰："此皆阴乘阳之征也。今贵臣擅权，母后党盛，陛下宜修圣德，虑此二者。"帝默然，左右皆恶之。举孝廉，不就。三年，年四十七，终于家。

孔季彦卒于安帝延光三年（124），年四十七，则生于章帝建初三年（78）。

孔季彦之学，《儒林列传·孔僖传》言"守其家业"，其家业为何学？《孔僖传》云："孔僖字仲和，鲁国鲁人也。自安国以下，世传古文《尚书》、《毛诗》。"又云："［孔］僖与崔篆孙骃复相友善，同游太学，习《春秋》。"若据《孔僖传》，则孔季彦习古文《尚书》、《毛诗》及《春秋》，但细核经学史，《孔僖传》所言有误，所谓家业，唯有《春秋》一经，为公羊家，《毛诗》及古文《尚书》皆非孔家所习。考诸两《汉书》，孔门不传《毛诗》，而古文《尚书》乃是魏晋人因尊信伪《孔传》而误，尤其是《孔丛子》《孔子家语》往往论述孔门家学渊源有自的缘故，但也有学者认为古文《尚书》当为孔门家学。如李学勤先生在其《〈孔子家语〉与汉魏孔氏家学》中将《孔丛子》中的《尚书》资料与今本《孔传》本相比较,发现二书篇目相合,因而他断定《孔丛子》所说孔氏世传的古文《尚书》,就是《孔传》本《尚书》。

孔宙

孔融之父。《后汉书》卷七〇《孔融传》:"孔融字文举,鲁国人,孔子二十世孙也。……父宙,太山都尉。"孔宙通经事见《隶释》卷七《泰山都尉孔宙碑》:

> 君讳宙,字季将,孔子十九世之孙也。天资醇嘏,齐圣达道,少习家训,治严氏《春秋》,缉熙之业既就,而闺阃之行允恭,德音孔昭。

孔宙生卒年,碑云:"会遭笃病,告困致仕,得从所好,年六十一,延熹六年,正月乙未□□□疾。"则孔宙生于和帝永元十五年(103),卒于桓帝延熹六年(163)。

孔宙事迹除见于《孔宙碑》外,《礼器碑》碑阴亦载有孔宙出资孔庙修礼器事:"郎中鲁孔宙季将,千。"按:《孔宙碑》碑阴刻有孔宙大量门生故吏名,洪适云:"凡门生四十二人,门童一人,弟子十人,故吏八人,故民一人,都昌者四,泰山者五。汉儒开门受徒著录有盈万人者,其亲受业则曰弟子,以久次相传授则曰门生,未冠则曰门童,总而称之亦曰门生。旧所治官府其掾属则曰故吏,占籍者则曰故民,非吏非民则曰处士,素非所沿则曰义士。"《孔宙碑》阴所列门生弟子门童诸人可补后汉儒林之阙,其中人名姓亦有补中华姓氏者,赵明诚《金石录》云:"右《孔宙碑》阴,门生有钜鹿广宗捕巡字升台。按氏族书如《姓苑》《姓纂》皆无捕姓,独见于此碑尔。"

《孔宙碑》又载于欧阳修《集古录》及赵明诚《金石录》。

孔褒

孔褒，孔融之兄，孔宙长子①。王昶《金石萃编》卷一四有《豫州从事孔褒碑》。碑云："君讳褒，字文礼②，孔子廿世之孙，泰山都尉之元子也。"又云："[孔褒]治家业《春秋□》，综核□典，篇籍靡遗。"（按：释文从高文《汉碑集释》）

高文《汉碑集释》引王念孙《汉隶拾遗》云："《春秋》下一字，诸家并阙，谛审当是'经'字。"③

孔褒与张俭相善，张俭亡命时，曾投奔褒，不遇，孔融代兄收留之，最后祸及孔褒，事见《后汉书·孔融传》及《三国志·魏书·崔琰传》裴注引司马彪《续汉书》。范书云：

> 山阳张俭为中常侍侯览所怨，览为刊章下州郡，以名捕俭。俭与融兄褒有旧，亡抵于褒，不遇。时融年十六，俭少之而不告。融见其有窘色，谓曰："兄虽在外，吾独不能为君主邪？"因留舍之。后事泄，国相以下，密就掩捕，俭得脱走，遂并收褒、融送狱。二人未知所坐。融曰："保纳舍藏者，融也，当坐之。"褒曰："彼来求我，非弟之过，请甘其罪。"吏问其母，母曰："家事任长，妾当其辜。"一门争死，郡县疑不能决，乃上谳之。诏书竟坐褒焉。

按：张俭为东汉朝廷所追捕事在第二次党锢，时为灵帝建宁二年（169），"诏书竟坐褒"，则孔褒当卒于此年，生年不详。

孔谦

孔谦，孔宙之子，孔融之兄。《隶释》卷六《孔谦碣》云：

> 孔谦字德让者，宣尼公廿世孙，都尉君之子也。幼体兰石自然之

---

① 《孔子世家谱》将孔褒列为孔宙第三子，与《豫州从事孔褒碑》及范书《孔融传》的记载不合，当以《豫州从事孔褒碑》为正。

② 《后汉书·孔融传》李贤注引《孔融家传》云："褒字文礼。"亦见于《史晨碑》"处士孔褒文礼"。

③ 高文：《汉碑集释》，河南大学出版社1985年版，第470页。

姿,长厝清少孝友之行。祖述家业,修《春秋经》。升堂讲诵,深究圣旨。弱冠而仕,历郡诸曹史。年卅四,永兴二年七月,遭疾不禄。按:释文从高文《汉碑集释》。

据碑文,孔谦生于安帝建光元年(121),卒于桓帝永兴二年(154)。洪适云:"右《孔谦碣》,其名不甚可辨。考孔氏谱得之,所谓都尉君者,太山都尉宙也。《孔融别传》云宙有七子,融之次第六,载于谱录者,惟有谦、褒、融三人。褒之名见《史晨碑》。"

孔融

孔融,习《春秋》。《后汉书》卷七〇《孔融传》云:"孔融字文举,鲁国人,孔子二十世孙也。七世祖霸,为元帝师,位至侍中。"又云:"性好学,博涉多该览。"不载孔融治经,但《隋志》载有"梁有《春秋杂义难》五卷,汉少府孔融撰"。另外,从孔门家学来推测,孔融明经当无疑。

一、主要事迹

(1)桓帝延熹六年(163),年十岁,随孔宙进京见李膺(司马彪《续汉书》同范书,而《孔融家传》云见李固,见李贤注)。事见本传。

(2)延熹九年(166),十三岁,其父孔宙卒。本传云:"年十三,丧父,哀悴过毁,扶而后起,州里归其孝。"

(3)灵帝建宁二年(169),孔融年十六,代兄留止张俭,显名于世。事见本传。

(4)熹平六年(177),孔融辟司徒杨赐府。本传言:"[孔融]辟司徒杨赐府。"按:《灵帝纪》熹平五年(176)"十一月丙戌,光禄大夫杨赐为司徒",熹平六年"十二月庚辰,司徒杨赐免"。则孔融为杨赐所辟当在熹平六年为宜。大将军何进辟孔融为侍御史,融不就官,事见本传。

(5)灵帝中平六年(189),先为司空刘弘附援,后为虎贲中郎将、议郎,外迁为北海相。本传云:"后辟司空掾,拜中军候。在职三日,迁虎贲中郎将。会董卓废立,融每因对答,辄有匡正之言。以忤卓旨,转为议郎。时黄巾寇数州,而北海最为贼冲,卓乃讽三府同举融为北海相。"按:董卓秉政在灵帝中平六年,时刘弘为司空,《灵帝纪》中平六年云:"司空刘弘免,董卓自为司空。"

孔融在北海，"收合士民，起兵讲武，驰檄飞翰，引谋州郡"，又"更置城邑，立学校，表显儒术，荐举贤良郑玄、彭璆、邴原等"。且配食已故乡贤甄子然、临孝存，事见融本传；又以为宜立"郑公乡"表彰郑玄，事见玄本传。

（6）献帝兴平二年（195），为青州刺史，建安元年（196），城破，孔融奔山东。本传云："在郡六年，刘备表领青州刺史。建安元年，为袁谭所攻，自春至夏，战士所余裁数百人，流矢雨集，戈矛内接。融隐几读书，谈笑自若。城夜陷，乃奔东山，妻子为谭所虏。"

（7）献帝建安元年（196），为将作大将、少府。本传云："及献帝都许，征融为将作大匠，迁少府。"为少府，以为马日磾不宜加礼而葬，又以为不宜复肉刑。

（8）建安六年（201）为太中大夫。本传云建安五年（200），孔融议南阳王等不宜有谥号，"岁余，复拜太中大夫"，时为建安六年。

（9）建安十三年（208），为曹操所杀，孔融卒年。本传言："书奏，下狱弃市。［孔融］时年五十六。妻子皆被诛。"《后汉书·献帝纪》建安十三年（208）："八月壬子，曹操杀太中大夫孔融，夷其族。"则孔融生于桓帝永兴元年（153）。

孔融事迹又见于《东观汉记》（吴校本）卷一七、袁宏《后汉记》卷三〇，周天游辑司马彪《续汉书》卷五、华峤《后汉书》卷三、张璠《后汉记》、无名氏《后汉书》、《三国志·魏书·崔琰传》裴松之注引《九州春秋》、《魏氏春秋》、《世说新语·言语》等篇籍。《类聚》卷八五、《御览》卷三六二引有吴秦菁《秦子》，亦言孔融轶事。

二、孔融著述

本传云："［融］所著诗、颂、碑文、论议、六言、策文、表、檄、教令、书记凡二十五篇。"《隋志》："后汉少府《孔融集》九卷，梁十卷，录一卷。"两《唐志》并载"《孔融集》十卷"，今佚，后人有多种辑本。其诗见于明冯惟讷《诗纪·汉》卷三，丁福保《全汉诗》卷二，逯钦立《先秦汉魏晋南北朝诗·全汉诗》卷七。严可均《全后汉文》卷八三辑有其文存，明张燮《七十二家集》有《孔少府集》二卷，张溥《汉魏六朝百三名家集》有《孔少府集》一卷，《四库全书》集部别集有《孔北海集》一卷。

孔融所持《春秋》学，观孔氏疏议所依经义，往往见之。如议马日磾不宜加葬礼云："昔国佐当晋军而不挠，宜僚临白刃而正色。"国佐事见

《公羊传》成公二年,鞌之战,齐师大败,"齐侯使国佐如师,郤克曰:'与我纪侯之甗,反鲁、卫之侵地,使耕者东亩,且以萧同侄子为质,则吾舍子矣。'国佐曰:'与我纪侯之甗,请诺。反鲁、卫之侵地,请诺。使耕者东亩,是则土齐也。萧同侄子者,齐君之母也,齐君之母,犹晋君之母也,不可。请战,一战不胜请再,再战不胜请三,三战不胜,则齐国尽子之有也,何必以萧同侄子为质?'揖而去之"。宜僚事见《左传》哀公十六年,楚白公胜欲作乱,"胜谓石乞曰:'王与二卿士,皆五百人当之,则可矣。'乞曰:'不可得也。'曰:'市南有熊宜僚者,若得之,可以当五百人矣。'乃从白公而见之,与之言,说"。

又云:"春秋鲁叔孙得臣卒,以不发扬襄仲之罪,贬不书日。郑人讨幽公之乱,斫子家之棺。圣上哀矜旧臣,未忍追案,不宜加礼。"《公羊传》宣公五年:"叔孙得臣卒。"不书日。何休注曰:"不日者,知公子遂欲杀君,而为人臣知贼而不言,明当诛也。"公子遂即襄仲。砍子家之棺事见《左传》宣公十年:"郑子家卒,郑人讨幽公之乱,斫子家之棺而逐其族。"杜预注曰:"斫薄其棺,不使从卿礼。"为其杀君故也。

孔昱

孔昱,习夏侯《尚书》。《后汉书》卷六七《党锢列传》云:"孔昱字元世,鲁国鲁人也。七世祖霸,成帝时历九卿,封褒成侯。自霸至昱,爵位相系,其卿相牧守五十三人,列侯七人。昱少习家学,大将军梁冀辟,不应。太尉举方正,对策不合,乃辞病去。后遭党事禁锢。灵帝即位,公车征拜议郎,补洛阳令,以师丧弃官,卒于家。"卒年不详,约在灵帝世。范书云孔昱字元世,《三国志·刘表传》注引《汉末名士录》云:"表与汝南陈翔字仲麟、范滂字孟博、鲁国孔昱字世元、勃海苑康字仲真、山阳檀敷字文友、张俭字元节、南阳岑晊字公孝为八友。"陶渊明《集圣贤群辅录上》:"洛阳令鲁国孔昱字世元。"北齐阳休之编《陶渊明集》注:"海内才珍孔世元。"(见陶澍《陶渊明全集注》卷九)唐晏《两汉三国学案》亦作"世元"。两者不同。李新民说:"《鲁相韩勑造孔庙礼器碑》与《史晨飨孔庙后碑》皆云'孔诩字元世',根据世系的考证,孔诩是孔昱的叔父,叔侄二人不可能同叫'元世'。因而,《后汉书》中的记载有误,唐晏在《两汉三国学案》中说孔昱字世元是正确的。"① 乾隆《曲阜县志》卷六七云:

---

① 李新民:《东汉孔氏家学及〈孔丛子〉伪书公案》,曲阜师范大学2007年硕士学位论文。

"宙子七人,传者五:曰晨、曰褒、曰谦、曰昱、曰融。"认为孔昱为孔宙之子,此说无据。

本传云"昱少习家学",李贤注:"家学《尚书》。"无今文、古文之分。若据《后汉书·儒林列传·孔僖传》"自安国以下,世传古文《尚书》、《毛诗》"之说,似乎习古文《尚书》。然依据本传所言孔霸、孔光所学,当为今文《尚书》大夏侯氏学。《汉书·儒林传》云:"周堪字少卿,齐人也。与孔霸俱事大夏侯胜。霸为博士。……而孔霸以太中大夫授太子。……霸以帝师赐爵号褒成君,传子光,亦事牟卿,至丞相,自有传。由是大夏侯有孔、许之学。"孔霸、孔光父子习大夏侯氏学《尚书》,明见《儒林传》。又考孔氏父子本传,其学承亦同。孔霸《汉书》无传,其人事迹附载于其子孔光。《汉书·孔光传》曰:"延年生霸,字次儒。霸生光焉。安国、延年皆以治《尚书》为武帝博士。安国至临淮太守。霸亦治《尚书》,事太傅夏侯胜,昭帝末年为博士,宣帝时为太中大夫,以选授皇太子经,迁詹事、高密相。"孔安国、孔延年所谓《尚书》博士,皆为今文。因西汉世,唯有王莽时"诸学皆立",其余时期古文《尚书》并没有立于学官,孔门诸人焉能凭借彼学得博士官?

又考孔光《尚书》学,亦当习大夏侯学。本传载其元寿元年日蚀对有云:"臣闻日者,众阳之宗,人君之表,至尊之象。君德衰微,阴道盛强,侵蔽阳明,则日蚀应之。《书》曰'羞用五事','建用皇极'。如貌、言、视、听、思失,大中之道不立,则咎征荐臻,六极屡降。皇之不极,是为大中不立,其传曰'时则有日月乱行',谓朓、侧匿,甚则薄蚀是也。又曰'六沴之作',岁之朝曰三朝,其应至重。"正用《洪范·五行传》,传自夏侯始昌、夏侯胜、孔霸,为《尚书》大夏侯学。

孔昱事迹又见于周天游辑谢承《后汉书》卷四。

寇恂

寇恂,光武功臣,通经,《后汉书》有传。《后汉书》卷一六《寇恂传》云:"寇恂字子翼,上谷昌平人也。……[建武]三年,遣使者即拜为汝南太守,又使骠骑将军杜茂将兵助恂讨盗贼。盗贼清静,郡中无事。恂素好学,乃修乡校,教生徒,聘能为《左氏春秋》者,亲受学焉。"再云:"恂经明行修,名重朝廷,所得秩奉,厚施朋友、故人及从吏士。"又云:"帝数策书劳问恂,同门生茂陵董崇说恂曰:'上新即位,四方未定,而君侯以此时据大郡,内得人心,外破苏茂,威震邻敌,功名发闻,此逸人侧目怨祸之时也。'"寇恂既自修《左传》，又有门生，为儒者无疑。

寇恂卒年，本传言恂"[建武]十二年卒，谥曰威侯"。建武十二年为公元36年。

寇恂事迹又见于《东观汉记》（吴校本）卷九及周天游辑司马彪《续汉书》卷二。

隗嚣

隗嚣，西汉末年陇西割据政权首领，习经。《后汉书》卷一三《隗嚣传》云："隗嚣字季孟，天水成纪人也。少仕州郡。王莽国师刘歆引嚣为士。歆死，嚣归乡里。"既受刘歆赏识，当为儒者。本传又云时人推举起义首领时，"咸谓嚣素有名，好经书，遂共推为上将军"。其人又好经书，儒者无疑。本传又载众人举兵之前共盟誓，"祝毕，有司穿坎于庭"，李贤注曰："《周礼》司盟掌盟载之法也。郑玄注曰：'载，盟辞也。书其辞于策，杀牲取血，坎其牲，加书于上而薶之。'"又云："既而埋血加书，一如古礼。"所谓"古礼"，乃指《周礼》，明隗嚣习《周礼》。《周礼》立为学官在王莽时。《汉志》："《周官经》六篇。"班氏自注："王莽时刘歆置博士。"《序录》云："王莽时，刘歆为国师，始建立《周官经》，以为《周礼》。"均可与隗嚣本传所记载相发明。按：隗嚣又与来歙、马援相善，用郑兴为祭酒，杜林为持书，纳班彪以避难，皆儒者之人。

隗嚣事迹又见于《东观汉记》（吴校本）卷二一《载记》。

来歙

来歙，光武功臣，《后汉书》卷一五有传。其人通经术不见于范书，见于《御览》卷二四三引《东观汉记》："来歙，字君叔，南阳新野人也。父冲。歙有大志慷慨，治《春秋左氏》，东诣洛阳见上，上大喜，曰：'君叔独劳苦。'即解所被襜襦以衣歙，拜太中大夫。"据本传，来歙建武三年（27）出使陇西见隗嚣，建武五年（29）送马援使陇西，建武十一年（35）为刺客所伤，旋死。

来歙事迹又见周天游辑司马彪《续汉书》卷二。

郎宗

郎宗，郎顗之父，习京氏《易》。《后汉书》卷三〇《郎顗传》："郎顗字雅光，北海安丘人也。父宗，字仲绥，学京氏《易》，善风角、星算、六日七分，能望气占候吉凶，常卖卜自奉。安帝征之，对策为诸儒表，后拜吴令。时卒有暴风，宗占知京师当有大火，记识时日，遣人参候，果如其言。诸公闻而表上，以博士征之。宗耻以占验见知，闻征书到，夜县印绶于县廷而遁去，遂终身不仕。"卒年不详，约在安、顺之世。

郎宗事迹又见于谢承《后汉书》。范晔《后汉书》卷八二《方术列传·樊英传》："至建光元年，复诏公车赐策书，征英及同郡孔乔、李昺、北海郎宗、陈留杨伦、东平王辅六人，唯郎宗、杨伦到洛阳，英等四人并不至。"李贤注引谢承《后汉书》曰："宗字仲绥，安丘人也，善京氏《易》、风角、星算，推步吉凶。常负笈荷担卖卜给食，瘠服闲行，人莫得知。安帝诏公车征，策文曰：'郎宗、李昺、孔乔等前比征命，未肯降意。恐主者玩弄，礼意不备，使难进易退之人龙潜不屈其身。各致嘉礼，遣诣公车，将以补察国政，辅朕之不逮。'青州被诏书，遣宗诣公车，对策陈灾异，而为诸儒之表。拜议郎，除吴令。到官一月，时卒暴风，宗占以为京师有大火，定火发时，果如宗言。诸公闻之，表上，博士征。宗耻以占事就征，文书未到，夜悬印绶置厅上遁去，终于家。子顗，自有传。"

郎顗

郎顗，习京氏《易》。《后汉书》卷三〇下《郎顗传》云："郎顗字雅光，北海安丘人也。父宗，字仲绥，学京氏《易》，善风角、星算、六日七分，能望气占候吉凶，常卖卜自奉。……顗少传父业，兼明经典，隐居海畔，延致学徒常数百人。昼研精义，夜占象度，勤心锐思，朝夕无倦。州郡辟召，举有道、方正，不就。"

郎顗卒年不详，本传云："至四月京师地震，遂陷。其夏大旱。秋，鲜卑入马邑城，破代郡兵。明年，西羌寇陇右。皆略如顗言。后复公车征，不行。同县孙礼者，积恶凶暴，好游侠，与其同里人常慕顗名德，欲与亲善。顗不顾，以此结怨，遂为礼所杀。"按：《顺帝纪》，阳嘉二年（133）京师地震，阳嘉三年（134）九月西羌犯陇右，则郎顗约卒于顺帝阳嘉三年之后不久。

郎顗之学，本传载其顺帝阳嘉二年上疏云："臣闻天垂妖象，地见灾符，所以谴告人主，责躬修德，使正机平衡，流化兴政也。《易内传》曰：'凡灾异所生，各以其政。变之则除，消之亦除。'"此《易内传》文见《易稽览图》。李贤注："《易稽览图》曰：'凡异所生，灾所起，各以其政，变之则除，其不可变，则施之亦除。'"

疏中又云"《易天人应》曰：'君子不思遵利，兹谓无泽，厥灾孽火烧其宫。'又曰：'君高台府，犯阴侵阳，厥灾火。'又曰：'上不俭，下不节，炎火并作烧君室。'"疏又云："臣伏案《飞候》，参察众政，以为立夏之后，当有震裂涌水之害。又比荧惑失度，盈缩往来，涉历舆鬼，环绕轩辕。火精南方，夏之政也。政有失礼，不从夏令，则荧惑失行。正月三日至乎九日，三公卦也。"按：《易飞候》，京房作，以卦象系于公卿值日，皆京房考课吏法。此可考见郎顗明京氏《易》及占候之学，可证所谓"少传父学"。

疏又云："方今时俗奢佚，浅恩薄义。夫救奢必于俭约，拯薄无若敦厚，安上理人，莫善于礼。修礼遵约，盖惟上兴，革文变薄，事不在下。故《周南》之德，《关雎》政本。本立道生，风行草从，澄其源者流清，溷其本者末浊。"此用《毛诗》说。《毛诗·周南·序》曰："《关雎》，风之始也，所以风化天下而正夫妇也。"故夫妇为政本也。可证本传所谓"兼明经典"。

郎顗事迹又见于周天游辑谢承《后汉书》卷二及华峤《后汉书》卷二。

雷义

雷义，通经。《后汉书》卷八一《独行列传·雷义传》云："雷义字仲公，豫章鄱阳人也。"不云雷氏治经学。《独行列传·陈重传》言陈重"字景公，豫章宜春人也。少与同郡雷义为友，俱学《鲁诗》、颜氏《春秋》"。雷义本传载雷义与陈重交友，顺帝时，举茂才，让于陈重。朝廷将二人俱征。雷义后为侍御史，外迁为南顿县令，卒官。具体不详，当卒于顺帝时。

雷义事迹又见于周天游辑谢承《后汉书》卷五《独行传》。

礼震

礼震，欧阳歙弟子，曾上书代歙死。《后汉书·儒林列传·欧阳歙传》云："平原礼震，年十七，闻狱当断，驰之京师，行到河内获嘉县，自系，上书求代歙死。曰：'伏见臣师大司徒欧阳歙，学为儒宗，八世博士，而以臧咎当伏重辜。歙门单子幼,未能传学,身死之后,永为废绝,上令陛下获杀贤之讥,下使学者丧师资之益。乞杀臣身以代歙命。'书奏,而歙已死狱中。"按:欧阳歙死于建武十五年(39),时年礼震十七,则震生于更始元年(23),也即王莽被杀之年。

李昺

李昺,习经。《后汉书》卷八二《方术列传·樊英传》云:"[安帝]征英及同郡孔乔、李昺、北海郎宗、陈留杨伦、东平王辅六人,唯郎宗、杨伦到洛阳,英等四人并不至。"李贤注引谢承《后汉书》曰:"昺字子然,鄢人也,笃行好学,不羡荣禄。习《鲁诗》、京氏《易》。室家相待如宾。州郡前后礼请不应。举茂才,除召陵令,不到官。公车征不行,卒。"

李封

李封,善《左传》,光武时立为博士,旋卒。《后汉书》卷三六《陈元传》云:"书奏,下其议,范升复与元相辩难,凡十余上。帝卒立《左氏》学,太常选博士四人,元为第一。帝以元新忿争,乃用其次司隶从事李封,于是诸儒以《左氏》之立,论议欢哗,自公卿以下,数廷争之。会封病卒,《左氏》复废。"议立《左传》博士在光武建武四年(28),则李封当卒于此年。

《后汉书·儒林列传》载此事云:"建武中,郑兴、陈元传《春秋左氏》学。时尚书令韩歆上疏,欲为《左氏》立博士,范升与歆争之未决,陈元上书讼《左氏》,遂以魏郡李封为《左氏》博士。后群儒蔽固者数廷争之。及封卒,光武重违众议,而因不复补。"

《隋志》亦云:"至建武中,尚书令韩歆请立而未行。时陈元最明《左传》,又上书讼之。于是乃以魏郡李封为《左氏》博士。后群儒蔽固者,数廷争之。及封卒,遂罢。"

亦见于《序录》:"后汉建武中,以魏郡李封为《左氏》博士,群儒蔽固者数廷争之,及封卒,因不复补。"

李吉

李吉,杨宣弟子。《华阳国志·广汉士女赞》云:"[杨宣]门生河南李吉，广汉严象、赵翘等皆作大儒。"

李颉

李郃之父，李固祖父，为博士。《后汉书·李郃传》云："[郃]父颉，以儒学称，官至博士。"其他事迹不详。

李郃

李郃，李固之父，通五经，明占候。《后汉书》卷八二《方术列传·李郃传》云："李郃字孟节，汉中南郑人也。父颉，以儒学称，官至博士。郃袭父业，游太学，通五经。善《河》《洛》风星，外质朴，人莫之识。"

李郃之终，本传云："安帝崩，北乡侯立，复为司徒。及北乡侯病，郃阴与少府河南陶范、步兵校尉赵直谋立顺帝，会孙程等事先成，故郃功不显。明年，坐吏民疾病，仍有灾异，赐策免。将作大匠翟酺上郃'潜图大计，以安社稷'，于是录阴谋之功，封郃涉都侯，辞让不受。年八十余，卒于家。"《安帝纪》延光四年（125）："前司空李郃为司徒。"卒年不详，当在顺帝世。

李郃其余事迹又见于《华阳国志·汉中士女赞》，其交友，《华阳国志·广汉士女赞》云："[镡显、蔡弓]与张霸、李郃、张皓、陈禅为友，共师司徒鲁恭。"

李郃学识可考者，司马彪《续汉志·天文志》载安帝时屡有天变，刘昭注引《李氏家书》所载李郃对灾异，曰"臣闻天不言，县象以示吉凶，挺灾变异以为遣诫。昔齐桓公遭虹贯牛、斗之变，纳管仲之谋，令齐去妇，无近妃宫。桓公听用，齐以大安。赵有尹史，见月生齿，龀毕大星，占有兵变"云云，此可略见其占候学。又，司马彪《续汉书·祭祀志》中刘昭注引《李氏家书》载李郃论《尚书·尧典》"六宗"，此可略见其经学。

李固

李固，通五经，明占候。《后汉书》卷六三《李固传》云："李固字子坚，汉中南郑人，司徒郃之子也。……少好学，常步行寻师，不远千里。遂究览坟籍，结交英贤。四方有志之士，多慕其风而来学。"李贤注引谢承《后汉书》曰："固改易姓名，杖策驱驴，负笈追师三辅，学五经，积十余年。博览古今，明于风角、星算、河图、谶纬，仰察俯占，穷神知变。每到太学，密入公府，定省父母，不令同业诸生知是郃子。"

一、主要事迹

（1）顺帝阳嘉二年（133），对策灾异，以为应远宦官。顺帝多所采用，以固为议郎，后李固为宦官所谮，外出为广汉洛县令，李固辞官归家。不满一年，梁商请李固为从事。事见本传。

（2）永和中（136—141），为荆州刺史。时"荆州盗贼起"，李固到任，行安抚，"州内清平"。事见本传。

（3）永和六年（141），为太山太守。本传云李固为荆州刺史时，"上奏南阳太守高赐等臧秽。赐等惧罪，遂共重赂大将军梁冀，冀为千里移檄，而固持之愈急。冀遂令徙固为太山太守"。按：《顺帝纪》永和六年："大将军梁商薨，河南尹梁冀为大将军。"时梁冀始以外戚辅政。

（4）汉安元年（142），为将作大将、大司农。本传言李固以太山太守迁将作大匠，上疏言事，荐杨伦等，为大司农，不云具体何时。本传云："先是周举等八使案察天下，多所劾奏，其中并是宦者亲属，辄为请乞，诏遂令勿考。又旧任三府选令史，光禄试尚书郎，时皆特拜，不复选试。固乃与廷尉吴雄上疏，以为八使所纠，宜急诛罚，选举署置，可归有司。"考《顺帝纪》周举等八使巡行天下在汉安元年八月，又汉安元年十二月"大司农胡广为司徒"，不载何人继任大司农，直至冲帝建康元年（144）云"大司农李固为太尉"，则继任胡广者当为李固。

（5）冲帝建康元年（144），为太尉。《顺帝冲帝殇帝纪》建康元年："丁丑，以太尉赵峻为太傅；大司农李固为太尉，参录尚书事。"本传："及冲帝即位，以固为太尉，与梁冀参录尚书事。"冲帝崩，李固欲立清河王刘蒜，梁冀欲立乐安王子刘缵（质帝），两人遂有隙。事见本传。为太尉，李固上书救种暠、应承，见《后汉书·种暠传》。

（6）本初元年（146），免太尉官。时年梁冀杀质帝，"［李］固、广、戒及大鸿胪杜乔皆以为清河王蒜明德著闻，又属最尊亲，宜立为嗣"。梁冀欲立蠡吾侯刘志（桓帝），本传云："固意既不从，犹望众心可立，复以书劝冀。冀愈激怒，乃说太后先策免固，竟立蠡吾侯，是为桓帝。"《顺帝冲帝殇帝纪》本初元年六月："丁亥，太尉李固免。戊子，司徒胡广为太尉，司空赵戒为司徒，与梁冀参录尚书事。"《续汉志》曰："顺帝之末，京都童谣曰：'直如弦，死道边；曲如钩，反封侯。'曲如钩谓梁冀、胡广等。直如弦谓李固等。"

（7）桓帝建和元年（147），卒。本传："后岁余，甘陵刘文、魏郡刘鲔各谋立蒜为天子，梁冀因此诬固与文、鲔共为妖言，下狱。门生勃海王调贯械上书，证固之枉，河内赵承等数十人亦要鈇锧诣阙通诉，太后明之，乃赦焉。及出狱，京师市里皆称万岁。冀闻之大惊，畏固名德终为己害，乃更据奏前事，遂诛之，时年五十四。"《桓帝纪》建和元年十一月："前太尉李固、杜乔皆下狱死。"则李固生于和帝永元六年（94）。

李固事迹又见于《东观汉记》（吴校本）卷一七、袁宏《后汉记》卷一九、周天游辑谢承《后汉书》卷四、司马彪《续汉书》卷四、张璠《汉记》及《华阳国志·汉中士女赞》。《隶释》卷二七《天下碑录》载有《汉李固碑》（注云：在怀州山阳城内）。

二、李固之学

本传云："固所著章、表、奏、议、教令、对策、记、铭凡十一篇。"《隋志》载有《李固集》十二卷，注云："梁十卷。"两《唐志》并载十卷。严可均《全后汉文》卷四八辑有李固文。

1.《春秋》学

阳嘉二年（133）疏云："今梁氏戚为椒房，礼所不臣，尊以高爵，尚可然也。"外戚礼所不臣义见《公羊传》："宋杀其大夫，何以不名？宋三世无大夫，三世内娶也。"何休注云："内娶，娶大夫女也。言无大夫者三世，礼不臣妻之父母，国内皆臣，无娶道，故绝去大夫名，正其义也。"为从事，上书梁商："《春秋》褒仪父以开义路，贬无骇以闭利门。"前句见《春秋》隐公元年《公羊传》："仪公者何？邾娄之君也。何以称字？褒之也。曷为褒之？为其与公盟也。"后句见《春秋》隐公二年："无骇帅师入极。"《公羊传》曰："无骇者何？展无骇也。何以不氏？贬。曷为贬？疾始灭也。"按：《文馆词林》卷六九九有李固《祀胡毋先生教》，其中云："太守以不材，尝学《春秋》胡毋章句，每读其书，思睹其人。"也可证李固习《公羊春秋》。

阳嘉二年疏又云："今陛下之有尚书，犹天之有北斗也。斗为天喉舌，尚书亦为陛下喉舌。斗斟酌元气，运平四时。"李固所论，俱见《春秋》纬书。前者见《春秋合诚图》："天理在斗中，司三公，如人喉在咽，以理舌语。"后者见《春秋保乾图》曰："天皇于是斟元陈枢，以五易威。"则可应证本传言固明谶纬之学。

2. 《诗》学

阳嘉二年（133）疏又云："《周颂》曰：'薄言振之，莫不震叠。'此言动之于内，而应于外者也。"此用《韩诗》。《周颂·时迈》："薄言震之，莫不震叠。"《毛传》："震，动。叠，惧。"郑笺云："薄，犹甫也。甫，始也。其兵所征伐，甫动之以威，则莫不动惧而服者。言其威武，又见畏也。"薛汉《韩诗章句》曰："薄，辞也。振，奋也。莫，无也。震，动也。叠，应也。美成王能奋舒文武之道而行之，则天下无不动而应其政教。"与《毛诗》不同，李固引诗义与《韩诗》合。

3. 《易》学（为京氏）

司马彪《续汉志·五行志》："顺帝阳嘉元年十月中，望都蒲阴狼杀童儿九十七人。时李固对策，引京房《易传》曰'君将无道，害将及人，去之深山以全身，厥妖狼食人'。陛下觉寤，比求隐滞，故狼灾息。"与其擅长言占候感应正合。

李燮

李燮，李固少子，从李固门生王成受学。《后汉书》传附于其父李固之后。《李燮传》云："燮字德公。初，固既策罢，知不免祸，乃遣三子归乡里。时燮年十三，姊文姬为同郡赵伯英妻，贤而有智，见二兄归，具知事本……燮从（王成）受学，酒家异之，意非恒人，以女妻燮。燮专精经学。"按：李固策免太尉为本初元年（146），李燮时年十三，则燮生于顺帝阳嘉三年（134）。李燮卒年，本传云燮"灵帝时拜安平相。先是安平王续为张角贼所略，国家赎王得还，朝廷议复其国。燮上奏曰：'……不宜复国。'……未满岁，王果坐不道被诛，乃拜燮为议郎。……擢迁河南尹。……燮在职二年卒。"张角起义于灵帝中平元年（184），考李燮仕履，则其卒于灵帝之末、献帝之初（约189）。

李燮为官清正，与荀爽、贾彪交友，事见本传。

李燮事迹又见于周天游辑司马彪《续汉书》卷四及《华阳国志·汉中士女赞》。

李生

李生，贾复之师，名字不详。《后汉书·贾复传》云："［贾复］事舞阴李生，李生奇之。"

李咸

李咸，范晔《后汉书》无传，其习经事见于谢承《后汉书》。《胡广传》："[广]与故吏陈蕃、李咸并为三司。"李贤注引谢承《后汉书》曰："咸字符卓，汝南西平人。孤特自立。家贫母老，常躬耕稼以奉养。学《鲁诗》《春秋公羊传》、三《礼》。三府并辟，司徒胡广举茂才，除高密令，政多奇异，青州表其状。建宁三年，自大鸿胪拜太尉。自在相位，约身率下，常食脱粟饭、酱菜而已。不与州郡交通。刺史、二千石刊记，非公事不发省。以老乞骸骨，见许，悉还所赐物，乘敝牛车，使子男御。晨发京师，百僚追送盈涂，不能得见。家旧贫狭，庇荫草庐。"蔡邕《太尉李咸碑》亦云："（咸）敦《诗》《书》而悦礼乐，观天文而察地理，明略兼洞，与神合契。"

又，《灵帝纪》建宁四年（171）："太尉闻人袭免，太仆李咸为太尉。"与谢承《后汉书》建宁三年（170）为太尉不同。李贤注："[李咸]字元卓，汝南西平人。"与谢承《书》字符卓不同。蔡邕《太尉李咸碑》亦作字元卓，或谢承书误。李贤免官太尉在灵帝熹平二年（173），《灵帝纪》熹平二年："三月，太尉李咸免。"卒年不详，当在灵、献之际。

李咸事迹又见于袁宏《后汉记》卷二四、周天游辑谢承《后汉书》卷三、张璠《后汉记》及蔡邕《太尉李咸碑》。

李修

李修，字伯游，襄城人，习《严氏春秋》，樊鯈弟子，《后汉书》无传，生卒年不详。《后汉书》卷三二《樊鯈传》："弟子颍川李修、九江夏勤，皆为三公。"李修安帝永初五年（111）为太尉，元初元年（114）免官：《安帝纪》永初五年正月："甲申，光禄勋李修为太尉。"元初元年："太尉李修罢。"为太尉，辟虞诩：《后汉书》卷五八《虞诩传》："虞诩字升卿，……辟太尉李修府，拜郎中。"李贤注引《汉官仪》曰："修字伯游，襄城人也。"

李恂

李恂，习《韩诗》。《后汉书》卷五一《李恂传》云："李恂字叔英，安定临泾人也。少习《韩诗》，教授诸生常数百人。"据本传，太守李鸿荐恂为郡吏，鸿死，李恂为其持丧三年，后辟司徒桓虞府，为侍御史、兖州刺史、武威太守等官，"后坐事免"。李恂卒年，本传言李恂免武威太守官归乡里，"时岁荒，司空张敏、司徒鲁恭等各遣子馈粮，悉无所受。徙居新安关下，拾橡实以自资。年九十六卒"。鲁恭为司徒在安帝永初元年（107）至三年（109），张敏为司空在安帝元初元年（107）至六年（112），则李恂卒于安帝世。

李恂事迹又见于《东观汉记》（吴校本）卷一六、周天游辑司马彪《续汉书》卷四。

李业

李业，习《鲁诗》。《后汉书》卷八一《独行列传·李业传》："李业字巨游（《续汉书》作"距游"），广汉梓潼人也。少有志操，介特。习《鲁诗》，师博士许晃。元始中，举明经，除为郎。……及公孙述僭号，素闻业贤，征之，欲以为博士，遂饮毒而死。"据《公孙述传》及《光武纪》，公孙述称天子在建武元年（25）夏四月，则李业卒于此年。

李业事迹又见于《东观汉记》（吴校本）卷一八、周天游辑司马彪《续汉书》卷五《独行传》。

李育

李育，东汉名儒，《后汉书·儒林列传·李育传》云：

> 李育字元春，扶风漆人也。少习《公羊春秋》。沉思专精，博览书传，知名太学，深为同郡班固所重。固奏记荐育于骠骑将军东平王苍，由是京师贵戚争往交之。州郡请召，育到，辄辞病去。
>
> 常避地教授，门徒数百。颇涉猎古学。尝读《左氏传》，虽乐文采，然谓不得圣人深意，以为前世陈元、范升之徒更相非折，而多引图谶，不据理体，于是作《难左氏义》四十一事。
>
> 建初元年，卫尉马廖举育方正，为议郎。后拜博士。四年，诏与诸儒论五经于白虎观，育以《公羊》义难贾逵，往返皆有理证，最为通儒。
>
> 再迁尚书令。及马氏废，育坐为所举免归。岁余复征，再迁侍中，

卒于官。

李育事迹又见于《东观汉记》（吴校本）卷一八。按：李育"以为前世陈元、范升之徒更相非折，而多引图谶，不据理体，于是作《难左氏义》四十一事"，发明二事：一，用谶纬说提高《左传》地位以便将其立于学官绝非始自贾逵。大约是在野之《左氏》学若与官方之《公羊》学争立，必然要被赋予官方哲学之色彩，而东汉尚谶纬，所以，陈元、范升等左氏家亦不能避免。二，李育所作《难左氏义》往往与贾逵之作混淆。何休《公羊解诂序》徐彦疏云"故（章帝）使贾逵得缘其隙漏，奋笔而夺之，遂作《长义》四十一条，云《公羊》理短，《左氏》理长，意望夺去《公羊》而兴《左氏》矣。"其实据二人范书本传，乃是先有李育难《左氏》后有贾逵作《长义》。

李章

李章，习《公羊》。《后汉书》卷七七《酷吏列传·李章传》云："李章字第公，河内怀人也。五世二千石。章习严氏《春秋》，经明教授，历州郡吏。"据本传，李章光武时为阳平县令、千乘太守、侍御史、琅邪太守，后因杀人过度免官，卒年不详，当在光武世。

李章事迹又见于《东观汉记》（吴校本）卷一八。

李照

刘宽门生，为刘宽立碑。《隶释》卷一一《刘宽后碑》云："门生颍川殷苞、京兆□□、河内李照等共所兴立。"

李仲

李仲，景鸾同学，字仲，失名。《华阳国志·梓潼士女赞》云："〔景鸾〕少与广汉郝伯宗、蜀郡任叔本、颍川李仲、渤海孟元叔游学七州，遂明经术。"按：四人皆字。

廉范

廉范，薛汉弟子，当习《韩诗》。《后汉书》卷三一《廉范传》云："廉范，字叔度。……[廉范]归葬服竟，诣京师受业，事博士薛汉。"

廉范事迹，本传载其孝行，又收薛汉尸等。廉范卒年，本传云："世伏其好义，然依倚大将军窦宪，以此为讥。卒于家。"廉范既依托窦宪，则当卒于和帝世。

其事迹又见于《东观汉记》（吴校本）卷一四、袁宏《后汉记》卷九、周天游辑司马彪《续汉书》卷三、华峤《后汉书》卷二。

梁恭

梁恭，通梁丘《易》。《后汉书·范升传》云："建武二年，光武征诣怀宫，拜议郎，迁博士，上疏让曰：'臣与博士梁恭、山阳太守吕羌俱修梁丘《易》。二臣年并著艾，经学深明，而臣不以时退，与恭并立，深知羌学，又不能达，惭负二老，无颜于世。诵而不行，知而不言，不可开口以为人师，愿推博士以避恭、羌。'"梁恭其余事迹不详。

梁鸿

梁鸿，著名隐士，通经。《后汉书·逸民列传·梁鸿传》云："梁鸿字伯鸾，扶风平陵人也。……后受业太学，家贫而尚节介，博览无不通，而不为章句。"不言治何经。《御览》卷四二五引《东观汉记》云："梁鸿少孤，易童幼诣太学受业，治《礼》《诗》《春秋》。"其学行又见于《御览》卷三九二引《汉记》曰："梁鸿常闭户吟咏书记，遂潜思著书十余篇。"

梁鸿事迹又见于《东观汉记》（吴校本）卷一八、袁宏《后汉记》卷一一及皇甫谧《高士传》。

梁鸿著述，《隋志》载有"后汉处士《梁鸿集》二卷，亡"。两《唐志》并载："《梁鸿集》二卷。"今佚。后世辑梁鸿诗《五噫歌》等四首见于逯钦立《先秦汉魏晋南北朝诗》卷五。梁鸿作《五噫歌》事又见于《御览》五七二引赵岐《三辅决录》。

侯康《补后汉书艺文志》录有梁鸿《逸民传颂》，侯康引《史通·杂述》篇"若刘向《列女》、梁鸿《逸民》、赵采《忠臣》、徐广《孝子》，此之谓别传者也",云:"[梁鸿]本传但称鸿仰慕前世高士,为'四皓'以来二十四人作颂,而刘知几谓之别传,则当日必已成书,每人各系以传也。"按:侯康之说只是臆测,此书隋唐志皆不见载,唐宋类书不见称引,姑且存疑。

梁商

梁商,梁统曾孙,习《韩诗》,传见《后汉书》卷三四。《梁商传》注引《东观汉记》云:"商少持《韩诗》,兼读众书传记,天资聪敏,昭达万情。"

梁商本传载其事迹,其女梁妠于顺帝阳嘉二年(133)立为皇后,梁商阳嘉四年(135)为大将军。此人品行,本传言:"商自以戚属居大位,每存谦柔,虚己进贤,辟汉阳巨览、上党陈龟为掾属,李固、周举为从事中郎,于是京师翕然,称为良辅,帝委重焉。"

梁商卒年,《梁商传》云:"[永和]六年(141)秋,商病笃,薨。"

本传载其永和四年(139)上疏有云:"《春秋》之义,功在元帅,罪止首恶,故赏不僭溢,刑不淫滥,五帝、三王所以同致康乂也。"义见《公羊传》僖公二年:"虞,微国也,曷为序于大国之上?使虞首恶也。曷为使虞首恶?虞受赂,假灭国者道,以取亡焉。"并《左传》襄公二十六年:"善为国者,赏不僭而刑不滥。赏僭则惧及淫人,刑滥则惧及善人。若不幸而过,宁僭无滥。"则梁商除习《韩诗》外也通《春秋》。

梁商事迹除见于范书本传及《东观汉记》外,又见于周天游辑司马彪《续汉书》卷三。

梁妠

顺帝皇后梁妠,习《韩诗》。《后汉书》卷一〇《皇后纪》云:"顺烈梁皇后讳妠,大将军商之女,恭怀皇后弟之孙也。后生,有光景之祥。少善女工,好史书,九岁能诵《论语》,治《韩诗》,大义略举。常以列女图画置于左右,以自监戒。"

梁后生卒年,《皇后纪》云:"和平元年春,归政于帝,太后寝疾遂笃,……后二日而崩。在位十九年,年四十五。"则梁皇后妠卒于桓帝和平元年(150),生于殇帝延平元年(106)。

《皇后纪》又载梁后"常特被引御,从容辞于帝曰:'夫阳以博施为德,阴以不专为义，螽斯则百，福之所由兴也"。《螽斯·序》曰："言后妃若螽斯不妒忌，则子孙众多也。"梁后之《诗》说与毛同而与荀爽说异（详"荀爽"条）。又《大雅·思齐》曰"太姒嗣徽音，则百斯男"也，为梁后说所本。此为梁后《诗》说之大概也。

梁皇后事迹又见于《东观汉记》（吴校本）卷六、周天游辑司马彪《续汉书》卷一。

梁松

梁松，字伯孙，梁统子，《后汉书》卷三四有传，《梁松传》载其学行云："［松］少为郎，尚光武女舞阴长公主，再迁虎贲中郎将。松博通经书，明习故事，与诸儒修明堂、辟雍、郊祀、封禅礼仪，常与论议，宠幸莫比。"

梁松卒年，本传云："［永平］四年冬，乃县飞书诽谤，下狱死，国除。"

梁松事迹又见于周天游辑司马彪《续汉书》卷三及《御览》卷七四二引《三辅决录》。

梁竦

梁竦，梁松之弟。《后汉书》卷三四《梁竦传》云："（梁）松弟竦。竦字叔敬，少习孟氏《易》，弱冠能教授。""后坐兄松事，与弟恭俱徙九真。既徂南土，历江、湖，济沅、湘，感悼子胥、屈原以非辜沉身，乃作《悼骚赋》，系玄石而沈之。竦闭门自养，以经籍为娱，著书数篇，名曰《七序》。班固见而称曰：'孔子著《春秋》而乱臣贼子惧，梁竦作《七序》而窃位素餐者惭。'"

其人卒年，《梁竦传》云："建初八年［83］，遂潜杀二贵人，而陷竦等以恶逆。诏使汉阳太守郑据传考竦罪，死狱中，家属复徙九真。"

梁竦事迹又见于《东观汉记》（吴校本）卷一五、袁宏《后汉记》卷一四、周天游辑谢承《后汉书》卷二、司马彪《续汉书》卷三。

梁扈

梁扈，梁松子。《后汉书·梁松传》云："［松］子扈，后以恭怀皇后从兄，永元中，擢为黄门侍郎，历位卿、校尉。温恭谦让，亦敦《诗》《书》。永初中，为长乐少府。"卒年不详。

廖扶

廖扶，明经通纬。《后汉书》卷八二《方术列传·廖扶传》云："廖扶字文起，汝南平舆人也。习《韩诗》欧阳《尚书》，教授常数百人。父为北地太守，永初中，坐羌没郡下狱死。扶感父以法丧身，惮为吏。及服终而叹曰：'老子有言："名与身孰亲？"吾岂为名乎！'遂绝志世外。专精经典，尤明天文、谶纬、风角、推步之术。州郡公府辟召皆不应。就问灾异，亦无所对。"又言："年八十，卒于家。"不言何时，约在顺帝世。

其人事迹又见于周天游辑谢承《后汉书》卷五《方术传》。

临硕

临硕，字孝存，也作林孝存。《后汉书·孔融传》言孔融为北海相时："郡人甄子然、临孝存知名早卒，融恨不及之，乃命配食县社。"

其人卒于汉末，且问郑玄《周礼》。贾公彦《序周礼废兴》云："故林孝存以为武帝知《周官》末世渎乱不验之书，故作《十论》《七难》以排弃之。何休亦以为六国阴谋之书。唯有郑玄遍览群经，知《周礼》者乃周公致大平之变，故能答林硕之论难，使《周礼》义得条通。"《后汉书·郑玄传》作《答临孝存周礼问难》，《孝经正义》引《郑志·目录》作《临硕难礼》。

此书《隋志》及两《唐志》皆不载，黄奭《黄氏逸书考》辑有郑玄《答临孝存周礼难》一卷，袁钧辑有《答临硕难周礼》一卷，孔广林《郑学十八种》有《答周礼难》一卷，王仁俊《玉函山房辑佚书续编》有郑玄《答临硕周礼难》一卷，皮锡瑞有《答临孝存周礼难疏证》。诸家皆从《毛诗正义》《礼记正义》《周礼注疏》采获，且临硕与郑玄之问难往往相杂，已不能明确区分。

刘伯升

刘伯升，名縯，字伯升，以字行，光武帝刘秀兄，王莽末年南阳首起兵者，为更始所害，时为更始元年（23）。《后汉书》卷一四《宗室四王三侯列传》有传。但本传不言其学，学行见同卷《后汉书》卷一四《顺阳侯刘嘉传》："顺阳怀侯嘉字孝孙，光武族兄也。父宪，春陵侯敞同产弟。嘉少孤，性仁厚，南顿君养视如子，后与伯升俱学长安，习《尚书》《春秋》。"

刘伯升事迹又见于《东观汉记》（吴校本）卷七、周天游辑司马彪《续汉书》卷二。

刘嘉

刘嘉，光武族兄，习经。《后汉书》卷一四《宗室四王三侯列传》云："顺阳怀侯嘉字孝孙，光武族兄也。父宪，春陵侯敞同产弟。嘉少孤，性仁厚，南顿君养视如子，后与伯升俱学长安，习《尚书》《春秋》。"其卒年，本传云："[建武]十三年（37），封为顺阳侯。秋，复封嘉子廧为黄李侯。[建武]十五年（39），嘉卒。"

刘弘

刘弘，治欧阳《尚书》，成武孝侯刘顺叔父，《书钞》卷九八引《东观汉记》云："刘弘，字禹孙，年十五，治欧阳《尚书》，布衣徒行，讲诵孜孜。"《后汉书》卷一四《成武孝侯刘顺传》："初，顺叔父弘娶于樊氏。"李贤注引《东观汉记》曰："弘字孺孙，先起义兵，卒。"两文刘弘之字不同，聚珍版《东观汉记》以为《书钞》"邓"讹误成"刘"，故将此条系于《邓弘传》。吴树平《东观汉记校注》云："此条聚珍本连缀于《邓弘传》中，不可据。邓弘虽然也喜学讲诵，范晔《后汉书·邓骘传》云邓弘少时也治欧阳《尚书》，与刘弘颇有相类之处，但不能因此混为一人。此条云刘弘字禹孙，而邓弘字叔纪，两人字绝异。根据二人之字，即可将二人事迹区别开来。"① 今从吴树平说，别为一人。

刘秀

刘秀，光武帝，通《尚书》，信谶纬。《后汉书》卷一《光武帝纪》

---

① 〔东汉〕刘珍等撰、吴树平校注：《东观汉记校注》，中州古籍出版社1987年版，第238页。

云:"王莽天凤中,[光武]乃之长安,受《尚书》,略通大义。"李贤注引《东观汉记》曰:"受《尚书》于中大夫庐江许子威①。资用乏,与同舍生韩子合钱买驴,令从者僦,以给诸公费。"光武帝于《尚书》学,《御览》卷九〇引《东观汉记》于此文之后续有"大义略举,因学世事",又言光武"旦听朝,至日晏,夜讲经听诵",又言"当此之时,贼檄日以百数,忧不可胜,上犹以余间讲经艺,发图谶"。《后汉书·光武帝纪》亦言刘秀:"数引公卿、郎、将讲论经理,夜分乃寐。"

刘秀何时习《尚书》?《光武帝纪》云:"莽末,天下连岁灾蝗,寇盗锋起。地皇三年,南阳荒饥,诸家宾客多为小盗。光武避吏新野,因卖谷于宛。……于是乃市兵弩。十月,与李通从弟轶等起于宛,时年二十八。"则光武帝刘秀于长安学《尚书》当在天凤(14—19)中至地皇三年(22)之间,即16—22年这七年之间。刘秀在二十二至二十八岁间,结识严光、邓禹等也在此时段。

光武帝《尚书》家法,蒋善国认为许子威与光武学欧阳《尚书》,刘起釪亦同。或是。

光武生卒年。《后汉书·光武纪》云:"论曰:皇考南顿君初为济阳令,于建平元年十二月甲子夜生光武于县舍。"《御览》卷九〇引《东观汉记》亦云:"上[刘秀]将生,皇考以令舍下湿,开宫后殿居之。建平元年十二月甲子夜上生时,有赤光,室中尽明。"光武卒于中元二年(57)。

刘秀事迹也见于袁宏《后汉纪》卷一至卷八,周天游辑谢承《后汉书》卷二、薛莹《后汉书》、司马彪《续汉书》卷一、谢沈《后汉书》、袁山松《后汉书》卷一及《金楼子》。

刘秀笃信谶纬。如依谶纬所记定封禅,见于司马彪《续汉书·祭祀志上》刘昭注。又依谶"孙咸征狄"而以孙咸为大司马,见于《后汉书·景丹传》李贤注引《东观汉记》。又征明占候者郭宪为博士,见《方术列传》。

刘敏

刘敏,光武族弟,通经。《后汉书》卷一四《宗室四王三侯列传》云刘敏:"建武二年,诣洛阳,光武封敏为甘里侯,国为弋阳侯。敏通经有行,永平初,官至越骑校尉。"卒年不详。

---

① 《御览》卷九〇引《东观汉记》作:"年九岁而南顿君卒,随其叔父在萧,入小学,后之长安,受《尚书经》,师事庐江许子威。"

刘苍

刘苍，光武之子，通五经，明谶纬。《后汉书》卷四二《光武十王列传》云："东平宪王苍……苍少好经书，雅有智思，为人美须髯，要带八围，显宗甚爱重之。"《隋志》云："汉时，又诏东平王苍正五经章句，皆命从谶。俗儒趋时，益为其学，篇卷第目，转加增广。言五经者，皆凭谶为说。"

刘苍卒年，《章帝纪》："［建初］八年春正月壬辰，东平王苍薨。"章帝建初八年为公元83年。刘苍生年不详。

刘苍学行显著者，有于明帝永平元年（58）与公卿共议定南北郊冠冕车服制度，及光武庙登歌八佾舞数，见《续汉书·礼乐》《舆服志》及《东观汉记》。严可均《全后汉文》卷一〇辑有刘苍《南北郊冕服议》，又王仁俊《玉函山房辑佚书续编》亦辑有刘苍《南北郊冕服议》一卷。

刘苍经学可考者，永平四年（61）春，上书谏明帝不宜大兴狩猎，云："臣闻时令，盛春农事，不聚众兴功。《传》曰：'田猎不宿，食饮不享，出入不节，则木不曲直。'此失春令者也。臣知车驾今出，事从约省，所过吏人讽诵《甘棠》之德。"所引"《传》曰"见《洪范五行传》："田猎不宿，饮食不享，出入不节，夺人农时，及有奸谋，则木不曲直。"所谓"《甘棠》之德"，见《诗》，赞召公于甘棠之下听讼而不误农时，四家义皆同。

刘苍著述，本传云："明年正月［建初八年正月］薨，诏告中傅，封上苍自建武以来章奏及所作书、记、赋、颂、七言、别字、歌诗，并集览焉。"《隋志》："梁有后汉《东平王苍集》五卷，亡。"两《唐志》复载"《汉东平王集》二卷"。刘苍诗见于明冯惟讷辑《诗纪·汉》，又见于丁福保辑《全汉诗》卷一和逯钦立《先秦汉魏晋南北朝诗·全汉诗》卷七；文见于严可均辑《全后汉文》卷一〇。

刘苍事迹又见于《东观汉记》（吴校本）卷七、周天游辑司马彪《续汉书》卷四《光武十王传》、《金楼子》卷四《说蕃》。《隶释》卷二〇列有《水经注》所载《东平宪王碑》，云："无盐县有东平宪王苍冢，碑阙存焉。"

刘辅

刘辅，光武帝刘秀子，《后汉书》卷四二《光武十王列传》云："沛献王辅,建武十五年封右翊公。十七年,郭后废为中山太后,故徙辅为中山王,并食常山郡。二十年,复徙封沛王。"

其人卒年,本传云:"立四十六年薨,子厘王定嗣。"则刘辅卒于章帝元和二年(85),生年不详。

刘辅之经学,本传云:"辅矜严有法度,好经书,善说京氏《易》、《孝经》《论语》、传及图谶,作《五经论》,时号之曰《沛王通论》。"

《文选》卷六〇任昉《齐竟陵文宣王行状》李善注引《东观汉记》载其通京氏《易》云:"沛献王辅,善京氏《易》。永平五年秋,京师少雨,上御云台,召尚席取卦具自卦,以《周易卦林》占之,其繇曰:'蚁封穴户,大雨将集。'明日大雨。上即以诏书问辅曰:'道岂有是耶?'辅上书曰:'案《易》卦《震》之《蹇》,蚁封穴户,大雨将集。《蹇》,《艮》下《坎》上,《艮》为山,《坎》为水。山出云为雨,蚁穴居而知雨,将云雨,蚁封穴,故以蚁为兴文。'诏报曰:'善哉!王次序之。'"

刘辅事迹又见于《东观汉记》(吴校本)卷七、周天游辑司马彪《续汉书》卷四《光武十王传》。《金楼子》卷四《说蕃》篇亦载有其事迹,文同于前引《东观汉记》。

刘京

刘京,光武帝刘秀子,琅邪王,好经学。《后汉书》卷四二《光武十王列传》云:"琅邪孝王京,建武十五年封琅邪公,十七年进爵为王。……京性恭孝,好经学,显宗尤爱幸,赏赐恩宠殊异,莫与为比。……立三十一年薨,葬东海即丘广平亭,有诏割亭属开阳。"

刘京建武十五年(39)立,立三十一年卒,当卒于章帝建初五年(79),生年不详。其人经学家法亦不可考。

刘京事迹又见于袁宏《后汉记》卷一一、周天游辑司马彪《续汉书》卷四《光武十王传》及《金楼子》卷四《说蕃》。

刘睦

刘睦,刘兴之子,光武长兄伯升之孙。其人学行类于西汉河间献王。《后汉书》卷一四《宗室四王三侯列传》云:"[刘]睦少好学,博通书传,光武爱之,数被延纳。显宗之在东宫,尤见幸待,入侍讽诵,出则执辔。""睦能属文,作《春秋旨义终始论》及赋颂数十篇。又善史书,当世以为楷则。"《御览》卷四二三引《东观汉记》亦云："而［刘］睦性谦恭好士，名儒宿德，莫不造门。"

刘睦生卒年，《后汉书》卷一四《宗室四王三侯列传》云："北海靖王兴，建武二年封为鲁王，嗣光武兄仲。……立三十九年薨，子敬王睦嗣。……立十年薨，子哀王基嗣。"则刘睦于明帝永平八年（65）嗣鲁王位，永平十八年（75）卒。

刘睦事迹又见于《东观汉记》（吴校本）卷七、周天游辑司马彪《续汉书》卷二及《金楼子》卷四《说蕃》。按：刘睦所作《春秋旨义终始论》或以为两书——《春秋旨义》《（春秋）终始论》，此书早佚，其详情不可考。

刘庄

刘庄，东汉明帝，习欧阳《尚书》。《后汉书》卷二《显宗孝明帝纪》云："显宗孝明皇帝讳庄，光武第四子也。母阴皇后。帝生而丰下，十岁能通《春秋》，光武奇之。建武十五年封东海公，十七年进爵为王，十九年立为皇太子。师事博士桓荣，学通《尚书》。"

刘庄名字，袁山松《后汉书》卷一云："皇帝讳阳，一名庄，字子丽。"（《类聚》卷一二引）

刘庄生卒年，《后汉书·孝明帝纪》永元十八年（75）："秋八月壬子，帝崩于东宫前殿。年四十八。"则刘庄生于光武建武四年（28）。《东观汉记》亦云："孝明皇帝讳阳，一名庄，建武四年五月甲申，皇子阳生。"（《御览》卷九一引）

刘庄所学，除本传要其习《论语》《尚书》外，《书钞》卷一二引《东观汉记》云："［明帝］治《尚书》，备师法，兼通四经（《御览》卷九一引作"九经"，《类聚》卷一二引作"四经"。按："四经"为是），略举大义，博观群书，以助术学，无所不照。"

刘庄事迹又见于《东观汉记》（吴校本）卷二、袁宏《后汉记》卷九、卷一〇、周天游辑薛莹《后汉书》、司马彪《续汉书》卷一、谢沈《后汉书》、袁山松《后汉书》卷一及华峤《后汉书》卷一。

主要著述

据书传，明帝习欧阳《尚书》，核其言论，有其征者。《后汉书·祭彤传》:"[永平]十二年,征(肜)为太仆。……帝每见肜,常叹息以为可属以重任。后从东巡狩,过鲁,坐孔子讲堂,顾指子路室谓左右曰:'此太仆之室。太仆,吾之御侮也。'"按:《尚书大传》曰:"孔子曰:'吾有四友焉。自吾得回也,门人加亲,是非胥附邪?自吾得赐也,远方之士日至,是非奔走邪?自吾得师也,前有光,后有辉,是非先后邪?自吾得由也,恶言不至门,是非御侮邪?'"为刘庄"吾之御侮也"之语典。

1. 《五行章句》

《后汉书·桓郁传》云:"帝自制《五家要说章句》,令郁校定于宣明殿,以侍中监虎贲中郎将。"李贤注引华峤《后汉书》曰:"帝自制《五行章句》。"李贤云:"此言'五家',即谓五行之家也。"又引《东观汉记》曰:"其冬,上亲于辟雍,自讲所制《五行章句》已复令郁说一篇。"案此,《五家要说章句》即为《五行章句》,今亡,其面目不得而知。姚振宗《后汉艺文志》曰:"按樊准疏言'删定乖疑,稽合图谶',则确为五行传说之书。汉以来为此学者,伏生以下有夏侯始昌、夏侯胜、许商、刘向、刘歆诸人,似删诸家之要,传以图谶,而又为之章句。"姚说近是。王仁俊《玉函山房辑佚书续编》采《后汉书·明帝纪》中元二年诏中引《书》之文两处,题为《五家要说章句》,恐非是。

2. 名下又有《画赞》

两《唐志》并载汉明帝撰《画赞》五十卷。此书不见载于《隋志》,唐张彦远《历代名画记》录有《汉明帝画宫图》五十卷。张彦远曰:"第一起庖牺,五十,杂画赞。汉明帝雅好画图,别立画官,诏传洽之士班固、贾逵辈,取诸经史事,命上方画工图画,谓之'画赞'。至陈思王曹植为赞传。"据张氏所言,画上赞文乃班固、贾逵等人所作,非刘庄自作。

刘羡

刘羡,明帝子,通经。《后汉书》卷五〇《孝明八王列传》云:"陈敬王羡,永平三年封广平王。……羡博涉经书,有威严,与诸儒讲论于白虎殿。七年,帝以广平在北,多有边费,乃徙羡为西平王,分汝南八县为国。及帝崩,遗诏徙封为陈王,食淮阳郡,其年就国。立三十七年薨,子思王钧嗣。"刘羡封于明帝永平三年(60),立三十七年卒,当卒于和帝永元九年(97),生年不详。家法无考,但刘羡既参与评定五经,大约五经兼修。

刘羡事迹又见于《金楼子》卷四《说蕃》:"刘羡少好学,博通经传,有威严,与诸儒讲论于白虎殿。帝以广平在北,多有边费,乃徙羡为西平王。又徙封陈王。"

刘保

刘保，汉顺帝。《后汉书·顺帝纪》云："孝顺皇帝讳保，安帝之子也。"并无通经的记载。顺帝习经见于《东观汉记》：

> 孝顺皇帝讳保，孝安长子也。母早薨，追谥恭愍皇后。上幼有简厚之质，体有敦悫之性，宽仁温惠。始入小学，诵《孝经章句》，和熹皇后甚嘉之，以为宜奉大统。年六岁，永宁元年，为皇太子。受业《尚书》，兼资敏达。（《御览》卷九二引）

顺帝生卒年，《后汉书·顺帝纪》载建康元年（144）八月："庚午，帝崩于玉堂前殿，时年三十。"《东观汉记》亦云："建康元年八月，帝崩于玉堂前殿，在位十九年，时年三十。"（《御览》卷九二引）则顺帝生于安帝元初二年（115）。

《隶释》卷二〇载郦道元《水经注》所记碑，中有《太学碑》。洪适云："石经东有一碑是汉顺帝阳嘉八年立。碑文云：建武二十七年造太学，年积毁坏，永建六年九月诏书修太学，刻石记年，用作工徒十一万二千人。阳嘉九年八月作毕。碑南面刻颂，表里镂字，犹存不破。"按：此碑亦可获知汉顺帝颇兴儒学。

刘表

刘表，字景升，王畅弟子，习《周易》，明五经。《后汉书·王畅传》云："同郡刘表时年十七，从畅受学。"《后汉书》卷七四及《三国志》皆有传。

刘表生年，据《王畅传》云，太尉陈蕃荐（王）畅清方公正，官南阳太守，此时刘表时年十七，从畅受学。考《桓帝纪》，陈蕃延熹八年（165）秋七月为太尉，至延熹九年（166）秋七月免，凡一年。则王畅为南阳太守当在桓帝延熹九年，时年刘表十七，则表生于桓帝河平元年（150）。

一、主要事迹

（1）灵帝建宁二年（169），党锢事起，乃亡命。本传："与同郡张俭等俱被讪议，号为'八顾'。诏书捕案党人，表亡走得免。"《党锢列传》："灵帝诏刊章捕俭等。……余或先殁不及，或亡命获免。"

（2）中平元年（184），为何进掾。本传："党禁解，辟大将军何进掾。"据《灵帝纪》，解党禁及何进为大将军俱在中平元年三月。

（3）献帝初平元年（190），为荆州刺史。本传："初平元年，长沙太守孙坚杀荆州刺史王睿，诏书以表为荆州刺史。"刘表乃平定荆州，据以立身。

（4）初平三年（192），刘表为荆州牧、镇南将军。本传："及李傕等入长安，冬，表遣使奉贡。傕以表为镇南将军、荆州牧，封成武侯，假节，以为己援。"李傕、郭汜等叛乱攻陷长安在初平三年。袁宏《后汉记》卷二七献帝初平三年："冬十月，荆州刺史刘表遣使贡献，以表为荆州牧。"

（5）建安三年（198）之后，乃开疆辟土，内修政教，兴儒学。本传云："［建安］三年，长沙太守张羡率零陵、桂阳三郡畔表，表遣兵攻围，破羡，平之。于是开土遂广，南接五领，北据汉川，地方数千里，带甲十余万。初，荆州人情好扰，加四方骇震，寇贼相扇，处处麋沸。表招诱有方，威怀兼洽，其奸猾宿贼更为效用，万里肃清，大小咸悦而服之。关西、兖、豫学士归者盖有千数，表安慰赈赡，皆得资全。遂起立学校，博求儒术，綦母闿、宋忠等撰立《五经章句》，谓之《后定》。爱民养士，从容自保。"王粲《汉末英雄记》亦云："州界群寇既尽，表乃开立学官，博求儒士，使綦母闿、宋忠等撰定《五经章句》，谓之《后定》。"（《三国志·魏书·刘表传》裴注引）刘表立辟雍、起太学、郊祀天地事又见于《孔融传》建安五年（200）议奏。又，司马彪《续汉志·郡国志》刘昭注引《湘中记》云："二妃之神，刘表为之立碑。"

（6）建安六年（201），刘备奔荆州，刘表不用。本传："［建安］六年，刘备自袁绍奔荆州，表厚相待结而不能用也。"

（7）建安十三年（208），卒。本传："［建安］十三年，曹操自将征表，未至。八月，表疽发背卒。"《献帝纪》建安十三年八月："是月，刘表卒，少子琮立，琮以荆州降操。"袁宏《后汉记》卷三〇，献帝建安十三年："刘表病死。少子琮领荆州。"

二、主要著述

1. 《五经章句》

见于范书及《三国志》本传、王粲《汉末英雄记》。侯康、姚振宗、曾朴、顾怀三等补后汉艺文志诸家皆录有刘表《五经章句后定》。《艺文类聚》卷三八引魏王粲《荆州文学记·官志》云："有汉荆州牧曰刘君，称曰：'于先王为世也，则象天地，轨仪宪极，设教导化，叙经志业，用建雍泮焉，立师保焉，作为礼乐，以节其性，表陈载籍，以特其德，上知所以临下，下知所以事上，官不失守，民德无悖，然后太阶平焉，夫文学也者，人伦之首，大教之本也。'乃命五业从事宋衷新作文学，延朋徒焉，宣德音以赞之，降嘉礼以劝之，五载之间，道化大行，耆德故老綦毋闿（按：当作闓）等，负书荷器，自远而至者，三百有余人。"按：范书亦云："綦毋闿、宋忠等撰立《五经章句》，谓之《后定》。"则《后定》乃綦毋闿、宋忠等人撰，系名刘表而已。王仁俊《玉函山房辑佚书续编》有刘表《五经章句后定》一卷，但只有序无辑文，与侯康《补后汉书艺文志》同。

2. 《周易章句》

《序录》载："刘表《（周易）章句》五卷。"自注："《中经簿录》云[刘表]注《易》十卷，《七录》云九卷，《录》一卷。"《隋志》："《周易》五卷，汉荆州牧刘表章句。"两《唐志》并载五卷，刘表注。此书或以为《五经章句后定》之一，但《隋志》《序录》、两《唐志》皆有宋忠注《周易》，则刘表与宋氏所注或为不同，不必混为一书。其遗说保存于孔颖达《周易正义》、晁说之《古周易》、李鼎祚《周易集解》、陆德明《释文》等书中。孙堂《汉魏二十一家易注》辑有《刘表周易章句》一卷，张惠言《易义别录》辑有《周易刘景升氏》，黄奭《黄氏逸书考》辑有《刘表易章句》一卷，马国翰《玉函山房辑佚书》有《周易刘氏章句》一卷，胡薇元《汉易十三家》辑有《周易刘表章句》。考刘表《易》学遗说，大抵言训诂，且多言象，类似马融，当为费氏《易》。如"颐"："象曰：山下有雷，颐。"刘注："山止于上，动于下，颐之象也。"张惠言《易义别录》辑本序言刘表易学云："景升章句，缺略难考。案其义，于郑为近，大要费氏《易》也。"

3. 《新定礼》

《隋志》："汉荆州刺史刘表《新定礼》一卷。"马国翰《玉函山房辑佚书》据《通典》采获六处，辑成刘表《新定礼》一卷。按：《通典》卷八三引作刘表《后定丧服》，故侯康《补后汉书艺文志》作刘表《后定丧服》。此书大约也是刘表为荆州牧时所定。本传载刘表郊祀天地，兴学校，崇儒学，为孔融所斥，可侧面验证之。

4. 传言又注《老子》

《序录》载："《老子想余注》二卷，不详何人，一云张鲁，或云刘表。"此书有敦煌写本残卷，为斯坦因携至伦敦，卷末题"老子《道经》上"，下注"想尔"二字分行，故饶宗颐先生以为"想余"当从敦煌本作"想尔"。其作者，饶宗颐云"当是陵之说而鲁述之；或鲁所作而托始于陵，要为天师道一家之学"①。今从其说，以《老子想余注》为张道陵作而非刘表。

5. 后儒又托以刘表明星占

两《唐志》并载："《荆州星占》二卷，刘表撰。"《崇文总目》亦有"荆州刘石甘巫占一卷"，题刘意撰。按："刘意"乃"刘表"之讹。《宋志》系于刘表名下星占书更多，如"刘表《星经》一卷；又《星经》三卷；《上象占要略》一卷；《天文占》三卷；《天象占》一卷；《干象秘占》一卷；《占北斗》一卷；刘表《荆州占》二卷；《海中占》十卷"。托名刘表始自唐人。李淳风《乙巳占·天占第三》录古今占书云："其间亦有出自经传子史，但有关涉，理可存者，并不弃之，今录古占书目于此，以表其人。"下列甘石、刘向、京房等人之书，其中有"刘表《荆州占》《列宿占》《五官占》"。《晋书·天文志》云："杂星气。图纬旧说，及汉末刘表为荆州牧，命武陵太守刘睿集天文众占，名《荆州占》。其杂星之体，有瑞星，有妖星，有客星，有流星，有瑞气，有妖气，有日月傍气，皆略其名状，举其占验，次之于此云。"《续汉书·天文志》刘昭注、《御览》卷七有引其书。据此，刘表易学，非纯为费氏，抑或杂有京氏，终流于数术一类。

刘表之经学，《后汉书》所引不得为据。如《袁谭传》载表予谭书，引经为说，出自王粲，李贤注明言《王粲集》俱载其文。只能存疑。

刘操

刘操，姜肱弟子。《姜肱传》云："[肱]年七十七，熹平二年终于家。弟子陈留刘操追慕肱德，共刊石颂之。"《姜肱传》又云："肱博通五经，兼明星纬，士之远来就学者三千余人。"则刘操也应通五经，兼习星占、谶

---

① 饶宗颐：《老子想尔注校证》，上海古籍出版社1991年版，第4页。

纬。卒年不详，约在汉末建安时。

刘丕

刘丕，刘宠之父，号通儒。《后汉书》卷七六《循吏列传·刘宠传》云："[刘宠]父丕，博学，号为通儒。"刘丕，《续汉书》作"刘本"。《三国志·吴书·刘繇传》："繇伯父宠，汉太尉。"裴注引司马彪《续汉书》云："繇祖父本，师受经传，博学群书，号为通儒。举贤良方正，为般长，卒官。"两者不同，两字形近而讹，今不得其详。

刘宠（字祖荣）

刘宠，字祖荣，通经。范晔《后汉书》卷七六《循吏列传·刘宠传》云："刘宠字祖荣，东莱牟平人，齐悼惠王之后也。悼惠王子孝王将闾，将闾少子封牟平侯，子孙家焉。父丕，博学，号为通儒。宠少受父业，以明经举孝廉，除东平陵令，以仁惠为吏民所爱。"

其后为豫章太守、会稽太守、宗正、大鸿胪。延熹四年（161），代黄琼为司空。建宁元年（168），代王畅为司空；建宁二年（169），以日食免官，归乡里。卒于家，卒年不详。

刘宠事迹又见于周天游辑司马彪《续汉书》卷五《循吏传》及华峤《后汉书》卷三。

刘宠（字世信）

刘宠，字世信，通《公羊》。《华阳国志·广汉士女赞》："刘宠，字世信，绵竹人也。出自孤微。以明《公羊春秋》上计阙下，见除成都令，政教明肃。时诸县多难治，乃换宠为郫令，又换鄨、安汉，皆垂绩。还在成都，迁牂柯太守。初乘一马之官，布衣疏食，俭以为教。居郡九年，乘之而还，吏人为之立铭。王商、陈实，当世贵士，皆与为友。"按：王商，蜀郡太守，事迹见《三国志·蜀书·许靖传》裴注引《益部耆旧传》，汉末人，仕刘璋。陈实即陈寔，汉末太丘长，大名士。

刘炟

刘炟，东汉章帝，好儒学。《后汉书·肃宗孝章帝纪》云："肃宗孝章皇帝讳炟……少宽容，好儒术，显宗器重之。"章帝好儒，如司马彪《续汉书·祭祀志》刘昭注引《东观汉记》所云："祠礼毕，命儒者论难。"又《贾逵传》云："肃宗立，降意儒术，特好古文《尚书》、《左氏传》。"

刘炟生卒年，《章帝纪》云章和二年（88）二月"壬辰，帝崩于章德前殿，年三十三"。则章帝生于光武中元元年（56）。

刘炟之学

章帝褒儒术事，一为建初四年（79），于白虎观评五经异同，班固据此撰《白虎通义》，事见《章帝纪》及《班固传》；二为建初八年（83），奖掖古学。《贾逵传》云："［建初］八年，乃诏诸儒各选高才生，受《左氏》、《穀梁春秋》、古文《尚书》、《毛诗》，由是四经遂行于世。"

1.《诗》学

考章帝之儒学，于《诗》学，或从《毛诗》。《章帝纪》永平十八年（75），诏以赵熹为太傅、以牟融为太尉，云："行太尉事节乡侯熹三世在位，为国元老；司空融典职六年，勤劳不怠。其以熹为太傅，融为太尉，并录尚书事。'三事大夫，莫肯夙夜'，小雅之所伤也。"引诗见《诗·小雅·雨无正》。郑玄注云："幽王在外，三公及诸侯随而行者，皆无复君臣之礼，不肯晨夜省王。"据郑笺，则《毛诗》以三事为三公。王先谦云："帝学《鲁诗》，明鲁毛文同。"按：王说误。《白虎通·封公侯》："诸侯有三卿者，分三事也。五大夫者，下天子。"据《白虎通》所依《鲁诗》，三事为诸侯之卿，与此诏书义不同。此诏书义同《毛诗》。其实除《白虎通》外，两汉皆以"三事"为三公，见《汉书·萧望之传》《后汉书·孔融传》诸篇，《顺帝纪》阳嘉元年（132）诏亦云："《书》歌股肱，《诗》刺三事。"皆同。

或用《韩诗》。《章帝纪》云："［建初七年］冬十月癸丑，西巡狩，幸长安。丙辰，祠高庙，遂有事十一陵。遣使者祠太上皇于万年，以中牢祠萧何、霍光。进幸槐里。岐山得铜器，形似酒樽，献之。又获白鹿。帝曰：'上无明天子，下无贤方伯。人之无良，相怨一方。斯器亦曷为来哉？'""人之无良，相怨一方"，李贤注："言王者所为无有善者，各相与于一方而怨之。义见《韩诗》。"按：《韩诗》义以公卿大夫于一方而怨之，《毛诗》义以民众怨之，与《韩诗》不同。章帝祠萧何、霍光明用《韩诗》义，李贤注不误。

如此，章帝虽隆《毛诗》《左传》等古学，其实多从今文说。再举一例，《章帝纪》建初五年（80）诏曰：

> 《春秋》书"无麦苗"，重之也。去秋雨泽不适，今时复旱，如炎如焚。凶年无时，而为备未至。朕之不德，上累三光，震栗忉忉，痛心疾首。前代圣君，博思咨诹，虽降灾咎，辄有开匮反风之应。今予小子，徒惨惨而已。其令二千石理冤狱，录轻系；祷五岳四渎，及名山能兴云致雨者，冀蒙不崇朝遍雨天下之报。

按：此诏书皆用今文家经义。"无麦苗"见《春秋》庄公七年："秋，大水，无麦苗。"《公羊传》曰："一灾不书，待无麦然后书无苗。"何休注曰："不书谷名，至麦苗独书，人食最重也。"

"如炎如焚"，用《韩诗》。李贤注："见《韩诗》：'旱魃为虐，如炎如焚。'"诗见《大雅·云汉》，今《毛诗》作"如惔如焚"，文与《韩诗》不同。

"反风之应"，用《尚书·金縢》今文说。"不崇朝遍雨天下"见《尚书大传》："五岳皆触石出云，肤寸而合，不崇朝而雨天下。"《祭法》称山林川谷能出风雨。僖公三十一年《公羊传》亦云云："触石而出，肤寸而合，不崇朝而雨天下者，其唯泰山乎？"此外，所谓"朕之不德，上累三光"云云皆今文家天人感应之义。

2.《春秋》学

于《春秋》，多用《公羊》。上文章帝所云"上无明天子，下无贤方伯"，即用《公羊》义。"斯器亦曷为来哉"，亦同《公羊传》哀公十四年："孔子抱麟而泣曰：'孰为来哉？孰为来哉？'"又，《章帝纪》建初二年（77）春三月辛丑，诏"其科条制度所宜施行，在事者备为之禁，先京师而后诸夏"，义见《公羊传》成公十五年："春秋内中国而外诸夏，内诸夏而外夷狄。王者欲一乎天下，曷以内外之辞言？自近者始也。"

章帝事迹又见于《东观汉记》（吴校本）卷二、袁宏《后汉记》卷一一至一二、周天游辑司马彪《续汉书》卷一、华峤《后汉书》卷一、袁山松《后汉书》及薛莹《后汉书》。

刘方

刘方，善《诗》，《后汉书·桓郁传》云："又宗正刘方，宗室之表，善为《诗经》，先帝所褒。宜令郁、方并入教授，以崇本朝，光示大化。"刘方《后汉书》无传，其事迹散见于其他篇中，如《孝和孝殇帝纪》永元四年（92）："冬十月己亥，宗正刘方为司空。"永元六年（94）二月："丁未，司空刘方为司徒。"永元九年（97）："九月庚申，司徒刘方策免，自杀。"

刘恭

刘恭，刘盆子之兄，习《尚书》。《后汉书》卷一一《刘盆子传》云："［刘］恭少习《尚书》，略通大义。……以明经数言事，拜侍中，从更始在长安。"又云："其［建武三年］夏，樊崇、逄安谋反，诛死。杨音……与徐宣俱归乡里，卒于家。刘恭为更始报杀谢禄，自系狱，赦不诛。"刘恭自不诛后事迹不详。

刘固

刘固，张霸弟子。《后汉书》卷三六《张霸传》云："诸生孙林、刘固、段著等慕之，各市宅其傍，以就学焉。"刘固其他事迹不详。

刘祜

刘祜，后汉安帝，通多经。《后汉书·安帝纪》云："［延平元年］八月，殇帝崩，太后与兄车骑将军邓骘定策禁中。……皇太后诏曰：'先帝圣德淑茂，早弃天下。朕奉皇帝，夙夜瞻仰日月，冀望成就。岂意卒然颠沛，天年不遂，悲痛断心。朕惟平原王素被痼疾，念宗庙之重，思继嗣之统，唯长安侯祜质性忠孝，小心翼翼，能通《诗》《论》，笃学乐古，仁惠爱下。年已十三，有成人之志。亲德系后，莫宜于祜。'"又云："［刘祜］年十岁，好学史书，和帝称之，数见禁中。"

《御览》卷九一引《东观汉记》云："［安帝］年十岁，善史书，喜经籍，和帝甚喜重焉，号曰'诸生'。……永初元年……十一月，上始讲《尚书》，沉于典艺。"

安帝生卒年，《安帝纪》云延光四年（125）三月"丁卯，幸叶，帝崩于乘舆，年三十二"。则刘祜生于和帝永元六年（94）。

安帝刘祜事迹又见于《东观汉记》（吴校本）卷三、袁宏《后汉记》卷一六至一七、周天游辑袁山松《后汉书》卷一、薛莹《后汉书》、司马彪《续汉书》卷一及谢沈《后汉书》。

考安帝《尚书》之学，皆今文家说。如《安帝纪》永初二年（108）诏曰："昔在帝王，承天理民，莫不据琁机玉衡，以齐七政。"按："琁玑玉衡"伪《孔传》："琁，美玉也。以琁为玑，以玉为衡，王者正天文之器也。"此古文说。今文说以为北斗星名。诏书下有"有道术明习灾异阴阳之度，琁机之数者"，正是指北斗星相之术，乃今文说。

又，《安帝纪》元初六年（119）："三月庚辰，始立六宗，祀于洛城西北。"《续汉志》曰："元初六年，以《尚书》欧阳家说，谓六宗者，在天地四方之中，为上下四方之宗，以元始中故事，谓六宗《易》六子之气，日、月、雷公、风伯、山、泽者，非也，乃更六宗，祠于戌亥之地，礼比大社也。"元始时王莽秉政，以乾坤六子为六宗乃古文说，如此，安帝改六宗乃从今文欧阳说。

刘恺

刘恺，丁鸿弟子。《后汉书·丁鸿传》曰："（白虎会议后）门下由是益盛，远方至者数千人。彭城刘恺、北海巴茂、九江朱伥皆至公卿。"其人儒学，《书钞》卷五三引华峤《后汉书》云："刘恺字相豫，为太常，论议□□，常引正大义，诸儒为之语曰：'难经伉伉刘太常。'"

《后汉书》卷三九有《刘恺传》。据本传，刘恺先后官至宗正、太常、司空、司徒、太尉等，延光四年（125）卒。本传："（太尉）视事三年，以疾乞骸骨，久乃许之，下河南尹礼秩如前。岁余，卒于家。"也即刘恺去太尉官之后一年有余乃卒。《安帝纪》延光二年（123）："冬十月辛未，太尉刘恺罢。"则刘恺卒于安帝延光四年。

刘恺事迹又见于《东观汉记》（吴校本）卷一五。

刘恺之学，本传载安帝初群臣议清河相叔孙光罪，刘恺独以为："《春秋》之义，'善善及子孙，恶恶止其身'，所以进人于善也。《尚书》曰：'上刑挟轻，下刑挟重。'如今使臧吏禁锢子孙，以轻从重，惧及善人，非先王详刑之意也。"

按：刘恺此议，引《尚书》曰："上刑挟轻，下刑挟重。"与今《尚书·吕刑》篇"上刑适轻下服，下刑适重上服"义同而辞异，盖《尚书》欧阳说也。又，"善善""恶恶"之语见《公羊传》昭公二十年："君子之善善也长，恶恶也短。恶恶止其身，善善及子孙。贤者子孙，故君子为其讳也。""惧及善人"见《左传》襄公二十六年："刑滥则惧及善人。""先王详刑"见《尚书·吕刑》周穆王语："有邦有土，告汝详刑。"

刘宽

刘宽，通群经，明占候。《后汉书》卷二五《刘宽传》："刘宽字文饶，弘农华阴人也。"李贤注引谢承《后汉书》曰："宽少学欧阳《尚书》、京氏《易》，尤明《韩诗外传》。星官、风角、算历，皆究极师法，称为通儒。"蔡邕《太尉刘宽碑》也说刘宽"周览五经"。袁宏《后汉记》则称其"少好学，博通群书"。

主要事迹

（1）桓帝前世，梁冀辟为司徒长史，外官任东海相。本传："桓帝时，大将军辟，五迁司徒长史。时京师地震，特见询问，再迁，出为东海相。"

（2）桓帝延熹八年（165），为尚书令、南阳太守。本传："延熹八年，征拜尚书令，迁南阳太守。"在南阳，以礼教化，兴儒学，事见本传。

（3）灵帝即位至熹平五年（176），为太中大夫、屯骑校尉、迁宗正、光禄勋。本传："灵帝初，征拜太中大夫，侍讲华光殿。迁侍中，赐衣一袭。转屯骑校尉，迁宗正，转光禄勋。"

（4）熹平五年，为太尉。本传："熹平五年，代许训为太尉。"《灵帝纪》熹平五年："秋七月，太尉许训罢，光禄勋刘宽为太尉。"

（5）熹平六年（177），免官太尉，为卫尉。本传："后以日食策免。拜卫尉。"《灵帝纪》熹平六年："冬十月癸丑朔，日有食之。太尉刘宽免。"

（6）光和二年（179），复为太尉，光和四年（181）免。本传："光和二年，复代段颎为太尉。在职三年，以日变免。"《灵帝纪》光和二年："五月，卫尉刘宽为太尉。"《灵帝纪》光和四年："太尉刘宽免。"

（7）光和二年至中平二年（179—185），为永乐少府、光禄勋，封逯乡侯，中平二年卒。本传云："又拜永乐少府，迁光禄勋。以先策黄巾逆谋，以事上闻，封逯乡侯六百户。中平二年卒，时年六十六。"刘宽生于安帝元初七年（120）。

刘宽事迹又见于《东观汉记》（吴校本）卷一三、袁宏《后汉记》卷二五、周天游辑谢承《后汉书》卷二、司马彪《续汉书》卷三、华峤《后汉书》卷二及《隶释》卷一一《太尉刘宽碑》《刘宽后碑》（并载《集古录》《金石录》）。按：前碑桓麟撰，后碑为蔡邕撰。桓麟撰碑事见《后汉书·文苑列传》，《文选》注亦引有桓骥《刘宽碑》。赵明诚《金石录》云："右太尉刘宽碑。宽有两碑，皆在洛阳上东门外官道傍。此碑据《艺文类聚》乃桓麟撰，后碑不知何人所为，然字体则同也。"严可均云："《隶释》刘宽有两碑，此其后碑也。前碑桓麟撰，据《艺文类聚》四十六知之。两碑文字略同，此碑残缺，今据前碑补三十五字，亦旁注以别之。按：黄伯思《东观余论》云：'碑在洛阳尉射圃中，蔡中郎书。'"

刘昆

刘昆，明施氏《易》。《后汉书·儒林列传·刘昆传》云：

> 刘昆字桓公，陈留东昏人，梁孝王之胤也。少习容礼。平帝时，受施氏《易》于沛人戴宾。能弹雅琴，知清角之操。
>
> 王莽世，教授弟子恒五百余人。每春秋飨射，常备列典仪，以素木瓠叶为俎豆，桑弧蒿矢，以射"菟首"。每有行礼，县宰辄率吏属而观之。王莽以昆多聚徒众，私行大礼，有僭上心，乃系昆及家属于外黄狱。寻莽败得免。既而天下大乱，昆避难河南负犊山中。
>
> 建武五年，举孝廉，不行，遂逃，教授于江陵。光武闻之，即除为江陵令。时，县连年火灾，昆辄向火叩头，多能降雨止风。征拜议郎，稍迁侍中、弘农太守。
>
> 先是，崤、黾驿道多虎灾，行旅不通。昆为政三年，仁化大行，虎皆负子度河。帝闻而异之。二十二年，征代杜林为光禄勋。诏问昆曰："前在江陵，反风灭火；后守弘农，虎北度河。行何德政而致是事？"昆对曰："偶然耳。"左右皆笑其质讷。帝叹曰："此乃长者之言也。"顾命书诸策。乃令入授皇太子及诸王小侯五十余人。二十七年，拜骑都尉。三十年，以老乞骸骨，诏赐洛阳第舍，以千石禄终其身。中元二年卒。

一、主要事迹

本传所载刘昆事迹,其中著名者当属所谓"仁化大行"、德及鸟兽之事。《书钞》卷七五引谢承《后汉书》亦载:"刘昆迁弘农太守。先是崤险,驿道多虎灾,行旅不通。昆为政三年,化大行,虎皆负子渡河而去。"

唐晏《两汉三国学案》云:"西汉儒者,共穷经之余,多能及于礼乐。如昆之教诸生,虽阙里之风,何以加乎?有子曰:'能以礼让为国乎,何有?'宜其致猛兽渡河之化也。"唐氏此言实为对中国经学过于尊信,其实此类记载在汉人典籍中屡见不鲜,往往与小说家略同。如谢承《后汉书》言刘陵:"豫章刘陵字孟高,为长沙安成长。先时多虎,百姓患之,皆徙他县。陵之官,修德政,逾月,虎悉出界去,民皆还之。"(《御览》卷八九一引)司马彪《续汉书》言刘平:"刘平为全椒长。先是县多虎为害,平到,政术治民,虎皆南渡江去。"(《书钞》卷七八引)及《风俗通义·正失》篇载九江太守宋均事,皆同刘昆。

刘昆卒年,本传云"中元二年卒",则卒于公元57年,生年不详。

刘昆事迹又见于《东观汉记》(吴校本)卷一八、周天游辑谢承《后汉书》卷五《儒林传》、司马彪《续汉书》卷五《儒林传》及无名氏《后汉书》。

二、刘昆之学

刘昆习《易》事,《东观汉记》云:"刘昆,字桓公,少治施氏《易》,笃志好经学。"(《书钞》卷九七引)又见于《序录》:"后汉刘昆字桓公(陆氏自注:陈留东昏人,侍中、弘农太守、光禄勋),受施氏《易》于沛人戴宾,其子轶(陆氏自注:字君文,官至宗正)。"司马彪《续汉书》又云刘昆以《易》授明帝刘庄:"刘昆少学施氏《易》,明帝为太子,以《易》入授。"(《初学记》卷一〇引)《东观汉记》亦云:"(刘昆)以明经征拜为光禄勋,授皇太子及诸王小侯五十人经。昆老退位,以二千石禄终其身。"(《御览》卷二二九引)与范书本传同。

除施氏《易》外,本传又载刘昆不废射礼。李贤注曰:"《诗·小雅·瓠叶》诗序曰:'刺幽王弃礼而不能行,故思古之人,不以微薄废礼焉。'诗曰:'幡幡瓠叶,采之亨之。君子有酒,酌言尝之。有兔斯首,炮之燔之。君子有酒,酌言献之。'昆惧礼之废,故引以瓠叶为俎实,射则歌'兔首'之诗而节也。"则刘昆此义又与《毛诗》暗合，抑或四家皆同。

刘轶

刘轶，刘昆之子，习《易》。《后汉书·儒林列传》云："[刘昆]子轶，字君文，传昆业，门徒亦盛。永平中，为太子中庶子。建初中，稍迁宗正，卒官，遂世掌宗正焉。"按：和帝永元四年（92）："宗正刘方为司空。"据《儒林列传》，刘方似为刘轶之子。然《儒林列传》言"世掌宗正"亦不确。如《刘恺传》言刘恺："[永元]十三年，迁宗正。"刘恺乃刘般之子，刘般乃宣帝玄孙，宣帝子楚孝王刘嚣之后，与刘昆别为一宗。

刘轶事迹又见于《东观汉记》（吴校本）卷一八，与范书同。

刘茂

刘茂，通《礼》。《后汉书》卷八一《独行列传·刘茂传》云："刘茂字子卫，太原晋阳人也。少孤，独侍母居。家贫，以筋力致养，孝行著于乡里。及长，能习《礼经》，教授常数百人。哀帝时，察孝廉，再迁五原属国候，遭母忧去官。服竟后为沮阳令。会王莽篡位，茂弃官，避世弘农山中教授。"本传言："建武二年归，为郡门下掾。……诏书即征茂拜议郎，迁宗正臣。后拜侍中，卒官。"则刘茂卒于光武世。

刘茂事迹又见于《东观汉记》（吴校本）卷一八。

刘淑

刘淑，通五经。《后汉书》卷六七《党锢列传》云："刘淑字仲承，河间乐成人也。祖父称司隶校尉。淑少学，明五经，遂隐居，立精舍讲授，诸生常数百人。……[灵]帝即位，宦官谮淑与窦武等通谋，下狱自杀。"窦武被杀，事在灵帝建宁元年（168），刘淑生年不详。

刘淑事迹，本传又载桓帝永兴二年（154），司徒种暠举刘淑贤良方正，淑辞不就。后桓帝再征，对策第一，为议郎、尚书、侍中、虎贲中郎将。

刘淑事迹又见于袁宏《后汉记》卷二二、周天游辑谢承《后汉书》卷四及司马彪《续汉书》卷五。

考刘淑五经之学，略见于袁宏《后汉记》卷二二载刘淑对日食疏。其中云："臣闻立天之道曰阴与阳，立人之道曰仁与义。故夫妇正则父子亲，父子亲则君臣通，君臣通则仁义立，仁义立则阴阳和而风雨时矣。夫吉凶在人，水旱由政。故势在臣下则地震坤裂，下情不通则日月失明，百姓怨恨则水旱暴兴，主上骄淫则泽不下流。由此观之，君其纲也，臣其纪也。纲纪正则万目张，君臣正则万国理，故能父慈子孝，夫信妇贞，兄爱弟顺。如此则阴阳和，风雨时，万物得所矣。"按：此疏言天人感应，于《易》，则京氏、易纬；于《尚书》，则从《五行传》；于《春秋》，则公羊家；于《诗》，则"五际"；于《礼》，则三纲五常。大抵今文一路。

刘述

刘述，邓弘之师。《御览》卷五〇〇引《东观汉记》云："邓弘，字叔纪。和熹后兄也。天资喜学，师事刘述，常在师门，布衣徒行，讲诵孜孜。"刘述其他事迹不详。

刘陶

刘陶，明经，博通群书。《后汉书》卷五七《刘陶传》云："刘陶字子奇，一名伟，颍川颍阴人，济北贞王勃之后。……陶明《尚书》《春秋》，为之训诂。推三家《尚书》及古文，是正文字七百余事，名曰《中文尚书》。"

一、主要事迹

刘陶事迹，本传云同宗刘恺深器重陶，桓帝时，刘陶游学于太学，上书言灾异，又言不宜改铸大钱，又上书讼朱穆治宦官家属无罪，事见《朱穆传》。后举孝廉，为顺阳县令，侍御史。灵帝时封中陵乡侯，官尚书令、谏议大夫，后直言死。《灵帝纪》中平二年（185）冬："谏议大夫刘陶坐直言，下狱死。"刘陶生年不详。

刘陶事迹又见于袁宏《后汉记》卷二一、二四，周天游辑谢承《后汉书》卷四，司马彪《续汉书》卷四及袁山松《后汉书》卷三。

二、刘陶著述

本传言："陶著书数十万言，又作《七曜论》《匡老子》《反韩非》《复孟轲》，及上书言当世便事、条教、赋、奏、书、记、辩疑，凡百余篇。"历代史志书目所记其集，《隋志》："后汉谏议大夫《刘陶集》三卷，梁二卷，录一卷。"题曰"亡"。两《唐志》复载《刘陶集》二卷。严可均《全后汉文》卷六五辑有刘陶文。

1. 《春秋左氏传条例》

本传言刘陶灵帝时又受诏"次第《春秋》条例"。《旧唐志》有"《春秋左氏传条例》二十卷，刘寔撰"，侯康引翊寅说，以为"寔即陶之伪"，恐为臆断。

2. 《中文尚书》

本传言"[刘]陶明《尚书》《春秋》，为之训诂。推三家《尚书》及古文，是正文字七百余事，名曰《中文尚书》"。王绍兰辑有刘陶《中文尚书》（附汉桑钦《古文尚书说》），《中国古佚书辑本目录解题》云："王绍兰从《后汉书·刘陶传》采得陶说数节，以为即说《中文尚书》之文。按所采陶说如'武丁得傅说，以消鼎雉之灾'之类，不过为用典，非明引《书》或说《书》。且据《后汉书》本传，陶仅取欧阳、大小夏侯三家《今文尚书》与《古文尚书》比勘，是正文字三百余，则其本乃合今古文本校订而成，故名曰'中文'，并未有注解传于世也。王氏此辑不足信。"①

刘陶所校订是否三百余字，《后汉书集解》引惠栋说："俗本《后汉书·[刘]陶传》作'是正文字三百余事'，今从北宋本改正，作'七百余事'。《艺文志》曰：'刘向以中古文校三家经，文字异者七百有余'，盖古文与今文异者本有此数，故陶从而是正也。"侯康曰："《玉海·艺文》引《[刘]陶传》亦作七百。"按：唐张怀瓘《书断》云："灵帝时，刘陶删定古文、今文《尚书》，号《中文尚书》，以北山本为正②。陶亦工古文，是谓'就有道而正'焉。"刘向校书，古文《尚书》篇目多，今文篇目少，其字数差异必然仅限于今文篇目。据此，亦可从侧面证明卫宏、马融、贾逵、郑玄等传古文《尚书》皆以杜林漆书为底本，且杜林漆书也只有今文二十八篇，惟字不同。

3. 参与撰写《东观汉记》

《隋志》云："[班]固撰后汉事，作《列传载记》二十八篇。其后刘珍、刘毅、刘陶、伏无忌等，相次著述东观，谓之《汉记》。"

弟子著名者有士燮，《三国志》卷四九《吴书·士燮传》云："燮少游

---

① 孙启治、陈建华：《中国古佚书辑本目录解题》，上海古籍出版社2017年版，第40页。
② 杜林，字伯山。"北山"乃"伯山"之误，见"杜林"条。

学京师，事颍川刘子奇，治《左氏春秋》。"则刘陶所作《春秋训诂》当是《春秋左传训诂》。

刘熙

刘熙，《后汉书》无传，其事迹散见于他篇。如《释名序》自称刘熙字成国，晋李石《续博物志》称其为博士，《隋志》称其为安南太守。姚振宗《隋书经籍志考证》、焦循《孟子正义》卷一、叶德辉《刘熙事迹考》对其生平事迹有考证。

刘熙著述

1. 注《孟子》

《隋志》载："《孟子》七卷，刘熙注。"两《唐志》载刘熙注《孟子》七卷，宋人书目不见载，当佚。后世辑本，王谟《汉魏遗书钞》辑有刘熙《孟子注》一卷，周广业辑有《汉刘熙孟子注》（《皇清经解续编》），宋翔凤、孙彤辑有《孟子刘注》一卷，黄奭《黄氏逸书考》有《孟子刘熙注》一卷，马国翰《玉函山房辑佚书》有《孟子刘氏注》一卷，王仁俊《玉函山房辑佚书续编》有《孟子刘熙注》一卷，叶德辉有《孟子章句》一卷（附《刘熙事迹考》）。刘熙《孟子注》散见于《史记集解》、《文选》李善注等古籍中，为后世辑佚家所采获。诸家辑本大体相同，唯有马国翰、黄奭从《孟子外书》采得一处，刘熙只注《孟子》内篇七卷，不闻有《外书》之注，且熙时《孟子外书》乃伪书，马、黄此所辑不足据。

2. 作《释名》

《隋志》载："《释名》八卷，刘熙撰。"两《唐志》并载刘熙《释名》八卷，《宋志》《崇文总目》《直斋书录解题》皆八卷。今存，凡八卷二十七篇。其自序云："名之于实，各有类义，百姓日称，而不知其所以然之意，故撰天地、阴阳、四时、邦国、都鄙、车服、丧纪，下及民庶应用之器，即物名以释义。凡二十七篇。"刘熙释名物大抵用今文同音相训法，主观臆说的成分较多。三国吴韦昭有《辨释名》，对刘熙之说多有驳正。后世治《释名》较为突出者，有毕沅《释名疏证》，又附《补释名》。

3. 注《谥法》

《隋志》载有："《谥法》三卷，刘熙撰。"又有"梁有《谥法》三卷，后汉安南太守刘熙注，亡"。一说撰，一说注，皆三卷，貌似刘熙有二书。

《玉海》引沈约《谥法序》云："刘熙注《谥法》惟有七十六名。"又云刘熙注解"时或有所发明"。据沈约说，刘熙当注《谥法》。此《谥法注》，两《唐志》并载："《谥法》三卷，荀翙演，刘熙注。"或其中又有增益，但宋人书目不复著录，当佚。《郡斋读书志》唯有苏洵《嘉祐谥法》三卷，乃本朝人著，先儒之作已佚。后世辑本，孙冯翼辑有刘熙、孔晁注《谥法》三卷，洪颐煊辑有《刘熙谥法注》，王仁俊《玉函山房辑佚书续编》辑有《谥法刘熙注》一卷及《逸周书谥法解刘注补遗》一卷。

刘香

刘香，淮南孝王，淮南安王刘康之孙，通经。《光武十王传》："永元十一年，封错弟七人为列侯。错立六年薨，子孝王香嗣。永初二年，封香弟四人为列侯。香笃行，好经书。初，叔父笃有罪不得封，西平昌侯昱坐法失侯，香乃上书分爵土封笃子丸、昱子嵩，皆为列侯。香立二十年薨，无子，国绝。"和帝永元十一年（99）刘错封，永元十六年（104）卒，刘香袭爵，二十年薨，时为安帝延光二年（123）。

刘祐

刘祐，通群经。《后汉书》卷六七《党锢列传》云："刘祐字伯祖，中山安国人也。安国后别属博陵。祐初察孝廉，补尚书侍郎，闲练故事，文札强辨，每有奏议，应对无滞，为僚类所归。"不载刘祐治经学之事。李贤注引谢承《后汉书》曰："祐，宗室胤绪，代有名位。少修操行，学《严氏春秋》、《小戴礼》、古文《尚书》，仕郡为主簿。郡将小子尝出钱付之，令市买果实，祐悉以买笔书具与之，因白郡将，言'郎君年可入小学，而但傲佷，远近谓明府无过庭之教，请出授书'。郡将为使子就祐受经，五日一试，不满呈限，白决罚，遂成学业也。"

刘祐事迹，范书本传载其为"八俊"之一，桓帝初官为任城县令、扬州刺史，延熹四年（161）为尚书令，后为河南尹，调司隶校尉、宗正、大司农。刘祐卒年，本传云："灵帝初，陈蕃辅政，以祐为河南尹。及蕃败，祐黜归，卒于家。明年大诛党人，幸不及祸。"按《灵帝纪》，陈蕃被杀于建宁元年（168）九月，次年冬十月党锢事起，则刘祐当卒于建宁二年（169）。

刘祐事迹又见于《东观汉记》（吴校本）卷一七、袁宏《后汉记》卷二四，周天游辑谢承《后汉书》卷四及薛莹《后汉记》。

刘瑜

刘瑜，通经。《后汉书》卷五七《刘瑜传》云："刘瑜字季节，广陵人也。高祖父广陵靖王。父辩，清河太守。瑜少好经学，尤善图谶、天文、历算之术。"

其人事迹，本传载太尉杨秉桓帝延熹八年（165）举刘瑜贤良方正，瑜到京师，乃上书言政事，桓帝不用，仅为议郎。刘瑜卒年，本传云："及（桓）帝崩，大将军窦武欲大诛宦官，乃引瑜为侍中，又以侍中尹勋为尚书令，共同谋画。及武败，瑜、勋并被诛。"按：《灵帝纪》建宁元年（168）"九月辛亥，中常侍曹节矫诏诛太傅陈蕃、大将军窦武及尚书令尹勋、侍中刘瑜、屯骑校尉冯述，皆夷其族"，刘瑜生年不详。

刘瑜之学，本传载延熹八年（165）上疏中云："古者天子一娶九女，娣侄有序，《河图》授嗣，正在九房。今女壁令色，充积闺帷，皆当盛其玩饰，冗食空宫，劳散精神，生长六疾。此国之费也，生之伤也。且天地之性，阴阳正纪，隔绝其道，则水旱为并。《诗》云：'五日为期，六日不詹。'怨旷作歌，仲尼所录。""九女""娣侄"用《公羊》说，李贤注云："《公羊传》曰：'诸侯一聘三女，天子一娶九女。'"按：《公羊传》无此文，《公羊传》庄公十九年曰："诸侯娶一国，则二国往媵之，以侄娣从之。谓之侄者何？兄之子也。娣者何？女弟也。诸侯一聘九女，诸侯不再娶。"李贤所引或为公羊说。

"六疾"用《左传》昭公元年（前541）文："天有六气，淫生六疾。六气曰阴、阳、风、雨、晦、明，过则为灾。阴淫寒疾，阳淫热疾，风淫末疾，雨淫腹疾，晦淫惑疾，明淫心疾。女，阳物而晦时，淫则生内热惑蛊之疾。"引《河图》，则明图谶。所引诗，见《诗·小雅·采绿》："终朝采蓝，不盈一襜。五日为期，六日不詹。"《毛诗序》云："《采绿》，刺怨旷也。幽王之时，多怨旷者也。"郑笺云："詹，至也。妇人过时而怨旷，期至五日而归，今六日不至，是以忧也。"四家皆同。

刘瑜事迹又见于周天游辑谢承《后汉书》卷四。

刘虞

刘虞，通经。《后汉书》卷七三《刘虞传》："刘虞字伯安，东海郯人也。"李贤注引谢承《后汉书》曰:"虞通五经,东海恭王之后。"据《后汉书》本传,刘虞初举孝廉,后为幽州刺史。灵帝中平元年(184)为甘陵相,后为宗正、幽州牧。中平六年(189):为太尉。《灵帝纪》中平六年:"三月,幽州牧刘虞购斩渔阳贼张纯。""夏四月丙午朔,日有食之。太尉马日䃅免,幽州牧刘虞为太尉。"同年为大司马,《献帝纪》永汉元年(189)"以太尉刘虞为大司马。"初平元年(190),代袁隗为太傅,初平四年(193)为公孙瓒所杀。《献帝纪》初平四年十月:"公孙瓒杀大司马刘虞。"

刘虞事迹又见于袁宏《后汉记》卷二七、周天游辑谢承《后汉书》卷四、司马彪《续汉书》卷五、袁山松《后汉书》卷四、王粲《汉末英雄记》及司马彪《九州春秋》。

刘肇

刘肇,东汉和帝。《东观汉记》云:"[刘肇]年四岁,以皇子立为太子,初治《尚书》,遂兼览书传,好古乐道,无所不照。"(《御览》卷九一引)《后汉书·孝和孝殇帝纪》章和二年(88):"五月京师旱。诏长乐少府桓郁侍讲禁中。"则刘肇从桓郁习欧阳《尚书》。

和帝生卒年,《和帝纪》云:"[元兴元年]冬十二月辛未,帝崩于章德前殿,年二十七。"元兴元年为105年,则刘肇生于章帝建初四年(79)。

其儒学之行,《和帝纪》云:"十三年春正月丁丑,帝幸东观,览书林,阅篇籍,博选术艺之士以充其官。"《东观汉记》与此略同,云:"[永元]十三年春正月上日,上以五经义异,书传意殊,亲幸东观,览书林,阅篇籍。"(《御览》卷九一引)

和帝刘肇事迹又见于袁宏《后汉记》卷一三、一四,周天游辑司马彪《续汉书》卷一及张莹《后汉南记》。

考和帝时诏书所引《尚书》说,大抵今文家法。如永元八年(96)九月诏书中曰:"成王出郊而反风。"此用《尚书·金縢》今文说,古文说以为周公葬不以礼。

刘珍

刘珍,通经,习文章。《后汉书》卷八〇《文苑列传》云:

刘珍字秋孙①，一名宝，南阳蔡阳人也。少好学。永初中，为谒者仆射。邓太后诏使与校书刘騊駼、马融及五经博士，校定东观五经、诸子传记、百家艺术，整齐脱误，是正文字。永宁元年，太后又诏珍与騊駼作建武已来名臣传，迁侍中、越骑校尉。延光四年，拜宗正。明年，转卫尉，卒官。著诔、颂、连珠凡七篇。又撰《释名》三十篇，以辩万物之称号云。

刘珍校书东观事又见《后汉书》卷七八《宦者列传·蔡伦传》："元初元年，邓太后以伦久宿卫，封为龙亭侯，邑三百户。后为长乐太仆。四年，帝以经传之文多不正定，乃选通儒谒者刘珍及博士良史诣东观，各雠校家法，令伦监典其事。"按：《蔡伦传》言元初四年（117）校书东观，与刘珍本传永初中不同。《安帝纪》永初四年（110）云："诏谒者刘珍及五经博士，校定东观五经、诸子、传记、百家艺术，整齐脱误，是正文字。"则刘珍本传是，《蔡伦传》误。

主要著述

《隋志》载有《刘珍集》二卷、录一卷，两《唐志》载二卷，无录。曾朴《补后汉书艺文志并考》云《书钞》卷一〇〇引有刘珍《贾逵碑》。《赞贾逵诗》残句录于逯钦立《先秦汉魏晋南北朝诗》卷五，刘珍文存见于严可均《全后汉文》卷五六。

1.《东观汉记》

刘珍于史学最大贡献在于撰写《东观汉记》。

《隋志》有"《东观汉记》一百四十三卷"，注云："起光武记注至灵帝，长水校尉刘珍等撰。"关于刘珍撰《东观汉记》事，《隋志》云："[班]固撰后汉事，作《列传载记》二十八篇。其后刘珍、刘毅、刘陶、伏无忌等，相次著述东观，谓之《汉记》。"《史通·古今正史》对其事首尾论述较详："在汉中兴，明帝始诏班固与睢阳令陈宗、长陵令尹敏、司隶从事孟异作《世祖本纪》，并撰功臣及新市、平林、公孙述事，作列传、载记二十八篇。自是以来，春秋考纪亦以焕炳，而忠臣义士莫之撰勒。于是又

---

① 李贤注："诸本时有作'秘孙'者，其人名珍，与'秘'义相扶，而作'秋'者多也。"姚振宗《后汉艺文志》云："今按《续汉百官志》注引胡广《汉官解诂序》云'越骑校尉刘千秋'，惠氏（栋）《〈后汉书〉补注》：'刘千秋即刘珍也。'今反复互勘，实是刘珍。珍字千秋审矣。"

诏史官谒者仆射刘珍及谏议大夫李尤杂作记，表，名臣、节士、儒林、外戚诸传，起自建武，讫乎永初。事业垂竟而珍、尤继卒。复命伏无忌与谏议大夫黄景作诸王、王子、功臣、恩泽侯表，南单于、西羌传，地理志。"该书两《唐志》载一百二十七卷，又较《隋志》为少。《旧唐志》："《东观汉记》一百二十七卷，刘珍撰。"《新唐志》："刘珍等《东观汉记》一百二十六卷，又《录》一卷。"而传至宋元，则大量散佚。《直斋书录解题》仅录有《东观汉记》十卷，《宋志》载八卷，十不存一。陈振孙云："今所存惟吴汉、贾复、耿弇、寇恂、冯异、祭遵及景丹、盖延九人列传而已。其卷第凡十二，而阙第七、八二卷，未知果当时之遗否也？"

后世辑本有姚之骃辑本《东观汉记》八卷，见《四库全书》武英殿聚珍本、王仁俊《玉函山房辑佚书续编》及陶栋《辑佚丛刊》等诸家。今人吴树平有《东观汉记校注》，最为详备。

2. 《释名》

刘珍所撰《释名》不见载于史志目录。《四库全书总目提要》云："其书名与刘熙相同，姓又相同。郑明选《秕言》颇以为疑。然历代相传，无引刘珍《释名》者，则珍书久佚矣。"

娄生

娄生，失名字，习《春秋》。《隶释》卷九《玄儒先生娄寿碑》云："先生讳寿，字元考，南阳隆人也。曾祖父攸《春秋》，以大夫侍讲，至五官中郎将。祖父太常博士，征朱爵司马。亲父安贫守贱，不可营以禄。"（释文从高文《汉碑集释》，此碑又载于欧阳修《集古录》）

该碑碑主为娄寿，此段言其家世，中云娄寿曾祖父习《春秋》。高文曰："娄机《汉隶字原》云：'汉隶修字皆作攸。'按：娄寿之曾祖修《春秋》，铭云：寿亦'优于《春秋》'。知其家世传《春秋》之学，而撰碑者未言其师承某氏耳。又其曾祖父之名，没而不章，为足惜也。"①

楼望

楼望，东汉名儒，参与白虎观会议，事见《丁鸿传》："建初四年，[丁鸿]徙封鲁阳乡侯。肃宗诏鸿与广平王羡及诸儒楼望、成封、桓郁、贾逵

---

① 高文：《汉碑集释》，河南大学出版社1985年版，第413页。

等，论定五经同异于北宫白虎观，使五官中郎将魏应主承制问难，侍中淳于恭奏上，帝亲称制临决。"楼望仕履事迹及学略均不可考。

卢植

卢植，马融弟子，郑玄同学，通群经。《后汉书》卷六四《卢植传》云："卢植字子干，涿郡涿人也。身长八尺二寸，音声如钟。少与郑玄俱事马融，能通古今学，好研精而不守章句。"司马彪《续汉书》亦云："植字子干，少事马融，与郑玄同门相友。"（《三国志·魏书·卢毓传》裴注引）

一、主要事迹

（1）少事马融，好饮酒，学成之后归家教授。事见本传。

（2）灵帝建宁元年（168），上疏言大将军窦武不宜加封爵，事见本传。按：窦武立灵帝及被杀俱在建宁元年。

（3）灵帝建宁（168—172）中为博士。本传："建宁中，征为博士，乃始起焉。"

（4）熹平四年（175），为九江太守。本传："熹平四年，九江蛮反，四府选植才兼文武，拜九江太守，蛮寇宾服。以疾去官。"

（5）熹平五年（176）上《尚书章句》《三礼解诂》，并谏言宜为《毛诗》《左传》《周礼》立博士。是年官为庐江太守。本传云："作《尚书章句》《三礼解诂》。时始立太学《石经》，以正五经文字，植乃上书曰：'臣少从通儒故南郡太守马融受古学，颇知今之《礼记》特多回冗。臣前以《周礼》诸经，发起秕谬，敢率愚浅，为之解诂，而家乏，无力供缮写上。愿得将书生二人，共诣东观，就官财粮，专心研精，合《尚书》章句，考《礼记》失得，庶裁定圣典，刊正碑文。古文科斗，近于为实，而厌抑流俗，降在小学。中兴以来，通儒达士班固、贾逵、郑兴父子，并敦悦之。今《毛诗》《左氏》《周礼》各有传记，其与《春秋》共相表里，宜置博士，为立学官，以助后来，以广圣意。'会南夷反叛，以植尝在九江有恩信，拜为庐江太守。"按：《熹平石经》立于熹平四年，熹平五年诸西南夷叛。《西南夷传》："熹平五年，诸夷反叛，执太守雍陟。"

（6）熹平七年（178），为议郎，与蔡邕、马日磾等校书东观。本传："岁余，复征拜议郎，与谏议大夫马日磾、议郎蔡邕、杨彪、韩说等并在东观，校中书五经记传，补续《汉记》。"

（7）光和元年（178）为尚书。本传："帝以（校书）非急务，转为侍中，迁尚书。"为尚书，荐郑玄，事见本传。《文苑列传》云："［郦炎］熹平六年，遂死狱中，时年二十八。尚书卢植为之诔赞，以昭其懿德。"不知是否作于此时。

（8）中平元年（184），为中郎将，镇压黄巾起义，再为尚书。事见本传。《灵帝纪》中平元年三月："遣北中郎将卢植讨张角，左中郎将皇甫嵩、右中郎将朱俊讨颍川黄巾。"六月"卢植破黄巾，围张角于广宗。宦官诬奏植，抵罪"。

（9）中平六年（189），因得罪董卓免尚书官，事见本传。又有追杀张让等事，载《灵帝纪》中平六年（即光熙元年）："让、圭等复劫少帝、陈留王走小平津。尚书卢植追让、圭等，斩数人，其余投河而死。"

（10）献帝初平元年（190），以老病辞归，隐居上谷教授弟子。事载本传。

（11）献帝初平二年（191）为袁绍军师，初平三年（192）卒。本传："冀州牧袁绍请为军师。初平三年卒。"按：《袁绍传》，初平二年冀州牧韩馥让位于绍。

卢植事迹又见于袁宏《后汉记》卷二五，周天游辑司马彪《续汉书》卷四、袁山松《后汉书》卷四及《三国志·魏书·董卓传》等篇。

二、卢植著述

本传云："所著碑、诔、表、记凡六篇。"《隋志》："《卢植集》二卷。"题曰"亡"。两《唐志》复载二卷。严可均《全后汉文》卷六七辑有卢植文，臧琳《经义杂记》辑有卢子干逸文。

卢植之学，本传云："作《尚书章句》《三礼解诂》。"司马彪《续汉书》云卢植："作《尚书章句》《礼记解诂》。"《周书·卢辩传》云："［辩］兄景裕谓曰：'昔侍中注《小戴》，今尔注《大戴》，庶赞前修矣。'"按："侍中"即卢植。或者卢植只作《礼记解诂》，而无《周礼》与《仪礼解诂》，《续汉书》为误记。

1.《尚书解诂》

《后汉书·儒林列传》言及古文《尚书》的传承时说："扶风杜林传古文《尚书》，林同郡贾逵为之作训，马融作传，郑玄注解，由是古文《尚书》遂显于世。"马融既为古文《尚书》作传，卢植在上书中将他的《尚书章句》与《毛诗》等经并列，且又说"马融受古学"，所以他作的《尚书章句》当为古文《尚书章句》。卢植上书的目的和刘歆一样，都在为古文《尚书》争立学官。

2. 注《礼记》

《序录》云："后汉马融、卢植考诸家同异，附戴圣篇章，去其繁重及所叙略而行于世，即今之《礼记》是也。郑玄亦依卢、马之本而注焉。"《序录》又云："卢植（陆氏自注：字子干，涿郡人，后汉北中郎将、九江太守。）云：《王制》是汉时博士所为。"依《序录》所说，卢植似对《礼记》篇目重新进行过编排。《新唐书·儒学传》亦云："小戴《礼》行于汉末，马融为传，卢植合二十九篇而为之解，世所不传。"据此，则卢植所注《礼记》也只有二十九篇。历代史志目录所载，《隋志》有《礼记》十卷，题"汉北中郎将卢植撰"。两《唐志》并载卢植注《礼记》二十卷，《序录》亦载有卢植注《礼记》二十卷。十卷与二十卷差一倍之多，盖二十卷本，每卷又分上下。《东汉会要》依卢植本传作《礼记解诂》。此书宋人书目不见载，当佚。今其遗文散见于《释文》《礼记正义》、《续汉书》刘昭注、《通典》、唐宋类书及史书。后儒辑本，臧庸有《卢氏礼记解诂》一卷、《补遗》一卷、《附录》一卷，王谟《汉魏遗书钞》有卢植《小戴礼记注》一卷，黄奭《黄氏逸书考》有《卢植礼记解诂》一卷，马国翰《玉函山房辑佚书》有《礼记卢氏注》一卷，蒋元庆有《礼记卢注佚文疏证》二卷。

于卢植《礼记注》须明二事。其一，卢氏注《礼记》亦用今礼推古礼，一如郑玄。如《续汉志·礼乐志》刘昭注引卢植《礼记注》云："大予令如古大胥"，"大乐丞如古小胥"。后儒常言郑注三《礼》于古制不明者往往以今推古，以为诟病，其实卢植亦是如此。卢植与郑玄乃同门，俱为马融高足，不知此法是否受之马融？其二，本传卢植自称从马融受古学，所谓"古学"云云亦不必夸大，其实卢植亦用今文家说。如《旧唐书·礼仪志一》引卢植云"禘，祭名。禘者谛也，事尊明谛，故曰禘"及其所议"明堂九室"等说皆为卢氏《礼记解诂》中遗文。"禘者谛也"云云与纬书文同。

推广而论，卢植言经，乃不拘家法。本传载卢植灵帝初上疏言窦武不宜加封爵，云："寻《春秋》之义，王后无嗣，择立亲长，年均以德，德均则决之卜筮。今同宗相后，披图案牒，以次建之，何勋之有？"此为左氏说，见《左传》王子朝曰："先王之命，王后无嫡，则择立长。年钧以德，德钧以卜，古之制也。"又光和元年（178）卢植上疏中曰："臣闻《五行传》'日晦而月见谓之朓，王侯其舒'。此谓君政舒缓，故日食晦也。"用《五行传》，当今文学。袁宏《后汉记》卷二五，灵帝中平六年（189）载卢植对董卓曰："按《尚书》，太甲既立，不明，伊尹放之桐宫。"此用《太甲》序文，《尚书》今文、古文皆有书序。

3. 《冀州风土记》

《御览》卷一六一引卢植《冀州风土记》曰："冀州，圣贤之泉薮，帝王之旧地。"

鲁恭

鲁恭，东汉名儒，习《鲁诗》。《后汉书》卷二五《鲁恭传》云："鲁恭字仲康，扶风平陵人也。……十五，与母及丕俱居太学，习《鲁诗》，闭户讲诵，绝人间事，兄弟俱为诸儒所称，学士争归之。"

一、主要事迹

（1）建武十九年（43），年十二，父卒，鲁恭服丧过成人。本传："父某，建武初，为武陵太守，卒官。时恭年十二，弟丕七岁，昼夜号踊不绝声，郡中赙赠无所受，乃归服丧，礼过成人，乡里奇之。"

（2）建武二十二年（46），年十五，入太学习《鲁诗》。事见本传。时太尉赵熹数慰问，恭不受，亦见本传。按：《赵熹传》建武"二十七年，［熹］拜太尉，赐爵关内侯"。《显宗孝明帝纪》永平三年（60）："二月甲寅，太尉赵熹免。"则鲁恭于太学学习时间至少终光武世。

（3）明帝时，教授新丰。本传："恭怜丕小，欲先就其名，托疾不仕。郡数以礼请，谢不肯应，母强遣之，恭不得已而西，因留新丰教授。"

（4）章帝建初初，为郡吏。本传："建初初，丕举方正，恭始为郡吏。"

（5）建初四年（79），参与白虎观会议，评议五经。本传："太傅赵熹闻而辟之。肃宗集诸儒于白虎观，恭特以经明得召，与其议。"

（6）白虎观会议后，为中牟县令，任职时间约为建初四年至七年（79—82）。本传云："熹复举恭直言，待诏公车，拜中牟令。""恭在事三年，州举尤异，会遭母丧去官，吏人思之。"

（7）章帝元和二年（85），为侍御史。本传言鲁恭"后拜侍御史"。建初七年（82）辞官又丁忧三年，则恭为侍御史，约在元和二年。

（8）和帝永元元年（89），鲁恭以侍御史议窦宪是否击匈奴，以为不可击匈奴。事见本传。永元九年（97）前，为《鲁诗》博士、侍中、乐安相。本传："后拜为《鲁诗》博士，由是家法学者日盛。……迁侍中，数召宴见,问以得失,赏赐恩礼宠异焉。迁乐安相。"

(9)永元九年(97),为议郎、光禄勋。本传:"永元九年,征拜议郎。八月,饮酎,斋会章台,诏使小黄门特引恭前。其夜拜侍中,来使陪乘,劳问甚渥。冬,迁光禄勋,选举清平,京师贵戚莫能枉其正。"

(10)永元十年(98),代吕盖为司徒。事见本传。为司徒,永元十四年(102)受诏持节贬阴皇后,见《皇后纪》。永元十五年(103),从和帝巡狩南阳,帝以恭子鲁抚为郎中,事见本传。

(11)永元十六年(104),免司徒官。《和帝纪》永元十六年:"辛酉,司徒鲁恭免。庚午,光禄勋张酺为司徒。"

(12)殇帝即位(105),以恭为长乐卫尉。事见本传。

(13)安帝永初元年(107),复为司徒。《安帝纪》永初元年:"夏五月甲戌,长乐卫尉鲁恭为司徒。"本传:"永初元年,复代梁鲔为司徒。"

(14)安帝永初三年(109)免司徒官。本传:"(永初)三年,以老病策罢。"《安帝纪》永初三年三月:"壬寅,司徒鲁恭免。夏四月丙寅,大鸿胪九江夏勤为司徒。"

鲁恭生卒年,本传言鲁恭:"(永初)六年,年八十一,卒于家。"永初六年为公元112年,则恭生于建武八年(32)。

鲁恭事迹又见于《东观汉记》(吴校本)卷一三、袁宏《后汉记》卷一四至一六、周天游辑谢承《后汉书》卷二、司马彪《续汉书》卷三及华峤《后汉书》卷二。

二、经学

鲁恭《诗》学今不可考,本传载其上书言事也未见引《诗》,反而屡引《易》为说。如鲁恭于和帝末谏言不应盛夏断狱,云:"案《易》五月《姤》用事。经曰:'姤以施令诰四方。'言君以夏至之日,施命令止四方行者,所以助微阴也。""经曰"见《易·姤卦·象》:"天下有风,《姤》,后以施令诰四方。"似恭明习京氏《易》。又云:"《易》,十一月,'君子以议狱缓死'。"见于《中孚》象辞。中孚为十一月卦。

黄奭《黄氏逸书考》有《鲁恭易义》,王仁俊《玉函山房辑佚书续编》有《周易鲁恭义》一卷,《十三经汉注》有《易鲁氏义》一卷,皆从《后汉书》本传采得。

鲁丕

鲁恭之弟，习《鲁诗》《尚书》，兼通五经。传附其兄鲁恭之后。《后汉书》卷二五《鲁丕传》："[鲁]丕字叔陵，性沉深好学，孳孳不倦，遂杜绝交游，不答候问之礼。士友常以此短之，而丕欣然自得。遂兼通五经，以《鲁诗》《尚书》教授，为当世名儒。""门生就学者常百余人，关东号之曰'五经复兴鲁叔陵'。"

一、主要事迹

（1）建武十九年（43），父卒，鲁丕七岁服丧过成人。事见《鲁恭传》。

（2）建武二十二年（46），丕十岁，与兄鲁恭入太学习《鲁诗》。事见《鲁恭传》。

（3）明帝时，为郡吏。本传："后归郡，为督邮功曹，所事之将，无不师友待之。"

（4）章帝建初元年（76），举贤良方正，对策为高，为议郎、新野县令。本传："建初元年，肃宗诏举贤良方正，大司农刘宽举丕。时对策者百有余人，唯丕在高第，除为议郎，迁新野令。"

（5）建初二年（77），为青州刺史。本传："视事期年，州课第一，擢拜青州刺史。务在表贤明，慎刑罚。"

（6）建初七年（82），下狱两年。本传："七年，坐事下狱司寇论。"李贤注："《前书》曰'司寇，二岁刑'也。"

（7）元和元年（84）至安帝永元元年（89），为赵相。本传："元和元年征，再迁，拜赵相。门生就学者常百余人，关东号之曰'五经复兴鲁叔陵'。""在职六年，嘉瑞屡降，吏人重之。"

（8）和帝永元二年（90），为东郡太守。本传："永元二年，迁东郡太守。丕在二郡，为人修通溉灌，百姓殷富。数荐达幽隐名士。"

（9）永元三年（91），为陈留太守，永元七年（95）下狱两年。本传："明年，拜陈留太守。视事三期，后坐禀贫人不实，征司寇论。"

（10）永元十一年（99），为中散大夫，与贾逵等论难经义。本传："十一年复征，再迁中散大夫。时侍中贾逵荐丕道艺深明，宜见任用。和帝因朝会，召见诸儒，丕与侍中贾逵、尚书令黄香等相难数事，帝善丕说，罢朝,特赐冠帻履袜衣一袭。"

（11）永元十三年（101）为侍中,后免。本传:"十三年,迁为侍中,免。"

（12）安帝永初二年（108）复为侍中、中郎将,两为三老。本传:"永初二年,诏公卿举儒术笃学者,大将军邓骘举丕,再迁,复为侍中、左中郎将,再为三老。"

（13）永初五年（111）卒。本传:"五年,年七十五,卒于官。"《鲁丕列传》云丕:"［永初］五年,卒于官,年七十五。"则鲁丕卒于安帝永初五年（111）,生于建武十三年（37）。

鲁丕事迹又见于《东观汉记》（吴校本）卷一三,袁宏《后汉记》卷一四、一六及周天游辑司马彪《续汉书》卷三。

二、鲁丕之学

1.《鲁诗》学

本传载永元十一年（99）鲁丕上疏曰:"览诗人之旨意,察雅颂之终始,明舜、禹、皋陶之相戒,显周公、箕子之所陈,观乎人文,化成天下。"按:"察雅颂之终始"用《诗》终始说,见《史记·孔子世家》:"故曰:《关雎》之乱以为风始,《鹿鸣》为小雅始,《文王》为大雅始,《清庙》为颂始。"此为《鲁诗》"四始"之义。《毛诗》以为"风"、大小"雅"及"颂"。《诗大序》云:"一国之事,系一人之本,谓之'风';言天下之事,形四方之风,谓之'雅';雅者,正也,言王政之所由废兴也,政有大小,故有'小雅'焉,有'大雅'焉;'颂'者,美盛德之形容,以其成功告于神明者也。是谓四始,《诗》之至也。"孔疏引郑玄答张逸云:"四始,风也,小雅也,大雅也,颂也。此四者,人君行之则为兴,废之则为衰。"考鲁丕之疏意,"化成"云云,重在教化,似更近《毛诗》。

《鲁诗》善礼。鲁丕为赵相,有论《礼》之事。本传云:"赵王商尝欲避疾,便时移住学官,丕止不听。王乃上疏自言,诏书下丕。丕奏曰:'臣闻《礼》,诸侯薨于路寝,大夫卒于嫡室,死生有命,未有逃避之典也。学官传五帝之道,修先王礼乐教化之处,王欲废塞以广游宴,事不可听。'诏从丕言,王以此惮之。"丕所言《礼》,见于《礼记·丧大记》。

2.《尚书》学

见于袁宏《后汉记》卷一六载其章帝时对策,此策文范书本传不见载,王应麟《困学纪闻》亦云:"鲁丕对策,见袁宏《纪》,而范史不载。"策中有云:"古者贡士,得其人者有庆,不得其人者有让,是以举者务力行。选举不实,咎在刺史二千石。"《尚书大传》云:"古者诸侯之于天子,三年一贡士,一适谓之好德,再适谓之贤贤,三适谓之有功。有功者,天子赐以车服弓矢,号曰命。诸侯不贡士,谓之不率正,一不适谓之过,再不适谓之傲,三不适谓之诬。诬者,天子绌之。一绌以爵,再绌以地,三绌而爵地毕也。"此为鲁丕立论所本。

3.《易》学

对策中言:"君为阳,臣为阴;君子为阳,小人为阴;京师为阳,诸夏为阴;男为阳,女为阴;乐和为阳忧苦为阴。各得其所则和调,精诚之所发,无不感浃。"观鲁丕此文,凡两法,其一广衍阴阳之象,与荀爽逸象类似,与费氏为近;其二,杂有今文感应说,与京氏为近。实则兼采二家。

又,《后汉书·独行列传·李充传》云:"太守鲁平请署功曹,不就。平怒,乃援充以捐沟中,因谪署县都亭长。不得已,起亲职役。后和帝公车征,不行。延平中,诏公卿、中二千石各举隐士大儒,务取高行,以劝后进,特征充为博士。时鲁平亦为博士,每与集会,常叹服焉。"《后汉书集解》引惠栋说,谓"平",鲁恭弟,本传作"丕"。沈家本云,延平中特征充为博士,时鲁平亦为博士。据《鲁丕传》,延平中丕不在朝,安得与李充同为博士,恐此传鲁平别是一人。

鲁峻

《隶释》卷九《司隶校尉鲁峻碑》:"君讳峻,字仲岩,山阳昌邑人。"又云鲁峻"治《鲁诗》,兼通颜氏《春秋》,博览群书"。

鲁峻生卒年,碑云:"年六十二,熹平元年□月癸酉卒。明年四月庚子葬。"则鲁峻生于安帝永初五年(111),卒于灵帝熹平元年(172)。鲁峻其余事迹俱见碑文。

按:碑中又云鲁峻门生"沛国丁直、魏郡马萌、勃海吕图、任城吴盛、陈留诚屯、东郡夏侯宏等三百二十人",谥之曰忠惠父。考鲁峻碑阴所列门生有姓名者只有三十八人,则鲁峻弟子失考者达十之八九,甚为可惜。

《鲁峻碑》又载于欧阳修《集古录》及赵明诚《金石录》。《水经注·济水》引戴延之《西征记》曰:"焦氏山北数里,有汉司隶校尉鲁峻冢,穿山得白蛇、白兔,不葬,更葬山南,凿而得金,故曰金乡山。山形峻峭,冢前有石祠、石庙,四壁皆青石隐起,自书契以来,忠臣、孝子、贞妇、孔子及弟子七十二人形像,像边皆刻石记之,文字分明。"

赵明诚《金石录》误作"鲁恭冢",当偶误。赵氏又云:"今墓与石室尚存,惟此碑为人舁置任城县学矣。余尝得石室所刻画像与延之所记合,又其他地理书如《方舆志》《寰宇记》之类皆作'峻',惟《水经注》转写为'防'尔。"据赵氏考证,鲁峻碑乃鲁峻墓前旧有,则碑文当可信,只是宋本《水经注》有作"鲁峻""鲁恭""鲁防"者,当以"鲁峻"为是。

陆珸

陆珸,通经。宋史能之《重修毗陵志》卷第一九"人物"云:"陆珸,字仲芳,毗陵人。操履清正,明京氏《易》、《尚书》,风角星算皆极精奥,辟主簿,视事旬日,谢病去,隐会稽山。"自注云:"见《毗陵先贤传》。"

闾葵班

闾葵班,处士,为唐扶立碑者。《隶释》卷五《汉成阳令唐扶颂》云:

> 君讳扶,字正南,颍川鄢人也。……耽乐道述,咀嚼七经,五六六七,训导若神接下,施与授财如捐。吏服其德,民归其恩。……光和六年二月壬午朔,廿五日丙午,处士闾葵班恋念唐君为立碑□。班字宣高,修《春秋》严氏,大子让公谦袭班业;次龚训谦,治《尚书》欧阳;次廉仲洁,小夏侯。

据碑文,闾葵班父子四人俱习经。其中长子闾葵让字公谦习公羊严氏学,次子闾葵龚字训谦习欧阳《尚书》,三子闾葵廉字仲洁习小夏侯《尚书》。按:唐晏《两汉三国学案》云:"闾丘葵,字仲洁,治小夏侯《尚书》。"为误读此碑文。

吕羌

吕羌,习梁丘《易》,东汉时官至山阳太守。《后汉书·范升传》曰:"建武二年,光武征诣怀宫,拜议郎,迁博士,〔范升〕上疏让曰:'臣与博士梁恭、山阳太守吕羌俱修梁丘《易》。二臣年并耆艾,经学深明,而臣不以时退,与恭并立,深知羌学,又不能达,惭负二老,无颜于世。诵而不行,知而不言,不可开口以为人师,愿推博士以避恭、羌。'"

考范升上疏于东汉光武建武二年（26），而言梁恭、吕羌老迈，则可知此二人之习梁丘《易》当在西汉世，而其人生世当跨两汉。

吕叔公

吕叔公，杨充之师。《华阳国志·梓潼士女赞》云："杨充，字盛国，梓潼人也。少好学，求师遂业，受古学于扶风马季长、吕叔公、南阳朱明叔、颍川白仲职，精研七经。"按：四人皆以字并举，则此吕叔公字叔公，扶风人，其余事迹均不详。

麻达

麻达，习《论语》。《风俗通义·姓氏》："麻氏，齐大夫麻婴之后，汉麻光为御史大夫，又麻达注《论语》。"（《广韵九·麻》引）王利器《风俗通义校注》云："麻达，后汉人。"①

钱大昭《补续汉书艺文志》有麻达《论语传》，钱氏注云："见《广韵》注。"侯康《补后汉书艺文志》著录为麻达《论语注》。王仁俊《玉函山房辑佚书续编》有《论语麻达注》一卷，但只有序而无辑文，其书早亡。

马江

《隶释》卷八《郎中马江碑》云："君讳江，字元海者，济阴乘氏人。"又云马江"玄然清妙，长有令称，通《韩诗》经，赞业圣典，左书右琴，明于光上之术，显于君臣之道"。

马江卒年，碑载"元嘉三年正（下阙）失贞干仕丧仪宗"云云，洪适云："元嘉三年［426］卒。"

马援

马援，汉伏波将军，习《齐诗》，《后汉书》卷二四有传。《马援传》："马援字文渊，扶风茂陵人也。……援年十二而孤，少有大志，诸兄奇之。尝受《齐诗》，意不能守章句。"李贤注引《东观汉记》曰："受《齐诗》，

---

① ［汉］应劭撰、王利器校注：《风俗通义校注》，中华书局1981年版，第519页。

师事颍川满昌。"《汉书·儒林传》述《齐诗》传授顺序云："[匡]衡授琅邪师丹、伏理斿君、颍川满昌君都。"

一、马援事迹

据《后汉书》本传，马援与隗嚣交友，曾劝嚣降汉，嚣不从其言。建武九年（33）为太中大夫，平凉州，十一年（35）夏为陇西太守，十七年（41）征入为虎贲中郎将，建武十八年（42）拜为伏波将军，征交阯，二十年（44）还京师。建武二十四年（48）征五蛮溪，明年（49）卒于军中。《后汉书·马援列传》云："[建武] 二十四年……[援] 时年六十二……明年……会援病卒。"则马援卒于建武二十五年（49），生于成帝元延元年（前12）。

马援事迹又见于《东观汉记》（吴校本）卷一二、周天游辑谢承《后汉书》卷二及薛莹《后汉记》、司马彪《续汉书》卷二、华峤《后汉书》卷一及张莹《后汉记》。

二、马援《诗》学

本传载其诫兄子马严、马敦，引《诗》云"亲结其缡"。诗见《豳风·东山》。

三、马援著述

1.《铜马相法》

据本传，作《铜马相法》。本传言"援好骑，善别名马，于交阯得骆越铜鼓，乃铸为马式"，又言"近世有西河子舆，亦明相法。子舆传西河仪长孺，长孺传茂陵丁君都，君都传成纪杨子阿，臣援尝师事子阿，受相马骨法。……臣谨依仪氏之，中帛氏口齿，谢氏唇鬐，丁氏身中，备此数家骨相以为法"。

马援《铜马相法》不见载于书目。《隋志》子部五行类载梁有《阙中铜马法》两卷，不题撰人。两《唐志》不见载，但《后汉书》李贤注引有《铜马相法》之文，则唐时该书未佚。

2. 似又整理过《九章算术》

《山堂考索》云："《九章算术》，周公所作也。凡有九篇，一曰《方考范升上疏于东汉光武建武二年（26），而言梁恭、吕羌老迈，则可知此二人之习梁丘《易》当在西汉世，而其人生世当跨两汉。

吕叔公

吕叔公，杨充之师。《华阳国志·梓潼士女赞》云："杨充，字盛国，梓潼人也。少好学，求师遂业，受古学于扶风马季长、吕叔公、南阳朱明叔、颍川白仲职，精研七经。"按：四人皆以字并举，则此吕叔公字叔公，扶风人，其余事迹均不详。

麻达

麻达，习《论语》。《风俗通义·姓氏》："麻氏，齐大夫麻婴之后，汉麻光为御史大夫，又麻达注《论语》。"（《广韵九·麻》引）王利器《风俗通义校注》云："麻达，后汉人。"①

钱大昭《补续汉书艺文志》有麻达《论语传》，钱氏注云："见《广韵》注。"侯康《补后汉书艺文志》著录为麻达《论语注》。王仁俊《玉函山房辑佚书续编》有《论语麻达注》一卷，但只有序而无辑文，其书早亡。

马江

《隶释》卷八《郎中马江碑》云："君讳江，字元海者，济阴乘氏人。"又云马江"玄然清妙，长有令称，通《韩诗》经，赞业圣典，左书右琴，明于光上之术，显于君臣之道"。

马江卒年，碑载"元嘉三年正（下阙）失贞干仕丧仪宗"云云，洪适云："元嘉三年［426］卒。"

马援

马援，汉伏波将军，习《齐诗》，《后汉书》卷二四有传。《马援传》："马援字文渊，扶风茂陵人也。……援年十二而孤，少有大志，诸兄奇之。尝受《齐诗》，意不能守章句。"李贤注引《东观汉记》曰："受《齐诗》，

---

① 〔汉〕应劭撰、王利器校注：《风俗通义校注》，中华书局1981年版，第519页。

师事颍川满昌。"《汉书·儒林传》述《齐诗》传授顺序云："[匡]衡授琅邪师丹、伏理斿君、颍川满昌君都。"

一、马援事迹

据《后汉书》本传，马援与隗嚣交友，曾劝嚣降汉，嚣不从其言。建武九年（33）为太中大夫，平凉州，十一年（35）夏为陇西太守，十七年（41）征入为虎贲中郎将，建武十八年（42）拜为伏波将军，征交阯，二十年（44）还京师。建武二十四年（48）征五蛮溪，明年（49）卒于军中。《后汉书·马援列传》云："[建武]二十四年……[援]时年六十二……明年……会援病卒。"则马援卒于建武二十五年（49），生于成帝元延元年（前12）。

马援事迹又见于《东观汉记》（吴校本）卷一二、周天游辑谢承《后汉书》卷二及薛莹《后汉记》、司马彪《续汉书》卷二、华峤《后汉书》卷一及张莹《后汉记》。

二、马援《诗》学

本传载其诫兄子马严、马敦，引《诗》云"亲结其缡"。诗见《豳风·东山》。

三、马援著述

1.《铜马相法》

据本传，作《铜马相法》。本传言"援好骑，善别名马，于交阯得骆越铜鼓，乃铸为马式"，又言"近世有西河子舆，亦明相法。子舆传西河仪长孺，长孺传茂陵丁君都，君都传成纪杨子阿，臣援尝师事子阿，受相马骨法。……臣谨依仪氏之，中帛氏口齿，谢氏唇鬐，丁氏身中，备此数家骨相以为法"。

马援《铜马相法》不见载于书目。《隋志》子部五行类载梁有《阙中铜马法》两卷，不题撰人。两《唐志》不见载，但《后汉书》李贤注引有《铜马相法》之文，则唐时该书未佚。

2. 似又整理过《九章算术》

《山堂考索》云："《九章算术》，周公所作也。凡有九篇，一曰《方田〉，二曰《粟米》，三曰《差分》，四曰《少广》，五曰《均输》，六曰《旁要》，七曰《盈不足》，八曰《方程》，九曰《勾股》，此大同小异，马援采为九章。"但本传不言马援善《九章算术》，善《九章算术》的是马续，刘徽《九章算术注序》也未提及马援，此处或为章如愚误记。

马皇后

马皇后，明帝刘庄皇后，马援小女，通经。《后汉书》卷一〇《皇后纪》云："明德马皇后讳某，伏波将军援之小女也。""能诵《易》，好读《春秋》《楚辞》，尤善《周官》、董仲舒书。""自撰《显宗起居注》。"《御览》卷一三七引司马彪《续汉书》云马后："诵《易经》，习《诗》《论语》《春秋》，略记大义，读《楚辞》，尤善赋颂，疾其浮华，听论辄摘其要。"

马后生卒年，《皇后纪》云："（建初）四年，天下丰稔，方垂无事……太后其年寝疾，不信巫祝小医，数来绝祷祀。至六月，崩。在位二十三年，年四十余。"马皇后卒于章帝建初四年（79），又年四十余，则马后当生于建武十五年（39）之前。《皇后纪》又云马援卒时，"后时年十岁，干理家事，来制僮御，内外咨禀，事同成人"。马援卒于建武二十五年（49），时马皇后年十岁，或马后即生于建武十六年（40）。按：《马姜墓志》："惟永平七年七月廿一日，汉左将军特进胶东侯第五子贾武仲卒，时年廿九。夫人马姜，伏波将军新息忠成侯之女，明德皇后之姊也。生四女，年廿三而贾君卒。"永平七年（64）马姜年二十三，则马夫人生于建武十八年（42），如此，马姜乃是明德皇后之妹也，明德皇后也不是马援之小女，似《后汉书》记载有误。

马后事迹也见于《东观汉记》（吴校本）卷六、周天游辑司马彪《续汉书》卷一、张璠《汉记》。《御览》卷二二一、《类聚》卷四八引赵岐《三辅决录》亦有马皇后事，同本传。

马廖

马廖，马援之子，通《周易》，传附其父援之后。《后汉书》卷二四《马援传》曰："[马援]四子：廖，防，光，客卿。……廖字敬平，少以父任为郎。"李贤注引《东观汉记》曰："廖少习《易经》，清约沉静。"

马廖卒年，本传言："[廖] 永元四年，卒。"

马廖《易》学可考见者，唯有肃宗时马廖上疏长乐宫引《易》曰："不恒其德，或承之羞。"所引为《恒卦》九三爻词。《恒卦》巽下震上，郑玄注云："巽为进退，不恒其德之象。又互体《兑》，《兑》为毁折，后将有羞辱也。"

马廖事迹又见于《东观汉记》（吴校本）卷九、周天游辑谢承《后汉书》卷二。

马严

马严，通《左传》，马援之侄，传附马援之后。《马严传》云："严字威卿。父余，王莽时为杨州牧。严少孤，而好击剑，习骑射。后乃白援，从平原杨太伯讲学，专心坟典，能通《春秋左氏》，因览百家群言，遂交结英贤，京师大人咸器异之。"李贤注引《东观汉记》曰："从司徒祭酒陈元受之。"两书所述马严《左传》师承不同，不知孰是。

马严生卒年，本传言马严"永元十年，卒于家，时年八十二"。则马严生于新莽天凤四年（17），卒于永元十年（98）。

本传言其学行曰"显宗召见，严进对闲雅，意甚异之，有诏留仁寿闼，与校书郎杜抚、班固等杂定《建武注记》"。又，"肃宗即位……其冬，有日食之灾，严上封事曰……《传》曰：'上德以宽服民，其次莫如猛。故火烈则人望而畏之，水懦则人狎而玩之。为政者宽以济猛，猛以济宽。'"马严所称"《传》曰"乃简约《左传》昭公二十年郑子产诫子太叔为政之词："唯有德者能以宽服民，其次莫如猛。夫火烈，民望而畏之，故鲜死焉。水懦弱，民狎而玩之，则多死焉。"《左氏传》又引孔子之言曰："政宽则民慢，慢则纠之以猛。猛则民残，残则施之以宽。宽以济猛，猛以济宽，政是以和。"此为马严习《左传》之证。

马严事迹又见于《东观汉记》（吴校本）卷一二及周天游辑司马彪《续汉书》卷二。

马融

马融，马严第五子，东汉古学大师。《后汉书》卷六〇上《马融传》云："马融字季长，扶风茂陵人也①，将作大匠严之子。"谢承《后汉书》云："马融字季长，年十三，明经，为太子舍人，校书东观。"（《书钞》卷

---

① 李贤注："《融集》云：'茂陵成欢里人也。'"

六六引）袁宏《后汉记》卷一九云："（马）融美才貌，解音声，学不师受，皆为之训诂，弟子自远方来受业者常千余人。"

马融生卒年，本传云马融："年八十八，延熹九年卒于家。"则马融于章帝建初四年（79）生，桓帝延熹九年（166）卒。

一、主要事迹

（1）少年师从挚恂。本传："初，京兆挚恂以儒术教授，隐于南山，不应征聘，名重关西，融从其游学，博通经籍。恂奇融才，以女妻之。"

（2）安帝永初二年（108），大将军邓骘召为舍人，马融不就。本传："永初二年，大将军邓骘闻融名，召为舍人，非其好也，遂不应命，客于凉州武都、汉阳界中。会羌虏飙起，边方扰乱，米谷踊贵，自关以西，道殣相望。融既饥困，乃悔而叹息，谓其友人曰：'古人有言："左手据天下之图，右手刎其喉，愚夫不为。"所以然者，生贵于天下也。今以曲俗咫尺之羞，灭无赀之躯，殆非老庄所谓也。'故往应骘召。"

（3）永初四年（110）为校书郎，后为郎中。本传："四年，拜为校书郎中，诣东观典校秘书。"李贤注引谢承《后汉书》及《续汉书》并云为校书郎，又拜郎中。则范晔书"校书郎中"当为"校书郎、郎中"。

（4）元初二年（115）上《广成颂》，触怒邓太后，因兄子丧辞官归家，遭禁锢六年。本传："是时邓太后临朝，骘兄弟辅政。而俗儒世士，以为文德可兴，武功宜废，遂寝搜狩之礼，息战陈之法，故猾贼从横，乘此无备。融乃感激，以为文武之道，圣贤不坠，五才之用，无或可废。元初二年，上《广成颂》以讽谏。……颂奏，忤邓氏，滞于东观，十年不得调。因兄子丧自劾归。太后闻之怒，谓融羞薄诏除，欲仕州郡，遂令禁锢之。"李贤注引《马融集》云："时左将奏融遭兄子丧，自劾而归，离署当免官。制曰：'融典校秘书，不推忠尽节，而羞薄诏除，希望欲仕州郡，免官勿罪。'禁锢六年矣。"

（5）永宁二年（121），再为校书郎。本传："太后崩，安帝亲政，召还郎署，复在讲部。"邓太后崩于安帝永宁二年。

（6）延光二年（123）为河间王刘厩长史，延光三年（124）上《东巡颂》，为郎中。本传："出为河间王厩长史。时车驾东巡岱宗，融上《东巡颂》，帝奇其文，召拜郎中。"据《安帝纪》，东巡在延光三年春二月。

（7）延光四年（125），融去官，为许县令。本传："安帝东巡及北乡侯即位，融移病去，为郡功曹。"安帝崩及北乡侯即位在延光四年。《续汉志·五行志》:"[延光]四年三月戊午朔,日有蚀之,在胃十二度。陇西、酒泉、朔方各以状上,史官不觉。"刘昭注引《马融集》云:"是时融为许令,其四月庚申,自县上书曰:'伏读诏书,陛下深惟禹、汤罪己之义,归咎自责。寅畏天戒,详延百僚,博问公卿,知变所自,审得厥故,修复往术,以答天命。'"

(8)顺帝阳嘉二年(133),对策北宫端门,为议郎。本传:"阳嘉二年,诏举敦朴,城门校尉岑起举融,征诣公车,对策,拜议郎。"李贤注引《续汉书》曰:"融对策于北宫端门。"融时年四十八岁。

(9)永和三年(138),为武都太守。本传:"大将军梁商表为从事中郎,转武都太守。"不云何时。贾公彦《序周礼废兴》引马融《周官序》:"至六十,为武都太守。郡小少事,乃述平生之志,著《易》《尚书》《诗》《礼》传,皆讫。惟念前业未毕者唯《周官》,年六十有六,目瞑意倦,自力补之,谓之《周官传》也。"为武都太守,上疏言征讨西羌将败,预言陇西、乌桓将叛。

(10)建康元年(144),注《周礼》(又名《周官传》),年六十六。贾公彦《序周礼废兴》引马融《周官序》:"年六十有六,目瞑意倦,自力补之,谓之《周官传》也。"

(11)桓帝建和元年(147),为梁冀草奏陷李固。本传:"初,融惩于邓氏,不敢复忤势家,遂为梁冀草奏李固,又作大将军《西第颂》,以此颇为正直所羞。"《李固传》:"冀闻之大惊,畏固名德终为己害,乃更据奏前事,遂诛之,时年五十四。"《桓帝纪》建和元年十一月:"前太尉李固、杜乔皆下狱死。"《后汉书·吴祐传》:"祐在胶东九年,迁齐相,大将军梁冀表为长史。及冀诬奏太尉李固,祐闻而请见,与冀争之,不听。时扶风马融在坐,为冀章草,祐因谓融曰:'李公之罪,成于卿手。李公即诛,卿何面目见天下之人乎?'冀怒而起入室,祐亦径去。"

(12)桓帝建和二年(148)马融为南郡太守①。本传:"三迁,桓帝时为南郡太守。"

(13)元嘉二年(152),马融徙朔方。本传:"先是融有事忤大将军梁冀旨,冀讽有司奏融在郡贪浊,免官,髡徙朔方。"不载何时。《太平广记》卷二〇二引商(殷)芸《小说》:"融在南郡四年,未尝按论刑杀一人。"《御览》卷六四一引《三辅决录》也载有此事。又《后汉书·梁冀传》:

---

① 范书本传不载马融何年官迁南郡太守。王利器对此有详考,定于桓帝建和二年,今从王说。见王氏《郑康成年谱》,齐鲁书社1983年版,第44页。

"南郡太守马融、江夏太守田明，初除，过谒不疑，冀讽州郡以它事陷之，皆髡笞徙朔方。融自刺不殊，明遂死于路。"

（14）永兴二年（154），复拜议郎，三入东观校书。本传："马融自刺不殊，得赦还，复拜议郎，重在东观著述，以病去官。"不云何时遇赦。按：《桓帝纪》永兴二年："春正月，大赦天下。"《类聚》卷一〇〇引《典论》："议郎马融，以永兴中帝猎广城，融从，是时北州遭水潦蝗虫，融撰《上林颂》以讽。"《水经注·汝水》将此事系于元初二年，是将上《广成颂》混为一事，误。刘知几《史通·序》："昔马融三入东观，汉代称荣。"

马融事迹又见于《东观汉记》（吴校本）卷一二，袁宏《后汉记》卷一八、一九，周天游辑谢承《后汉书》卷四，司马彪《续汉书》卷四，华峤《后汉书》卷二及赵岐《三辅决录》、殷芸《小说》诸书。

二、马融之学

马融之师，袁宏《后汉记》云其无师受，考本传有挚恂。又有曹大家班昭，《后汉书·列女传》云："时马融受业于大家。"

弟子众多，其中著名者，有卢植、郑玄。本传："融才高博洽，为世通儒，教养诸生，常有千数。涿郡卢植，北海郑玄，皆其徒也。"

交友，有窦章。《后汉书》卷二三《窦融传》云："[窦]章字伯向。少好学，有文章，与马融、崔瑗同好，更相推荐。"李贤注引《马融集·与窦伯向书》曰："孟陵奴来，赐书，见手迹，欢喜何量，见于面也。书虽两纸，纸八行，行七字。"

三、主要著述

本传云："注《孝经》《论语》《诗》《易》、三《礼》、《尚书》《列女传》《老子》《淮南子》《离骚》，所著赋、颂、碑、诔、书、记、表、奏、七言、琴歌、对策、遗令，凡二十一篇。"《隋志》："后汉南郡太守《马融集》九卷。"两《唐志》并载"《马融集》五卷"，则唐时其集部分已佚。宋人书目不复见载，当佚。后世辑本，明人张溥《汉魏六朝百三名家集》辑有《马季长集》，严可均《全后汉文》卷一八辑有马融文。

1.《易》学著述

《后汉书·儒林列传》云："而陈元、郑众皆传费氏《易》，其后马融亦为其传。融授郑玄，玄作《易注》，荀爽又作《易传》，自是费氏兴，而京氏遂衰。"《隋志》："后汉陈元、郑众，皆传费氏之学。马融又为其传，以授郑玄。玄作《易注》，荀爽又作《易传》。"《序录》引范书云："京兆陈元、扶风马融、河南郑众、北海郑玄、颍川荀爽并传费氏《易》。"皆同。《郡斋读书志》亦云："东京荀、刘、马、郑皆传其学（按：指费氏学）。"

《序录》有马融《易传》十卷，陆氏自注："《七录》云九卷。"《隋志》云："梁又有汉南郡太守马融注《周易》一卷，亡。"按：当为十卷，字误。又载"《周易马、郑、二王四家集解》十卷。梁有《集马、郑、二王解》十卷，亡。"两《唐志》并有马融《周易章句》十卷，及《马、郑、二王（易）集解》十卷。马国翰以为隋代散亡而唐复得之。马融《易》说散见于《经典释文》《周易正义》《周易集解》等诸书中。朱彝尊《经义考》辑有《马氏周易注》，孙堂《汉魏二十一家易注》辑有《马融周易传》一卷，张惠言《易义别录》辑有《周易马氏》一卷，黄奭《黄氏逸书考》辑有《马融易传》一卷，马国翰《玉函山房辑佚书》辑有《周易马氏传》三卷，胡薇元《汉易十三家》辑有《周易马融传》一卷。臧庸《问经堂丛书》将马融与王肃《易》说合辑，题为《马王易义》一卷。

马氏于《易》，一为新定章句，如今本《系辞》凡十二章，孔疏云："马季长、荀爽、姚信等又分'白茅'章后，取'负且乘'更为别章，成十三章。"二为校定文字，如《乾》"圣人作"，《释文》："马融作起。"三为字词训诂，如《坤》卦"丧朋"，《释文》："马云：失也。""由辩"，《释文》："马云：别也。"四为释义，如《系辞上》："大衍之数五十，其用四十有九。"孔疏引马融云："易有太极，谓北辰也。太极生两仪，两仪生日月，日月生四时，四时生五行，五行生十二月，十二月生二十四气。北辰居位不动，其余四十九转运而用也。"五为创立家法，也未必尽从费氏学，其《易》学大要如张惠言《易义别录》云："费氏古文易有书自马融始，马融为易传，授郑康成。马以乾坤十二爻论消息，以人道政治、议卦爻，此郑所本于马也。"十二消息说源自孟喜，而马融变通，所以荀悦《汉纪》曰："马融著《易解》，颇生异说。"又如《御览》卷六〇八引颜延之《庭诰》曰："《易》首体备，能事之渊，马、陆得其象数而失其成理，荀、王举其正宗而略其数象。四家之见，虽各有所志，总而论之，情理出于微明，气数生于形分。然则荀、王得之于心，马、陆取之于物，其芜恶迄可知矣。"马融与荀爽俱传费氏《易》，然据颜氏之意，此二人宛如对立，是亦不必强分家法。进而如孔颖达甚至不以马融传费氏。孔氏《周易正义》言两汉《易》学源流曰："又东汉郑玄、魏王弼，并注《易》。……而郑玄、王弼所传则费氏之学。"有郑玄而无马融。

2.《尚书》学著述

马融当治古文《尚书》，作注。马融本传不言其《尚书》师承。《后汉书·儒林列传》云："扶风杜林传古文《尚书》，林同郡贾逵为之作训，马融作传，郑玄注解，由是古文《尚书》遂显于世。"清儒据此多言马融传杜林漆书古文《尚书》，如《经义考》："马氏《尚书注》本于杜林漆书，故多与今文异。其书唐初尚存，陆氏《释文》采之。"钱大昭《补续汉书艺文志》有马融《尚书注》十一卷，钱氏注："本漆书，故与今文多异。"然后儒皆不以马融《尚书》古文包括增多的十六篇。如《隋志》："后汉扶风杜林，传古文《尚书》，同郡贾逵为之作训，马融作传，郑玄亦为之注。然其所传，唯二十九篇，又杂以今文，非孔旧本。自余绝无师说。"古文逸《书》"绝无师说"恰恰来自马融自己——《尚书·尧典》孔疏引马融云："逸十六篇，绝无师说。"《序录》云："（陆德明）按：今马、郑所注并伏生所诵，非古文也。孔氏之本绝，是以马、郑、杜预之徒皆谓之《佚书》。"《直斋书录解题》亦云："然则马、郑所解，岂真《古文》哉！故孔颖达谓贾、马辈惟传孔学三十三篇，即伏生《书》也，亦未得为孔学矣。"陈振孙同孔颖达一样误以为伪孔为真古文，以马融、郑玄之学为假固然不确，但其指出马融古文《尚书》篇目不出伏生之外，盖得其实。也即：马氏所注古文《尚书》，其篇目止今文二十九篇，分合成三十三篇（如《盘庚》分上中下篇等）。其家法，大抵以训诂为主，但也有以臆说经的毛病，且也杂以今文说。实际并没有真正意义上确立古文《尚书》的家法。按：张守节《史记正义论例·论注例》云："《史记》文与古文《尚书》同者，则取孔安国注。若与伏生《尚书》同者，则用郑玄、王肃、马融所释。"明马融注古文《尚书》只在伏生二十八篇之内，今俱载《释文》，斑斑可考。

马融《尚书注》，《隋志》载："《尚书》十一卷，马融注。"《序录》亦载有马融《尚书注》十一卷，两《唐志》并载十卷，一卷之差，或在于《尚书序》。《尚书正义》云："马郑之徒，百篇之序总为一卷。"《释文·舜典》云："今马郑之徒百篇之序总为一卷，孔以各冠其篇首，而亡篇之序，即随其次第，居见存者之间。"据《释文》，则其所载马融注《尚书》十一卷，有序一卷。至于两《唐志》所载十卷，或因伪古文《尚书》之编排之影响，将序分置各篇之首。此书不见宋人书目所载，当佚。其辑本，王谟《汉魏遗书钞》辑有马融《尚书注》一卷，马国翰《玉函山房辑佚书》辑有《尚书马氏传》四卷，二人据《释文》《尚书正义》《史记集解》采获。

3.《诗》注

《后汉书·儒林列传》云："中兴后，郑众、贾逵传《毛诗》，后马融作

《毛诗传》，郑玄作《毛诗笺》。"陆玑《毛诗草木鸟兽虫鱼疏》："其后郑众、贾逵传《毛诗》，马融作《毛诗传》，郑玄作《毛诗笺》。"《隋志》："郑众、贾逵、马融，并作《毛诗传》，郑玄作《毛诗笺》。"《序录》："后汉郑众、贾逵传《毛诗》，马融作《毛诗注》，郑玄作《毛诗笺》，申明毛义难三家，于是三家遂废矣。"皆云马融传《毛诗》。

马融《诗》注，《隋志》："梁有《毛诗》十卷，马融注，亡。"《序录》载有马融《毛诗注》十卷。陆氏自注："无下袟。"两《唐志》不复见著录，当全佚。马融诗说遗留于孔颖达《毛诗正义》、陆德明《释文》等书中。黄奭《黄氏逸书考》辑有《毛诗马融注》一卷，马国翰《玉函山房辑佚书》有《毛诗马氏注》一卷。

马融《诗》注是否纯为《毛诗》？马国翰辑本序云："[马融《诗》注]唯《正义》及《释文》引十一节，郦道元《水经注》引一节。佚说之存者仅此。按：郑康成受业于融，笺诗应本师说。《正义》《释文》所引特著其与郑义异者耳。夫一家之学，不为苟同，观季长之逸文而康成卓越之识俞可见矣。"侯康《补后汉书艺文志》云："马虽治《毛诗》而不株守毛义，如《南有樛木》同《韩诗》作'朻'（见《释文》），《广成颂》'诗咏圃草'与《韩诗》'东有圃草'合。然此犹或毛氏异文无大差互。惟《庞参传》载融上书以《出车》诗'赫赫南仲'为宣王时，则与班固《匈奴传》引诗合而与《毛传》大乖，或行文偶参用三家说而《诗传》固仍宗毛乎？"

4. 治三《礼》学

于《礼记》，后儒认为马氏之本或增《礼记》篇目，但此事不可信。《序录》："后汉马融、卢植考诸家同异，附戴圣篇章，去其繁重及所叙略而行于世，即今之《礼记》是也。郑玄亦依卢、马之本而注焉。""去其繁重"意为马融、卢植或对《礼记》篇目进行调整，但未坐实。《隋志》则云："汉末马融，遂传小戴之学。融又定《月令》一篇、《明堂位》一篇、《乐记》一篇，合四十九篇。"对此，侯康《补后汉书艺文志》曰："《隋志》所云似因陈邵之说而傅会之，其实马融注《礼记》但有解释并无去取，邵言微误。《隋志》谓融增入三篇尤误。刘向《别录》已称《礼记》四十九篇，桥仁著《礼记章句》四十九篇，皆在前汉时，不待融足三篇也。"马融又注《礼记》。贾疏引马融《周官传序》云治《礼》，但各家书目不见著录。《东汉会要》载有马氏《礼记注》，但不详卷数。马国翰从《释文》《通典》、《文选》注、《礼记正义》等辑有《礼记马氏注》一卷。王谟《汉魏遗书钞》并有马融《礼记注》辑本。

于《周礼》，作《周礼注》，亦名《周官传》。《隋志》云："至王莽时，刘歆始置博士，以行于世。河南缑氏及杜子春受业于歆，因以教授。是后马融作《周官传》，以授郑玄，玄作《周官注》。"《序录》："后马融作《周官传》，授郑玄，玄作《周官注》。"另见前马融事迹，贾公彦《序周礼废兴》引马融《周官序》，马融补《周官》，成《周官传》。孔颖达《尚书正义》又引马融《周官传》说曰："欲省学者两读，故具载本文而就经为注。"（按：又见于孔颖达《毛诗正义》）如此，依经附注，其首创自马融。《三国志·魏书·三少帝纪》载博士淳于俊答高贵乡公曹髦，以为以传附经之制始自郑玄注《易》，恐非郑玄首创，或受马融启发。

马融《周官注》，《隋志》："《周官礼》十二卷，马融注。"两《唐志》并载："《周官》十二卷，马融传。"《序录》有马融注《周官》十二卷。宋人书目不见载，当佚。其遗说，贾公彦《序周礼废兴》引有马融《周官传序》，但郑玄注《周礼》未取马融《传》。贾疏于马融义往往引作"贾马说"，马国翰《玉函山房辑佚书》据贾疏、《御览》、《续汉志》刘昭注、《通典》等辑有马融《周官传》一卷。另，王谟《汉魏遗书钞》有马融《周官传》一卷，黄奭《黄氏逸书考》有《周官马融传》一卷。

于《仪礼》，作《仪礼音》。《隋志》载马融"《仪礼音》"二卷，但陆德明云"汉人不作音"，恐假托。又注《丧服传》。《隋志》及《唐志》有《丧服经传》一卷，题马融注。《隋志》又载"《丧服纪》一卷，马融注"。《新唐志》载马融注《丧服记》一卷。《序录》亦云"自马融以下并注《丧服》"。今散见于《通典》及贾公彦《仪礼疏》所引，马国翰《玉函山房辑佚书》有辑本一卷。马国翰序云："注大指与康成略同。其涉异者如'公之庶昆弟、大夫之庶子为母妻昆弟'，马以'昆弟'二字抽之，在传下又合读。"据此，说明马融注《丧服传》时对文本重新做过编排。今人沈文倬先生云："马融初入东观典校秘书时，把它与单经合编，成《丧服经传》一卷，并撰注单行。"① 或是。除马氏辑本外，王谟《汉魏遗书钞》有马融《丧服经传》辑本一卷，黄奭《黄氏逸书考》辑有《马融仪礼丧服经传》一卷。

5. 或也治《九章算术》

《马续传》言马融之弟马续"善《九章算术》"，但《礼记正义》云："重差、差分一也。去旁要，以勾股替之，是为汉之九属。马融、干宝云：'《今有》《夕桀》，各为一篇。'未知所出。"

---

① 沈文倬：《宗周礼乐文明考论》，浙江大学出版社2006年版，第230页。

6. 注《老子》

《后汉书·五行志六》刘昭注引《马融集》"融延光四年日食上书云",引有《老子》,见第六十三章。马融本传言其"尝注《老子》",此为证。

7. 注《论语》

《序录》:"魏吏部尚书何晏集孔安国、包咸、周氏、马融、郑玄、陈群、王肃、周生烈之说,并下己意为《集解》,正始中上之,盛行于世,今以为主。"不云马融所注为何家。《隋志》:"张禹本授《鲁论》,晚讲《齐论》,后遂合而考之,删其烦惑。除去《齐论·问王》《知道》二篇,从《鲁论》二十篇为定,号《张侯论》,当世重之。周氏、包氏为之章句,马融又为之训。"以为马融所注底本为《张侯论》。何晏《论语集解·序》则云:"《古论》唯博士孔安国为之训解,而世不传,至顺帝时,南郡太守马融亦为之训说。"据何晏则马融乃为《古论语》作注,与《隋志》马融注《张侯论》不同。张守节《史记正义论例·论注例》云:"(《史记》文)与三礼、《论语》、《孝经》同者,则取郑玄、马融、王肃之注。"据张守节说,似乎马融所注乃是《古论语》《古文孝经》,其文与传世文本差异较大,故《史记正义》取其异。

其辑本,马国翰《玉函山房辑佚书》有《论语马氏训说》二卷,龙璋《小学蒐佚》下编补亦辑有马融《注论语》一卷,皆采自何晏《论语集解》。

8. 注《孝经》

本传:"注《孝经》。"《序录》云:"后汉马融亦作《古文孝经传》,而世不传。"《隋志》云:"又有《古文孝经》,与《古文尚书》同出,而长孙有《闺门》一章,其余经文,大较相似,篇简缺解,又有衍出三章,并前合为二十二章,孔安国为之传。至刘向典校经籍,以颜本比古文,除其繁惑,以十八章为定。郑众、马融,并为之注。"《隋志》亦载有:"梁有马融、郑众注《孝经》二卷,亡。"按此,则马融所注或为古文《孝经》。按:上节引张守节《史记正义论例·论注例》亦可印证。

此书早佚,王仁俊从《资治通鉴》胡三省注中采获一处,入《玉函山房辑佚书续编》,题《孝经马氏注》一卷。按:《通鉴》汉平帝元始四年(4)宗祀孝文帝以配上帝,胡三省注引马融曰:"上帝,太一之神,在紫微宫,天之最尊者。"侯康曰:"《隋志》已列马注于亡书内,胡身之无缘得见,据《书·释文》,则此乃'肆类于上帝'注,或注《孝经》亦与之同,而胡身之从他书转引耶?"

9.《春秋》学，曾作《三传异同说》

本传云："尝欲训《左氏春秋》，及见贾逵、郑众注，乃曰：'贾君精而不博，郑君博而不精。既精既博，吾何加焉！'但著《三传异同说》。"《序录》袭自本传，亦云："南郡太守马融为《三家异同》之说。"关于此书内容，侯康《补后汉书艺文志》曰："据此书名，似是为三家折衷，然《正义》所引马融说虢仲虢叔一条，夷吾无礼一条，二叔不咸一条，皇父二子一条，组甲被练一条，三坟五典八索九丘一条……皆与《公》《穀》无涉。疑此书虽以异同名，而所释者《左氏》为多，盖融本欲注三《传》而中止者也。"但此书《隋志》《唐志》均不录，盖散佚已久，侯氏之说亦无法对证。后世辑本，马国翰《玉函山房辑佚书》有辑本一卷，辑本所采孔颖达《左传正义》所引马融说与贾郑相异者，如"说二叔为夏殷之叔，世五典为五行"（辑本《序》）。但辑本也将正义所引贾马相同者一并辑入，恐不妥。

10. 作《律章句》

《晋书·刑法志》："秦汉旧律，后人生意，各为章句，叔孙宣、郭令卿、马融、郑玄诸儒，章句十有余家，览者益难。天子（魏明帝）于是下诏：'但用郑氏章句，不得杂用余家。'"马氏所作《律章句》不见载于诸史志目录，亦不见他书所引，具体面貌不得而知。

11. 后儒以为马融作《忠经》

《玉海》卷四一"艺文"录有"汉《忠经》"。王应麟引李淑《邯郸书目》云："儒家，一卷。马融撰，郑玄注。融述《孝经》之意作《忠经》，陈事君之要道，始于《立德》，终于《成功》，十八章。"《读书敏求记》卷三："马融《忠经》一卷。季长为汉南太守，比拟《孝经》而作是书，亦分一十八章。大司农郑玄为之注解。"《宋志》："马融《忠经》一卷。"《崇文总目》亦载有"忠经一卷"，钱侗云："《玉海》云，马融撰，郑元（玄）注；《崇文》目小说，《通志略》《宋志》又有海鹏撰一卷，今本亦题融撰、元注。皆依托也。"丁晏《尚书余论》认为作者非汉儒马融乃是别一马融，为唐人。《越缦堂读书记》对此有详考。严可均以为后人伪托，故《全后汉文》不录。

12. 后儒又以为马融曾为《楚辞》作注

顾怀三《补后汉书艺文志》集部楚辞类录有马融《楚辞注》。《后汉书》卷六〇上《马融列传》仅云其注有《离骚》，未言其注《楚辞》。顾氏以洪兴祖《楚辞补注》"鸿鹄代游曼鹔鹴"注引有马融"鹔鹴其羽，如纨高首而修颈"语，而以为马融注有《楚辞》，并加注语云"此二语亦见马融《左传注》"。然马融如注有《楚辞》，《后汉书》似不当仅言其注《离骚》，且除此二语外别无他证，此或当是《左传注》之语，而洪兴祖引以注《楚辞》者。今已无确证。

13. 其他

此外，《宋志》载有："李燕《穆护词》一卷。"注云："一作马融《消息机口诀》。"亦后人假托之书。按：马融所谓"古学大师"，亦不应夸大其词，于此略论一二，以做结语。何为古学？其初乃指《春秋三传》之左氏学。《郑玄传》云："初，中兴之后，范升、陈元、李育、贾逵之徒争论古今学，后马融答北地太守刘瓖及玄答何休，义据通深，由是古学遂明。"所述之事，皆在争论《左氏》与《公羊》《穀梁》义之长短，及争立《左传》于官学。而于《春秋》学，马融最弱。其著作，唯有《三传异同说》，然此书史志不载，可见其名亦不显。此其一。其二，马氏注经，也杂有今文家言。《困学纪闻》卷五云：

> 马融注《论语》云："所因，谓三纲五常。"《大学衍义》谓："三纲之说，始见于《白虎通》。"愚按：《谷永传》云："勤三纲之严。"《太玄·永》次五云："三纲得于中极，天永厥福。"其说尚矣。《礼记正义》引《礼纬含文嘉》，有三纲之言，然纬书亦起于西汉之末。

"三纲五常"明为今文家说。又，《周礼·庭氏》："若不见其鸟兽，则以救日之弓与救月之矢射之。"《御览》引马注："救日食，则伐鼓北面，体太阴；救月食，则伐鼓南面，体太阳。"法同董仲舒，亦是今文家说。又，袁宏《后汉记》卷一八，载顺帝阳嘉二年（133）夏四月己亥，京都地震，马融对曰：

> 臣闻"立天之道曰阴与阳，立地之道曰柔与刚"。夫阴阳刚柔，天地所以立也。取仁于阳，资义于阴，柔以施德，刚以行刑，各顺时月，以厚群生。帝王之法，天地设位，四时代序。王者奉顺，则风雨时至，嘉禾繁植；天失其度，则咎征并至，饥馑荐臻。

"立天之道曰阴与阳，立地之道曰柔与刚"虽为《说卦传》之辞，貌似费氏《易》所谓"以十篇之言解说上下经"，但阴阳失序、灾异瑞应云云无一不是今文家言。要之，东汉诸儒实则今文家居多，非坊间所谓"古文家与今文家斗争之需要"而习今文学，其实乃是东汉经学风气如此。

马续

马续，马严之子，马融之弟。《马严传》云："严七子，唯续、融知名。"李贤注："谓固、伉、歆、鱄、融、留、续。"《马严传》又云："[马]续字季则，七岁能通《论语》，十三明《尚书》，十六治《诗》，博观群籍，善《九章算术》。顺帝时为护羌校尉，迁度辽将军，所在有威恩称。"卒年不详。

马续学行之著名者，有《后汉书·列女传》载其与曹大家续《汉书》"八志"事。

马日磾

马日磾，马融族子，《孔融传》李贤注引《三辅决录》曰："日磾字翁叔，马融之族子。少传融业，以才学进。与杨彪、卢植、蔡邕等典校中书，历位九卿，遂登台辅。"按《马融传》："族孙日磾，献帝时位至太傅。"以马日磾为马融之族孙，与《三辅决录》不同。

一、主要事迹

马日磾《后汉书》无传，其事迹散见于他篇，有：

（1）灵帝中平五年（188），为太尉，次年免官。《灵帝纪》中平五年："秋七月，射声校尉马日磾为太尉。"《灵帝纪》中平六年（189）："夏四月丙午朔，日有食之。太尉马日磾免，幽州牧刘虞为太尉。"

（2）献帝初平三年（192），为太傅，《献帝纪》初平三年："秋七月庚子，太尉马日磾为太傅，录尚书事。"八月巡行天下，"八月，遣日磾及太仆赵岐，持节慰抚天下"。

（3）兴平元年（194），卒。《献帝纪》兴平元年："太傅马日磾薨于寿春。"

马日磾之死因，《孔融传》云："初，太傅马日磾奉使山东，及至淮南，数有意于袁术。术轻侮之，遂夺取其节，求去又不听，因欲逼为军帅。日磾深自恨，遂呕血而毙。"日磾失节受辱忧愤而死之事又见于《献帝春秋》："术从日磾借节观之，因夺不还，条军中十余人使促辟之。日磾谓术曰：'卿先代诸公辟士云何？而言促之，谓公府掾可劫得乎？'从术求去，而术

不遗，既以失节屈辱忧恚。"（《三国志·魏书·袁术传》注引）

马日䃂事迹又见于袁宏《后汉记》卷二九。

二、学行

马日䃂于儒学最显著事迹是与蔡邕等正五经文字，刻《熹平石经》，事见前引《孔融传》，亦见于《蔡邕传》及《隶释》载汉石经残文。侯康《补后汉书艺文志》录有马日䃂《集群书古文》，见于郭恕《汗简》卷下引五字。

毛生

毛生，失名字，《论语》名家。《隶释》卷一四载《石经论语》残碑：

> 贾诸？贾之分。包周□□□□。盖肆乎其肆也。□周（下阙）曰言□而在于萧墙之内。盇、毛、包、周无于（下阙）。

按：上文为石经《论语》后蔡邕诸人之校勘记，有盇、毛、包（咸）、周氏四家。侯康《补后汉书艺文志》曰："盇氏、毛氏盖亦注《论语》之人，然别无他据，又列名于包咸之前，或西汉人亦未可知。"按：西汉人年代久远，两书未必皆能逃脱西汉末年战乱，故两人为东汉之人较为合理。

孟孝琚

孟孝琚，原名孟广宗，后改名为璇，字孝琚。《孟孝琚碑》云：

> □□□□□，□□丙申，月建临卯。严道君曾孙武阳令之少息孟广宗卒。□□□□，□□□遂，广四岁失母，十二随官，受韩诗，兼通《孝经》二卷，博览□□，□□□□，□改名为璇，字孝琚。闵其敦仁，为问蜀郡何彦珍女，未娶□□。□□□□□十月癸卯，于茔西起坟，十一月□卯采。（按：释文从高文《汉碑集释》）

《后汉书·儒林列传·杜抚传》云："杜抚字叔和，犍为武阳人也。少有高才。受业于薛汉，定《韩诗章句》。后归乡里教授。沈静乐道，举动必以礼。弟子千余人。"高文曰："韩诗之传入武阳自杜抚始。"① 如此，孟孝琚当是杜抚弟子或再传弟子。又，碑云"孟广宗"卒，又云"广四岁失母"，似有两名，实则孟孝琚原名广宗，或单称广。此类现象在汉人姓名称呼中不鲜见。如西汉欧阳《尚书》家欧阳地余或单称余。《汉书·儒林传》云："（欧阳）高孙地余长宾以太子中庶子授太子。"欧阳地余字长宾，《汉书·韦玄成传》载议罢郡国庙称"少府欧阳地馀"与《儒林传》同。而《百官表》永光元年（前43）称"欧阳馀"："侍中中大夫欧阳馀为少府，五年卒。"《居延汉简》卷一"永光四年，太医令下少府中常方，少府馀，狱臣延"，亦同。

孟孝琚之卒年，也是立碑的时间，即"□□□□□，□□丙申，月建临卯"之年岁，由于缺字较多，学界纷如聚讼，今从高文说，定为和帝永元八年（96年。毛远明《汉魏六朝碑刻校注》同）。

孟郁

孟郁，习《尚书》。《隶释》卷一《济阴太守孟郁修尧庙碑》云："济阴太守、河南偃师孟府君讳郁，字敬达，治《尚书》经，博览众文。"

洪适曰："（此碑）汉威宗（按：桓帝）永康元年（167）立记。是岁春阳为沴，孟府君行县谒庙，即获膏雨，以圣尧灵与天通，遂缮治大殿。"孟郁灵帝世仕履，略可考见一二。如《后汉书·灵帝纪》熹平六年（177）："十二月甲寅，太常河南孟戫为太尉。"按："郁"与"戫"通，袁宏《后汉记》卷二四作"孟郁"："（熹平六年）十二月，太常孟郁为太尉"，《后汉记》光和元年（178）："是月（五月），太尉孟郁、司空陈耽以灾异罢。"《灵帝纪》光和元年不载孟郁罢太尉官事，只载："九月，太尉张颢罢。"如此，光和元年五月孟郁即罢太尉官，由张颢接任，九月又罢。

孟元叔

孟元叔，通经，景鸾同学。《华阳国志·梓潼士女赞》云："景鸾，字汉伯，梓潼人也。少与广汉郝伯宗、蜀郡任叔本、颍川李仲、渤海孟元叔游学七州，遂明经术。"按：四人皆字，孟元叔之名不详。

---

① 高文：《汉碑集释》，河南大学出版社1985年版，第17页。

缪宇

《缪宇墓志》云："故彭城相行长史事吕长缪宇字叔异。岩岩缪君，礼性纯淑，信心坚[明]，□□□[备]。[循]京氏[易]经□□□恭俭礼让，恩惠□□，□□告□，远近敬芗。少秉里（？）□□府召退辟□□执[念]闾巷□相□□□贤知命，复遇坐席，要舞黑绋。君以和平元年七月七日物故。元嘉元年三月廿日葬。"（缪宇墓于 1980 年在江苏邳县出土，见《文物》1984 年第 8 期《东汉彭城相缪宇墓》。释文从赵超《汉魏南北朝墓志汇编》）

据墓志，缪宇卒于桓帝河平元年（150），生年不详。

牟融

牟融，习大夏侯《尚书》。《后汉书》卷二六《牟融传》云："牟融字子优，北海安丘人也。少博学，以大夏侯《尚书》教授，门徒数百人，名称州里。"《后汉书·儒林传》云："中兴，北海牟融习大夏侯《尚书》。"《序录》亦云："后汉北海牟融亦传大夏侯《尚书》。"

一、主要事迹

（1）永平三年（60），司徒郭丹举茂才，为丰县令。本传："以司徒茂才为丰令，视事三年，县无狱讼，为州郡最。"按：《明帝纪》永平三年春郭丹为司徒。

（2）明帝永平五年（62），司徒范迁荐举为司隶校尉。本传："司徒范迁荐融忠正公方，经行纯备，宜在本朝，并上其理状。永平五年，入代鲍昱为司隶校尉，多所举正，百僚敬惮之。"按：《明帝纪》范迁为司徒在永平四年（61）冬十月，永平八年春正月卒于官，正合本传所载。

（3）永平八年（65），为大鸿胪。本传："八年，代包咸为大鸿胪。"

（4）永平十一年（68），为大司农。本传："十一年，代鲑阳鸿为大司农。是时显宗方勤万机，公卿数朝会，每辄延谋政事，判折狱讼。融经明才高，善论议，朝廷皆服其能；帝数嗟叹，以为才堪宰相。"

（5）永平十二年（69），为司空。本传："明年，代伏恭为司空，举动方重，甚得大臣节。"《明帝纪》永平十二年："秋七月乙亥，司空伏恭罢。

乙未，大司农牟融为司空。"

（6）永平十八年（75），为太尉。本传："肃宗即位，以融先朝名臣，代赵熹为太尉，与熹参录尚书事。"《章帝纪》永平十八年诏曰："司空融典职六年，勤劳不怠。其以熹为太傅，融为太尉，并录尚书事。"为太尉，荐江革。《江革传》："建初初，太尉牟融举（江革）贤良方正，再迁司空长史。"

（7）章帝建初四年（79），卒。本传："建初四年薨，车驾亲临其丧。"《章帝纪》建初四年："春二月庚寅，太尉牟融薨。"

牟融事迹又见于《东观汉记》（吴校本）卷一三、袁宏《后汉记》卷一〇、周天游辑司马彪《续汉书》卷三及袁山松《后汉书》。

二、牟融著述

《隋志》子部儒家类有："《牟子》二卷，后汉太尉牟融撰。"《旧唐志》子部道家："《牟子》二卷，牟融撰。"与释家同列。《新唐志》子部道家："《牟子》二卷，牟融。"与释家分列。今本梁僧佑《弘明集》卷一载有《牟子理惑论》，僧佑自注："一云苍梧太守牟子博传。"据僧佑意，亦以《牟子理惑论》为牟融之《牟子》。《世说新语·文学》："殷中军见佛经云：'理亦应阿堵上。'"刘孝标注引《牟子》曰："汉明帝夜梦神人，身有日光，明日，博问群臣。通人傅毅对曰：'臣闻天竺有道者号曰佛，轻举能飞，身有日光，殆将其神也。'于是遣羽林将军秦景、博士弟子王遵等十二人之大月氏国，写取佛经四十二部，在兰台石室。"余嘉锡《笺疏》云："《牟子》即《牟子理惑论》，原在释僧佑《弘明集》内，详见余所作《理惑论检讨》。"则余嘉锡与僧佑意同。按：考其内容，此书非牟融作。今检《理惑论》牟子自序，其仕履皆在南方如交州、苍梧、荆州等，与牟融不合；自言所处时代为灵帝世，与牟融仕明帝、章帝世不合。洪颐煊《读书丛录》曰："《后汉书·牟融传》'融代赵熹为太尉，建初四年薨'，是书自序云：'灵帝崩，后天下扰乱'，则相距已百余年。《牟子》非牟融作明矣。"另外，此书通篇谈佛理，以释道儒三家会通，明帝、章帝世恐未有此见识。故此，刘孝标所引、僧佑《弘明集》所载之《牟子》，又名《理惑论》，乃释家著作（载于两《唐志》子部释道家），其作者当汉末另一牟姓之人，非牟融。牟融所作《牟子》（载于《隋志》子部儒家类）亡佚无存。

牟长

牟长，欧阳《尚书》名家，列东汉儒林。《后汉书·儒林列传·牟长传》云：

> 牟长字君高，乐安临济人也。其先封牟，春秋之末，国灭，因氏焉。
>
> 长少习欧阳《尚书》，不仕王莽世。建武二年，大司空弘特辟，拜博士，稍迁河内太守，坐垦田不实免。
>
> 长自为博士及在河内，诸生讲学者常有千余人，著录前后万人。著《尚书章句》，皆本之欧阳氏，俗号为《牟氏章句》。复征为中散大夫，赐告一岁，卒于家。

牟长事迹又见于《东观汉记》（吴校本）卷一八。

据本传，牟长撰有《尚书牟氏章句》，关于此书的作者后儒以为西汉牟卿所作，如李贤。《后汉书·张奂传》："《牟氏章句》浮碎繁多，有四十五万余言，奂减为九万言。"李贤注云："时牟卿受《书》于张（周）①堪，为博士，故有《牟氏章句》。"李贤认为此《牟氏章句》为西汉牟卿所作，朱彝尊《经义考》、杨树达《汉书窥管》说同。按：《后汉书·张奂传》曰："奂少游三辅，师事太尉朱宠，学欧阳《尚书》。"则张奂所删减之《牟氏章句》当亦为欧阳学。《汉书·儒林传》云："周堪字少卿，齐人也，与孔霸俱事大夏侯胜。……堪授牟卿及长安许商长伯。"牟卿《尚书》学乃是大夏侯氏，与后汉牟长不是一家。马端临《文献通考》云："《牟长章句》。本传：长习欧阳《尚书》，建武时，为博士，迁河南太守。注《尚书章句》，皆本之欧阳氏，俗号为《牟氏章句》。"钱大昭《补续汉书艺文志》有牟长《尚书章句》。姚振宗《后汉书艺文志》也认为是习欧阳《尚书》的牟长所作，将《尚书牟氏章句》置于牟长名下，甚是。

---

① 《后汉书集解》引洪亮吉说，谓"张"字应作"周"字。如此，则洪亮吉也以为《牟氏章句》乃是西汉牟卿所作。

牟纡

牟纡，牟长之子，亦当习欧阳《尚书》。《后汉书·儒林列传·牟长传》云："[牟长]子纡，又以隐居教授，门生千人。肃宗闻而征之，欲以为博士，道物故。"其余事迹不详。

某通

某通，失姓。《□通封记》云："□汉永和二年岁在丁丑七月下旬，临乃丧慈父，呜呼哀哉。故□石立碑，其辞曰：父通，本治白、孟《易》丁君章句，师事上党鲍公。"（北京图书馆藏拓，释文从赵超《汉魏南北朝墓志汇编》）

据《封记》，通卒于顺帝永和二年（137），生年不详。通所习白、孟《易》，传自西汉白光、孟喜。《汉书·儒林传》云："（孟）喜授同郡白光少子、沛翟牧子兄，皆为博士。由是有翟、孟、白之学①。"至于丁君章句，无考，两汉孟氏《易》名家不见丁氏者。通所师上党鲍公，即欧阳《尚书》世家，鲍宣、鲍永、鲍昱祖孙三代。按：三人之中，鲍宣为王莽所杀，鲍永卒于建武十八年（42），鲍昱卒于章帝建初六年（81年，按：详见三人条目），则通之师最有可能是鲍昱。如此，通先习《易》，后又转习《尚书》，此过程至少须在通十五岁之后，鲍昱与通年岁相差五十六，则通之寿当在七十以上。

欧阳歙

欧阳歙，西汉伏生之后，习欧阳《尚书》。《后汉书·儒林列传·欧阳歙传》云：

> 欧阳歙字正思，乐安千乘人也。自欧阳生传伏生《尚书》，至歙八世，皆为博士。
>
> 歙既传业，而恭谦好礼让。王莽时，为长社宰。更始立，为原武令。世祖平河北，到原武，见歙在县修政，迁河南都尉，后行太守事。

---

① 按此句钱大昕《三史拾遗》云："当云'孟家有白、翟之学'，文有脱误而。"

世祖即位,始为河南尹,封被阳侯。建武五年,坐事免官。明年,拜杨州牧,迁汝南太守。推用贤俊,政称异迹。九年,更封夜侯。

歙在郡,教授数百人,视事九岁,征为大司徒。坐在汝南臧罪千余万发觉下狱。诸生守阙为歙求哀者千余人,至有自髡剔者。平原礼震,年十七,闻狱当断,驰之京师,行到河内获嘉县,自系,上书求代歙死。曰:"伏见臣师大司徒欧阳歙,学为儒宗,八世博士,而以臧咎当伏重辜。歙门单子幼,未能传学,身死之后,永为废绝,上令陛下获杀贤之讥,下使学者丧师资之益。乞杀臣身以代歙命。"书奏,而歙已死狱中。歙掾陈元上书追讼之,言甚切至,帝乃赐棺木,赠印绶,赙缣三千匹。

子复嗣。复卒,无子,国除。

本传云欧阳歙死于大司徒职位,考《后汉书》所载,当死于建武十五年(39),生年不详。《后汉书·光武纪》建武十五年云:"汝南太守欧阳歙为大司徒。""冬十一月甲戌,大司徒欧阳歙下狱死。"司马彪《续汉志·天文志》:"十五年正月丁未,彗星见昴……是时大司徒欧阳歙以事系狱,逾岁死。"依司马彪,歙应卒于建武十六年(40),今从《光武纪》。

本传言欧阳歙建武五年(29)任河南尹时,"坐事免官"。考《后汉书·王梁传》:"[建武]五年,[王梁]从救桃城,破庞萌等,梁战尤力,拜山阳太守,镇抚新附,将兵如故。数月征入,代欧阳歙为河南尹。"与《儒林列传》所载合。

欧阳歙事迹又见于《东观汉记》(吴校本)卷一八及应劭《风俗通义·过誉》篇。

潘乾

潘乾,灵帝时溧阳县长,习经。《隶释》卷五《溧阳长潘乾校官碑》云:"溧阳长潘君讳乾,字元卓,陈国长平人。盖楚太傅潘崇之末绪也。君禀资南霍之神,□□□德之绝操,髫髦克敏,□学《典谟》,祖讲《诗》《易》,剖演奥艺。□览百家,众推挈圣。抱不测之谋,秉高世之介,屈私趋公,即仕佐上。"(按:释文从高文《汉碑集释》)

此碑为"光和四年十月己丑朔廿一日己酉造",且颂潘乾功德,则潘氏当时仍在世,故其生卒年不可考。其人事迹俱见碑文。

彭闳

彭闳，字作明①，桓荣同门，朱普弟子，习欧阳《尚书》。《后汉书·桓荣传》云："会欧阳博士缺，帝欲用荣。荣叩头让曰：'臣经术浅薄，不如同门生郎中彭闳、扬州从事皋弘。'帝曰：'俞，往，女谐。'因拜荣为博士，引闳、弘为议郎。"此二人既是桓荣同门，则也当是朱普弟子。彭闳卒年不详，约于桓荣同时，在章帝世。

彭汪

彭汪，习《左传》。陆德明《序录》云："汝南彭汪（陆氏自注：字仲博）记先师奇说及旧注。"杜预《左传集解·序》："古今言《左氏春秋》者多矣，今其遗文可见者十数家。"孔颖达《正义》云："中兴以后，陈元、郑众、贾逵、马融、延笃、彭仲博、许惠卿、服虔、颍容之徒，皆传《左氏春秋》。"

但彭氏之书不见历代书目记载，钱大昭《补续汉书艺文志》有彭汪《左氏奇说》，侯康《补后汉书艺文志》则题为彭汪《春秋左氏传注》。其说见于孔氏《正义》所引二节，马国翰《玉函山房辑佚书》辑为一卷，名《左氏奇说》，题后汉彭汪撰。

按辑本，《左传》襄公十九年（前554）《正义》云"服虔引彭仲博文"，盖彭氏年岁在服虔之前。又昭公二十七年（前515），《正义》引彭仲博，含有经文校勘之说，其说也不甚奇。

濮阳闿

濮阳闿，姓濮阳，名闿，通《韩诗》《礼记》《左传》，张纮之师，事见《三国志·吴书·张纮传》："张纮字子纲，广陵人。游学京都还本郡，举茂才，公府辟，皆不就。避难江东。孙策创业，遂委质焉。表为正议校尉，从讨丹杨。"裴注引《吴书》曰："[张]纮入太学，事博士韩宗，治京氏《易》、欧阳《尚书》，又于外黄从濮阳闿受《韩诗》及《礼记》《左氏春秋》。"按：《三国志·吴书·濮阳兴传》云："濮阳兴，字子元，陈留

---

① 李贤注引《续汉书》曰："闳字作明。"

人。"又被封为外黄侯,或与濮阳闿为同族。

祁圣元

祁圣元,京兆人,与杨政友善,通经。《书钞》卷九八引《东观汉记》云:"杨政,字子行,治梁丘《易》,与京兆祁圣元同好,俱名善说经书。京师号曰:'说经硁硁杨子行,论难幡幡祁圣元。'"祁圣元所治何经等其余情况不详。

綦毋君

綦毋君,姓綦毋(《左传》有綦毋张,"毋"又常讹为"母"①),君或名或为时人敬称,不可考,赵昱之师,精通《公羊传》。周天游辑谢承《后汉书》卷四:"赵昱字符达,年十三,母尝病,经涉三月。……就处士东莞綦毋君,公立精舍,受《公羊传》,兼该群业。"《御览》卷六一一引谢承《后汉书》亦云:"赵昱常就处士东莞綦毋公受《公羊传》,至历年潜思,不窥园门,亲疏稀见其面。"按:为刘表撰写《五经章句》的綦毋闿似亦有隐居经历(《荆州文学记》言"耆德故老綦毋闿等,负书荷器,自远而至",明綦毋闿之前不仕。),不知綦毋闿与此綦毋君是否为一人?《隋志》"梁有《孟子》九卷,綦毋邃撰,亡",后世也不乏有姓綦毋之儒者。

綦毋闿

綦毋闿,通五经,刘表使之撰《五经章句》。《后汉书》卷七四《刘表传》:"[刘表]遂起立学校,博求儒术,綦毋闿、宋忠等撰立《五经章句》,谓之后定。"。

綦毋闿事迹又见于《类聚》卷三八引魏王粲《荆州文学记·官志》:"有汉荆州牧曰刘君,称曰:于先王为世也,则象天地,轨仪宪极,设教导化,叙经志业,用建雍泮焉,立师保焉,作为礼乐,以节其性,表陈载籍,以特其德,上知所以临下,下知所以事上,官不失守,民德无悖,然后太阶平焉,夫文学也者,人伦之首,大教之本也,乃命五业从事宋衷新作文学,延朋徒焉,宣德音以赞之,降嘉礼以劝之,五载之间,道化大行,耆

---

① 西晋鲁褒《钱神论》以司空公子与綦毋先生对言,明"毋"为正字,"母"为讹误。

德故老綦毋阖（按：当作阇，与繁体阇形近而误）等，负书荷器，自远而至者，三百有余人。"

强华

强华，颍川人（《后汉书·光武帝纪》李贤注引司马彪《续汉书》曰："强华，颍川人也。"）光武学长安时同舍生。《后汉书·光武帝纪》建武元年（25）："行至鄗，光武先在长安时同舍生强华自关中奉《赤伏符》，曰：'刘秀发兵捕不道，四夷云集龙斗野，四七之际火为主。'"刘秀年轻时在长安习《尚书》，强华既是刘秀同舍生，或也习《尚书》兼明谶纬。

桥玄

桥玄，习《礼记》及《公羊春秋》，《后汉书》卷五一有传，但只是提及家学而不言他自身治何经。《桥玄传》传云："桥玄字公祖，梁国睢阳人也。七世祖仁，从同郡戴德学，著《礼记章句》四十九篇，号曰'桥君学'，成帝时为大鸿胪。"按：此处有误记。考《汉书·儒林传》"小戴授梁人桥仁季卿、杨荣子孙。仁为大鸿胪，家世传业"，且又著《礼记章句》四十九篇，明桥仁所习为小戴《礼》。桥仁为大鸿胪事见《汉书·百官表》平帝元始二年（2）："大鸿胪桥仁。"与《桥玄传》所记也不同，当以《汉书》为正。

桥玄习经学之事见于司马彪《续汉书》："玄字公祖，梁国睢阳人。少治礼及严氏《春秋》。累迁尚书令。玄严明有才略，长于知人。初魏武帝为诸生，未知名也，玄甚异之。"（《三国志·魏书·武帝纪》裴注引）

桥玄生卒年，《后汉书》本传云："玄以光和六年卒，时年七十五。"蔡邕《太尉桥玄碑》作："春秋七十五，光和七年五月甲寅薨。"两下相较，蔡邕为汉人，亲历此事，以蔡说为正。如此，则桥玄卒于东汉灵帝光和七年（184），生于东汉安帝永初四年（110）。

除范晔《后汉书》本传外，桥玄事迹又见于袁宏《后汉记》卷二三、二四，周天游辑谢承《后汉书》卷三，司马彪《续汉书》卷四，张璠《后汉记》，《世说新语·识鉴》篇及刘孝标注、蔡邕等人所作碑记，《风俗通义·怪异》篇及干宝《搜神记》（按：《搜神记》采自《风俗通》）诸书。

桥玄事迹著名者一为称异曹操，事载范晔《后汉书》本传、《后汉记》《三国志·魏书·武帝纪》及裴注等书。其二为官清廉、忧国忧民，后人为他立有多碑。可考者有《水经注》所载桥玄三碑,《隶释》卷二七《天下碑录》载汉桥玄碑二通。

谯玄

谯玄,字君黄,通《易》《春秋》。《后汉书》卷八一《独行列传·谯玄传》云:"谯玄字君黄,巴郡阆中人也。少好学,能说《易》《春秋》。"司马彪《续汉书》卷五《独行传》说同:"谯玄字君黄,能说春秋,迁中散大夫。"(《御览》卷二四三引)

谯玄生卒年,《谯玄传》云玄:"建武十一年卒。"则谯玄卒于公元35年,生年不可考。

一、主要事迹

(1) 西汉成帝永始二年(前15),对策为议郎。本传:"成帝永始二年,有日食之灾,乃诏举敦朴逊让有行义者各一人。州举玄,诣公车,对策高第,拜议郎。"

(2) 成帝元延元年(前12),上疏谏成帝。本传:"帝始作期门,数为微行。立赵飞燕为皇后,后专宠怀忌,皇子多横夭。玄上书谏曰:'臣闻王者承天,继宗统极,保业延祚,莫急胤嗣,故《易》有干蛊之义,《诗》咏众多之福。今陛下圣嗣未立,天下属望,而不惟社稷之计,专念微行之事,爱幸用于所惑,曲意留于非正。窃闻后宫皇子产而不育。臣闻之怛然,痛心伤剥,窃怀忧国,不忘须臾。夫警卫不修,则患生非常。忽有醉酒狂夫,分争道路,既无尊严之仪,岂识上下之别。此为胡狄起于毂下,而贼乱发于左右也。愿陛下念天之至重,爱金玉之身,均九女之施,存无穷之福,天下幸甚。'"《成帝纪》元延元年(前12):"是岁,昭仪赵氏害后宫皇子。"

(3) 西汉平帝元始元年(1),左咸荐其对策,为议郎、中散大夫。本传:"平帝元始元年,日食,又诏公卿举敦朴直言。大鸿胪左咸举玄诣公车对策,复拜议郎,迁中散大夫。"

(4) 元始四年(4),与王恽等巡行天下。本传:"四年,选明达政事能班化风俗者八人。时并举玄,为绣衣使者,持节,与太仆王恽等分行天下,观览风俗,所至专行诛赏。"《汉书·平帝纪》元始四年二月:"遣太仆王恽等八人置副,假节,分行天下,览观风俗。"

(5) 王莽居摄元年（6），去官归家。本传："事未及终，而王莽居摄，玄于是纵使者车，变易姓名，间窜归家，因以隐遁。"按：《后汉书》谯玄本传似记载有误。《汉书·平帝纪》元始五年（5）春："太仆王恽等八人使行风俗，宣明德化，万国齐同。皆封为列侯。"同年十二月王莽弑平帝，次年立孺子刘婴，王莽居摄。以《平帝纪》所载，谯玄似已完成巡行天下之事且俱封侯。

(6) 建武元年（25），公孙述征聘，玄不应征。本传："后公孙述僭号于蜀，连聘不诣。述乃遣使者备礼征之；若玄不肯起，便赐以毒药。太守乃自赍玺书至玄庐，曰：'君高节已著，朝廷垂意，诚不宜复辞，自招凶祸。'玄仰天叹曰：'唐尧大圣，许由耻仕；周武至德，伯夷守饿。彼独何人，我亦何人。保志全高，死亦奚恨！'遂受毒药。玄子瑛泣血叩头于太守曰：'方今国家东有严敌，兵师四出，国用军资或不常充足，愿奉家钱千万，以赎父死。'太守为请，述听许之。玄遂隐藏田野，终述之世。"

(7) 建武十一年（35）卒。本传："建武十一年卒。"

除范晔《后汉书·独行列传》及司马彪《续汉书》外，谯玄事迹又见于常璩《华阳国志·巴志》：

巴郡谯靖善仕成、哀之世，为谏大夫，数进忠言。后违避王莽，又不事公孙述。述怒，遣使赍药酒以惧之。靖善笑曰："吾不省药乎！"其子瑛纳钱八百万得免。国人作诗曰："肃肃清节士，执德寔固贞。违恶以授命，没世遗令声。"

按：谯靖善即为谯玄，靖善当为其谥，多为弟子所私谥。周天游云："据文献及汉碑所载，此风（指弟子私谥业师事）盛行于东汉，有案可查者计十六人：夏恭谥宣明君，夏牙谥文德先生，张霸谥宪文，朱颉谥贞宣先生，朱穆谥文忠先生，蔡梭谥贞定，杨厚谥文父，荀靖谥玄行先生，范冉谥贞节先生，陈寔谥文范先生，俱见范书本传。王稚谥宪父，见《华阳国志》。李休谥玄文先生，见《蔡中郎集》。鲁峻谥忠惠父，娄寿谥玄儒先生，见《隶释》。陈谌谥献文先生，见惠栋引《世系》。法真谥玄德先生，见《蜀志·法正传》注引《三辅决录》。"① 周先生未录谯玄，当补入。

---

① 周天游：《八家后汉书辑注》，上海古籍出版社1986年版，第701～702页。

二、谯玄之学

谯玄之学今可考者，上成帝疏中言"《诗》咏众多之福"，用《周南·螽斯》义。《毛序》云："《螽斯》，后妃子孙众多也。言若螽斯不妒忌，则子孙众多也。"与谯玄之疏义合，但谯玄也未必习《毛诗》，其他三家诗大约也是此义。如《后汉书·皇后纪》："顺烈梁皇后讳妠……九岁能诵《论语》，治《韩诗》，大义略举。"《皇后纪》又载梁后"常特被引御，从容辞于帝曰：'夫阳以博施为德，阴以不专为义，螽斯则百，福之所由兴也'"。韩、毛义同，想齐、鲁亦如之。

疏中又曰："故《易》有干蛊之义。"谯玄乃是用《蛊卦》初六爻辞之意："干父之蛊，有子考，无咎。厉，终吉。"《象辞》曰："干父之蛊，意承考也。"意为父子相承，生生不息，子孙繁茂，与疏义正合。而谯玄解此用《象辞》，有费氏《易》学之痕迹。

疏中又云"均九女之施"，天子娶女之数，经无明文。《公羊传》庄公十九年曰："诸侯娶一国，则二国往媵之，以侄娣从之。谓之侄者何？兄之子也。娣者何？女弟也。诸侯一聘九女，诸侯不再娶。"并无关于天子娶女之数的相关叙述，汉代经学家言及此礼数凡有二说：一说天子一娶九女。《白虎通·嫁娶》篇云："天子、诸侯，一娶九女何？重国广继嗣也。适九者何？法地有九州，承天之施，无所不生也。一娶九女，亦足以成君之施也。九而无子，百亦无益也。《王度记》曰：'天子诸侯一娶九女。'"《后汉书·郎𫖯传》载𫖯条便宜七事，其四曰："臣窃见皇子未立，储宫无主。礼，天子一娶九女，嫡媵毕至。"此外，《刘瑜传》也载瑜说："古者天子一娶九女，娣侄有序，《河图》授嗣，正在九房。"

另一说，认为天子一娶十二女。《白虎通·嫁娶》篇："或曰：天子娶十二女，法天有十二月，万物必生也。"《春秋》成公十年"齐人来媵"，何休注《公羊》："唯天子娶十二女。"疏以为《易保乾图》文。《后汉书·荀爽传》："众礼之中，昏礼为首。故天子娶十二女，地之数也。"《独断》亦云："天子一娶十二女，象十二月，三天人九嫔。诸侯一娶九女，象九州，一妻八妾。卿大夫一妻二妾。士一妻一妾。"

此处谯玄用"九女"说，或为《公羊》严氏义。

谯瑛

谯瑛，谯玄之子，通《易》。《谯玄传》云："时兵戈累年，莫能修尚学业，玄独训诸子勤习经书。……[子]瑛善说《易》，以授显宗，为北宫卫士令。"《华阳国志·序志》："洁白：尚书郎谯瑛。玄子也，以《易》授孝明帝。"谯瑛生卒年及其他事迹不详。

任安

任安，字定祖，通孟氏《易》，兼明数经，《后汉书·儒林列传·任安传》云：

> 任安字定祖，广汉绵竹人也。少游太学，受孟氏《易》，兼通数经。又从同郡杨厚学图谶，究极其术。时人称曰："欲知仲桓问任安。"又曰："居今行古任定祖。"学终，还家教授，诸生自远而至。初仕州郡。后太尉再辟，除博士，公车征，皆称疾不就。州牧刘焉表荐之，时王涂隔塞，诏命竟不至。年七十九，建安七年，卒于家。

本传言任安"年七十九，建安七年，卒于家"，则任安卒于202年，即安帝延光三年（124）。

任安从杨厚问学也见于《华阳国志·广汉士女赞》："杨厚，字仲桓，统仲子也。……弟子洛昭约节宰、绵竹寇欢文仪、蜀郡何苌幼正、侯祈升伯、巴郡周舒叔布及任安、董扶等皆征聘辟举，驰名当世。"

任安之学，其一为孟氏《易》，《序录》也说："后汉洼丹、觟阳鸿、任安（陆氏自注：字定祖，广汉绵竹人。）皆传孟氏《易》。"其二善于图谶。另外，杨厚之学，除明图谶外，尚世传夏侯《尚书》（详见"杨厚"条），任安也当习之。

任安事迹也见于《华阳国志·广汉士女赞》："任安字定祖，绵竹人也。家居教授，弟子自远而至。安察孝及茂才，公府辟，公车征，皆不诣，卒布衣。弟子杜微、何宗、杜琼皆名士，至卿佐。"《广汉士女赞》也载有任母之善教之事："任母治内，子成名贤。任安母姚氏也。雍穆闺门，早寡，立义资安，遂事大儒。安教授，每为赈恤其弟子，以慰勉其志，于是安之门生益盈门。"

据《华阳国志》，任安有弟子杜琼。《三国志·蜀书·杜琼传》："杜琼字伯瑜，蜀郡成都人也。少受学于任安，精究安术。"《华阳国志·先贤士女总赞》也说："杜琼，字伯瑜，成都人也。师事任定祖，通经纬术艺，为太常。沉默慎密，称诸生之淳。"

又有杜微，《三国志·蜀书·杜微传》云："杜微字国辅，梓潼涪人也。少学于任安。"

任安其人不慕名利，隐居不仕，以学问为乐，故又列于皇甫谧《高士传》：

> 任安字定祖，少好学，隐山不营名利，时人称安曰任孔子。连辟不就。建安中，读《史记·鲁连传》，叹曰："性以洁白为治，情以得志为乐，性治情得，体道而不忧，彼弃我取，与时而无争。"遂终身不仕，时人号为任征君云。

任丹

任丹，通孟氏《易》。《御览》卷六〇九《学部三·易》引《东观汉记》曰："任丹传孟氏《易》，作《通论》七卷，世传之，号曰《任君通论》。"

任末

任末，习《齐诗》，《后汉书·儒林列传·任末传》云：

> 任末，字叔本，蜀郡繁人也。少习《齐诗》，游京师，教授十余年。友人董奉德于洛阳病亡，末乃躬推鹿车，载奉德丧致其墓所，由是知名。为郡功曹，辞以病免。后奔师丧，于道物故。临命，敕兄子造曰："必致我尸于师门，使死而有知，魂灵不惭；如其无知，得土而已。"造从之。

任末习《齐诗》也见于陆玑《毛诗草木鸟兽虫鱼疏》："又蜀郡任末、广汉景鸾皆以明习《齐诗》教授，著述而卒。"

除董奉德外，任末也与景鸾诸人交友，见于《华阳国志·梓潼士女赞》："景鸾，字汉伯，梓潼人也。少与广汉郝伯宗、蜀郡任叔本、颍川李仲、渤海孟元叔游学七州，遂明经术。"

任末苦学经历也见于王嘉《拾遗记》：

> 任末年十四时，学无常师，负笈不远险阻。每言："人而不学，则何以成？"或依林木之下，编茅为庵，削荆为笔，克树汁为墨。夜则映星望月，暗则燃麻蒿以自照。观书有合意者，题其衣裳，以记其事。门徒悦其勤学，更以静衣易之。非圣人之言不视。临终诫曰："夫人好学，虽死若存；不学者虽存，谓之行尸走肉耳！"河洛秘奥，非正典籍所载，皆注记于柱壁及园林树木，慕好学者，来辄写之。时人谓任氏为"经苑"。

任棠

任棠，隐士，习《春秋》，其事见于皇甫谧《高士传》：

> 任棠字季卿，少有奇节，以《春秋》教授，隐身不仕。宠参为汉阳太守，到，先就家候焉。棠不与言，但以韭一本、水一盂置户屏前，自抱孙儿伏于户下。主簿白以为倨傲，参思其为意，良久曰："棠置一盂水者，欲谕太守清也；投一本韭者，欲谕太守击强宗也；抱孙儿当户者，欲谕太守开门恤幼也。"终，参去不言。诏征不至，及卒，乡人图画其形，至今称任征君也。

《后汉书》卷五一《庞参传》也载有任棠上述几谏庞参事，独缺任棠习《春秋》语。

任延

任延，通数经。《后汉书》卷七六《循吏列传·任延传》云："任延字长孙，南阳宛人也。年十二，为诸生，学于长安，明《诗》《易》《春秋》，显名太学，学中号为'任圣童'。值仓卒，避兵之陇西。时隗嚣已据四郡，遣使请延，延不应。"《书钞》卷九六引司马彪《续汉书》云："任延字长孙，治京氏《易》，显名太学。"如此，则任延治京氏《易》，所治《诗》与《春秋》家法不可考。

任延生卒，本传云："更始元年，以延为大司马属，拜会稽都尉，时年十九，迎官惊其壮。……后坐擅诛羌不先上，左转召陵令。显宗即位，拜颍川太守。永平二年，征会辟雍，因以为河内太守。视事九年，病卒。"更始元年（23）任延十九岁，则延生于平帝元始五年（5），卒于明帝永平十一年（68），寿六十四。

任延事迹又见于《东观汉记》（吴校本）卷一八、周天游辑司马彪《续汉书》卷五、华峤《后汉书》卷三及谢沈《后汉书》。

阮谌

阮谌，通礼。《三国志·魏书·杜恕传》裴注引《阮氏[家]谱》云："武父谌，字士信，征辟无所就，造《三礼图》传于世。"《魏书·礼志四》亦云："阮谌《礼图》并载秦汉已来舆服。"

阮谌所造《三礼图》载于《隋志》："《三礼图》九卷，郑玄及后汉侍中阮谌等撰。"据《隋志》，则阮氏图与郑玄图已经混同，不能区分。其实此类图后世往往累积，故作者不定一人。马国翰有辑本一卷，其序云："考聂崇义《三礼图》引郑氏图、阮氏图，又引旧图，皆一书之文。"大约隋唐以后其具体作者已相混淆。如唐张彦远《历代名画记》云："《三礼图》十卷，阮谌等撰。"《隋志》为九卷，此又增加一卷，明为后人混同而成。聂崇义《三礼图》亦是如此，《宋史·聂崇义传》云：

> 《四部书目》内有《三礼图》十二卷，是隋开皇中敕礼官修撰。其图第一、第二题云"梁氏"，第十后题云"郑氏"，又称不知梁氏、郑氏名位所出。今书府有《三礼图》，亦题"梁氏""郑氏"，不言名位。厥后有梁正者，集前代图记更加详议，题《三礼图》曰："陈留阮士信受《礼》学于颍川綦册君，取其说，为图三卷，多不按《礼》文而引汉事，与郑君之文违错。"正删为二卷，其阮士信即谌也。如梁正之言，可知谌之纰谬。兼三卷《礼图》删为二卷，应在今《礼图》之内，亦无改祭玉之说。

据《宋史》引梁正《三礼图题记》，聂崇义《三礼图》中杂有阮图，聂氏据梁正及己意予以或删或采，但已不可明确判分。《题记》又云阮谌"受《礼》学于颍川綦册君"，"綦册"当为"綦毋"之讹。又，钱大昭《补续汉书艺文志》有阮谌《三礼图》三卷，或据《题记》；而侯康《补后汉书艺文志》有《三礼图》九卷，题郑康成及侍中阮谌撰，则从《隋志》。

商仁

商仁，通经。周天游辑谢承《后汉书》卷八："商仁字季卿，征拜大鸿胪卿，以年老乞骸骨，诏赐斗酒米帛，若经传有疑，使小黄门就问之。"（《职官分纪》卷二〇，《锦绣万花谷后集》卷一一引）

申君

申君，戴封之师。《后汉书》卷八一《独行列传》："戴封字平仲，济北刚人也。年十五，诣太学，师事鄑令东海申君。"

周天游辑谢承《后汉书》卷五《独行传》略同范书。

申屠蟠

申屠蟠，复姓申屠（《隶释》载《白石神君碑》，中有申屠熊），名蟠，通五经。《后汉书》卷五三《申屠蟠传》云："申屠蟠字子龙，陈留外黄人也。九岁丧父，哀毁过礼。……遂隐居精学，博贯五经，兼明图纬。"

本传载其事迹有蟠年十五上书救同郡缑氏女，后郡召为主簿，不行。太尉黄琼辟，不就。灵帝时预言党锢之祸，于是隐居于梁国砀县。中平五年，与荀爽、郑玄、陈纪等十四人以博士征，蟠不至。明年，董卓秉政，又征，也不至，终免祸。本传云："[蟠]年七十四，终于家。"卒年不详，当在献帝世。

申屠蟠事迹又见于《东观汉记》（吴校本）卷一七、袁宏《后汉记》卷二五、周天游辑谢承《后汉书》卷三、司马彪《续汉书》卷四及华峤《后汉书》卷一。

申屠蟠之学，袁宏《后汉记》卷二五载有其救缑氏女上书之文，中云："昔太原周党感《春秋》之义，辞师复仇，当时论者，犹高其节。"按：《后汉书·逸民列传·周党传》云："初，乡佐尝众中辱党，党久怀之。后读《春秋》，闻复仇之义，便辍讲而还，与乡佐相闻，期克斗日。"所谓《春秋》复仇之义，《春秋》庄公四年："纪侯大去其国。"《公羊传》曰："九世犹可复仇乎？虽百世可也。"《公羊传》庄公九年亦云："曷为伐败？复仇也。"何休注曰："复仇以死败为荣。"申屠蟠正用公羊"大复仇"之义。

申屠蟠学行又见于皇甫谧《高士传》："蟠父母卒，哀毁思慕，不饮酒食肉十余年，遂隐居学治京氏《易》，严氏《春秋》，小戴《礼》，三业先通，因博贯五经，兼明图纬，学无常师。"

申屠蟠之师，范书不云何人，《高士传》云"学无常师"，袁宏《后汉记》卷二五亦云："蟠学无常师，博览无不通。"其可考者，有姜肱。蔡邕《彭城姜肱碑》云："于是从游弟子陈留申屠蟠等，悲悼伤怀，惧微言之欲绝，感绝伦之盛事，乃建碑于墓。"

施延

施延，通五经，范晔《后汉书》无传，其事迹略见于《后汉书》卷四六《陈宠传》"有诏拜有道高第士沛国施延为侍中，延后位至太尉"。李贤注引谢承《后汉书》曰："延字君子，蕲县人也。少为诸生，明于五经，星官风角，靡有不综。家贫母老，周流佣赁。常避地于庐江临湖县种瓜，后到吴郡海盐，取卒月直，赁作半路亭父以养其母。是时吴会未分，山阴冯敷为督邮，到县，延持彗往，敷知其贤者，下车谢，使入亭，请与饮食，脱衣与之，饷钱不受。顺帝征拜太尉，年七十六薨。"按：《顺帝纪》阳嘉二年（133）："八月己巳，大鸿胪沛国施延为太尉。"阳嘉四年（135）："夏四月甲子，太尉施延免。"不载其卒年，约在顺帝世。

施延事迹又见于《初学记》卷一二引《东观汉记》："鸿胪三十六人，其陈宠、左雄、朱宠、庞参、施延并迁公。"

宋汉

宋汉，宋登之兄。《后汉书》卷二六《宋汉传》云："[宋]由二子：汉，登。登在《儒林列传》。汉字仲和，以经行著名，举茂才，四迁西河太守。永建元年，为东平相、度辽将军，立名节，以威恩著称。迁太仆，上病自乞，拜太中大夫，卒。"卒年不详，当在顺帝世。

宋登

宋登，习欧阳《尚书》。《后汉书·儒林列传·宋登传》云：

> 宋登字叔阳，京兆长安人也。父由，为太尉。登少传欧阳《尚书》，教授数千人。为汝阴令，政为明能，号称"神父"。迁赵相，入

为尚书仆射。顺帝以登明识礼乐，使持节临太学，奏定曲律，转拜侍中。数上封事，抑退权臣，由是出为颍川太守。市无二价，道不拾遗。病免，卒于家，汝阴人配社祠之。

宋登父宋由、兄宋汉，《后汉书》卷二六有传，其余事迹不详。

宋京

宋京，宋意之父，习大夏侯《尚书》。《后汉书·宋意传》："意字伯志。父京，以大夏侯《尚书》教授，至辽东太守。"宋京其余事迹不详。

宋意

宋意，宋均族子，宋京之子，习大夏侯《尚书》，传附于均后。《后汉书》卷四一《宋意传》："［均］族子意。意字伯志。父京，以大夏侯《尚书》教授，至辽东太守。意少传父业，显宗时举孝廉，以召对合旨，擢拜阿阳侯相。建初中，征为尚书。"

据本传，宋意明帝时举孝廉，拔擢为阿阳侯相；章帝时为尚书、司隶校尉；"［永元］二年，［意］病卒"。

宋均

宋均，明经。《后汉书》卷四一《宋均传》云："宋均字叔庠，南阳安众人也。父伯，建武初为五官中郎将。均以父任为郎，时年十五，好经书，每休沐日，辄受业博士，通《诗》《礼》，善论难。"

宋均事迹，据本传光武世为辰阳章，均到任，立学校，化其俗；为谒者，平定武陵蛮；为上蔡县令，倡薄葬；为九江太守，治虎患、淫祀。明帝永平元年（58），"迁东海相，在郡五年，坐法免官，客授颍川"。永平七年（64），"征拜尚书令"。章帝建初元年（76），卒于家。

宋均之学，本传载均为谒者时有曰："夫忠臣出竟，有可以安国家，专之可也。"义见《公羊传》庄公十九年："聘礼，大夫受命不受辞，出境有以安社稷全国家者，则专之可也。"

宋均事迹又见于《东观汉记》（吴校本）卷一六、袁宏《后汉记》卷九、周天游辑谢承《后汉书》卷三、司马彪《续汉书》卷三、华峤《后汉书》卷二,《风俗通义·怪神》篇亦载宋均废绝为唐、居二山之神娶妇事。

宋忠

宋忠,又作宋衷。曾依刘表,官五业从事,《后汉书》无传。

主要著述

1.《周易》注

《隋志》:"梁有汉荆州五业从事宋忠注《周易》十卷,亡。"《序录》载有:"宋衷《(易)注》九卷。"陆德明自注:"字仲子,南阳章陵人,后汉荆州五等从事。《七志》《七录》云十卷。"两《唐志》并载十卷,今佚。《玉函山房辑佚书》有《周易宋氏注》一卷,题后汉宋衷撰。马国翰序云:"宋忠,《汉书》无传。陆德明《释文序录》云字仲子,南阳章陵人也。官至荆州五等从事。《隋书·经籍志》题为汉荆州五业从事宋忠。按:'衷''忠'古字通用。五业不可解,当是五等之误也。其《易》注《七志》《七录》并十卷,《隋志》云梁有十卷,亡。新旧《唐志》亦并云十卷,盖唐时尚有传本而秘阁所藏与民间所有卷复不同也。考衷于七经纬谶、世本、扬子太元经皆有注,其学大抵与郑康成相似。"宋氏《易》学,《三国志·虞翻传》注引《虞翻别传》载虞翻上书曰:"若乃北海郑玄,南阳宋忠,虽各立注,忠小差玄而皆未得其门,难以示世。"《别传》又曰:"又以宋氏解玄颇有谬错,更为立法,并著明杨、释宋以理其滞。"大约与郑玄《易》学为一路。

今考其辑佚本,其说大抵言阴阳爻变,同荀爽;又以六爻喻公卿,同《易纬乾凿度》。张惠言《易义别录》亦云:"李鼎祚、史徵皆详引之,则唐初未尝亡者。今以残文推之,仲子言乾升坤降、卦气动静,大抵出入荀氏。虞君以为差胜康成者或以此大要近费氏《易》也。"除马氏《玉函山房辑佚书》外,孙堂《汉魏二十一家易注》有《宋衷周易注》一卷,张惠言《易义别录》有《周易宋氏》,黄奭《黄氏逸书考》辑有《宋衷易注》一卷,胡薇元《汉易十三家》有《周易宋忠注》。

2. 注扬雄《太玄经》

《三国志》载王肃"年十八,从宋忠读《太玄》而更为之解",说明宋忠注《太玄》在王肃十八岁之前。王肃生于献帝兴平二年(195),十八岁为建安十七年(212),而刘表卒于建安十三年(208)。当年曹操征荆州,刘表幼子刘琮降曹，刘表文士如王粲等尽归曹操，或许宋忠亦然，否则王肃无由从宋忠受学。

扬雄《太玄经》，三国时吴陆绩亦有注，后世目录所记，往往相杂。如《隋志》："《扬子太玄经》十卷，陆绩、宋衷注。"但两《唐志》俱载"《扬子太玄经》十二卷"，题陆绩注，卷数多出两卷，或宋忠注已掺入陆注中。《宋志》："扬雄《太玄经》十卷。"不题注家。又载"《玄测》一卷。汉宋衷解，吴陆绩释之"，大约《玄测》一篇别行，而陆、宋其余之注为他人所采，如《宋志》"司马光《集注太玄经》六卷。"及"《宋衷解太玄经义诀》十卷，李沂集"。《崇文总目》亦载："《太玄经十卷》，扬雄撰，蔡文邵注。"《直斋书录解题》亦有"《太玄经》十卷"，题"扬雄撰，五业主事章陵宋衷仲子解诂，吴郁林太守陆绩公纪释文，晋尚书郎范望叔明解赞"。而《郡斋读书志》论司马光《太玄经集注》云："司马光君实集汉宋衷《解诂》、吴陆绩《释文》、晋范望《解赞》、唐王涯注《经》及《首测》、宋惟乾通注、陈渐《演玄》、吴秘《音义》七家，为此书。"（按：又见司马光《集注太玄经序》）按此：至于宋代，宋忠、陆绩诸人注俱散入司马光《太玄经集注》中。司马光书今存，其采宋忠注未必全部，则宋忠《太玄经注》全目已不可见。陆绩《述玄》论宋氏注云："章陵宋仲子作《太玄解诂》。仲子之思虑诚为信笃，然玄道广远，淹废历载，师读断绝，难可一备，故往往有违本错误。"是为后学重出之老生常谈。

3. 注《世本》

《隋志》："《世本》四卷，宋衷撰。"《旧唐志》同《隋志》，《新唐志》作："宋衷《世本》四卷。"按：《世本》乃先秦古籍非宋忠撰，宋忠实注。《隋志》亦载"《世本》二卷，刘向撰"，增多二卷，即为注。后人又往往将宋忠与宋均混淆，《旧唐志》除《世本》外，亦有："《世本别录》一卷，《帝谱世本》七卷，宋均撰。"《新唐志》则作："宋衷《世本》四卷，《别录》一卷，宋衷注《帝谱世本》十卷。"其实《世本别录》及《帝谱世本注》的作者皆为宋忠一人。其书宋人书目已不见载录，已佚。后儒有多中辑本，如王谟《汉魏遗书钞》，及孙冯翼、陈其荣、秦嘉谟、张澍稡、雷学淇、茆泮林、王梓材并八家。诸家辑本并辑宋忠注，1957年商务印书馆将其总为一书，题《世本八种》。

4. 又注扬雄《法言》

《隋志》："《杨子法言》六卷，扬雄撰。又十卷，宋衷注。"多出四卷，即为新增注文。两《唐志》宋忠注《法言》十卷。此书至宋已佚，宋人书目已不见录有宋忠注而有李轨注《法言》。《宋志》载有《扬子法言》十三卷，不题注者。《崇文总目》载有《法言》十三卷两种，一为李轨注，一为柳宗元注。《直斋书录解题》亦载有《法言注》十三卷、《音义》一卷，题"晋尚书郎李轨宏范注"。《郡斋读书志》亦录有《李氏注法言》十三卷，同《书录解题》，题"晋祠部郎中李轨注"。按：已然不见宋忠等人注。即便司马光《法言集注》中也不载宋忠注。《郡斋读书志》有《温公集注法言》十三卷，《宋志》亦载司马光《集注四家扬子》十三卷。其书内容，晁公武云："司马光君实集晋李轨、唐柳宗元、国朝宋咸、吴秘注。"并无宋氏注。

宋忠弟子有王肃。《三国志·魏书·王肃传》："肃字子雍，年十八，从宋忠读《太玄》而更为之解。"其交友，有蜀郡太守王商。《华阳国志·广汉士女赞》云："王商，字文表，郪人也。博学多闻。州牧刘璋辟为治中，试守蜀郡太守。荆州牧刘表、大儒南阳宋仲子远慕其名，皆与交好。"

苏竟

苏竟，明《周易》《尚书》。《后汉书》卷三〇上《苏竟传》云："苏竟字伯况，扶风平陵人也。平帝世，竟以明《易》为博士讲《书》祭酒。善图纬，能通百家之言。王莽时，与刘歆等共典校书，拜代郡中尉。"按：《后汉书》记载时间似有误。《汉书·王莽传》始建国三年（11）云："又置师友祭酒及侍中、谏议、六经祭酒各一人，凡九祭酒，秩上卿。琅邪左咸为讲《春秋》、颍川满昌为讲《诗》、长安国由为讲《易》、平阳唐昌为讲《书》、沛郡陈咸为讲《礼》、崔发为讲《乐》祭酒。"不在平帝世。

苏竟著述与卒年，本传云苏竟"作《记诲》篇及文章传于世。年七十，卒于家"。苏氏《记诲篇》及其他文章除本传载《致刘龚劝降书》外，均已佚。苏竟卒年不详，当在光武世。

苏竟事迹又见于《东观汉记》（吴校本）卷一四。

王况

王况，习五经，官至司徒，但范晔《后汉书》无传。《后汉书》卷三三《虞延传》："[建武]二十三年，司徒王况辟焉。"李贤注引谢承《后汉书》曰："况字文伯，京兆杜陵人也。代为三辅名族，该总五经，志节高亮，为陈留太守。性聪敏，善行德教。永平十五年，蝗虫起泰山，弥衍兖、豫，过陈留界，飞逝不集，五谷独丰。章和元年，诏以况为司徒。"但谢承书与范书矛盾处甚多，不知谁是。如《光武纪》建武二十三年（47）："九月辛未，陈留太守王况为大司徒。"建武"二十七年夏四月戊午，大司徒王况薨"。周天游《八家后汉书辑注》引《困学纪闻》卷一三曰："光武纪'建武二十三年，陈留太守王况为大司徒'。《虞延传》注引谢承书曰：'况，章和元年为司徒。'谢承书误也。翁元圻按：'谢承谓永平十五年，王况尚为陈留太守，亦误也。章怀引之而不正其误，何欤?'"周先生又云："又《玉篇》曰：'金玉之玉，点在中画之下。音宿者，点在中画之上。'按王况之王，音宿。"①

孙晨

孙晨，通经。《御览》卷二七引《三辅决录》曰："孙晨，字元公，家贫不仕，居杜城中，织箕为业。明《诗》《书》，为郡功曹。冬月无被，有薪一束，暮卧其中，旦烧之。"

孙堪

孙堪，明经，《后汉书》无传，其人事迹附载于《后汉书·儒林列传·周泽传》"［孙］堪字子稺，河南缑氏人也，明经学"，又云"堪行类于泽，故京师号曰'二稺'"。

孙堪事迹又见于《东观汉记》（吴校本）卷一八。

孙林

孙林，先为诸生，后为张霸弟子。《后汉书·张霸传》云："（张霸）后就长水校尉樊鯈受严氏《公羊春秋》，遂博览五经。诸生孙林、刘固、段著等慕之，各市宅其傍，以就学焉。"孙林其余事迹不详。

孙期

孙期，京氏《易》名家，《后汉书·儒林列传·孙期传》云：

---

① 周天游：《八家后汉书辑注》，上海古籍出版社1986年版，第231页。

孙期字仲彧，济阴成武人也。少为诸生，习京氏《易》、古文《尚书》。家贫，事母至孝，牧豕于大泽中，以奉养焉。远人从其学者，皆执经垄畔以追之，里落化其仁让。黄巾贼起，过期里陌，相约不犯孙先生舍。郡举方正，遣吏赍羊、酒请期，期驱豕入草不顾。司徒黄琬特辟，不行，终于家。

周天游辑谢承《后汉书》卷五《儒林传》云"孙期字仲式"，《序录》："由是前汉多京氏学，后汉戴冯、孙期（陆氏自注：字仲奇，济阴成武人，兼治古文《尚书》，不仕。）、魏满并传之。"孙期之字，"仲彧""仲式""仲奇"三者各异，或因形近而讹，不知谁是。

索卢放

索卢放，通《尚书》。《后汉书》卷八一《独行列传·索卢放传》云："索卢放字君阳，东郡人也。以《尚书》教授千余人。初署郡门下掾。更始时，使者督行郡国，太守有事，当就斩刑。放前言曰：'今天下所以苦毒王氏，归心皇汉者，实以圣政宽仁故也。而传车所过，未闻恩泽。太守受诛，诚不敢言，但恐天下惶惧，各生疑变。夫使功者不如使过，愿以身代太守之命。'遂前就斩。使者义而赦之，由是显名。"索卢放之卒年，本传云："建武末，复征不起，光武使人舆之，见于南宫云台，赐谷二千斛，遣归，除子为太子中庶子。卒于家。"其人卒年约在明帝世。

索卢放事迹又见于《东观汉记》（吴校本）卷一八。

镡显

镡显，《后汉书》无传，《华阳国志·广汉士女赞》以为鲁恭弟子："镡显，字子诵，郪人也。蔡弓，字子骞，洛人也。俱携手共学，冬则侍亲，春行受业。与张霸、李郃、张晧、陈禅为友，共师司徒鲁恭。显又与王稚子同见察孝于太守陈司空，历豫州刺史、光禄大夫、侍中、卫尉。弓为庐江太守，征拜议郎。而霸、郃、晧、禅皆至公卿。"按：镡显若为鲁恭弟子，或习《鲁诗》，但常璩书此文不可信。考张霸诸人及鲁恭本传，皆无师生关系之记载。

唐扶

唐扶，习欧阳《尚书》。《隶释》卷五《汉成阳令唐扶颂》云：

> 君讳扶，字正南，颍川郾人也。……耽乐道述，咀嚼七经，五六六七，训导若神接下，施与授财如捐。吏服其德，民归其恩。

洪适曰："右汉故成阳令唐君颂，篆额，在濮州雷泽县，有阴。唐君名扶，颍川人，由舞阳丞、昆阳尉、颍阳令入拜郎中，出为鄡阳长，自成阳令换治昌阳。邑人慕恋，恩惠至于泣攀。其车辙既行之后，处士闾葵班等共立此碑，灵帝光和六年也。"唐扶事迹俱见碑文。按："咀嚼七经"，汉人以《诗》《书》《礼》《易》《春秋》《论语》《孝经》为七经。"五六六七"，用《论语·先进》"冠者五六人，童子六七人"之典，喻唐扶师门之盛。

唐檀

唐檀，习多经，明星占。《后汉书·方术列传·唐檀传》云："唐檀字子产，豫章南昌人也。少游太学，习京氏《易》、《韩诗》、颜氏《春秋》，尤好灾异星占。后还乡里，教授常百余人。……永建五年，举孝廉，除郎中。是时白虹贯日，檀因上便宜三事，陈其咎征。书奏，弃官去。著书二十八篇，名为《唐子》。卒于家。"唐檀卒年不详，约在顺帝世，其所著《唐子》也不见史志目录所载。

唐溪典

唐溪典，又作堂溪典，习《左传》，授延笃，《后汉书》无传，授延笃《左传》事见于《后汉书·延笃传》："［延笃］少从颍川唐溪典受《左氏传》，旬日能讽之，典深敬焉。"李贤注引《［颍川］先贤行状》曰："典字季度，为西鄂长。"又云："［延］笃欲写《左氏传》，无纸，唐溪典以废笺记与之。笃以笺记纸不可写传，乃借本讽之，彻尽辞归。典曰：'卿欲写传，何故辞归？'笃曰：'已讽之矣。'典闻之叹曰：'嗟乎延生！虽复端木闻一知二，未足为喻。若使尼父更起于洙、泗，君当编名七十，与游、夏争匹也。'"

唐溪作堂溪，《汉书·儒林传》云："[贡]禹授颍川堂溪惠。"此贡禹弟子堂溪惠，习《公羊春秋》，姓堂溪，名惠。《风俗通·姓名》篇曰："吴王奔楚，封堂溪，因以为氏。"后汉颍川堂溪典，疑为堂溪惠之后人。

唐溪典事迹可考者有上书改崇高山名事。《灵帝纪》熹平五年（176）云："复崇高山名为嵩高山。"李贤注："《前书》武帝祠中岳，改嵩高为崇高。《东观记》曰：'使中郎将堂溪典请雨，因上言改之，名为嵩高山。'"此事又见于赵明诚《金石录》所载《堂溪典嵩高山石阙铭》，其文曰："□□□□□时□五官中郎□陵□□□□并熹平四年来请雨嵩高庙。典大君讳协，字季度，自为郡主簿，作阙铭文，后举孝廉，西鄂长，早终。曰：于惟我君，明允广渊，学兼游夏，德配臧文，殁而不朽，实有立言。其言惟何？"（按：句读释文从高文《汉碑集释》）

赵明诚云：

> 右《堂溪典嵩高山石阙铭》，云：中郎将堂溪典伯并，熹平四年来请雨嵩高庙。按《后汉书·灵帝纪》熹平五年复崇高山名为嵩高山。章怀太子注引《前汉书》武帝祀中岳，改嵩高为崇高。《东观记》曰："使中郎将堂溪典请雨，因上言改之，复为嵩高。"今此铭乃熹平四年，可以正汉史之误。又《蔡邕传》注引《先贤行状》云：典字子度，而《延笃传》注又作季度，今此碑乃云字季度，并亦当以碑为正。

按：从碑文来校正，似赵明诚与李贤注皆误。《蔡邕传》李贤注引《先贤行状》曰："（堂溪）典字子度，颍川人，为西鄂长。"实则堂溪典之父（也即碑文中所谓"大君"）名协，字季度，为西鄂长，与堂溪典事迹混淆。此碑文残缺处，严可均《全后汉文》卷五八引碑旧拓本作："汉侍中五官中郎将鄢陵堂溪典伯并，熹平四年，来请雨嵩高庙。典大君讳协，字季度。自为郡主簿作阙铭文，后举孝廉西鄂长，早终。"如此，则堂溪典字伯并。故严可均云："《延笃传》注引《先贤行状》'典字季度'，皆误涉其父协事，以季为子，又转写之误，当据石刻为正。"

唐溪典又有与蔡邕等奏定五经文字事。《蔡邕传》云："熹平四年，乃与五官中郎将堂溪典、光禄大夫杨赐、谏议大夫马日磾、议郎张驯、韩说、太史令单飏等，奏求正定六经文字。"《隶释》卷一四载《石经公羊残碑》云："□溪典、谏议大夫臣马日磾、臣赵陚、议□臣□□臣刘弘、郎中臣张文、臣苏陵、臣传桢。""溪典"前虽缺一字，但可断定为"堂"字，此为堂溪典参与校定汉石经文字之明证。

洪适曰："汉注引陆机《洛阳记》云：《礼记》碑上有马日䃅、蔡邕名。今此碑有堂溪典八人姓名，《论语》碑亦有左立二人姓名，陆氏所记未之详也。"

唐溪典又为曹腾所称荐，事见周天游辑司马彪《续汉书》卷五《宦者传》："［曹腾］其所称荐，若陈留虞放、边韶，南阳延固、张温，弘农张奂，颍川堂溪典等，皆致位公卿，而不伐其善。"（《三国志·魏书·武帝纪》裴注引）

田君

田君，失名字，通经。欧阳修《集古录》载有《田君碑》，欧阳修云：

> 右田君碑，在今沂州。其名字皆已磨灭，惟云"其先出自帝舜之苗裔，自完适齐，因以为氏"乃知其姓田尔。又云周秦之际，家于东平阳。君总角修《韩诗》、京氏《易》，究洞神变，穷奥极微，为五官掾功曹州从事，辟太尉。延熹二年辛亥，诏书泰山琅邪盗贼未息，州郡吏有仁惠，公清拨烦整化者，试守满岁，为真，州言名。时牧刘君知君宿操，表上试守费。自此以后，残阙不可次第。而隐隐可见，盖无年寿卒葬月日，而有故吏薛咸等立石勒铭之语，乃费县令长德政去思碑尔。

考《后汉书》，碑云田君"辟太尉"有误，当为"辟都尉"。一则以五官掾功曹州从事辟太尉，与理不合，且桓帝世也不见有田姓太尉官；二则《桓帝纪》永兴二年（154）："太山、琅邪贼公孙举等反叛，杀长史。"永寿元年（155）："诏太山、琅邪遇贼者，勿收租、赋，复更、算三年。"又云："秋七月，初置太山、琅邪都尉官。"都尉，掌地方治安，与碑文记载正合。

洼丹

洼丹，习孟氏《易》。《后汉书·儒林列传·洼丹传》云：

> 洼丹字子玉，南阳育阳人也。世传孟氏《易》。王莽时，常避世教授，专志不仕，徒众数百人。建武初，为博士，稍迁，十一年，为大

鸿胪。作《易通论》七篇，世号《洼君通》。丹学义研深，《易》家宗之，称为大儒。十七年，卒于官，年七十。

《序录》亦云洼丹传孟氏《易》："后汉洼丹（陆氏自注：字子玉，南阳育阳人，世传孟氏《易》，作《易通论》七篇，官至大鸿胪）、觟阳鸿、任安皆传孟氏《易》。"

据本传，洼丹生于成帝河平元年（前28），卒于光武建武十七年（41），寿七十。

洼丹事迹又见于《东观汉记》（吴校本）卷一八，与范书同。

《书钞》卷九五："两仪，天地也。四象，春木夏火秋金冬水。八卦，乾坤之属者也。"曾朴《补后汉书艺文志》以为采自《易通论》，今核其说，文不征信。

王苞

王苞，汉献帝母王美人祖父，治《尚书》。袁宏《后汉记》卷二七献帝兴平元年（194）："甲申，改葬皇妣王氏，号曰灵怀皇后后，邯郸人。祖苞治《尚书》，为五官中郎将。父章袭苞业，居贫不仕。有子二人，男曰斌，女曰荣。荣则后也。"按：王美人是汉献帝之母，为何皇后所害。《后汉书·皇后纪》云："王美人，赵国人也。祖父苞，五官中郎将。"不言王苞习经，今据袁宏《后汉记》。

王章

王章，汉献帝外祖父，习《尚书》，见"王苞"条。

王玢

王玢，治《左传》，《后汉书》无传，事迹不详。《隋志》："梁有《春秋左氏达义》一卷，汉司徒掾王玢撰，亡。"两《唐志》并载："《春秋达长义》一卷，王玢撰。"

王畅

王畅，习经，王粲祖父，刘表之师，传附《后汉书》卷五六其父《王龚传》之后。《王畅传》云："畅字茂叔。少以清实为称，无所交党。"只言王畅品德甚高，名列"八俊"，不言其习经。但王氏后官至南阳太守，"同郡刘表时年十七，从畅受学"，而刘表通群经，此其一。又，袁宏《后汉记》卷二二载延熹八年（165）桓帝欲以太中大夫陈蕃为太尉，"蕃让曰：'不愆不忘，率由旧章，臣不如太常胡广；齐七政，训五典，臣不如议郎王畅。'"此两者，说明王畅通经。

王畅之卒，范书及张璠《后汉记》均以为罢官之后卒于家。本传云："建宁元年，迁司空，数月，以水灾免，明年，卒于家。"张璠《后汉记》建宁二年（169）亦云："由是宦竖深怨之，及膺诛死，而畅遂废，终于家。"（《三国志·魏书·王粲传》裴注引）而袁宏《后汉记》与此不同。《后汉记》灵帝建宁二年云："于是故司空王畅、太常赵典、大司农刘佑、长乐少府李膺、太仆杜密、尚书荀绲、朱宇、魏朗、侍中刘淑、刘瑜、左中郎将丁栩、颖川太守巴肃、沛相荀昱、议郎刘儒、故掾范滂，皆下狱诛，皆民望也。"以为死于党锢之祸。考校众人之卒，有不符合袁宏所记者，如赵典等，所以仍以范书所述为正。

王畅事迹又见于袁宏《后汉记》卷二二、二三，周天游辑谢承《后汉书》卷四、八及张璠《后汉记》。

王成

王成，李固门生，《后汉书·李固传》云李固二子被朝廷所杀，其女文姬"乃告父门生王成曰：'君执义先公，有古人之节。今委君以六尺之孤，李氏存灭，其在君矣。'成感其义，乃将燮乘江东下，入徐州界内，令变名姓为酒家佣，而成卖卜于市。各为异人，阴相往来"。又授学李固少子李燮："[李]燮从受学。"

《御览》卷四二〇引司马彪《续汉书》卷四同范书，也认为王成是李固门生。但袁宏《后汉记》卷二一此事则云"王成者，固之仆隶也"，两者不同。周天游校注云："《续汉书》《华阳国志》亦同（范书）。沈钦韩曰：

'案传云燮从受学，则非仆隶也。'"①

王充

王充，习《尚书》《论语》。《后汉书》卷四九《王充传》云："王充字仲任，会稽上虞人也，其先自魏郡元城徙焉。充少孤，乡里称孝。后到京师，受业太学，师事扶风班彪。好博览而不守章句。家贫无书，常游洛阳市肆，阅所卖书，一见辄能诵忆，遂博通众流百家之言。后归乡里，屏居教授。仕郡为功曹，以数谏争不合去。"《论衡·自纪》云："辞师受《论语》《尚书》。"不言何师。核之本传，则王充《论语》《尚书》受之班彪。

王充生卒年，《论衡·自纪》云："建武三年，生充。"本传云："永元中，病卒于家。"则王充生于公元27年，大约卒于92年。

一、主要事迹

（1）建武三年（27）王充生。《论衡·自纪》："建武三年，充生。为小儿，与侪伦遨戏，不好狎侮。侪伦好掩雀、捕蝉、戏钱、林熙，充独不肯。"

（2）建武八年（32），父母教其习书。《自纪》："六岁教书，恭愿仁顺，礼敬具备，矜庄寂寥，有巨人之志。父未尝笞，母未尝非，闾里未尝让。"

（3）建武十年（34），入书馆习书法。《自纪》："八岁出于书馆。书馆小僮百人以上，皆以过失袒谪，或以书丑得鞭。充书日进，又无过失。"

（4）建武二十年（44），入太学，师班彪。《自纪》云："手书既成，辞师受《论语》《尚书》，日讽千字。经明德就，谢师而专门，援笔而众奇。所读文书，亦日博多。才高而不尚苟作，口辩而不好谈对。"又：《王充传》："[充]后到京师，受业太学，师事扶风班彪。"《班固传》李贤注引谢承《后汉书》曰："固年十三，王充见之，拊其背谓彪曰：'此儿必记汉事。'"班固生于建武八年（32），班固十三岁则是建武二十年（44），则时年王充十八岁。按：王充师班彪或在班彪病中而私淑之，详"班彪"条。

（5）章帝元和三年（86）为扬州刺史从事，后为治中。《自纪》："充以元和三年徙家，辟诣扬州部丹阳、九江、庐江，后入为治中。"本传：

---

① 〔晋〕袁宏撰、周天游校注：《后汉记校注》，天津古籍出版社1987年版，第583页。

"刺史董勤辟为从事，转治中，自免还家。"

（6）章和二年（88），免官归家，乃作《养性书》。《自纪》："章和二年，罢州家居。年渐七十，时可悬舆。……乃作《养性》之书，凡十六篇。"本传："年渐七十，志力衰耗，乃造《养性书》十六篇，裁节嗜欲，颐神自守。"居家时，谢夷吾荐充，充病不能应征。本传："友人同郡谢夷吾上书荐充才学，肃宗特诏公车征，病不行。"李贤注引谢承《后汉书》曰："夷吾荐充曰：'充之天才，非学所加，虽前世孟轲、孙卿，近汉扬雄、刘向、司马迁，不能过也。'"

（7）和帝永元中（89—105），卒。本传："永元中，病卒于家。"

王充事迹又见于周天游辑谢承《后汉书》卷三及袁山松《后汉书》卷三。

二、王充著述

本传言："充好论说……著《论衡》八十五篇，二十余万言。"《类聚》卷五八引谢承《后汉书》亦云王充"著《论衡》八十五篇"，与今本《论衡》篇数合。但《论衡·自纪》云"吾书百篇"，"吾书亦才出百"，可能后世已佚数篇。王仁俊《玉函山房辑佚书续编》有《论衡佚文》一卷。其余著述，如下：

1. 《养性书》

本传言充"年渐七十，志力衰耗，乃造《养性书》十六篇，裁节嗜欲，颐神自守"。《论衡·自纪》云："章和二年，罢州家居。年渐七十，时可悬舆。仕路隔绝，志穷无如。事有否然，身有利害。发白齿落，日月逾迈……乃作《养性》之书，凡十六篇。"则此书作于王充晚年，或杂有道家言。

2. 《六儒论》

本传李贤注引袁山松《后汉书》云："充幼聪朗。诣太学，观天子临辟雍，作《六儒论》。"

3. 《论衡》

《论衡》一书，历代史志目录所载，《隋志》："《论衡》二十九卷，后汉征士王充撰。"两《唐志》、《宋志》《崇文总目》《直斋书录解题》《郡斋读书志》均作三十卷。今存，八十四篇，逸《招致》一篇。

4. 《讥俗》《节义》《政务》和《实务》

《自纪》云："志俗人之寡恩，故闲居作《讥俗》《节义》十二篇。"又

"充既疾俗情，作《讥俗》不（之）书。又闵人君之政，徒欲治人，不得其宜，不晓其务，愁精苦思，不睹所趋，故作《政务》之书。"又："以为昔古之事，所言近是，信之入骨。不可自解，故作《实论》。其文盛，其辩争，浮华虚伪之语，莫不澄定。"此四书均逸。四书内容略可考者惟《政务》。《论衡·对作》篇："其《政务》言治民之道。"又云："《政务》为郡国守相、县邑令长陈通政事，所当尚务，欲令全民立化，奉称国恩。"大约是王充对自己担任扬州郡吏任职经验的总结。

三、王充之学

1. 儒学

黄晖《论衡校释·例略》："仲任生当今文盛行之世，古文未立，虽其不守章句（黄氏自注："《后汉书》本传语。如《明雩》篇引《论语》'咏而归'，《别通》篇'犹吾大夫高子'又用《鲁论》。"）然大抵皆今文说。如《尚书》则本《欧阳》，《论语》则《鲁论》，《诗》则《鲁诗》。"①《论语·公冶长》："崔子弑齐君。"《释文·论语》："崔子，郑注云：鲁读崔为高，今从古。"《论衡·别通》篇云："将相长史，犹我大夫高子也，安能别之？"正同《鲁论》。

其实，《论衡》一书，正如王充所自言："《论衡》者，论之平也，口则务在明言，笔则务在露文。"（《自纪》）其中观点在当时惊世骇俗，其儒学亦不必强分今古学之家法，亦多有王充自己创新创造之说。

要之，王充之儒学，左右采获，不主一家。如采《尚书》古文说，《累害》篇云："故三监谮圣人，周公奔楚。"又云："故无雷风之变，周公之恶不灭。"又用纬书今文说，如《命义》篇引传曰："说命有三，一曰正命，二曰随命，三曰遭命。"《困学纪闻》卷五云："《孝经援神契》谓：'命有三科，有受命以保庆，有遭命以谪暴，有随命以督行。'《孟子注》云：'命有三名，行善得善，曰受命；行善得恶，曰遭命；行恶得恶，曰随命。'孙子荆诗'三命皆有极'，皆本《援神契》。""三命"之义又见于《白虎通·寿命》篇。但王充此书为"疾虚妄"，又对今文俗说予以大力批判，如《书虚》《变虚》《异虚》《感虚》诸篇否定瑞应及儒家种种所谓美政，不可以今古文家法简单对其划分。

---

① 黄晖：《论衡校释》，中华书局1990年版，第3～4页。

2. 《易》学

《论衡·艺增》篇云："《易》曰：'丰其屋，蔀其家，窥其户，阒其无人也。'非其无人也，无贤人也。"王仁俊《玉函山房辑佚书续编》及《十三经汉注》辑有《周易王氏义》，将《论衡·艺增》篇上述易说采成一卷。考此《易》义，王氏或为别说。《左传》宣公六年云："郑公子曼满与王子伯廖语，欲为卿。伯廖告人曰：'无德而贪，其在《周易》丰之离，弗过之矣。'间一岁，郑人杀之。""丰之离"，用丰卦上六爻辞"丰其屋，蔀其家，窥其户，阒其无人，三岁不觌，凶"，左氏以"无人"为不存。陆贾《新语·思务》篇："为善者寡，为恶者众。《易》曰：'丰其屋，蔀其家；窥其户，阒其无人。'"则陆贾以"人"为"善人"。此又一义。《淮南子·泰族训》云："《易》曰：'丰其屋，蔀其家，窥其户，阒其无人。'无人者，非无众庶也，言无圣人以统理之也。"以"人"为"圣人"，此又一义。《公羊传》庄公四年何休注："有而无益于治曰无，犹易曰'阒其无人'。"此又一义。《三国志·魏书·杨阜传》："帝既新作许宫，又营洛阳宫殿观阁。……不夙夜敬止，允恭恤民，而乃自暇自逸，惟宫台是侈是饰，必有颠覆危亡之祸。易曰：'丰其屋，蔀其家，窥其户，阒其无人。'王者以天下为家，言丰屋之祸，至于家无人也。"此又一义。王氏之义与诸家有别又在离合之间，大抵自为其说。

王纯

《隶释》卷七有《冀州刺史王纯碑》，中云："君讳纯，字伯敦，魏郡太守之子。其先出自□□□□□后也。厥祖儒宗□□《春秋》。君天资卞敏，行不启而达学不劳，而能遵父业。"王纯祖父既是《春秋》名家，他又"遵父业"，必然传家学。可惜《春秋》前二字漫灭不识，不知严氏？颜氏？王纯其余事迹俱载此碑。此碑又见于赵明诚《金石录》。

洪适云："右汉故冀州刺史王君之碑，篆额。王君名纯，在朝历郎谒者左都侯侍御史，出刺徐冀二州，以威宗延熹四年卒。"则王纯卒于桓帝延熹四年（161）。

王辅

王辅，习经通纬。《后汉书》卷八二《方术列传·樊英传》云："（英）安帝初，征为博士。至建光元年，复诏公车赐策书，征英及同郡孔乔、李昺、北海郎宗、陈留杨伦、东平王辅六人,唯郎宗、杨伦到洛阳,英等四人并不至。"李贤注引谢承《后汉书》曰:"辅字公助,平陆人也。学《公羊传》《援神契》。常隐居野庐,以道自娱。辟公府,举有道,对策拜郎中。陈灾异,甄吉凶有验,拜议郎,以病逊。安帝公车征,不行,卒于家。"建光元年(121)已是安帝末世,则王辅约卒于顺帝世。

王阜

王阜,范晔《后汉书》无传,其人习经之事见于《东观汉记》:

> 王阜,字世公,蜀郡人。少好经学,年十一,辞父母,欲出精庐。以尚少,不见听。后阜窃书诵尽,日辞,欲之犍为定生学经,取钱二千、布二端去。母追求到武阳北男谒舍家得阜,将还。后岁余,白父升曰:"令我出学仕宦,傥至到今,毋乘跛马车。"升怜其言,听之定所受《韩诗》,年七十为食侍谋,童子传授业,声闻乡里。(《书钞》卷一三九引)

王阜事迹见于《后汉书·南蛮西南夷列传》,作王追:"肃宗元和中,蜀郡王追为太守,政化尤异,有神马四匹出滇池河中,甘露降,白乌见,始兴起学校,渐迁其俗。"《华阳国志·南中志》亦云:"章帝时,蜀郡王阜为益州太守,治化尤异,神马四匹出滇池河中,甘露降,白乌见;始兴文学,渐迁其俗。"《华阳国志·先贤士女总赞》文同。

王关

王关,明《易》。史能之《重修毗陵志》卷十六"人物·无锡"云:"王关字选公,明《易》及天文,郡举为主簿,更始中守山阴令,补侍御史,迁冀州,不交豪强,人号'王独坐'。"

王奂

王奂,通五经。《后汉书》卷八一《独行列传·范冉传》云:"[冉]与汉中李固、河内王奂亲善,而鄙贾伟节、郭林宗焉。奂后为考城令。"李贤注引谢承《后汉书》曰:"奂字子昌,河内武德人。明五经,负笈追业,常赁灌园，耻交势利。为考城令，迁汉阳太守，征拜议郎，卒。"按：此王奂与广汉王涣偶有混误。如《类聚》卷二九引谢承《后汉书》云："范丹与王奂亲善，奂后为汉阳太守，丹于道候别之。"周天游《八家后汉书辑注》引孙志祖按语："范冉遗命敕其子曰：'知我心者李子坚、王子炳也。'子炳即奂字，与谢书异。又范书《仇览传》云：'时考城令河内王涣，政尚严猛。'疑即此人。'涣'与'奂'小异耳，非广汉之王涣。"①

除范书、谢书外，王奂事迹又见于袁宏《后汉记》卷二四。

王涣

王涣，习《尚书》。《后汉书》卷七六《循吏列传》云："王涣字稚子，广汉郪人也。父顺，安定太守。涣少好侠，尚气力，数通剽轻少年，晚而改节，敦儒学，习《尚书》，读律令，略举大义。"李贤注引《古乐府歌》曰："孝和帝在时，洛阳令王君，本自益州广汉蜀人，少行宦学，通五经论。明知法令，历代衣冠，从温补洛阳令，化行致贤。外行猛政，内怀慈仁，移恶子姓名五，篇著里端。无妄发赋，念在理冤。清身苦体，宿夜劳勤，化有能名，远近所闻。天年不遂，早就奄昏，为君作祠安阳亭西，欲令后代莫不称传。"

王涣事迹，本传云涣和帝时为陈宠功曹，后举茂才，为温县令，治温三年迁为兖州刺史，后为侍御史。永元十五年（103），从和帝南巡，回，为洛阳县令（按：范晔《后汉书》载此仕履与《古乐府歌》不同）。元兴元年（105）卒。

王涣事迹又见于《东观汉记》（吴校本）卷一八、周天游辑司马彪《续汉书》卷五《循吏传》、张璠《后汉记》、袁宏《后汉记》卷一四及《华阳国志》。

王景

王景，东汉水利专家，通《易》。《后汉书》卷七六《循吏列传》："王景字仲通，乐浪䛁邯人也。……景少学《易》，遂广窥众书，又好天文术数之事，沉深多技艺。"

王景事迹，本传云景明帝时辟司徒伏恭府。永平十二年（69），参与议

---

① 周天游：《八家后汉书辑注》，上海古籍出版社1986年版，第256页。

修汴渠，获明帝赐《山海经》《河渠书》《禹贡图》，后治黄河有功，为侍御史。章帝建初七年（82），为徐州刺史，作《金人论》，"颂洛邑之美"，"明年，迁庐江太守……卒于官"。卒年不详，当在章帝世。

王景著述，本传云："初，景以为六经所载，皆有卜筮，作事举止，质于蓍龟，而众书错糅，吉凶相反，乃参纪众家数术文书，颐宅禁忌，堪舆日相之属，适于事用者，集为《大衍玄基》云。"此书今佚。

王景事迹又见于《东观汉记》（吴校本）卷一八。

王君公

王君公，明《易》。《后汉书》卷八三《逸民列传·逢萌传》："初，萌与同郡徐房、平原李子云、王君公相友善，并晓阴阳，怀德秽行。房与子云养徒各千人，君公遭乱独不去，侩牛自隐。时人谓之论曰：'避世墙东王君公。'"李贤注引嵇康《高士传》曰："君公明《易》，为郎。数言事不用，乃自污与官婢通，免归。诈狂侩牛，口无二价。"本传载王君公光武世隐居崂山，"连征不起，以寿终"，卒年不详。

王君公事迹又见于周天游辑司马彪《续汉书》卷五《逸民传》。

王良

王良，习小夏侯《尚书》。《后汉书》卷二七《王良传》云："王良字仲子，东海兰陵人也。少好学，习小夏侯《尚书》。"《后汉书·儒林列传》亦云："中兴，北海牟融习大夏侯《尚书》，东海王良习小夏侯《尚书》，沛国桓荣习《欧阳尚书》。"《序录》文亦同："后汉东海王良亦传小夏侯《尚书》。"按：据《后汉书·儒林列传》所云，《尚书》三家各举一位名家，似王良小夏侯学成就与牟融与桓荣略等，惜其学术不可考见。

王良事迹，本传云："王莽时，寝病不仕，教授诸生千余人。"光武时为谏议大夫、沛郡太守、太中大夫，建武六年（30），为大司徒司直。约在光武后世卒于家。

王良事迹又见于《东观汉记》（吴校本）卷一四、袁宏《后汉记》卷六及周天游辑司马彪《续汉书》卷二。

王烈

王烈，陈寔弟子。《后汉书》卷八一《独行列传·王烈传》云："王烈字彦方，太原人也。少师事陈寔，以义行称。"

其人生卒年，本传云："[王烈]建安二十四年（219），终于辽东，年七十八。"则王烈生于顺帝汉安元年（142）。其事迹俱载范书本传。

王调

李固弟子。《后汉书·李固传》云："[固]下狱。门生勃海王调贯械上书，证固之枉，河内赵承等数十人亦要铁锧诣阙通诉，太后明之，乃赦焉。"其他事迹不详。

王远

王远，通五经，事见葛洪《神仙传》："王远，字方平，东海人也。举孝廉，除郎中，稍加至中散大夫，博学五经，尤明天文图识河洛之要，逆知天下盛衰之期，九州吉凶，观诸掌握。后弃官入山修道，道成，汉孝桓帝闻之，连征不出，使郡牧逼载，以诣京师，远低头闭口，不肯答诏。"其余事迹俱见《神仙传》。

王泽

王泽，通经。《余寅同姓名录》卷二引谢承《后汉书》曰："[郭泰]识晋阳王柔以仕进显，柔弟泽以经术通。"《四库提要》认为《余寅同姓名录》"捃摭详备，足称考证，故未可以晚出废之也"。周天游云："其说虽是，然此引恐多有增益，已非谢书之旧，录此备考。"① 余详见周天游辑谢承《后汉书》卷四《郭泰传》。

---

① 周天游：《八家后汉书辑注》，上海古籍出版社1986年版，第137页。

王遵

王遵，明帝时博士弟子。《世说新语·文学》："殷中军见佛经云：'理亦应阿堵上。'"刘孝标注引《牟子》曰："汉明帝夜梦神人，身有日光，明日，博问群臣。通人傅毅对曰：'臣闻天竺有道者号曰佛，轻举能飞，身有日光，殆将其神也。'于是遣羽林将军秦景、博士弟子王遵等十二人之大月氏国，写取佛经四十二部，在兰台石室。"按：《牟子》即《牟子理惑论》，详见"牟融"条。

韦彪

韦彪，通经，家世儒学。《后汉书》卷二六《韦彪传》云："韦彪字孟达，扶风平陵人也。高祖贤，宣帝时为丞相。祖赏，哀帝时为大司马。彪孝行纯至，父母卒，哀毁三年，不出庐寝。服竟，羸瘠骨立异形，医疗数年乃起。好学洽闻，雅称儒宗。"卒于和帝永元。本传云彪"元年永元元年[89]，卒"。

韦彪事迹除范书本传外，又见于《东观汉记》（吴校本）卷一三、袁宏《后汉记》卷一一、周天游辑谢承《后汉书》卷二及华峤《后汉书》卷二。

韦彪著述，本传云："著书十二篇，号曰《韦卿子》。"今佚。

又，两《唐志》载有《三辅旧事》一卷，题韦氏撰，不著名字。《韦彪传》云："建初七年，车驾西巡府，以彪行太常从，数召入，问以三辅旧事，礼仪风俗。"《中国古佚书辑本目录解题》曰："或此书即彪因问而作，故《唐志》谓韦氏撰。检佚文，有非彪所知之事，疑后人增补彪书，则《隋志》题晋时撰也。"① 此书今佚，遗文散见于《寰宇记》《长安志》及唐宋类书中；张澍《二酉堂丛书》辑有《三辅旧事》一卷，题韦彪撰。

韦著

韦彪次兄韦豹之子，《后汉书》本传附于《韦彪传》，云："豹子著，字休明。少以经行知名，不应州郡之命。"袁宏《后汉记》卷二二亦云："韦

---

① 孙启治、陈建华编撰：《中国古佚书辑本目录解题》，上海古籍出版社2017年版，第306页。

著字休明，京兆杜陵人。隐居讲授，不修世务。"袁、范均不言韦著治何经。按：《后汉书·徐稚传》载延熹二年（159），陈蕃、胡广等上疏，中云："伏见处士豫章徐稚、彭城姜肱、汝南袁闳、京兆韦著。"李贤注引谢承《后汉书》曰："［著］为三辅冠族。著少修节操，持京氏《易》、韩《诗》，博通术艺。"

其人卒年，范书言韦著灵帝时为东海相，后归乡里，为奸人所害，卒年不详。

卫宏

卫宏，古学大师。《后汉书·儒林列传·卫宏传》云：

> 卫宏字敬仲①，东海人也。少与河南郑兴俱好古学。初，九江谢曼卿善《毛诗》，乃为其训。宏从曼卿受学，因作《毛诗序》，善得《风雅》之旨，于今传于世。后从大司空杜林更受《古文尚书》，为作《训旨》。时济南徐巡师事宏，后从林受学，亦以儒显，由是古学大兴。光武以为议郎。宏作《汉旧仪》四篇，以载西京杂事；又著赋、颂、诔七首，皆传于世。

卫宏事迹又载于唐张怀瓘《书断》："卫宏，字次仲，东海人，官至给事中。修古学，善属文，作《尚书训指》。师于杜林，后之学者，古文皆祖杜林、卫宏也。"又，聚珍本《东观汉记》曰："光武兴立《左氏》，而桓谭、卫宏并共毁訾，故中道而废。"不知出处。

卫宏著述

1.《汉旧仪》

本传云："宏作《汉旧仪》四篇，以载西京杂事。"《隋志》载："《汉旧仪》四卷，卫敬仲撰。梁有卫敬仲《汉中兴仪》一卷，亡。"两《唐志》并载卫宏撰《汉旧仪》四卷。《崇文总目》及《宋志》皆载《汉旧仪》三卷。《直斋书录解题》载《汉官旧仪》三卷，曰："汉议郎东海卫宏敬仲撰，

---

① 卫宏字敬仲，《后汉书集解》引惠栋说，谓"宏"《书断》作"密"。其字，郑康成《周礼注序》云"字次仲"，《书断》同。不知孰是。

或云胡广。按宏本传作《汉旧仪》四篇，以载西京杂事，不名《汉官》。今此惟三卷，而又有《汉官》之目，未知果当时之书否？《唐志》亦无'官'字。"《四库全书》据《永乐大典》辑佚，于史部政书类有卫宏《汉官旧仪》二卷补遗一卷，孙星衍《汉官六种》有卫宏《汉旧仪》二卷补遗二卷，黄奭《黄氏逸书考》有《汉卫宏汉旧仪》一卷附补遗，王仁俊《玉函山房辑佚书续编》并有辑本。

2.《古文尚书训旨》

本传云卫宏"后从大司空杜林更受《古文尚书》，为作《训旨》"。王仁俊《玉函山房辑佚书续编》辑有卫宏《古文尚书训旨》一卷，《十三经汉注》有卫氏《书古文训旨》一卷。王氏采自《汉书·儒林传》颜师古注、《说文》《释文》《史记索隐》。

3.《古文官书》

《隋志》载有："《古文官书》一卷，后汉议郎卫敬仲撰。"《旧唐志》："《诏定古文官书》一卷，卫宏撰。"《新唐志》："卫宏《诏定古文字书》一卷。"《新唐志》"官书"作"字书"，段玉裁《经韵楼集》："韩退之言李少温子服之以科斗书《卫宏官书》相赠，见于《隋书·经籍志》，曰'《古文官书》一卷，后汉议郎卫敬仲撰'；见于《唐书·艺文志》，曰'卫宏《诏定古文字书》一卷'。'字'者，'官'之伪也。"洪颐煊《读书丛录》曰："《隋书·经籍志》'《古文官书》一卷，后汉卫敬仲撰'，《史记·儒林列传·正义》《汉书·儒林传》师古注俱引作卫宏《诏定古文尚书》。颐煊按：卫宏从杜林学，林前于西州得漆书《古文尚书》一卷，韩愈《科斗书后》云：'李服之者，阳冰子，授以其家科斗书：《孝经》《卫宏官书》，两部合一卷。'《官书》即漆书，以其诏定，亦称《官书》。《新唐书·艺文志》作卫宏《古文字书》者，误也。"皆以为《古文官书》与《古文字书》为同一书。

但也有持不同意见者。如侯康《补后汉书艺文志》云："窃谓卫宏有《古文尚书训旨》，见于本传，而《古文官书》韩文公时尚存，则作《隋志》者必目睹其书，列之小学绝非无据。似宜分《官书》《尚书》为二种。"据佚文来看，此书内容在于辨正字体，所辨之字也有不在《尚书》之内者。张守节《史记正义论例·论字例》："史、汉本有此古字者，乃为好本。程邈变篆为隶，楷则有常。后代作文，随时改易。卫宏官书数体，吕忱或字多奇，钟、王等家，以能为法，致令楷文改变，非复一端。"张守节乃唐人，当亲见卫宏书，其说当不虚。所以《中国古佚书辑本目录解题》总结云："盖此书旨在辨正古文字体，其取材亦涉及《尚书》之字，故

《序》中兼述《尚书》耳，非专为《尚书》而作。"① 故孙诒让《籀膏述林》卷四认为《后汉书》卫宏本传未言卫氏有此书，当是卫恒所撰，误作卫宏。

其书宋人书目已不见著录，如《崇文总目》载有"《五经文字》三卷"，云："初张参拜诏与儒官校正经典，乃取汉蔡邕《石经》、许慎《说文》、吕忱《字林》、陆德明《释文》，命孝廉生颜传钞撮疑互取，定儒师部为一百六十，非缘经见者，皆略而不集。"按：已然不见引卫宏《古文官书》，当佚。后世有辑本者，任大椿《小学钩沉》辑有卫宏《古文官书》，顾震福《小学钩沉续编》亦有卫氏《古文官书》，马国翰《玉函山房辑佚书》有卫宏《古文官书》一卷，龙璋《小学蒐佚》上编辑有卫宏一卷。

4.《毛诗序》

本传云："初，九江谢曼卿善《毛诗》，乃为其训。宏从曼卿受学，因作《毛诗序》，善得《风雅》之旨，于今传于世。"按：卫宏是否作《毛诗序》后儒纷如聚讼。认为卫宏作序者，如陆玑《毛诗草木鸟兽虫鱼疏》："东海卫宏从曼卿受学，因作《毛诗序》，得《风雅》之旨，世祖以为议郎。济南徐巡师事宏，亦以儒显。"认为序本子夏所作，卫宏又加润色，如《隋志》："后汉有九江谢曼卿，善《毛诗》，又为之训。东海卫敬仲，受学于曼卿。先儒相承，谓之《毛诗》。序，子夏所创，毛公及敬仲又加润益。"曾朴《补后汉书艺文志并考》举八证，认为卫宏未作今《毛诗序》，其所作乃"宏别为之序，非即大序小序也"，也即卫宏所作《毛诗传》之序。本传云："九江谢曼卿善《毛诗》，宏从曼卿受学。"不云卫宏注《毛诗》，但曾朴据《释文》及《说文》认为卫宏曾作《毛诗传》。曾朴曰："案：《释文·毛诗音义上》引'苤苡，木也。实似李，食之宜子，出于西戎'，称《卫氏传》，许慎并同。诸书不言卫宏作《毛诗传》，然遍检《隋唐志》及后汉诸史列传，无别有卫氏能治《毛诗》学者，且《释文》引于许慎，前次王肃，再次王基，时代朗然，非宏而何？"曾朴此论可备一说。

5.《周官解诂》

贾公彦《序周礼废兴》引郑玄《周礼注·序》云："世祖以来，通人达士大中大夫郑少赣，名兴，及子大司农仲师，名众，故议郎卫次仲、侍中贾君景伯、南郡太守马季长，皆作《周礼解诂》。"《后汉书·郑兴传》："兴好古学，尤明《左氏》《周官》，长于历数，自杜林、桓谭、卫宏之属，

---

① 孙启治、陈建华编撰：《中国古佚书辑本目录解题》，上海古籍出版社2017年版，第153页。

莫不斟酌焉。"李贤注："斟酌谓取其意指也。"如此，则杜林诸人皆有《周礼注》，但不见史籍目录记载。侯康《补后汉书艺文志》、姚振宗《后汉艺文志》均著录有卫宏《周官解诂》，但其文早佚，后儒只字无辑。

6. 校古文《孝经》

许冲《上说文解字表》："《古文孝经》，昭帝时鲁国三老所献，建武时议郎卫宏所校。"顾怀三《补后汉书艺文志》经部孝经类著录有卫宏《古文孝经》，认为卫宏所作，显失。

魏朗

魏朗，通五经。《后汉书》卷六七《党锢列传·魏朗传》云："魏朗字少英，会稽上虞人也。少为县吏。兄为乡人所杀，朗白日操刃报仇于县中，遂亡命到陈国。从博士郤仲信学《春秋图纬》，又诣太学受五经，京师长者李膺之徒争从之。"

魏朗师博士郤仲信，即郤巡，乃樊英弟子，《后汉书》卷八二《方术列传·樊英传》云："陈郡郤巡学传英业，官至侍中。"

朗之事迹，本传云桓帝时为彭城县令，后为九真都尉，因平叛有功，为议郎、尚书。外迁为河内太守，陈蕃荐郎，再为尚书。延熹九年（166），遭党禁，免官归家。

魏朗卒年，本传云："后窦武等诛，朗以党被急征，行至牛渚，自杀。"窦武及陈蕃等被杀于灵帝建宁元年（168）九月，则朗也当自杀于该年。

魏朗著述，本传云："著书数篇，号《魏子》云。"《隋志》："《魏子》三卷，后汉会稽人魏朗撰。"两《唐志》并载："《魏子》三卷，魏朗注。"马国翰《玉函山房辑佚书》有《魏子》一卷，从《意林》《御览》、《文选》李善注采获十七处遗文。

魏满

魏满，习京氏《易》。《后汉书·儒林列传·魏满传》云："时南阳魏满字叔牙，亦习京氏《易》，教授。永平中，至弘农太守。"其余事迹不详。魏满传京氏《易》，《序录》亦云："魏满（陆氏自注：字叔牙，南阳人，弘农太守。）并传之。"

魏应

魏应，习《鲁诗》。《后汉书·儒林列传·魏应传》云：

> 魏应字君伯①，任城人也。少好学。建武初，诣博士受业，习《鲁诗》。闭门诵习，不交僚党，京师称之。后归为郡吏，举明经，除济阴王文学。以疾免官，教授山泽中，徒众常数百人。永平初，为博士，再迁侍中。十三年，迁大鸿胪。十八年，拜光禄大夫②。建初四年，拜五官中郎将，诏入授千乘王伉。
>
> 应经明行修，弟子自远方至，著录数千人。肃宗甚重之，数进见，论难于前，特受赏赐。时会京师诸儒于白虎观，讲论五经同异，使应专掌难问，侍中淳于恭奏之，帝亲临称制，如石渠故事。明年，出为上党太守，征拜骑都尉，卒于官。

魏应习《鲁诗》事又见于陆玑《毛诗草木鸟兽虫鱼疏》："永平初，任城魏应亦以习《鲁诗》，为博士，征拜骑都尉卒于官。"

魏应事迹又见于《东观汉记》（吴校本）卷一八，周天游辑张莹《后汉南记》。

文季姜

文季姜，习经，王堂夫人。《华阳国志·梓潼士女赞》云：

> 季姜，梓潼文氏女，将作大匠广汉王敬伯夫人也。少读《诗》《礼》。敬伯前夫人有子博，女纪、流二人，季姜生康、稚、芝，女始、示，凡前后八子。抚育恩爱，亲继若一。堂祖母性严，子孙虽见官二千石，犹杖之，妇跪受罚。堂历五郡，祖母随之官。后以年老，不愿远乡里，姜亦常侍养左右。纪、流出适，分己侍婢给之。博好写书，

---

① 《初学记》卷二二引张莹《后汉南记》："魏应字尹伯，任城人。明《鲁诗》，章帝重之，数进见论难于前，特受赏赐剑玦衣服也。""君"与"尹"乃形似而误。

② 《后汉书·窦固传》："肃宗即位，……征［窦］固代魏应为大鸿胪。"永平十八年（751），明帝卒，肃宗章帝即位。此年魏应由大鸿胪迁光禄大夫。

姜手为作帨。于是内门相化，动行推让。博妻犍为杨进及博子遵妇蜀郡张叔纪服姑之教，皆有贤训，号之"三母"。堂亡，姜敕康、稚、芝妇事杨进如姑，中外则之，皆成令德。季姜年八十一卒。四男弃官行服，四女亦从官舍交赴，内外冠冕百有余人，当时荣之。王氏遂世兴。

王堂，字敬伯，广汉郪人，顺帝永建二年（127）为将作大将，后为鲁相，《后汉书》卷三一有传。

《御览》卷六〇六引《益部耆旧传》曰："广汉王棠（堂）妻文拯。其前妻子博学好写书，拯尝为手自作帨，常过其意。"则王堂夫人名拯，字季姜。

吴恢

吴恢，吴祐之父，习《尚书》。《后汉书》卷六四《吴祐传》云：

> 吴祐字季英，陈留长垣人也。父恢，为南海太守。祐年十二，随从到官。恢欲杀青简以写经书，祐谏曰："今大人逾越五领，远在海滨，其俗诚陋，然旧多珍怪，上为国家所疑，下为权戚所望。此书若成，则载之兼两。昔马援以薏苡兴谤，王阳以衣囊徼名嫌疑之闲，诚先贤所慎也。"恢乃止，抚其首曰："吴氏世不乏季子矣。"及年二十，丧父，居无檐石，而不受赡遗。常牧豕于长垣泽中，行吟经书。

按：司马彪《续汉书》云："吴佑（按：即祐字。）字季英，陈留人。父恢，南海太守。佑年十二，随恢到官。欲以杀青简写《尚书章句》。"（《御览》卷四五二引，周天游辑司马彪《续汉书》卷四。）袁宏《后汉记》卷二一亦云："[吴祐]父恢南海太守，欲漆简写《尚书章句》。"据此，吴恢习《尚书》，但家法不详。

吴祐

吴祐①，通经。事迹见上"吴恢"条引《吴祐传》。

吴祐交友，有戴宏，见范书本传；有公沙穆，《东观汉记》云："公沙

---

① 吴祐之"祐"，司马彪《续汉书》、刘珍等《东观汉记》作"佑"，今从范书。

穆来游太学，无资粮，乃变服客佣，为吴佑赁春。佑与语，大惊，遂共定交于杵臼之间。"（《御览》卷八二九引）

吴佑事迹又见于《东观汉记》（吴校本）卷一七、袁宏《后汉记》卷二一、周天游辑司马彪《续汉书》卷四、谢承《后汉书》卷四、袁山松《后汉书》卷三及张璠《后汉记》。

吴良

吴良，习大夏侯《尚书》。《后汉书》卷二七《吴良传》云："吴良字大仪，齐国临淄人也。初为郡吏……时骠骑将军东平王苍闻而辟之，署为西曹。苍甚相敬爱，上疏荐良曰：'臣闻为国所重，必在得人；报恩之义，莫大荐士。窃见臣府西曹掾齐国吴良，资质敦固，公方廉恪，躬俭安贫，白首一节；又治《尚书》，学通师法，经任博士，行中表仪。'"李贤注引《东观汉记》曰："良习大夏侯《尚书》。"

吴良事迹，本传言刘苍于建初初荐良，章帝"以良为议郎"。后为司徒长史，"后坐事免。复拜议郎，卒于官"。卒年不详，约在和帝世。

吴良事迹又见于《东观汉记》（吴校本）卷一四。

武梁

赵明诚《金石录》有《从事武梁碑》。赵氏云：

> 右从事武梁碑。云：故从事武掾讳梁，字绥宗，体德忠孝，岐嶷有异，治《韩诗》，阙帻，传讲，兼通河洛诸子传记。又云：州郡请召，辞疾不就，安衡门之陋，乐朝闻之义。又云：年七十四，元嘉元年季夏三日遭疾陨灵。

据赵氏所言，武梁治《韩诗》，博通书传图纬，卒于桓帝元嘉元年（151），生于章帝建初三年（78）。按：《隶释》卷六亦载有《从事武梁碑》，碑文同赵氏所说，今不录。洪氏释"阙帻"义云："《舆服志》古者有冠无帻，秦后稍稍作颜，题汉文乃崇其中。为屋衣冠，童子，帻。无屋者，亦未成人也。此碑及《武荣碑》皆有阙帻传讲之文，盖谓其未冠之年已能传道讲学也。"

武荣

《隶释》卷一二有《执金吾丞武荣碑》，中言："君讳荣，字含和，治《鲁诗经韦君章句》。阙帻，传讲《孝经》《论语》《汉书》《史记》《左氏》《国语》，广学甄微，靡不贯综。"

《隶释》卷六有《敦煌长史武班碑》，洪适云武班"吴郡府丞开明之元子、执金吾丞荣之兄也"，武荣其余事迹俱载《武荣碑》，但此人籍贯及生卒年不可考。此碑亦载于欧阳修《集古录》。欧阳棐《集古录目》云："荣字含和，桓帝末，官至执金吾丞。碑不书其乡里及卒年月。"

郗萌

郗萌，又作郄萌，通《春秋》，明图谶，但《后汉书》无传，事迹不详。《隋志》经部谶纬类有"《春秋灾异》十五卷，郗萌撰"，《隋志》云："而又有《尚书中候》《洛罪级》《五行传》《诗推度灾》《氾历枢》《含神务》《孝经勾命诀》《援神契》《杂谶》等书。汉代有郗氏、袁氏说。汉末，郎中郗萌集图纬谶杂占为五十篇，谓之《春秋灾异》。"侯康曰："《续汉书·天文志》注屡引郗萌占，盖出于此。"此书类似占候书，但不入子部五行家，当属经纬类。《御览》卷二引《抱朴子》曰："宣夜之书亡，而《郗萌记》先师相传。"亦可推知此书基本内容。唐李淳风《乙巳占·天占第三》录古今占书，中亦有《郗萌占》。

夏承

《隶释》卷八有《淳于长夏承碑》云："君讳承，字仲兖，东莱府君之孙，大尉掾之中子，右中郎将弟也。"又云夏承"治《诗》《尚书》，兼览群艺，靡不寻赐"。其生卒年，碑云："[夏承] 年五十有六，建宁三年六月癸巳，淹疾卒官。"则夏承生于安帝元初二年（115），卒于灵帝建宁三年（170）。其余事迹俱见碑文。

此碑又载于赵明诚《金石录》，赵氏云此碑："距今千岁矣而刻画完好如新，余家所藏汉碑二百余卷，独此碑最完。"

穆来游太学，无资粮，乃变服客佣，为吴佑赁舂。佑与语，大惊，遂共定交于杵臼之间。"（《御览》卷八二九引）

吴祐事迹又见于《东观汉记》（吴校本）卷一七、袁宏《后汉记》卷二一、周天游辑司马彪《续汉书》卷四、谢承《后汉书》卷四、袁山松《后汉书》卷三及张璠《后汉记》。

吴良

吴良，习大夏侯《尚书》。《后汉书》卷二七《吴良传》云："吴良字大仪，齐国临淄人也。初为郡吏……时骠骑将军东平王苍闻而辟之，署为西曹。苍甚相敬爱，上疏荐良曰：'臣闻为国所重，必在得人；报恩之义，莫大荐士。窃见臣府西曹掾齐国吴良，资质敦固，公方廉恪，躬俭安贫，白首一节；又治《尚书》，学通师法，经任博士，行中表仪。'"李贤注引《东观汉记》曰："良习大夏侯《尚书》。"

吴良事迹，本传言刘苍于建初初荐良，章帝"以良为议郎"。后为司徒长史，"后坐事免。复拜议郎，卒于官"。卒年不详，约在和帝世。

吴良事迹又见于《东观汉记》（吴校本）卷一四。

武梁

赵明诚《金石录》有《从事武梁碑》。赵氏云：

> 右从事武梁碑。云：故从事武掾讳梁，字绥宗，体德忠孝，岐嶷有异，治《韩诗》，阙帻，传讲，兼通河洛诸子传记。又云：州郡请召，辞疾不就，安衡门之陋，乐朝闻之义。又云：年七十四，元嘉元年季夏三日遭疾陨灵。

据赵氏所言，武梁治《韩诗》，博通书传图纬，卒于桓帝元嘉元年（151），生于章帝建初三年（78）。按：《隶释》卷六亦载有《从事武梁碑》，碑文同赵氏所说，今不录。洪氏释"阙帻"义云："《舆服志》古者有冠无帻，秦后稍稍作颜，题汉文乃崇其中。为屋衣冠，童子，帻。无屋者，亦未成人也。此碑及《武荣碑》皆有阙帻传讲之文，盖谓其未冠之年已能传道讲学也。"

武荣

《隶释》卷一二有《执金吾丞武荣碑》，中言："君讳荣，字含和，治《鲁诗经韦君章句》。阙帻，传讲《孝经》《论语》《汉书》《史记》《左氏》《国语》，广学甄微，靡不贯综。"

《隶释》卷六有《敦煌长史武班碑》，洪适云武班"吴郡府丞开明之元子、执金吾丞荣之兄也"，武荣其余事迹俱载《武荣碑》，但此人籍贯及生卒年不可考。此碑亦载于欧阳修《集古录》。欧阳棐《集古录目》云："荣字含和，桓帝末，官至执金吾丞。碑不书其乡里及卒年月。"

郗萌

郗萌，又作郄萌，通《春秋》，明图谶，但《后汉书》无传，事迹不详。《隋志》经部谶纬类有"《春秋灾异》十五卷，郗萌撰"，《隋志》云："而又有《尚书中候》《洛罪级》《五行传》《诗推度灾》《氾历枢》《含神务》《孝经勾命诀》《援神契》《杂谶》等书。汉代有郗氏、袁氏说。汉末，郎中郗萌集图纬谶杂占为五十篇，谓之《春秋灾异》。"侯康曰："《续汉书·天文志》注屡引郗萌占，盖出于此。"此书类似占候书，但不入子部五行家，当属经纬类。《御览》卷二引《抱朴子》曰："宣夜之书亡，而《郗萌记》先师相传。"亦可推知此书基本内容。唐李淳风《乙巳占·天占第三》录古今占书，中亦有《郗萌占》。

夏承

《隶释》卷八有《淳于长夏承碑》云："君讳承，字仲兖，东莱府君之孙，大尉掾之中子，右中郎将弟也。"又云夏承"治《诗》《尚书》，兼览群艺，靡不寻赐"。其生卒年，碑云："[夏承]年五十有六，建宁三年六月癸巳，淹疾卒官。"则夏承生于安帝元初二年（115），卒于灵帝建宁三年（170）。其余事迹俱见碑文。

此碑又载于赵明诚《金石录》，赵氏云此碑："距今千岁矣而刻画完好如新，余家所藏汉碑二百余卷，独此碑最完。"

夏馥

夏馥，明经。《后汉书·党锢列传》有其传，云"少为书生，言行质直"，不载其习经事。而袁宏《后汉记》卷二二云："陈留人夏馥，字子治。安贫乐道，不求当世。郡内多豪族，奢而薄德，未尝过门。躬耕泽畔，以经书自娱。"又《御览》卷五〇八引皇甫谧《高士传》云："夏馥字子治，陈留圉人也。少为诸生，质直不苟，动必依道。"比较而言，夏馥当通经。其人事迹亦见于上所引范书本传、袁宏《后汉书》及皇甫谧《高士传》。

夏恭

夏恭，通经善文。《后汉书》卷八〇《文苑列传·夏恭传》云："夏恭字敬公，梁国蒙人也。习《韩诗》、孟氏《易》，讲授门徒常千余人。王莽末，盗贼从横，攻没郡县，恭以恩信为众所附，拥兵固守，独安全。光武即位，嘉其忠果，召拜郎中，再迁太山都尉。和集百姓，甚得其欢心。恭善为文，著赋、颂、诗、《励学》凡二十篇。年四十九卒官，诸儒共谥曰宣明君。"夏恭当卒于光武世，其所著诗文亡佚。

夏牙

夏牙，夏恭之子，当习《韩诗》、孟氏《易》。《后汉书》卷八〇《文苑列传·夏恭传》云："［夏恭］子牙，少习家业，著赋、颂、赞、诔凡四十篇。举孝廉，早卒，乡人号曰'文德先生'。"按：言其早卒，当卒于光武世。

夏勤

夏勤，字伯宗，习公羊严氏《春秋》，樊鯈弟子。夏勤范书无传，其事迹略载于《后汉书》卷三二《樊鯈传》："［樊鯈］弟子颍川李修、九江夏勤，皆为三公。勤字伯宗，为京、宛二县令，零陵太守，所在有理能称。安帝时，位至司徒。"夏勤任司徒官见于范书者，《安帝纪》永初三年（109）："夏四月丙寅，大鸿胪九江夏勤为司徒。"元初二年（115）十二月："己酉，司徒夏勤罢。"但考《续汉志》刘昭注引丁孚《汉仪》所载夏

253

勤策文，曰："维元初六年三月甲子，制诏以大鸿胪勤为司徒。"与范书有十年的时间差距，不知孰是。

周天游辑谢承《后汉书》卷八有《夏勤传》，按《御览》卷六九八引作"江夏刘勤字伯宗"，周先生引孙志祖曰："夏勤字伯宗，九江寿春人。安帝永初元年，为司徒。东京司徒无江夏刘勤其人，疑即夏勤之讹。"① 其事迹亦略可参考。

鲜于璜

鲜于璜，复姓鲜于，名璜。《鲜于璜碑》② 云："君讳璜，字伯谦。"又云："治《礼》小戴，闺族孝友，温故知机。辉光笃实，升而上闻。"

其人卒年，碑云："意乎不造，早世而终。以延光四年，六月壬戌，卒于家。"则鲜于璜卒于安帝延光四年（125）。其余事迹俱见碑文。

向长

向长，通《易》。《后汉书》卷八三《逸民列传·向长传》云："向长字子平，河内朝歌人也。隐居不仕，性尚中和，好通《老》《易》。贫无资食，好事者更馈焉，受之取足而反其余。王莽大司空王邑辟之，连年乃至，欲荐之于莽，固辞乃止。潜隐于家。读《易》至损、益卦，喟然叹曰：'吾已知富不如贫，贵不如贱，但未知死何如生耳。'建武中，男女娶嫁既毕，敕断家事勿相关，当如我死也。于是遂肆意与同好北海禽庆俱游五岳名山，竟不知所终。"卒年不详。

向长事迹又见于皇甫谧《高士传》，李贤注云："《高士传》'向'作'尚'。"则唐时已改。今本《高士传》仍作"向长"。《御览》卷六一六《学部十·读诵》引《后汉书》云："裴骏字仲驹。骏从弟安祖少而聪慧，年七八岁就师，讲《诗》至《鹿鸣》篇，语兄云：'禽兽得食相呼，而况人也？'自此之后，未尝独食。"今本《后汉书》无裴骏、裴安祖事，裴骏、裴安祖事见《北史》，《御览》作《后汉书》乃是误引。此条下即引《后汉书》又曰："尚长字子平，河内朝歌人也。隐居不仕，读《易》至损、益卦，喟然而叹曰：'吾以知富不如贫，贵不如贱，但未知死何如生？'"如

---

① 周天游：《八家后汉书辑注》，上海古籍出版社1986年版，第270页。
② 此碑藏天津历史博物馆，碑文释文从高文《汉碑集释》。

此，则《御览》或将《高士传》误作《后汉书》。

谢该

谢该，习《左传》。《后汉书·儒林列传·谢该传》云：

> 谢该字文仪，南阳章陵人也。善明《春秋左氏》，为世名儒，门徒数百千人。建安中，河东人乐详条《左氏》疑滞数十事以问，该皆为通解之，名为《谢氏释》，行于世。
>
> 仕为公车司马令，以父母老，托病去官。欲归乡里，会荆州道断，不得去。少府孔融上书荐之曰云云。书奏，诏即征还，拜议郎。以寿终。

乐详事迹又见于《三国志·魏书·杜恕传》："甘露二年，河东乐详年九十余，上书讼畿之遗绩，朝廷感焉。诏封恕子预为丰乐亭侯，邑百户。"裴松之注引鱼豢《魏略》曰："乐详字文载。少好学，建安初，详闻公车司马令南郡谢该善《左氏传》，乃从南阳步诣许，从该问疑难诸要，今《左氏乐氏问》七十二事，详所撰也。所问既了而归乡里，时杜畿为太守，亦甚好学，署详文学祭酒，使教后进，于是河东学业大兴。至黄初中，征拜博士。于时太学初立，有博士十余人，学多褊狭，又不熟悉，略不亲教，备员而已。惟详五业并授，其或难解，质而不解，详无愠色，以杖画地，牵譬引类，至忘寝食，以是独擅名于远近。详学既精悉，又善推步三五，别受诏与太史典定律历。太和中，转拜骑都尉。详学优能少，故历三世，竟不出为宰守。至正始中，以年老罢归于舍，本国宗族归之，门徒数千人。"按：对比《后汉书》与裴注所引《魏略》，似乐详问谢该《左传》经义一事，两人分作二书。谢该所作，名《[左氏]谢氏释》；乐详所作，名《左氏乐氏问》。此种情形类似于林硕问郑玄《周礼》，林硕作《问难》，郑氏作《答问难》，但内容大体应相同。

谢廉

谢廉，通经。《后汉书》卷六一《左雄传》云："雄又奏征海内名儒为博士，使公卿子弟为诸生。有志操者，加其俸禄。及汝南谢廉，河南赵建，年始十二，各能通经，雄并奏拜童子郎。于是负书来学，云集京师。"《东观汉记》亦云:"[阳嘉]二年,汝南童子谢廉、河南童子赵远,年十二,各通一经。以太学初缮,应化而至,皆除郎中。"

谢廉等年十二能通经而拜童子郎事又见于《后汉书》卷五八《臧洪传》,李贤注引司马彪《续汉书》,文同于范书。

谢曼卿

谢曼卿,习《毛诗》。《汉书·儒林传》记《毛诗》的传习顺序云:

> 毛公,赵人也。治《诗》,为河间献王博士,授同国贯长卿。长卿授解延年。延年为阿武令,授徐敖。敖授九江陈侠,为王莽讲学大夫。由是言《毛诗》者,本之徐敖。

《序录》叙西汉《毛诗》传授序列全引《汉书·儒林传》,叙两汉之际之传授顺序云:"或云:陈侠传谢曼卿。元始五年,公车征说《诗》。"《汉书·平帝纪》元始五年(5)云:"征天下通知逸经、古记、天文、历算、钟律、小学、《史篇》、方术、《本草》及以"五经"、《论语》《孝经》《尔雅》教授者,在所为驾一封轺传,遣诣京师。至者数千人。"其实《序录》"或云"云云明陆德明亦无把握,只是从《平帝纪》等文记载的推测而已。而《隋志》则云:"后汉有九江谢曼卿,善《毛诗》,又为之《训》。"则已凿实谢曼卿注《毛诗》,更不可信。侯康《补后汉书艺文志》延续《隋志》之误,录有谢曼卿《毛诗训》,但侯康曰:"曼卿似前汉人而《隋志》称为后汉,或曾入光武时也。"侯氏言谢曼卿为东汉初年人不为无见,但若要论谢氏有《毛诗》训诂之书,恐是臆测。

谢夷吾

谢夷吾,习《春秋》。《后汉书》卷八二《方术列传·谢夷吾传》载其学略云:"谢夷吾字尧卿,会稽山阴人也。少为郡吏,学风角占候。太守第五伦擢为督邮。"然不言习经。李贤注引谢承《后汉书》曰:"伦甚崇其道德,转署主簿,使子从受《春秋》,夷吾待之如师弟子之礼。时或游戏,不肯读书,便白伦行罚,遂成其业。"据谢承《后汉书》,谢夷吾通《春秋》。谢夷吾又有称誉《论衡》,引荐王充事,见《王充传》。其人卒年不详,事迹除范书外,又见于周天游辑谢承《后汉书》卷五《方术传》。

考谢夷吾名列《方术传》，好风角占候，则其所学《春秋》或为公羊家。

辛缮

辛缮，通多经。《类聚》卷九五引赵岐《三辅决录》云："辛缮字公文，少治《春秋》《诗》《易》。隐居弘农华阴，弟子受业者六百余人。居旁有白鹿，甚驯，不畏人。"

熊旻举

熊乔祖父，治欧阳《尚书》。《隶释》卷一一有《绥民校尉熊君碑》①，中云熊乔祖父名"旻举"，又云其祖父"治欧羊《尚书》，六日七分，少仕州郡"云云。其余事迹不详。

洪适云："碑以'欧羊'为'欧阳'。"《集古录》《金石录》亦载此碑。欧阳修云："其辞有云治欧羊《尚书》，其字非讹阙，而以'阳'为'羊'，盖古文字少，故须假借，至汉，字已备，而犹假用何哉？"

徐宪

徐宪，徐防之父，习《易》。《徐防传》："徐防字谒卿，沛国铚人也。祖父宣，为讲学大夫，以《易》教授王莽。父宪，亦传宣业。"事迹及生卒年不详。

徐防

徐防，通《易》。《后汉书》卷四四《徐防传》云："徐防字谒卿，沛国铚人也。祖父宣，为讲学大夫，以《易》教授王莽②。父宪，亦传宣业。防少习父祖学。"

---

① 《隶释》："君讳□字子□。"缺两字，欧阳修《集古录》："右《熊君碑》。云：君讳乔，字举。举上灭一字。"两相补缀，则熊君名乔字子举。
② 李贤注："王莽置《六经》祭酒各一人，秩上卿。长安国由为讲《易》祭酒，宣为讲学大夫，盖当属于祭酒也。"

主要事迹

(1) 明帝、章帝时，举孝廉，为郎、尚书郎。本传："永平中，举孝廉，除为郎。防体貌矜严，占对可观，显宗异之，特补尚书郎。职典枢机，周密畏慎，奉事二帝，未尝有过。"

(2) 和帝时，为司隶校尉、魏郡太守。本传："和帝时，稍迁司隶校尉，出为魏郡太守。"

(3) 永元十年（98），为少府、大司农。本传："永元十年，迁少府、大司农。防勤晓政事，所在有迹。"

(4) 永元十四年（102），为司空。本传："十四年，拜司空。"《和帝纪》永元十四年："丁酉，司空巢堪罢。十一月癸卯，大司农徐防为司空。"

(5) 永元十六年（104），为司徒。本传："十六年，拜为司徒。"《和帝纪》永元十六年："八月己酉，司徒张酺薨。冬十月辛卯，司空徐防为司徒，大鸿胪陈宠为司空。"

(6) 殇帝延平元年（106），为太尉。本传："延平元年，迁太尉，与太傅张禹参录《尚书》事，数受赏赐，甚见优宠。"《殇帝纪》："延平元年春正月辛卯，司徒徐防为太尉，参录尚书事，百官总己以听。"

(7) 安帝永初元年（107），先封龙乡侯，后免司徒官。本传："安帝即位，以定策封龙乡侯。食邑千一百户。其年以灾异寇贼策免，就国。"《安帝纪》永初元年秋九月庚午："是日，太尉徐防免。"卒年不详，当在安帝世。

徐防事迹又见于《东观汉记》（吴校本）卷一六，周天游辑谢承《后汉书》卷三、司马彪《续汉书》卷四、华峤《后汉书》卷二。

徐防于儒学之言行，首言"《章句》之学，发于子夏"，又请为校订五经章句，事俱见本传所载其为司空时上和帝疏，又谏言邓太后荐察举应选通经术者，事见《儒林传·序》。

徐淑

徐淑，通多经。《后汉书》卷六一《左雄传》"明年［永建三年］，有广陵孝廉徐淑，年未及举，台郎疑而诘之"，李贤注引谢承《后汉书》曰："淑字伯进，广陵海西人也。宽裕博雅，好学乐道。随父慎在京师，钻孟氏《易》、《春秋》《公羊》《礼记》《周官》。善诵太公《六韬》，交接英雄，常有壮志。举茂才，除勃海修令，迁琅邪都尉。"按徐璆之父亦名淑，当即此人。《后汉书》卷四八《徐璆传》云"徐璆字孟玉，广陵海西人也。父淑，度辽将军，有名于边"，《徐璆传》虽不言徐淑治经学，且为武人，但他"善诵太公《六韬》，交接英雄，常有壮志"，亦暗示其人文武兼修，与张奂、卢植诸儒者类等。

徐诵

徐诵，通经。《御览》卷六一六引《华阳国志》曰："徐诵字子产，少读书，日不过五十字，诵千遍乃得，终成儒学。"按：今《华阳国志》无此文，或为其阙文。

徐宣

徐宣，通《易经》。《后汉书》卷一一《刘盆子传》："徐宣，故县狱吏，能通《易经》。遂共推宣为丞相。"李贤注引《东观汉记》："徐宣字骄稺……东海临沂人也。"刘盆子败，"归乡里，卒于家"。卒年不详，约在光武世。按：西汉有另一徐宣，徐防之祖父，以《易》授王莽，见《徐防传》，与此徐宣为两人。

徐巡

徐巡，从卫宏、杜林学，习古文《尚书》。《后汉书》卷二七《杜林传》云："济南徐巡，始师事宏，后皆更受林学。林前于西州得漆书《古文尚书》一卷，常宝爱之，虽遭难困，握持不离身。出以示宏等曰：'林流离兵乱，常恐斯经将绝。何意东海卫子、济南徐生复能传之，是道竟不坠于地也。古文虽不合时务，然愿诸生无悔所学。'宏、巡益重之，于是古文遂行。"《后汉书·儒林列传》亦云徐巡习经事："时济南徐巡师事宏，后从林受学，亦以儒显，由是古学大兴。"徐巡卒年及其他事迹不详，约卒于光武、明帝之际。

徐巡所谓古学之说见于许慎《说文解字》引二处，一在"栗"字，许慎云："徐巡说，木至西方，战栗也。"盖说《尧典》"宽而栗"。又"陧"字，许慎云："徐巡以为'陧，凶也'。"徐巡大概解释《秦誓》："邦之杌陧。"姚振宗《后汉艺文志》据此录有徐巡《古文尚书说》，云："此二字并见《尚书》,知当时徐氏、卫氏各有其书,许君左右采获。杜伯山(林)固言卫子、徐生复能传之矣。《儒林传》亦兼二人以为说。《古文尚书》大兴于世由此二人,似亦巡有书之一证。"

徐稚

徐稚,习经。《后汉书》卷五三有传,但不言其人通经。徐稚习经之事见于《徐稚传》李贤注引谢承《后汉书》:"稚少为诸生,学严氏《春秋》、京氏《易》、欧阳《尚书》,兼综风角、星官、算历、《河图》《七纬》、推步、变易,异行矫时俗,闾里服其德化。有失物者,县以相还,道无拾遗。四察孝廉,五辟宰府,三举茂才。"

据范书本传,陈蕃为太守,以礼请稚为功曹,"稚不免之,既谒而退",后征为太原太守,稚于家拜而不就官。桓帝延熹二年(159),尚书令陈蕃、尚书仆射胡广等荐徐稚、姜肱、韦著等,稚不至。后又为太尉黄琼所辟,亦不就。可印证谢承《后汉书》之载。

徐稚生卒年,本传云:"灵帝初,欲蒲轮聘稚,会卒,时年七十二。"灵帝初年为建宁元年(168),则徐稚约生于和帝永元九年(97)。

徐稚事迹又见于袁宏《后汉纪》二二、周天游辑谢承《后汉书》卷三、司马彪《续汉书》卷四、《风俗通义·愆礼》、《世说新语》之《德行》《言语》篇、《御览》引《海内先贤行状》、皇甫谧《高士传》及殷芸《小说》等篇籍。

许慎

许慎,东汉名儒,博通群经。《后汉书·儒林列传·许慎传》云:

> 许慎字叔重,汝南召陵人也。性淳笃,少博学经籍,马融常推敬之,时人为之语曰:"五经无双许叔重。"为郡功曹,举孝廉,再迁除洨长。卒于家。
>
> 初,慎以五经传说臧否不同,于是撰为《五经异义》,又作《说文解字》十四篇,皆传于世。

许慎事迹又见于谢承《后汉书》:"许慎字叔重,性淳笃,少博学经籍,马融常推敬之。时人为之语曰:'五经无双许叔重。'"(《御览》卷四九五引）与范书同。

许慎之卒年，清陶方琦《许君年表》、诸可宝《许君疑年录》谓许慎卒于建和三年（149）。严可均《许君事迹考》云许慎盖卒于桓帝世。

许慎著述

1.《说文解字》

《隋志》："《说文》十五卷，许慎撰。"两《唐志》及《宋志》并载《说文解字》十五卷，本传云十四篇，每篇一卷，多一卷为序。后儒对《说文》多有整理，篇卷多有分合，《崇文总目》既载有"说文解字十五卷，原释徐铉"，又有"《说文》二十卷许慎撰，李阳冰刊定"，分为二本。《郡斋读书志》则合二为一："《说文解字》三十卷。汉许慎纂，李阳冰刊定。伪唐徐铉再是正之，又增加其阙字。"则此三十卷本乃徐铉以李阳冰本为基础的再定本。《直斋书录解题》同《郡斋读书志》，亦载"《说文解字》三十卷"，云："汉太尉祭酒汝南许慎叔重撰。凡十四篇，并序目一篇，各分上下卷，凡五百四十部，九千三百五十三文，重一千一百六十三。雍熙中，右散骑常侍徐铉奉诏校定。以唐李阳冰排斥许氏为臆说，末有新定字义三条。"今存。

许慎将众多字排比分类，集为五百四十部，或并非首倡，盖源自贾逵。《北史·江式传》载江式上表论历代字学云："又诏侍中贾逵修理旧文，殊艺异术，王教一端，苟有可以加于国者，靡不悉集。逵即汝南许慎古学之师也。后慎嗟时人之好奇，叹俗儒之穿凿，故撰《说文解字》十五篇，首一终亥，各有部属，可谓类聚群分，杂而不越，文质彬彬，最可得而论也。"

又，许慎《说文解字》载有古文，所以张怀瓘《书断》中将其列入小篆能品之中。

2.《五经异义》

《隋志》："《五经异义》十卷，后汉太尉祭酒许慎撰。"两《唐志》并载："《五经异义》十卷，许慎撰，郑玄驳。"宋代目录，如《崇文总目》《直斋书录解题》《郡斋读书志》均不见载，已佚。此书既久佚，且许慎之书与郑玄之驳往往相杂，诸书常一并引用。大抵散见于经疏及唐宋类书、《通典》所引。后世有多种辑本：《四库全书》经部五经总义类有《驳五经异义》一卷补遗一卷，朱彝尊《经义考》有许氏《五经异义》，王谟《汉魏遗书钞》有许慎撰、郑玄驳《五经异义》二卷，武億辑有《驳五经异义》

一卷补遗一卷，黄奭《黄氏逸书考》有《驳五经异义》一卷，袁钧《郑氏佚书》有《驳五经异义》，孔广林《郑学十八种》有《驳五经异义》，陈寿祺撰有《五经异义疏证》三卷，皮锡瑞撰有《驳五经异义疏证》十卷。

3. 注《淮南子》

《隋志》子部杂家载有"《淮南子》二十一卷，汉淮南王刘安撰，许慎注"。另一本作"《淮南子》二十一卷，高诱注"，分属两书。两《唐志》、《宋志》《崇文总目》俱载"淮南子二十一卷"，题许慎注。《直斋书录解题》有《淮南鸿烈解》二十一卷，陈振孙云："后汉太尉许慎叔重注。按《唐志》又有高诱注。今本既题许慎记上，而详序文则是高诱，不可晓也。序言自诱之少，从同县卢君受其句读。卢君者，植也。与之同县，则诱乃涿郡人。又言是建安十年辟司空掾，东郡濮阳令，十七年迁监河东。则诱乃汉末人，其出处略可见。"许慎与高诱注已经混淆。可印证宋苏颂《校上淮南子序》（《苏魏公集》）云宋时二家注已经混淆不清。《玉海·艺文》云："苏颂去其重复，共得高注十三篇、许注十八篇。"

关于两者之关系，侯康引洪亮吉曰："许君注《淮南王书》今不传，惟《道藏》中《淮南洪烈》篇三十八卷，尚题汉南阁祭酒许慎注，或当有所据，然世所盛行之本则皆题汉涿郡高诱注。今考许君之注，有淆人诱注中者，或本诱注采用许君之说，后人遂误以为诱也。今略论之：《淮南王书》'斮其肘'，高诱注：'斮读近茸急察言之。'又'罙者扣舟'，高诱注：'今沇州人积柴水中抟鱼为罙。'与《说文》之说同。"

该书亦有多种辑本。黄奭《黄氏逸书考》、蒋曰豫《蒋侑石遗书》、陶方琦《淮南许注异同诂》并有辑本。又有孙冯翼辑有《许慎淮南子注》一卷，叶德辉《观古堂所著书》第二集辑有许慎《淮南鸿烈间诂》二卷，易鼎顺辑有《淮南许注钩沉》一卷，陶方琦辑有《淮南许注异同诂》四卷、补遗一卷、续补遗一卷。

4. 后儒以为许慎曾注《汉书》《史记》

王仁俊《玉函山房辑佚书续编》辑有《汉书许义》一卷。王仁俊云："《汉书许义》一卷，后汉许慎撰，隋唐志不著录，班氏（按：应为颜氏）《叙例》亦未列。王氏鸣盛《十七史商榷》独以为许君尝注《汉书》，其见甚卓，惜未成辑本。陶君方琦著《许君年表》则以为《史记注》。后谓许君博极群书，想二史必皆有注释，今惜佚矣。窃据如淳、晋灼、臣瓒、颜籀所引，参以图经诸书，辑成《许义》一卷，专以《说文解字》疏通证明，以存浼长一家之学。"

侯康《补后汉书艺文志》史部正史类有《汉书注》，题许慎撰，姚振宗

《后汉艺文志》则题作许慎《史记注》。按：许慎有《汉书注》，首倡者为王鸣盛（说见《十七史商榷》卷七），而陶方琦《许君年表》以为当是《史记注》，姚振宗从陶说，并云："按许君从贾侍中受古学，《太史公书》多古文学，由是推寻，则陶说为近。"然仅凭许慎信从古文学，而《史记》多古文学，实不足定其所注为《史记》，盖亦有学者云《史记》多今文学者。今检《汉书》，所引许慎语有四十二条，其中明引《说文解字》或《说文》者有九条；暗引《说文解字》者有十六条，疑似者两条；引许慎《淮南子注》者有三条；不知出处者十一条。如《汉书》卷一下"始大人常以臣亡赖"，师古注引晋灼曰："许慎云'赖，利也'，无利入于家也。"卷五"车朱两轓"，师古注："据许慎李登说，轓车之蔽也。"卷四〇"发巨桥之粟"，师古注："许慎云巨鹿之大桥，有漕粟也。"然因证据不足，此十数条亦无从定其所注为何书。

5. 注《六韬》

顾怀三《补后汉书艺文志》子部兵家有《六韬注》，题许慎撰。按：《御览》卷三五七："《六韬》曰：'方胥铁棓重十二斤，柄长五尺，千二百枚，一名天棒。许慎注曰：大杖以桃为之，击杀羿，是以鬼畏桃人也。'"顾《志》据是而著录此书，然细读此条引文，许慎注与《六韬》无甚关系，其所注乃《淮南子·诠言训》中"羿死于桃棓"。《事物纪原》卷八："桃符。《淮南子·诠言训》曰：'羿死于桃棓。许慎注云：棓，大杖，以桃为之，以击煞羿，由是以来鬼畏桃。'今人以桃梗作板，岁旦植于门以辟鬼，由此故也。"据此可见许慎所注实非《六韬》，乃《淮南子》，顾《志》误。

6. 又有《许子》一书

顾怀三《补后汉书艺文志》子部诸子类有此书。按：《类聚》卷三一引崔瑗《与葛元甫书》曰："今遣奉书钱千为贽，并送《许子》十卷，贫不及素，但以纸耳。"此《许子》不知何人所撰，顾怀三云："案许子不署名，以时考之，疑是南阁祭酒许叔重之撰述也。"姑且存疑。[①]

又，王仁俊从希麟《续一切经音义》采获许慎诂《左传》字义一处，成《春秋左传许氏义》一卷。

[①] 上述《六韬》注及《许子》之论证来自林海硕士学位论文《后汉艺文志汇补》，中山大学2014年。

许淑

许淑,《左传》名家,但范书无传。《后汉书·范升传》略载其争立《左传》博士事:"时尚书令韩歆上疏,欲为费氏《易》、《左氏春秋》立博士,诏下其议。[建武]四年正月,朝公卿、大夫、博士,见于云台。……遂与韩歆及太中大夫许淑等互相辩难,日中乃罢。"及司马彪《续汉志·律历志》:"建武八年中,太仆朱浮、太中大夫许淑等数上书,言历朔不正,宜当改更。"

许淑之《左氏》学,杜预《春秋经传集解·序》云:"然刘子骏创通大义,贾景伯父子、许惠卿,皆先儒之美者也,末有颍子严者,虽浅近亦复名家,故特举刘、贾、许、颍之违,以见同异。"孔颖达疏云:"许惠卿,名淑,魏郡人也。"《序录》亦云:"太中大夫许淑(陆德明自注:字惠卿,魏郡人)、九江太守服虔、侍中孔嘉、魏司徒王朗、荆州刺史王基、大司农董遇、征士敦煌周生烈并注解《左氏传》。"

许氏《左传》著述不见历代书目著录,唯见于孔疏所引六节,且与刘歆、贾逵等混为一体。马国翰有辑本一卷,题为《春秋左传许氏注》。

钱大昭《补续汉书艺文志》有许淑《左氏传注解》,侯康《补后汉书艺文志》录有许淑《春秋左氏传注》。

薛汉

薛汉,精《韩诗》,作《韩诗章句》。《后汉书·儒林列传·薛汉传》云:

> 薛汉字公子,淮阳人也。世习《韩诗》,父子以章句著名。汉少传父业,尤善说灾异谶纬,教授常数百人。建武初,为博士,受诏校定图谶。当世言《诗》者,推汉为长。永平中,为千乘太守,政有异迹。后坐楚事辞相连,下狱死。弟子犍为杜抚、会稽澹台敬伯、钜鹿韩伯高最知名。

薛汉事迹又见于《东观汉记》卷一八。

薛汉传《韩诗》事又见于陆玑《毛诗草木鸟兽虫鱼疏》:"建武初,博士淮阳薛汉传父业,尤善说灾异谶纬,受诏定图谶。当世言诗推为长,后为千乘太守，坐事下狱死。"但不言其作《韩诗章句》。

《韩诗章句》载于《隋志》："《韩诗》二十二卷，汉常山太傅韩婴，薛氏章句。"《序录》云："《韩诗》虽在，人无传者。"也没有著录《韩诗章句》。《旧唐志》录有"《韩诗》二十卷，卜商序，韩婴撰"，《新唐志》则录为："《韩诗》，卜商《序》，韩婴《注》，二十二卷。"都不题名为《韩诗章句》。但李贤注《后汉书》、李善注《文选》及孔颖达等唐人旧疏屡引《章句》，则该书唐时尚存，《隋志》及两《唐志》所载录的《韩诗》即《韩诗章句》。此章句宋人虽也称曾见，如《文献通考》引《中兴艺文志》曰："《韩诗》虽亡阙，《外传》及章句犹存。"又引《石林燕语》："唐人有云：'《齐诗》亡于魏，《鲁诗》亡于晋，《韩诗》虽存，无传之者。'今韩氏章句已不存矣，而《齐诗》犹有见者，然唐人既谓之亡，则书之真伪，未可知也。"但宋人书目如《崇文总目》《直斋书录解题》《郡斋读书志》等均不见著录，则《韩诗》或亡于两宋之间。

关于《韩诗章句》的作者，惠栋《后汉书补注》云："唐人所引《韩诗》，其称薛君者，汉也；称薛夫子者，乃方邱也。故《冯衍传》注有薛夫子《章句》是也。"（《后汉书集解》引）据惠栋意，《韩诗薛君章句》乃薛汉父子合作，所论与《后汉书·儒林列传》同。按：《后汉书·冯衍传》载冯氏《显志赋》："美《关雎》之识微兮，愍王道之将崩；拔周唐之盛德兮，捃桓文之谲功。"李贤注引薛夫子《韩诗章句》曰："诗人言雎鸠贞洁，以声相求，必于河之洲，蔽隐无人之处。故人君动静，退朝入于私宫，妃后御见，去留有度。今人君内倾于色，大人见其萌，故咏《关雎》，说淑女，正容仪也。"《后汉书·明帝纪》载明帝诏曰："昔应门失守，《关雎》刺世。"李贤注引薛君《韩诗章句》曰："诗人言雎鸠贞洁慎匹，以声相求，隐蔽于无人之处。故人君退朝，入于私宫，后妃御见有度，应门击柝，鼓人上堂，退反宴处，体安志明。今时大人内倾于色，贤人见其萌，故咏《关雎》，说淑女，正容仪，以刺时。"两者正同，惠栋之说也未必为确论。

此外，马国翰《薛君韩诗章句辑本序》又认为薛汉之父为薛方字子容。马氏云："按：薛汉父方，字子容，附见《汉书·鲍宣传》。又《唐宰相世系表》云：薛夫子名方，字夫子，广德曾孙。"按：马说不妥。《汉书·鲍宣传》云："自成帝至王莽时，清名之士……齐则薛方子容……皆以明经饬行显名于世。……方居家以经教授，喜属文，著诗赋数十篇。……世祖即位，征薛方，道病卒。"《唐书宰相世系表》云："[薛]广德生饶，长沙太守。饶生愿，为淮阳太守，因徙居焉。生方邱，字夫子。邱生汉，字公子，后汉千乘太守。"两相对照，《汉书》言薛方字子容，而《唐书》言薛汉父名方邱字夫子，名姓不同；《汉书》载薛方乃齐人，《唐书》载薛夫子为淮阳人，地籍不同，恐为二人。马国翰辑本序又以为《韩诗章句》定于杜抚，诸所引称薛君，尊其师。马氏实为臆说。

《韩诗》久佚，后儒有辑佚。关于《韩诗薛君章句》的辑本，诸家往往将《韩诗》经文、《章句》《韩诗内传》《韩诗说》等放在一起辑佚。这大体上说是可行的。因唐宋人引《韩诗》不论是经文异文还是经义异说，一般均作"韩诗"。如宋王应麟《三家诗考》辑有《韩诗》（清卢文弨、丁晏有增补），清阮元《三家诗补遗》有《韩诗补遗》，范家相《三家诗拾遗》、蒋日豫《蒋侑石遗书》、龙璋《小学蒐佚下编》、马国翰《玉函山房辑佚书》、臧庸《韩诗遗说》、陈乔枞《三家诗遗说考》、顾震福《韩诗遗说续考》、陶方琦《韩诗遗说补》、王先谦《诗三家义集疏》等并有《韩诗薛君章句》的辑佚。

荀爽

荀爽，通群经。《后汉书》卷六二《荀爽传》："爽字慈明，一名谞。幼而好学，年十二，能通《春秋》《论语》。太尉杜乔见而称之，曰：'可为人师。'爽遂耽思经书，庆吊不行，征命不应。"张璠《后汉记》亦云："爽字慈明，幼好学，年十二，通《春秋》《论语》，耽思经典，不应征命。"（《三国志·魏书·荀彧传》裴注引）

一、主要事迹

（1）桓帝延熹九年（166），为郎中，对策言政。本传："延熹九年，太常赵典举爽至孝，拜郎中。对策陈便宜曰云云。"

（2）灵帝建宁二年（169）遭党锢，逃命在外，以著述为事。本传云："后遭党锢，隐于海上，又南遁汉滨，积十余年，以著述为事，遂称为硕儒。"按：东汉党锢凡两次，一为桓帝延熹九年党锢起，次年党锢解；一为灵帝建宁二年党锢起，中平元年（184）解。荀爽在外避难十余年，当为第二次党锢时。

（3）中平元年（184），袁逢举其有道，爽不应征。本传："党禁解，五府并辟，司空袁逢举有道，不应。及逢卒，爽制服三年，当世往往化以为俗。时人多不行妻服，虽在亲忧犹有吊问丧疾者，又私谥其君父及诸名士，爽皆引据大义，正之经典，虽不悉变，亦颇有改。"《风俗通义·愆礼》云：

"司空袁周阳举荀慈明有道，太尉邓伯条举訾孟直方正，二公薨，皆制齐衰，世非一。然荀、訾通儒，于义足责。"

（4）中平六年（189），何进征为中郎、侍中。本传："后公车征为大将军何进从事中郎。进恐其不至，迎荐为侍中，及进败而诏命中绝。"

（5）献帝永汉元年（189），为平原相、光禄勋、司空。本传："献帝即立，董卓辅政，复征之。爽欲遁命，吏持之急，不得去，因复就拜平原相。行至宛陵，复追为光禄勋。视事三日，进拜司空。"《后汉书·献帝纪》永汉元年十一月："光禄勋荀爽为司空。"袁宏《后汉记》卷二五灵帝中平六年"十一月，光禄勋荀爽为司空"。

（6）献帝初平元年（190），卒。本传："爽自被征命及登台司，九十五日。因从迁都长安。爽见董卓忍暴滋甚，必危社稷，其所辟举皆取才略之士，将共图之，亦与司徒王允及卓长史何颙等为内谋。会病薨，年六十三。"《献帝纪》初平元年："三月乙巳，车驾入长安，幸未央宫。""夏五月，司空荀爽薨。"则荀爽生于顺帝永建三年（128）。

荀爽事迹又见于袁宏《后汉记》卷二二、二五、二六，周天游辑司马彪《续汉书》卷四、五，张莹《后汉南记》，袁山松《后汉书》卷三，张璠《后汉记》及《世说新语·言语》诸篇。

二、荀爽著述

本传云："[爽]著《礼[传]》《易传》《诗传》《尚书正经》《春秋条例》，又集汉事成败可为鉴戒者，谓之《汉语》。又作《公羊问》及《辩谶》，并它所论叙，题为《新书》。凡百余篇，今多所亡缺。"

荀爽集存，《隋志》："后汉司空《荀爽集》一卷，梁三卷，录一卷。"两《唐志》载"《荀爽集》二卷"，今佚。严可均《全后汉文》卷六七辑有其文。按：《类聚》卷二三有荀爽《女诫》，侯康、姚振宗等补后汉艺文志诸家皆录荀氏《女诫》，其实《女诫》只是一篇，当归荀集中。

三、荀爽之学

1.《易》学

《后汉书·儒林列传》云："而陈元、郑众皆传费氏《易》，其后马融亦为其传。融授郑玄，玄作《易注》，荀爽又作《易传》，自是费氏兴，而京氏遂衰。"荀悦《前汉记》卷二五云："叔父故司空荀爽著《易传》，据爻象承应阴阳变化之义，以十篇之文解说经义。"《隋志》云："汉初又有东莱费直传《易》，其本皆古字，号曰《古文易》。以授琅邪王璜，璜授沛人高相，相以授子康及兰陵母将永。故有费氏之学，行于人间，而未得立。后汉陈元、郑众，皆传费氏之学。马融又为其传，以授郑玄。玄作《易注》，荀爽又作《易传》。"《序录》引范书《儒林列传》云："颍川荀爽并传费氏《易》。"唐晏《两汉三国学案》亦云："荀氏《易》学盖得《费氏》之传，以《翼》解《经》之法为最合，固远胜王弼之玄言，亦不同虞翻之消息，是为《费易》巨子。"诸家皆言荀爽传费氏《易》。

费氏《易》学其法如何？《汉书·儒林传》云："费直字长翁，东莱人也。治《易》为郎，至单父令。长于卦筮，亡章句，徒以《彖》《象》《系辞》十篇文言①解说上下经。"荀爽传费氏学，考其遗说，其实乃广义象数之学。如本传载其延熹九年（166）疏云：

> 臣闻之于师曰："汉为火德，火生于木，木盛于火，故其德为孝，其象在《周易》之《离》。"夫在地为火，在天为日。在天者用其精，在地者用其形。夏则火王，其精在天，温暖之气，养生百木，是其孝也。冬时则废，其形在地，酷烈之气，焚烧山林，是其不孝也。

所谓"闻之于师"当为费氏《易》之师法，全篇皆以天地万物四时附会人事立说，由象生义，大体如此。王应麟《困学纪闻》卷一云："《说卦·释文》引荀爽《九家集解》，得八卦逸象三十有一。""逸象"云云正可说明荀氏《易》之本质。但"火生于木，木盛于火，故其德为孝"，杂有五行相配说，此或为费氏所无，盖东汉经学风气浸染而由荀氏新发挥，亦杂有孟京《易》之法。如《明夷》："箕子之明夷"，《释文》引邹湛云："训箕为荄，诂子为滋，漫衍无经，不可致诘，以讥荀爽。""荄滋"之说，来自赵宾，自云受之孟喜，事见于《汉书·儒林传》。又本传荀疏引《易》曰："帝乙归妹，以祉元吉。"荀爽解之云："妇人谓嫁曰归，言汤以娶礼归其妹于诸侯也。"以帝乙为汤，文同《易乾凿度》："《易》之帝乙为汤，《书》之帝乙六世王，名同不害以明功。"其义与《周易集解》引京房说

---

① 杨树达《汉书窥管》引许桂林《易确》云："'文言''文'字，为'之'字传写之误。""按：许说是也。《文言》惟'乾''坤'二卦有之，不得言以《文言》解说上下经也。"见《汉书窥管》，上海古籍出版社1984年版，第687页。孙启治、陈建华《中国古佚书辑本目录解题》云："'十篇'当在'文言'后。"见《中国古佚书辑本目录解题》，上海古籍出版社2009年版，第8页。两下相较，孙说改动较大，当以杨说为长。荀悦《前汉记》作"十篇之文"不误。

"无以天子之尊而乘诸侯，无以天子之富而骄诸侯。阴之从阳，女之顺夫，本天地之义也。往事尔夫，必以礼义"同。张惠言《易义别录》云："荀爽亦注费氏《易》者，其义有特异。"所谓特异者，正由于杂有他说。

荀氏《易》于费氏学之突出者，在于其阴阳升降说。王应麟《困学纪闻》卷一云："若'乾升于坤曰云行，坤降于乾曰雨施；乾起坎而终于离，坤起离而终于坎；离坎者，乾坤之家而阴阳之府，故曰大明终始'，皆诸儒所未发。"马国翰辑本序亦曰："荀传费学参用孟氏，正其笃古之深，非有所失。况阴阳升降洞见本源。"但此种阴阳升降之法未必为《易》之本源，其实在于荀氏个人之臆断而已，考其《易》本，亦有阐释过度者。如"咸"卦"咸其拇"，《释文》："荀作母，云：阴位之尊。"

《序录》有荀爽《易注》十卷。陆氏自注："《七录》云十一卷。"《隋志》："《周易》十一卷，汉司空荀爽注。"两《唐志》有荀爽《周易章句》十卷。荀爽《易》说散见于《释文》及《周易集解》等书中。孙堂《汉魏二十一家易注》辑有《荀爽周易注》一卷，黄奭《黄氏逸书考》辑有《荀爽易言》一卷，马国翰《玉函山房辑佚书》辑有《周易荀氏注》三卷，胡薇元《汉易十三家》辑有《周易荀爽注》一卷。

又，《隋志》有《周易荀爽九家注》十卷，《序录》载有《荀爽九家集注》十卷。陆氏自注："不知何人所集，称'荀爽'者，以为主故也。其《序》有荀爽、京房、马融、郑玄、宋衷、虞翻、陆绩、姚信、翟子玄。子玄不详何人，为《易义》。注内又有张氏、朱氏，并不知何人。"今《周易集解》又复引九家《易》说，盖引九家集注张氏、朱氏等说。

2.《尚书》学

荀爽本传言其作《尚书正经》，此书久亡，不得其详，由书名推之，大约经本正字之类，与刘陶《中文尚书》类似。考其疏中云："人事如此，则嘉瑞降天，吉符出地，五辟咸备，各以其叙矣。"此用《尚书·洪范》义。《洪范》："庶征：曰雨，曰旸，曰燠，曰寒，曰风。曰时，五者来备，各以其叙。"王应麟《困学纪闻》卷二云："《洪范》五者来备，《史记》云：'五是来备。'荀爽谓之'五辟'，李云谓之'五氏'，传习之差如此，近于郢书燕说矣。"字各不同，无关立义，荀氏义即为瑞应说，当为今文义。晋张华《食举东西厢乐诗》之七："五辟来备，嘉生以遂。"正为荀爽《尚书》义之一注脚。又，《类聚》卷二三引荀爽《女诫》曰"婚姻九族，云胡不喜"，此文暗言言结两姓之好，"九族"义当从妻、母、父三党而衍为内外亲九族，为今文说。与古文《尚书》说所谓"上至高祖下至玄孙"仅为夫党一家不同。

3.《诗》学

本传言其有《诗传》,不言其家法。荀悦《汉记》云:"于是爽又著《诗传》,皆附正义,无他说。又去圣久远,道义难明,而古文《尚书》、《毛诗》《左氏春秋》《周官》,通人学者,多好尚之,然希各得立于学官也。"姚振宗云:"证以《汉记》'希得立于学官'之语,则其为毛氏《诗》审矣。陆元朗云根牟子传赵人孙卿子,孙卿子传鲁人大毛公,是《毛诗传》荀氏学。慈明为荀卿十二世孙,传《毛诗》即所以传其家学也。"姚氏以为荀爽习《毛诗》。陈乔枞《三家诗遗说考》又以为荀爽习《齐诗》。清李慈铭《越缦堂读书记》全同陈乔枞,云:"荀悦叔父爽师事陈寔,寔子纪传《齐诗》,见《经典释文》。《后汉书》言荀爽尝著《诗传》,爽之《诗》学,太邱所授,其为齐学明矣。辕固生作《诗内外传》,荀悦特著于《汉纪》,尤足证荀氏家学皆治《齐诗》,是《汉纪》《申鉴》所引皆《齐诗》也。"同荀氏一人,同《汉记》一文,《诗》学家法之说截然不同,清儒臆断,一至于此。今考荀爽引《诗》,往往自取其义,如本传疏中言"配阳施,祈螽斯",与梁皇后说《诗》"夫阳以博施为德,阴以不专为义,螽斯则百,福之所由兴也"及《螽斯·序》"言后妃若螽斯不妒忌,则子孙众多也"不同。按:梁后诗义同《毛序》,以为后妃不专,必然多子多孙。后妃专则妃制失度,而荀爽所云"故天子娶十二,天之数也",正为谏"窃闻后宫采女五六千人",用阴阳失序谏桓帝,意欲汉帝节欲徇礼,与毛义正反。荀爽实别为一义。① 又,《世说新语·言语》载荀慈明(爽)曰:"公旦文王之诗,不论尧舜之德,而颂文武者,亲亲之义也。"余嘉锡《笺疏》云:"《毛诗序》'《文王》,文王受命作周也'。其诗只颂文王,不及武王,而云颂文武者,盖统文王之什言之。陆德明《释文》云:'《文王》至《灵台》八篇,是文王之大雅;《下武》至《文王有声》二篇,是武王之大雅。'至慈明以为公旦所作,则毛诗无文,疑出三家诗遗说。"余说或是。

荀爽《诗传》今佚。《诗·周南·关雎》孔疏引宋颜延之《庭诰》:"荀爽云:'诗者,古之歌章。'"当为其《诗传》中语。

4.《礼》学

本传言荀爽著《礼传》,隋唐志不载具体书目,《册府元龟》载其目而不言卷数。马国翰《玉函山房辑佚书》据《通典》《路史》、《文选》注等所引,辑有一卷荀爽《礼传》。如《礼记·曲礼下》:"临祭祀、内事,曰孝

---

① 《类聚》卷二三引荀爽《女诫》曰"称为顺妇,以崇螽斯百叶之祉",与《毛序》及梁皇后说正同,明荀爽言《诗》或取现成诗义,或自立说。

子某侯某；外事，曰曾孙某侯某。"朱彬《礼记训纂》引荀爽曰："天子、诸侯事曾祖已上，皆称曾孙。"又，王仁俊《玉函山房辑佚书续编》并有辑本。

5.《春秋》学

《隋志》："《春秋公羊传问答》五卷，荀爽问，魏安平太守徐钦答。"两《唐志》并载五卷，同《隋志》。钱大昭《补续汉书艺文志》有荀爽《公羊问答》，钱氏注云："《七录》五卷，《唐志》同。"考荀爽所引《春秋》，其实三《传》皆有。如本传荀氏延熹九年（166）疏中两引《春秋传》皆为《左传》。其中《春秋传》曰"上之所为，民之归也"，见《左传》襄公二十一年臧武仲之言。《春秋传》曰"唯器与名不可以假人"见《左传》成公二年。又用《公羊》，如"古者大丧三年不呼其门"，文见《公羊传》宣公二年。又"《春秋》之义，王姬嫁齐，使鲁主之，不以天子之尊加于诸侯也"，义用《公羊传》庄公元年。《类聚》卷二三引荀爽《女诫》曰："是故宋伯姬遭火不下堂，知必为灾，傅母不来，遂成于灰，《春秋》书之，以为高也。"《公羊》《穀梁》赞伯姬，而左氏则刺其不知权变，见襄公三十年三《传》文。疏中又言"天子娶十二"，此同《白虎通·嫁娶》篇"另一说"，详见"谯玄"条。

荀悦

荀悦，荀爽之侄，习《春秋》。《后汉书》卷六二《荀悦传》云："[爽]兄子悦、彧并知名。悦字仲豫，俭之子也。俭早卒。悦年十二，能说《春秋》。家贫无书，每之人闲，所见篇牍，一览多能诵记。性沉静，美姿容，尤好著述。"

荀悦事迹，本传云："[悦]初辟镇东将军曹操府，迁黄门侍郎。献帝颇好文学，悦与彧及少府孔融侍讲禁中，旦夕谈论。累迁秘书监、侍中。"其生卒年，本传云："年六十二，建安十四年卒。"荀悦卒于建安十四年（209），生于桓帝建和二年（148）。

荀悦事迹又见于袁宏《后汉记》卷二九、周天游辑谢承《后汉书》卷四、司马彪《续汉书》卷四。

荀悦著述，本传云："时政移曹氏，天子恭己而已。悦志在献替，而谋无所用，乃作《申鉴》五篇。帝好典籍，常以班固《汉书》文繁难省，乃令悦依《左氏传》体以为《汉记》三十篇……又著《崇德》《正论》及诸论数十篇。"

荀悦所作《申鉴》，《隋志》、两《唐志》及《直斋书录解题》均作五卷。今存。

荀悦所作《汉记》，亦称《前汉记》，《隋志》、两《唐志》、《崇文总目》《郡斋读书志》《直斋书录解题》及《宋志》均作五卷。今存。

明人张溥《汉魏百三名家集》辑有《荀侍中集》（又作《荀仲豫集》），严可均《全后汉文》卷六七辑有荀悦文，也只是将《汉记》序和目录辑入，本传所载《崇德》《正论》诸篇已佚。

荀悦或注《汉书》。颜师古在《汉书叙例》中指出注释《汉书》诸家有荀悦、服虔、应劭、伏俨、刘德、郑氏、李斐、李奇、邓展、文颖、张揖、苏林、张晏、如淳、孟康、项昭、韦昭、晋灼、臣瓒、郭璞、蔡谟、崔浩凡二十二家，但荀悦《汉书注》既不见载于史志目录也不见颜师古引用，恐也早佚。

又，唐晏《两汉三国学案》将荀悦归入《易》学不知宗派，并将其《申鉴》中引《易》之说视为荀氏《易》学，失之太宽。

乐恢

乐恢，通经。《后汉书》卷四三《乐恢传》云："乐恢字伯奇，京兆长陵人也。父亲，为县吏，得罪于令，收将杀之。恢年十一，常俯伏寺门，昼夜号泣。令闻而矜之，即解出亲。恢长好经学，事博士焦永。永为河东太守，恢随之官，闭庐精诵，不交人物。后永以事被考，诸弟子皆以通关被系，恢独噭然不污于法，遂笃志为名儒。"

乐恢事迹，本传云先仕本郡吏，明帝永平十二年（69）辟司空牟融府，章帝时征为议郎。和帝时窦宪出征匈奴，恢数次上书谏争，"朝廷称其忠，入为尚书仆射"。窦太后以恢为骑都尉，辞官不就归家。后为窦宪胁迫而死，卒年不详。按：窦宪永元元年（89）出击匈奴，永元四年（92）夏四月班师回京，六月被杀。则乐恢当卒于此三年间，约在永元三年（91）。

乐恢事迹又见于《东观汉记》（吴校本）卷一六、袁宏《后汉记》卷一三、周天游辑司马彪《续汉书》卷四及华峤《后汉书》卷一。

乐恢之学，本传载其上书辞骑都尉曰："仍受厚恩，无以报效。夫政在大夫，孔子所疾；世卿持权，《春秋》以戒。"乐恢所持乃《五经异义》公羊家所谓"讥世卿"说。《春秋》隐公三年"尹氏卒"，及宣公十年"齐崔氏出奔卫"，《公羊传》皆言"讥世卿也"。又李贤注引《东观汉记》载恢所上书谏窦宪不宜伐匈奴曰："《春秋》之义，王者不理夷狄。得其地不可垦发，得其人无益于政，故明王之于夷狄，羁縻而已。"此用公羊家所谓"内诸夏而外夷狄"说。

延笃

延笃，习《左传》。《后汉书》卷六四《延笃传》云："延笃字叔坚，南阳犨人也。少从颍川唐溪典受《左氏传》，旬日能讽之，典深敬焉。又从马融受业，博通经传及百家之言，能著文章，有名京师。"

延笃卒年，本传云："后遭党事禁锢。永康元年，卒于家。"生年不详。

一、主要事迹

本传载顺帝时"举孝廉，为平阳侯相。到官，表龚遂之墓，立铭祭祠，擢用其后于畎亩之间"。桓帝时，"以博士征，拜议郎，与朱穆、边韶共著作东观。帝数问政事，笃诡辞密对，动依典义。迁左冯翊，又徙京兆尹"。后言事得罪大将军梁冀，"笃以病免归，教授家巷"。越巂太守李文德荐举，延笃闻之，上书止而不应征，后遭党事禁锢。按：延笃卒于桓帝永康元年（167），则其遭党锢乃在桓帝延熹九年（166），为第一次党锢。

赵明诚《金石录》载有《吉成侯州辅碑阴》。赵氏云："右州辅碑阴。京兆尹延笃叔坚而下题名者凡四十余人。自东汉以后，一时名卿贤大夫死而立碑，则门生故吏往往寓名其阴，盖欲附托以传不朽尔。今辅一宦者，而碑阴列名者数十人，虽当代显人如延叔坚亦预焉。有以见权势之盛如此。虽然，区区挂名于此者，亦可耻也夫。"

延笃事迹又见于《风俗通》，周天游辑谢承《后汉书》卷四、司马彪《续汉书》卷四、袁山松《后汉书》卷三，及《御览》卷六一六引《（颍川）先贤传》。

二、延笃之学

1.《易》学

黄奭《黄氏逸书考》采《周易集解》延笃《易》说一节，辑为《延笃易义》一卷。延笃本传不言其习《易》，若从马融受业，其《易》学或为费氏《易》。

2. 左氏学

《序录》:"京兆尹延笃(陆德明自注:字叔坚,南阳人。谢承《后汉书》作延固)受《左氏》于贾逵之孙伯升,因而注之。"钱大昭《补续汉书艺文志》有延笃《左氏传注》。王仁俊《玉函山房辑佚书续编》载一卷,采自《左传》昭公十二年正义:"延笃言张平子说:《三坟》,三礼,礼为大防。《尔雅》曰:坟,大防也。《书》曰:'谁能典朕三礼。'三礼,天、地、人之礼也。《五典》,五帝之常道也。《八索》,《周礼》八议之刑索,空空设之。《九丘》,《周礼》之九刑。丘,空也,亦空设之。"实非延笃《左氏》义。按:本传言从唐溪典受《左传》,与《先贤传》同,三占从其二,以唐溪典为正。

三、延笃著述

本传云:"笃论解经传,多所驳正,后儒服虔等以为折中。所著诗、论、铭、书、应讯、表、教令凡二十篇云。"《隋志》:"后汉京兆尹《延笃集》一卷,梁二卷,录一卷。"题曰"亡"。两《唐志》复载《延笃集》二卷。严可均《全后汉文》卷六一辑有延笃文。

1.《东观汉记》诸篇

《史通·古今正史》篇:"至元嘉元年,复令太中大夫边韶、大军营司马崔寔、议郎朱穆、曹寿杂作孝穆、崇二皇及顺烈皇后传,又增外戚传入安思等后,儒林传入崔篆诸人。寔、寿又与议郎延笃杂作百官表,顺帝功臣孙程、郭愿及郑众、蔡伦等传。"按:据此,《东观汉记》其中部分篇章为桓帝时崔寔、曹寿、延笃等人所作。

2.《战国策论》

此事本传不载,《隋志》载有:"《战国策论》一卷,汉京兆尹延笃撰。"两《唐志》并载一卷,同《隋志》。《颜氏家训·书证》:"太史公记曰:'宁为鸡口,无为牛后。'此是删《战国策》耳。按:延笃《战国策音义》曰:'尸,鸡中之主。从,牛子。'然则,'口'当为'尸','后'当为'从',俗写误也。"《史记·苏秦列传·索隐》:"按:《战国策》云'宁为鸡尸,不为牛从',延笃注云:'尸,鸡中主也。从谓牛子也。言宁为鸡中之主,不为牛之从后也。'"据此,延笃所作似《战国策注》而非《战国策论》,且《战国策》有三十三篇,其注只有一卷,不相匹配。大约延笃有《战国策注》,其中包含《论》一卷,后《战国策论》别行,而《注》亡佚。

3. 《史记音义》

司马贞《史记索隐后序》云："而太史公之书，即上序轩、黄，中述战国，或得之于名山坏宅，或取之以旧俗风谣，故其残文断句难究详矣。然古今为注解者绝省，音义亦希。始后汉延笃，乃有《音义》一卷。"侯康《补后汉书艺文志》据此录有延笃《史记音义》。侯氏又引翊寅曰："《汉书·天文志》颜师古注引有延笃《汉书音义》，当列目。"如此，则延笃又撰《汉书音义》。

严光

严光，光武帝刘秀同学。《后汉书》卷八三《逸民列传》云："严光字子陵，一名遵，会稽余姚人也。少有高名，与光武同游学。司徒侯霸与光素旧，遣使奉书征光，不就。"后隐耕于富春山，光武特征辟，陵不应征。"年八十，终于家"，卒年不详，约在光武末。

严光与光武同学，今人蒋善国以为习欧阳《尚书》。

严光事迹又见于《东观汉记》（吴校本）卷一八、周天游辑谢承《后汉书》卷五《逸民传》、无名氏《后汉书》及皇甫谧《高士传》。

严象

严象，杨宣门生。《华阳国志·广汉士女赞》云："杨宣，字君纬，什邡人也。少受学于楚国王子张，天文图纬于河内郑子侯，师［事］杨公叔，能畅鸟言，长于灾异。教授弟子以百数。……平帝时，命持节为讲学大夫，与刘歆共校书。居摄中（6—8）卒。门生河南李吉，广汉严象、赵翘等皆作大儒。"按：《华阳国志》不见严象其人事迹。

严䜣

赵明诚《金石录》有《祝长严䜣碑》。碑云：

> 惟汉中兴，卯金休烈，和平元年，岁治东宫，星属角房，月建朱鸟，中吕之均，万物慈射，华泽青葱，蚑行蠕动，咸守厥常，人物同受，独遭灾霜，颠贾徂落，寿不宽弘。经设三命，君获其央，年六十九。又云：伊叹严君讳䜣，字少通，兆自楚庄，祖考相承，招命道术，

治《严氏春秋冯君章句》。又云：幼为郡掾史，防稽、诸暨尉，乌程、毗陵、余暨、章安、山阴长，以病去官，后为丹阳、陵阳丞，守春谷长，举廉，迁东牟侯相，下邳祝长，典牧十城，所在若神。其后有铭，铭为五言，颇残阙难读云。

据赵氏所言，则严䜣卒于桓帝和平元年（150），生于章帝建初七年（82）。其人事迹仕履见赵氏所述。

羊弼

羊弼，何休之师。《后汉书·儒林列传·何休传》云："[何休]与其师博士羊弼，追述李育意以难二传，作《公羊墨守》《左氏膏肓》《穀梁废疾》。"按此，则《公羊墨守》《左氏膏肓》《穀梁废疾》三书乃何休与羊弼共作。

杨充

杨充，明经。《华阳国志·梓潼士女赞》云："杨充，字盛国，梓潼人也。少好学，求师遂业，受古学于扶风马季长、吕叔公、南阳朱明叔、颍川白仲职，精研七经。其朋友则颍川荀慈明、李元礼、京兆罗叔景、汉阳孙子夏、山阳王叔茂，皆海内名士。还以教授州里。常言图纬空说，去事希略，疑非圣，不以为教。察孝廉，为郎，卒。"

杨春卿

杨春卿，杨统之父、杨厚祖父，习夏侯《尚书》，兼明图谶、天文，事迹见《后汉书》卷三〇《杨厚传》："[杨厚]祖父春卿，善图谶学，为公孙述将。汉兵平蜀，春卿自杀，临命戒子统曰：'吾绨帙中有先祖所传秘记，为汉家用，尔其修之。'"吴汉破公孙述时在建武十二年（36），则春卿也当自杀于此年。李贤注引陈寿《益部耆旧传》曰："[杨]统字仲通。曾祖父仲续举河东方正，拜祁令，甚有德惠，人为立祠。乐益部风俗，因留家新都，代修儒学，以夏侯《尚书》相传。"则从杨仲续始，杨春卿、杨统、杨厚四代修夏侯《尚书》。

杨统

杨统，杨厚之父，习夏侯《尚书》，明谶纬及天文。《后汉书》卷三〇《杨厚传》云："杨厚字仲桓，广汉新都人也。祖父春卿，善图谶学，为公孙述将。汉兵平蜀，春卿自杀，临命戒子统曰：'吾绨帙中有先祖所传秘记，为汉家用，尔其修之。'统感父遗言，服阕，辞家从犍为周循学习先法，又就同郡郑伯山受《河洛书》及天文推步之术。建初中为彭城令，一州大旱，统推阴阳消伏，县界蒙泽。太守宗湛使统为郡求雨，亦即降澍。自是朝廷灾异，多以访之。统作《家法章句》及《内谶》二卷解说，位至光禄大夫，为国三老。年九十卒。"

杨统卒年不详，《杨厚传》载："安帝永初三年，太白入斗，洛阳大水。时统为侍中，厚随在京师。朝廷以问统，统对年老耳目不明，子厚晓读图书，粗识其意。"永初为安帝最初年号，安帝在位二十年，而杨统自称"年老耳目不明"，则统卒约在安帝世。

杨统之学夏侯《尚书》见李贤注引陈寿《益部耆旧传》，详上"杨春卿"条。

杨统事迹又见于《华阳国志·广汉士女赞》：

> 杨统，字仲通，新都人也。事华里先生炎高，高戒统曰："汉九世王出图书钦？卿适应之。"建武初，天下求通《内谶》二卷者不得。永平中，刺史张志举统方正。司徒鲁恭辟掾，与恭共定音律，上《家法章句》及二卷《解说》。迁侍中、光禄大夫。以年老道深，养于辟雍，授几杖为三老，卒。《内谶》二卷竟未详。

按：杨统所著书，常璩所述与范书有别。依范书，杨统作《家法章句》及《内谶》二书，其中《内谶》二卷；依常书，杨统作《家法章句》《解说》及《内谶》三书，其中《解说》《内谶》各二卷。不知孰是。以理推之，似常璩书较为合理。何则？杨统既作《家法章句》又作二卷《解说》，此二书乃互相发明，颇类汉人解经之法。如伏生既有《大传》，逐篇解《书》，又有《书传略说》，论《尚书》大旨；又如赵岐既作《孟子章句》，逐章逐句解孟书，又作《章指》述篇章大义。想杨统所作《家法章句》，其篇第当不在少数，于是检其要者，作《解说》二卷。

杨厚

杨厚，家学夏侯《尚书》，明谶纬及天文。杨氏家学夏侯《尚书》见《后汉书》本传李贤注引陈寿《益部耆旧传》。《杨厚传》又言："统生厚。……厚少学统业，精力思述。"则又兼明谶纬及天文占候之术。

杨厚生卒，本传云："建和三年，太后复诏不征之，经四年不至。年八十二，卒于家。"桓帝建和三年（149）之后又四年为永兴元年（153），则杨厚生于明帝永元十五年（72）。

杨厚事迹，本传载有安帝永初三年（109）代父对灾异事；永建二年（127），顺帝特征，厚到长安，对灾异。后为议郎、侍中。后宦官专政、大将军梁冀专政，厚辞官归家，"修黄老，教授门生，上名录者三千余人"。

弟子著名者有任安，见《后汉书·儒林列传》："[任安]又从同郡杨厚学图谶，究极其术。"周舒，蜀国周群之父，见《三国志·蜀书·周群传》："[周群]父舒，字叔布，少学术于广汉杨厚，名亚董扶、任安。"

杨厚事迹又见于周天游辑谢承《后汉书》及袁山松《后汉书》卷三。

杨厚著述，两《唐志》："《杨厚集》二卷。"然不见载于《隋志》，今佚，亦无辑本。

杨震

杨震，习欧阳《尚书》。《后汉书》卷五四《杨震传》云："杨震字伯起，弘农华阴人也。……父宝，习欧阳《尚书》。哀、平之世，隐居教授。居摄二年，与两龚、蒋诩俱征，遂遁逃，不知所处。光武高其节。建武中，公车特征，老病不到，卒于家。震少好学，受欧阳《尚书》于太常桓郁，明经博览，无不穷究。诸儒为之语曰：'关西孔子杨伯起。'"则杨震欧阳《尚书》学除师承桓郁外，尚有其家学。《隶释》卷一二载《太尉杨震碑》云："又明《尚书》欧阳、河洛纬度。"

杨震生卒年，本传云："会三年春，因饮酖而卒，时年七十余。弘农太守移良承樊丰等旨，遣吏于陕县留停震丧，露棺道侧，谪震诸子代邮行书，道路皆为陨涕。岁余，顺帝即位，樊丰、周广等诛死，震门生虞放、陈翼诣阙追讼震事。"此"三年"当为安帝延光三年（124），因安帝卒于延光四年（125）三月，十一月，顺帝即位。则杨震约生于建武二十七年（51）。

一、主要事迹

（1）章帝元和末（约87），居湖县教授。本传："常客居于湖，不答州郡礼命数十年。"李贤注引司马彪《续汉书》曰："教授二十余年，州请召，数称病不就。少孤贫，独与母居，假地种殖，以给供养，诸生尝有助种蓝者，震辄拔，更以距其后，乡里称孝。"

（2）本传："[杨震]年五十，乃始仕州郡。大将军邓骘闻其贤而辟之，举茂才，四迁荆州刺史、东莱太守。"按：《殇帝纪》延平元年（106）夏四月："虎贲中郎将邓骘为车骑将军。"杨政年五十，在和帝永元十二年（100）左右，时邓皇后尚未立，邓氏外家势力未显。据震本传，则杨震似初仕郡吏，后为邓骘辟举。

（3）安帝元初四年（117）为太仆，后为太常。本传："元初四年，征入为太仆，迁太常。"为太常，荐杨伦，事见本传。

（4）永宁元年（120）为司徒。本传："永宁元年，代刘恺为司徒。"《安帝纪》永宁元年十二月："癸酉，太常杨震为司徒。"

（5）延光二年（123）为太尉。本传："延光二年，代刘恺为太尉。"《安帝纪》延光二年："司徒杨震为太尉。"

（6）延光三年（124）免太尉官，同年自杀。《安帝纪》延光三年："三月壬戌……是日，太尉杨震免。"

杨震事迹又见于《东观汉记》（吴校本）卷一七、袁宏《后汉记》卷一七，周天游辑谢承《后汉书》卷四、司马彪《续汉书》卷四、华峤《后汉书》卷三、袁山松《后汉书》卷三及《隶释》卷一二《太尉杨震碑》。

二、杨震之学

1.《尚书》学

本传载其永宁二年（121）上疏云："是以唐虞俊乂在官，天上咸服，以致雍熙。方今九德未事，嬖幸充庭。"前者见《尚书·尧典》："四罪而天下咸服。"又曰："黎人于变时雍，庶绩咸熙。"后者见《尚书·皋陶谟》："亦行有九德：宽而栗，柔而立，愿而恭，乱而敬，扰而毅，直而温，简而廉，刚而塞，强而谊。"又曰："九德咸事，俊乂在官。"又"书诫牝鸡牡鸣"，用《尚书·牧誓》："古人有言，牝鸡无晨，牝鸡之晨，唯家之索。"又延光二年（123）为太尉上疏曰："臣闻尧舜之世，谏鼓谤木，立之于朝；

殷周哲王，小人怨詈，则还自敬德。""诽谤之木"云云，见《尚书大传》；"还自敬德"云云，用《尚书·毋逸》："自殷王中宗及高宗及祖甲及我周文王，兹四人迪哲。厥或告之曰小人怨女詈女，则皇自敬德。"

2.《诗》学

本传载其永宁二年（121）疏，其中引《诗》义多处。如"诗刺哲妇丧国"，用《大雅·瞻》"哲夫成城，哲妇倾城"之义。又"令野无《鹤鸣》之叹"，用《小雅·鹤鸣》招隐之义。又"朝无《小明》之悔"，《小雅·小明·序》曰："《小明》，大夫悔仕于乱也。"又"《大东》不兴于今"，《小雅·大东·序》云："《大东》，刺乱也。"按：杨震引诗多用《小雅》，多怨刺，为汉人通说，其具体家法不易分。

3.《春秋》学

当三传兼采。永宁二年（121）疏中云："昔郑严公从母氏之欲，恣骄弟之情，几至危国，然后加讨，春秋贬之，以为失教。"严公，庄公也，因避明帝刘庄讳而改。《左传》隐公元年云："书曰：'郑伯克段于鄢。'段不弟，故不言弟；如二君，故曰克；称郑伯，讥失教也：谓之郑志。"本传又云"震深疾之，复诣阙上疏曰：'臣闻高祖与群臣约，非功臣不得封，故经制父死子继，兄亡弟及，以防篡也'"。《公羊传》昭公二十二年曰："冬十月，王子猛卒。此未逾年之君，其称王子猛卒何？不予当也。不予当者，不与当父死子继，兄亡弟及也。"袁宏《后汉记》卷一七载杨震上疏曰："臣闻古者三年耕，有一年之储；九年耕，有三年之储。故尧之遭洪水，民无菜色。传曰：'国无三年之储，非其国也。'故丰年知礼，凶年减除。"按：此用《穀梁》义。《穀梁传》庄公二十八年曰："国无九年之畜曰不足，无六年之畜曰急，无三年之畜曰国非其国也。"

4.《杨震碑》云杨震习谶纬

本传载延光二年（123）地震，震上疏曰："臣蒙恩备台辅，不能奉宣政化，调和阴阳，去年十二月四日，京师地动。臣闻师言：'地者阴精，当安静承阳。'而今动摇者，阴道盛也。"按：杨震所言"地者阴精，当安静承阳"，与京氏《易传》及《易纬》说同，"师曰"云云不会是桓郁欧阳《尚书》说，当是谶纬之师言语。

杨秉

杨秉，杨震之子，习欧阳《尚书》、京氏《易》，传见《后汉书》卷五四。《杨秉传》云："震中子秉。秉字叔节，少传父业，兼明京氏《易》，博通书传，常隐居教授。"蔡邕《太尉杨秉碑》亦云："公承凤绪，世笃儒教，以欧阳《尚书》、京《易》诲授。"（《类聚》卷四六引）

杨秉生卒年，本传言杨秉："[延熹]八年薨，时年七十四，赐茔陪陵。"则杨秉卒于桓帝延熹八年（165）①，生于和帝永元四年（92）。

杨秉事迹，本传云顺帝时始出仕："年四十余，乃应司空辟，拜待御史，频出为豫、荆、徐、兖四州刺史，迁任城相。自为刺史、二千石，计日受奉，余禄不入私门。故吏赍钱百万遗之，闭门不受。以廉洁称。"以杨秉生年推算，当在阳嘉年间（132—135）。后"桓帝即位，以明《尚书》征入劝讲，拜太中大夫、左中郎将，迁侍中、尚书。……[延熹]五年冬，代刘矩为太尉"。《桓帝纪》延熹五年（162）亦云："太尉刘矩免，太常杨秉为太尉。"延熹八年卒。

杨秉之《尚书》学，本传不载其引经说义立说，反屡引《左传》《公羊》，则其详情不可考。

杨秉事迹又见于《东观汉记》（吴校本）卷一七、袁宏《后汉记》卷二二、周天游辑谢承《后汉书》卷四、张璠《后汉记》、干宝《搜神记》及《蔡中郎文集》卷三《司空杨秉碑》。

杨赐

杨赐，杨秉之子，家学欧阳《尚书》。范书卷五四《杨赐传》云："[秉]子赐。赐字伯献②。少传家学，笃志博闻。常退居隐约，教授门徒，不答州郡礼命。"杨赐又师从桓焉，《桓焉传》云："[桓焉]弟子传业者数百人，黄琼、杨赐最为显贵。"杨赐又为灵帝之师，《杨赐传》云"建宁初，灵帝当受学，诏太傅、三公选通《尚书》桓君章句宿有重名者，三公举赐，乃侍讲于华光殿中。迁少府、光禄勋。"

杨赐卒年，本传："二年九月，复代张温为司空。其月薨。"《灵帝纪》中平二年（185）："九月，特进杨赐为司空。冬十月庚寅，司空杨赐薨。"

杨赐灵帝时累官至光禄勋、光禄大夫、少府、司空、司徒、太常、太尉等公卿之职，俱见本传及《灵帝纪》。

---

① 《风俗通义·怪神》云："到六月九日未明，太尉杨秉暴薨。"而蔡邕《太尉杨秉碑》则云："[秉]在位七载，年七十有四，延熹八年五月丙戌薨。"卒日不同。两人俱是汉人，不知孰是。

② 谢承《后汉书》字"伯钦"，袁宏《后汉记》作"子猷"，而《蔡中郎文集》所载之《汉太尉杨公碑》及《文烈侯杨公碑》均作"伯献"。周天游云："诸载各异，恐当以'伯献'为是。"

杨赐事迹又见于《东观汉记》（吴校本）卷一七、袁宏《后汉记》卷二三至二五、周天游辑司马彪《续汉书》卷四、《蔡中郎文集》卷三《汉太尉杨公碑》《文烈侯杨公碑》。

杨赐之《尚书》学，本传载熹平元年（172）杨赐上疏曰："《尚书》曰：'天齐乎人，假我一日。'是其明征也。夫皇极不建，则有蛇龙之孽。《诗》云：'惟虺惟蛇，女子之祥。'故《春秋》两蛇斗于郑门，昭公殆以女败。"前引《尚书》见《顾命》篇，后言蛇孽，则见于《洪范五行传》。李贤注引《洪范五行传》曰："初，郑厉公劫相祭仲而篡兄昭公，立为郑君。后雍恁之难，厉公出奔，郑人立昭公。既立，内蛇与外蛇斗郑南门中。内蛇死。是时傅瑕仕于郑，欲内厉公，故内蛇死者，昭公将败，厉公将胜之象也。是时昭公宜布恩施惠，以抚百姓，举贤崇德，以厉群臣，观察左右，以省奸谋，则内变不得生，外谋无由起矣。昭公不觉，果杀于傅瑕，二子死而厉公入，此其效也。《诗》云：'惟虺惟蛇，女子之祥。'郑昭公殆以女子败矣。"考其文体，不似《洪传》，恐引自刘向《洪范五行传论》。按《隋志》《唐志》，许商《传论》已不见载，当逸。唯有刘氏《传论》。

本传又云："光和元年，有虹霓昼降于嘉德殿前，帝恶之，引赐及议郎蔡邕等入金商门崇德署，使中常侍曹节、王甫问以祥异祸福所在。"杨赐上书对问，中云："国家休明，则鉴其德；邪辟昏乱，则视其祸。今殿前之气，应为虹霓，皆妖邪所生，不正之象，诗人所谓蝃蝀者也。于《中孚经》曰：'霓之比，无德以色亲。'方今内多嬖幸，外任小臣，上下并怨，喧哗盈路，是以灾异屡见，前后丁宁。今复投霓，可谓孰矣。按《春秋谶》曰：'天投霓，天下怨，海内乱。'加四百之期，亦复垂及。昔虹贯牛山，管仲谏桓公无近妃宫。"按：考杨赐上文所引经义，凡两种，一为《韩诗》。"诗人所谓蝃蝀者也"用《鄘风·蝃蝀》《韩诗》义。李贤注引《韩诗序》曰："《蝃蝀》，刺奔女也。蝃蝀在东，莫之敢指，诗人言蝃蝀在东者，邪色乘阳，人君淫佚之征。臣子为君父隐臧，故言莫之敢指。"其二用谶纬，如《中孚经》见《易稽览图》，郑玄注曰："霓，邪气也。阴无德，以好色得亲幸于阳也。"《春秋谶》文见《春秋演孔图》："霓者，斗之乱精也。失度投霓见。"宋均注曰："投霓，投应也。""管仲谏桓公"云云见《春秋文曜钩》："白虹贯牛山，管仲谏曰：'无近妃宫，君恐失权。'齐侯大惧，退去色党，更立贤辅，使后出望，上牛山四面听之，以厌神。"宋均注曰："山，君位也。虹霓，阴气也。阴气贯之，君惑于妻党之象也。望谓祭以谢过也。"

考此段文实则与京氏《易》暗合。《汉书·五行志》引《京房易传》

十四条，均为言人君后妃之德，如"凡霓者阴阻阳，后妃无德，以色亲也""后妃有专，霓再重；赤而专，至冲旱"。与杨赐疏义正同，非取《韩诗》及《纬书》义。本传所谓"少传家业"亦指杨赐从其父杨秉习京氏《易》。

杨君

杨君，习《尚书》。《隶释》卷九有《繁阳令杨君碑》，云："（上缺二十九字）弟，富波君之少子也。生姿令喆，长履忠孝，立仁行道，实体弥隆，世授《尚书》，为国师辅。君述而好古，少传祖业，兼包载籍，靡不周览。"

杨君失名字。洪适云："右汉故繁阳令杨君之碑铭，篆额，逸其名。杨君者，太尉震之孙、富波相牧之子、太尉秉之犹子、沛相统之亲昆弟、高阳令著之从昆弟也。"杨君生卒年，碑云："年五十一，熹平三年三月己丑卒。"则杨君卒于灵帝熹平三年（174），生于安帝延光三年（124）。其余事迹俱见碑文。

杨奇

杨奇，通经，杨震玄孙，范晔《后汉书》不见载，事迹见于谢承《后汉书》。周天游辑谢承《后汉书》卷四《杨奇传》云：

> 杨奇字公挺，震之玄孙。少有志节，不以家势为名，交结英彦，不与豪右相交通，于河南缑氏界中立精舍，门徒常二百人。（《御览》卷一八一引）

又云：

> 杨奇字公伟①，弘农人。通经，才性敏畅。入补侍中，天子所问，引经据义，靡事不对。灵帝尝问："朕何如桓帝？"对曰："陛下躬秉艺文，圣才雅藻，有优先帝，礼善慎刑，或未之有。今天下以陛下准桓帝，犹谓尧舜比德者也。"上不悦其言，谓曰："奇所谓杨震子孙，有

---

① 周天游云："按《书钞》卷五八作'字公绰'，上条又作'字公挺'，未知孰是。"

强项遗风，想死后又当致大鸟也。"（《御览》卷四二七，《书钞》卷五八引）

杨伦

杨伦，习古文《尚书》。《后汉书·儒林列传·杨伦传》云：

> 杨伦字仲理，陈留东昏人也。少为诸生，师事司徒丁鸿，习古文《尚书》。为郡文学掾。更历数将，志乖于时，以不能人间事，遂去职，不复应州郡命。讲授于大泽中，弟子至千余人。元初中，郡礼请，三府并辟，公车征，皆辞疾不就。
>
> 后特征博士，为清河王傅。是岁，安帝崩，伦辄弃官奔丧，号泣阙下不绝声。阎太后以其专擅去职，坐抵罪。

按：本传言杨伦字仲理。范书《杨震传》云："元初四年，征入为太仆，迁太常。先是博士选举多不以实，震举荐明经名士陈留杨伦等，显传学业，诸儒称之。"李贤注："伦字仲桓。谢承《书》云：'荐杨仲桓等五人，各从家拜博士。'"两字不同，不知孰是。按："伦""理"意近，或以范书是。

杨伦之学，本传载其上书，中有言曰"臣闻《春秋》诛恶及本，本诛则恶消"。按：此用公羊家《春秋》诛首恶之义。丁鸿习欧阳《尚书》，及本传言杨伦习古文《尚书》义均不可考。

杨仁

杨仁，习《韩诗》。《后汉书·儒林列传·杨仁传》云：

> 杨仁字文义，巴郡阆中人也。建武中，诣师学习《韩诗》，数年归，静居教授。仕郡为功曹，举孝廉，除郎。太常上仁经中博士，仁自以年未五十，不应旧科，上府让选。
>
> 显宗特诏补北宫卫士令，引见，问当世政迹。仁对以宽和任贤，抑黜骄戚为先。又上便宜十二事，皆当世急务。帝嘉之，赐以缣钱。
>
> 及帝崩，时诸马贵盛，各争欲入宫，仁被甲持戟，严勒门卫，莫敢轻进者。肃宗既立，诸马共谮仁刻峻，帝知其忠，愈善之，拜什邡

令。宽惠为政，劝课掾史弟子，悉令就学。其有通明经术者，显之右署，或贡之朝，由是义学大兴。垦田千余顷。行兄丧去官。

后辟司徒桓虞府。掾有宋章者，贪奢不法，仁终不与交言同席，时人畏其节。后为阆中令，卒于官。

杨仁事迹又见于周天游辑司马彪《续汉书》卷五《儒林传》。

杨太伯

杨太伯，马严之师，当习《左传》，见"马严"条。

杨由

杨由，习《易》。《后汉书》卷八二《方术列传·杨由传》云："杨由字哀侯，蜀郡成都人也。少习《易》，并七政、元气、风云占候。为郡文学掾。时有大雀夜集于库楼上，太守廉范以问由。由对曰：'此占郡内当有小兵，然不为害。'……其言多验。著书十余篇，名曰《其平》。终于家。"卒年不详。

杨由事迹又见于《华阳国志·先贤士女总赞》："杨由，字哀侯，成都人也。二子学通经纬。杨由为太守廉范文学，范称能治。由言当有贼发。顷之，广柔羌反，寇杀长姚超。乡人冷丰赍酒侯之，值客，未内，由为知其多少。又言，人当致果，其色赤黄，果有送甘橘者。大将军窦宪从太守索《云气图》，由谏莫与，寻宪受诛。其明如此。著书十篇而卒。"

杨政

杨政，习《易》。《后汉书·儒林列传·杨政传》云："杨政字子行，京兆人也。少好学，从代郡范升受梁丘《易》，善说经书。京师为之语曰：'说经铿铿杨子行。'教授数百人。"《儒林传》又言"建武中，范升传孟氏《易》，以授杨政"，与此授梁丘《易》不同。《东观汉记》亦云杨政治梁丘《易》，《序录》云："后汉范升（陆氏自注：代郡人，博士）传梁丘《易》，以授京兆杨政（陆氏自注：字子行，左中郎将。）。"《后汉书集解》引钱大昭说亦云杨政当习梁丘《易》而非孟氏。按诸范升本传，范升习梁丘《易》，则杨政当从范升习梁丘《易》，《儒林传》第二说误。

《儒林传》载其事迹著名者有拦车驾为其师范升鸣冤事。

杨政事迹又见于《东观汉记》（吴校本）卷一八及周天游辑司马彪《续汉书》卷五《儒林传》。

杨终

杨终，习《春秋》。《后汉书》卷四八《杨终传》云："杨终字子山，蜀郡成都人也。年十三，为郡小吏，太守奇其才，遣诣京师受业，习《春秋》。"杨终卒年，本传云："永元十二年，征拜郎中，以病卒。"

《华阳国志·先贤士女总赞》亦载杨终之学行：

> 杨终，字子山，成都人也。年十三，已能作《雷赋》，通屈原《七谏》章。后坐太守徙边，作《孤愤》诗。明帝时，与班固、贾逵并为校书郎，删《太史公书》为十余万言，作《生民》诗，又上《符瑞》诗十五章，制《封禅书》，著《春秋外传》十二卷，《章句》十五万言，皆传于世者。

杨终之学行又有劝章帝论定五经，则考订群经经义实由杨终首倡。本传云：

> 终又言："宣帝博征群儒，论定五经于石渠阁。方今天下少事，学者得成其业，而章句之徒，破坏大体。宜如石渠故事，永为后世则。"于是诏诸儒于白虎观论考同异焉。会终坐事系狱，博士赵博、校书郎班固、贾逵等，以终深晓《春秋》，学多异闻，表请之，终又上书自讼，即日贳出，乃得与于白虎观焉。

一、杨终之学

1. 习《春秋》

本传载建初元年（76），天下大旱，流民四起，终上疏曰："臣闻'善善及子孙，恶恶止其身'，百王常典，不易之道也。《春秋》讥之曰'先祖为之而己毁之，不如勿居而已'，以其无妨害于民也。襄公作三军，昭公舍之，君子大其复古，以为不舍则有害于民也。"此数语，均用《春秋》今文义。"善善恶恶"云云见《公羊传》昭公二十年："君子善善也长，恶恶也短，恶恶止其身，善善及子孙。贤者子孙，故君子为之讳。"亦见《穀梁传》。"《春秋》讥之曰"云云见《公羊传》十六年："毁泉台何以书？讥。何讥尔？筑之讥，毁之讥。先祖为之，己毁之，不如勿居而已矣。""襄公昭公作军舍军"，襄公十一年作三军，《公羊传》："三军者何？三卿也。"又《公羊传》昭公五年："舍中军。舍中军者何？复古也。"此数语可见杨终《春秋》之学。

2. 亦通《诗》

本传载其引《诗》戒卫尉马廖曰："终闻尧舜之民，可比屋而封；桀纣之民，可比屋而诛。何者？尧舜为之堤防，桀纣示之骄奢故也。《诗》曰：'皎皎练丝，在所染之。'"此诗不见今本《毛诗》，李贤注曰逸诗。按：李注《后汉书》所引《诗》之义，非韩即毛。此二家唐时存也，则此所谓逸诗者，殆齐鲁二家之一。又本传李贤注引陈寿《益部耆旧传》曰："终徙于北地望松县，而母于蜀物故。终自伤被罪充边，乃作《晨风》之诗以舒其愤。"亦可见杨终通《诗》。

二、杨终著述

本传云："后［终］受诏删《太史公书》为十余万言。""帝东巡狩，凤皇黄龙并集，终赞颂嘉瑞，上述祖宗鸿业，凡十五章，奏上，诏贳还故郡。著《春秋外传》十二篇，改定章句十五万言。"所述与《华阳国志》略同，而少诗赋之作。

1.《春秋章句》

诸作之中，《春秋章句》当为其儒学代表作。杨终所改定《春秋章句》不知何家，从杨终持论公羊家来看，或为公羊传章句，不过也未必。按：《汉志》载有"《春秋古经》十二篇，《经》十一卷"，自注："公羊、穀梁二家。"后儒多以《春秋》古经十二篇为《左传》之经，则杨终所著的《春秋外传》和《章句》或为古文经的《左氏传》。按：东汉以谶纬为内传，以儒家传论为外传。

2. 作《哀牢传》，未成

《论衡·佚文》："杨子山为郡上计吏，见三府为《哀牢传》不能成，归郡作上，孝明奇之，征在兰台。夫以三府掾吏，丛积成才，不能成一篇。子山成之，上览其文。子山之传，岂必审是？传闻依为之有状，会三府之士，终不能为，子山为之，斯须不难。成帝赦张霸，岂不有以哉？"按：据《论衡》，杨终入兰台的原因在于写成《哀牢传》。其文略可见者，《后汉书·南蛮西南夷列传》："九隆死，世世相继。"李贤注引《哀牢传》曰："九隆代代相传，名号不可得而数，至于禁高，乃可记知。禁高死，子吸代；吸死，子建非代；建非死，子哀牢代；哀牢死，子桑藕代；桑藕死，子柳承代；柳承死，子柳貌代；柳貌死，子扈栗代。"

杨终事迹又见于周天游辑袁山松《后汉书》卷三。

阴猛

阴猛，习经，《后汉书》不见载，见于《东观汉记》："阴猛好学温良，称于儒林，以郎迁为太祝令。"（《御览》卷二二九引）又云："阴猛以博通古今为太史令。"（《御览》卷二三五引）

阴庆

张莹《后汉南记》云："阴庆为鲖阳侯，其弟员及丹皆为郎。庆以明《尚书》修儒术，推居第、园田、奴婢、钱，悉分与员、丹，庆但佩印绶而已，当代称之。"（《初学记》卷一七、《御览》卷四一六引）

殷苞

刘宽门生，为刘宽立碑。《隶释》卷一一《刘宽后碑》云："门生颍川殷苞、京兆□□、河内李照等共所兴立。"

殷亮

殷亮，通经。谢承《后汉书》云："殷亮为博士、讲学大夫。诸儒论，胜者赐席，亮重八、九席。帝曰：'学不当如是也？'"（《御览》卷七〇九引）御览卷六一五《学部九·讲说》引《殷氏世传》亦曰："殷亮，建武中征拜博士。诸儒讲论，胜者赐席，亮重至八九。"

尹苞

尹苞，明五经。周天游辑谢承《后汉书》卷六《尹苞传》云："陈留尹苞字延博，与同郡范史云善。二人俱贫，出入共一单衣，到人门外，苞年

长，常先着单衣前入，须臾出，解与史云。"(《御览》卷六九一、《事类赋注》卷一二引)

苞传又云："石苞字延博，为诸生，笃行清苦，学五经，征拜议郎。"(《书钞》卷五六引)

周天游注："王谟按：'《书钞》引谢书有石苞字延博，盖即尹苞之误。'王说是。黄辑别作《石苞传》，非。"① 按：两字不知谁为正，姑且从周天游说。

尹敏

尹敏，通群经。《后汉书·儒林列传·尹敏传》云：

> 尹敏字幼季②，南阳堵阳人也。少为诸生。初习欧阳《尚书》，后受《古文》，兼善《毛诗》《穀梁》《左氏春秋》。
>
> 建武二年，上疏陈《洪范》消灾之术③。时，世祖方草创天下，未遑其事，命敏待诏公车，拜郎中，辟大司空府。
>
> 帝以敏博通经记，令校图谶，使蠲去崔发所为王莽著录次比。敏对曰："谶书非圣人所作，其中多近鄙别字，颇类世俗之辞，恐疑误后生。"帝不纳。敏因其阙文增之曰："君无口，为汉辅。"帝见而怪之，召敏问其故。敏对曰："臣见前人增损图书，敢不自量，窃幸万一。"帝深非之，虽竟不罪，而亦以此沈滞。
>
> 与班彪亲善，每相遇，辄日旰忘食，夜分不寝，自以为钟期、伯牙，庄周、惠施之相得也。
>
> 后三迁长陵令。永平五年，诏书捕男子周虑。虑素有名称，而善于敏，敏坐系免官。及出，叹曰："喑聋之徒，真世之有道者也。何谓察察而遇斯患乎？"十一年，除郎中，迁谏议大夫。卒于家。

尹敏又与班固等人著作东观。《班固传》云："显宗甚奇之(班固)，召诣校书部，除兰台令史，与前睢阳令陈宗、长陵令尹敏、司隶从事孟异共

---

① 周天游：《八家后汉书辑注》，上海古籍出版社1986年版，第224页。
② 《书钞》卷六三引谢承《后汉书》作"尹敏字功季"，与此异。周天游云："幼、功形近易误，作'幼'是。"
③ 尹敏疏文见《续汉书·五行传》刘昭注引。

成《世祖本纪》。"《史通·古今正史》篇亦云:"在汉中兴,明帝始诏班固与睢阳令陈宗、长陵令尹敏、司隶从事孟异作《世祖本纪》,并撰功臣及新市、平林、公孙述事,作列传、载记二十八篇。"按:《汉书·叙传》云:"[固]永平中为郎,典校秘书,专笃志于博学,以著述为业。"事在明帝"永平中[58—75]",则66年左右。

又,尹敏本传云敏"卒于家",不言具体何年。据上文尹敏参与修史事,则可推知尹敏大约卒于明帝世后期。

尹敏事迹又见于《东观汉记》(吴校本)卷一八、周天游辑谢承《后汉书》卷五《儒林传》及司马彪《续汉书》卷五《儒林传》。

尹勤

尹勤,治《韩诗》,薛汉弟子。《类聚》卷八九引《东观汉记》云:"尹勤治《韩诗》,事薛汉。身牧豕,事亲至孝,无有交游,门生荆棘。"按:尹勤范书无传,其人事迹略见于《陈宠传》:"[陈宠]在位三年薨,以太常南阳尹勤代为司空。勤字叔梁。"

尹珍

尹珍,通经明纬。《后汉书·西南夷列传》云:"桓帝时,郡人尹珍自以生于荒裔,不知礼义,乃从汝南许慎、应奉受经书、图纬,学成,还乡里教授,于是南域始有学焉。珍官至荆州刺史。"李贤注引《华阳国志》曰:"尹珍字道真,毋敛县人也。"

《华阳国志》卷四《南中志》云:"明、章之世,毋敛人尹珍,字道真,以生遐裔,未渐庠序,乃远从汝南许叔重受五经,又师事应世叔,学图纬,通三材;还以教授,于是南域始有学焉。珍以经术选用,历尚书丞、郎,荆州刺史;而世叔为司隶校尉,师生并显。"据《华阳国志》,尹珍从许慎习经,从应奉习图纬,分为两师。按:常璩所述尹珍为明、章之世人有误,范书言桓帝时人不误。明帝、章帝时许慎、应奉或未出生或为幼童,未有显名。

尹宙

尹宙,习《公羊传》《尹宙碑》云:"君讳宙,字周南。"碑言尹宙

"君体温良恭俭之德，笃亲于九族，恂恂于乡党，交朋会友，贞贤是与。治《公羊春秋经》，博通书传"（载《两汉金石记》，释文从高文《汉碑集释》。）。

尹宙生卒年，碑云："[宙]年六十有二，遭离寝疾，熹平六年四月己卯卒。"则尹宙卒于灵帝熹平六年（177），生于安帝元初三年（116）。尹宙其余事迹俱见碑文。

颍容

颍容[①]，《左传》名家。《后汉书·儒林列传·颍容传》云：

> 颍容字子严，陈国长平人也。博学多通，善《春秋左氏》，师傅太尉杨赐。郡举孝廉，州辟，公车征，皆不就。初平中，避乱荆州，聚徒千余人。刘表以为武陵太守，不肯起。著《春秋左氏条例》五万余言，建安中卒。

《序录》亦云："陈郡颍容（陆氏自注：字子严，后汉公车征不就。）作《春秋条例》。"杜预《春秋经传集解·序》云："然刘子骏创通大义，贾景伯父子、许惠卿，皆先儒之美者也，末有颍子严者，虽浅近亦复名家，故特举刘、贾、许、颍之违，以见同异。"皆言颍容乃左氏名家。

其所著《春秋释例》，《隋志》："《春秋释例》十卷，汉公车征士颍容撰。"然《旧唐志》不见载，《新唐志》复载"颍容《（春秋）释例》七卷"，大约失而复得，故卷数亦有所调整。此书早佚，马国翰《玉函山房辑佚书》有《春秋释例》一卷，题后汉颍容撰。据杜预《左传集解序》云及孔颖达正义所引，颍容与刘歆、贾逵诸家说已杂糅不可分。马氏据《左传正义》、杜预《集解》、《太平御览》《艺文类聚》《初学记》、萧吉《五行大义》等书所引，辑为一卷。王谟《汉魏遗书钞》并有辑本一卷。

今考其佚文，亦杂有今文家说，如隋萧吉《五行论·论杂配》："颍子严《春秋释例》曰，经有赤狄、白狄，然则东青北黑中黄，皆正色也。"此书或有序。《御览》卷六二〇、六一八引颍容《春秋左氏条例》云："汉兴，博物洽闻著述之士，前有司马迁、扬雄、刘歆，后有郑众、贾逵、班固，近即马融、郑玄，其所著作，违正义者，迁尤多阙略。"又，《御览》卷六

[①] 颍容之"颍"，或误作"颖"，如《序录》《隋志》及《御览》引《春秋释例》。

〇二："颖容《春秋例》曰：著述之事，前有司马迁、扬雄，后有郑众、班固，近即马融、郑玄。其所著作违义正者，略举一两事以言之：迁《史记》不识毕公文王之子，而言与周同姓；扬雄《法言》不识六十四卦，云所从来尚矣。"按：此文与解《左传》无关，或为其序。

应奉

应奉，字世叔，应劭之父，通经，明纬。《后汉书》卷四八有传。本传言应奉"读书五行并下"，又"著《汉书后序》，多所述载"，不云其习经。《书钞》卷九八引谢承《后汉书》载其习经之事云："应奉字世叔，读书五行俱下，终成名儒。"《后汉书·西南夷列传》云："桓帝时，郡人尹珍自以生于荒裔，不知礼义，乃从汝南许慎、应奉受经书、图纬，学成，还乡里教授，于是南域始有学焉。"按此，应奉当明纬书。

应奉事迹又见于《东观汉记》（吴校本）卷一六、周天游辑谢承《后汉书》卷三、司马彪《续汉书》卷四、华峤《后汉书》卷二、袁山松《后汉书》卷三及无名氏《后汉书》。

应奉之学，本传载其上书桓帝谏言不宜立田贵人，疏中云："臣闻周纳狄女，襄王出居于郑；汉立飞燕，成帝胤嗣泯绝。母后之重，兴废所因。宜思《关雎》之所求，远五禁之所忌。""周纳狄女，襄王出居于郑"，事见《左传》《国语》。五禁之忌，见《韩诗外传》："妇人有五不娶：丧妇之长女不娶，为其不受命也；世有恶疾不娶，弃于天也；世有刑人不娶，弃于人也；乱家女不娶，类不正也；逆家子不娶，废人伦也。"

应奉之作，本传言其作《汉书后序》，《隋志》载："《后序》十二卷，后汉司隶校尉应奉撰；梁有《洞序》九卷、录一卷，应奉撰，亡。"按：袁山松《后汉书》云："奉又删《史记》《汉书》及《汉记》三百六十余年，自汉兴至其时，凡十七卷，名曰《汉事》。"（范书本传注引）按：据袁山松书，《汉书后序》与《汉事》或为同书异名，其内容大约为编年体大事记。

又作《感骚》三十篇。本传云："及党事起，奉乃慨然以疾自退。追愍屈原，因以自伤，著《感骚》三十篇，数万言。"今佚。

应劭

应劭，字仲远①，应奉之子，三国应玚、应璩之伯父。《后汉书》卷四八有传，附于其父之后。本传言应劭"少笃学，博览多闻"，为博通之儒。

应劭事迹又见于《东观汉记》（吴校本）卷一六，周天游辑谢承《后汉书》卷三、司马彪《续汉书》卷四。

主要著述

《应劭集》存，《隋志》："后汉太山太守《应劭集》二卷，梁四卷。"两《唐志》并载《应劭集》四卷。严可均《全后汉文》卷三三辑有应劭文存。

1.《汉驳议》

本传云："劭凡为《驳议》三十篇，皆此类也。"关于此书，《隋志》载："《汉朝议驳》三十卷，应劭撰。"《旧唐志》："《汉朝驳义》三十卷，应劭撰。"《新唐志》："应劭《汉朝驳》三十卷。"凡三十篇，每篇一卷。此书内容，"驳议""驳义"实则据经义驳议汉律事。本传载有其中事例，可见一斑。

2.《汉仪》

本传又云应劭："又删定律令为《汉仪》，建安元年乃奏之。"言董仲舒"于是作《春秋决狱》二百三十二事，动以经对，言之详矣"。按此，则此书内容类似于《春秋决事比》，乃是法律判例及其判决说明。本传又云：

> 窃不自揆，贪少云补，辄撰具《律本章句》《尚书旧事》《廷尉板令》《决事比例》《司徒都目》《五曹诏书》及《春秋断狱》凡二百五

---

① 按范书本传及《东观汉记》皆作"仲远"，李贤注引谢承《后汉书》、《应氏家谱》并云"字仲远"，又曰："《续汉书》《文士传》作'仲援'，《汉官仪》又作'仲瑗'，未知孰是。"周天游云："《隶续·刘宽故吏碑》作'南顿应劭仲瑗'。洪适曰：'《汉官仪》作瑗，《官仪》既劭所著，又此碑可据，则知远、援皆非也。'洪说是。"吴树平《东观汉记校注》云："《水经注》卷二东阿县下有应仲瑗，《文心雕龙·议对》篇有'仲瑗博古，而铨贯有叙'之语，应劭字亦作'仲瑗'，与刘宽碑相吻合。"志平按：颜师古《汉书叙例》："《汉书》旧无注解，唯服虔、应劭等各为《音义》，自别施行。"颜师古云"应劭，字仲瑗"，自注曰："一字仲援，一字仲远。"则颜师古亦以"仲瑗"为正。

十篇。蠲去复重，为之节文。又集驳议三十篇，以类相从，凡八十二事。其见《汉书》二十五，《汉记》四，皆删叙润色，以全本体。其二十六，博采古今瑰玮之士，文章焕炳，德义可观。其二十七，臣所创造。

按此，则应劭《汉仪》是在自己二百五十篇律学著作的基础上，精选、删减而成的简约本。此外，《驳汉议》八十二事三十篇，不在此书之内。

3.《汉官仪》《礼仪故事》及《中汉辑叙》等

本传云："（建安）二年，诏拜劭为袁绍军谋校尉。时始迁都于许，旧章堙没，书记罕存。劭慨然叹息，乃缀集所闻，著《汉官礼仪故事》，凡朝廷制度，百官典式，多劭所立。"又云："初，父奉为司隶时，并下诸官府郡国，各上前人像赞，劭乃连缀其名，录为《状人纪》。又论当时行事，著《中汉辑序》。撰风俗通，以辨物类名号，释时俗嫌疑。文虽不典，后世服其洽闻。凡所著述百三十六篇。"司马彪《续汉书》亦云："劭又著《中汉辑叙》《汉官仪》及《礼仪故事》，凡十一种，百三十六卷。朝廷制度，百官仪式，所以不亡者，由劭记之。"《隋志》云："汉末，王隆、应劭等，以《百官表》不具，乃作《汉官解诂》《汉官仪》等书。"

见于史志书目者，《隋志》："《汉官》五卷，应劭注。""《汉官仪》十卷，应劭撰。"《旧唐志》："《汉官仪》十卷，应劭志。"《新唐志》："应劭《汉官》五卷，《汉官仪》十卷。"《宋志》："应劭《汉官仪》一卷。"《崇文总目》："《汉官仪》一卷，应劭撰。"《直斋书录解题》亦载《汉官仪》一卷、《续补》一卷，云："后汉军谋校尉汝南应邵仲远撰。按《唐志》有《汉官》五卷，《汉官仪》十卷。今惟存此一卷，载三公官名及名姓、州里而已。其全书亡矣，李埴季允尝续补一卷。"《玉海·艺文》引《中兴书目》曰："（应劭《汉官仪》）今存一卷，载光武以来三公百官名氏。李埴续补一卷。"今佚，散见于史注及唐宋类书中。后世辑本，有《说郛》辑应劭《汉官仪》一卷，严可均《全后汉文》卷三四至三五有应劭《汉官仪》，孙星衍《汉官六种》有应劭《汉官仪》二卷，黄奭《黄氏逸书考》辑有《应劭汉官仪》一卷。

4.《汉书集解》

本传："又集解《汉书》，皆传于时。"《隋志》："《汉书》一百一十五卷，汉护军班固撰，太山太守应劭集解。"又载"《汉书集解音义》二十四卷，应劭撰"。大约一百一十五卷本为《汉书》与注合编本，而二十四卷本则为集解单行本。其后，《旧唐志》："《汉书集解音义》二十四卷，应劭撰。"《新唐志》："应劭《汉书集解音义》二十四卷。"皆别行。颜师古《汉书叙例》云："《汉书》旧无注解，唯服虔、应劭等各为《音义》，自别施行。……有臣瓒者，莫知氏族，考其时代，亦在晋初，总集诸家《音义》，稍以己之所见，续厕其末，举驳前说，喜引《竹书》，自谓甄明，非无差爽，凡二十四卷，分为两帙。今之《集解音义》则是其书，而后人见者，不知臣瓒所作，乃谓之应劭等集解。王氏《七志》、阮氏《七录》并题云然，斯不审也。"此书颜师古所亲见，宋人书目不见载，部分散入师古《汉书注》中。

5.《风俗通义》

《隋志》："《风俗通义》三十一卷，录一卷，应劭撰。梁三十卷。"《旧唐志》："《风俗通义》三十卷，应劭撰。"《新唐志》："应邵《风俗通义》三十卷。"《宋志》："应劭《风俗通义》十卷。"《直斋书录解题》及《郡斋读书志》均载十卷，即为今本。《中国古佚书辑本目录解题》云："苏颂《校风俗通义题序》（见《苏魏公集》卷六六）据《意林》所载全书篇目（今本《意林》无），列举自《心政》至《狱法》凡二十篇为今本所无，是今本仅存原书三之一，所佚正多。"① 其佚文多在《水经注》《意林》、《文选》李善注、史注及唐宋类书中。清儒多有辑佚，如钱大昕《嘉定钱氏潜研堂全书》辑有《风俗通佚文》一卷，臧庸《读书脞录》辑有《风俗通义佚文》一卷，严可均《全后汉文》卷三六至四一有《风俗通》（佚文），顾怀三辑有《风俗通义佚文》一卷。今人王利器《风俗通义校注》、吴树平《风俗通义校释》皆有辑佚，尤为完备。

6. 注《汉纪》

《新唐志》："应劭等注荀悦《汉纪》三十卷。"按：此书不见载于《隋志》及《旧唐志》，当非应劭原有，或唐人辑应劭等人《汉书注》而成《汉纪》。

7.《地理风俗记》

《水经注》多次引用，如卷八"济水"："济水东北至甲下邑南，东历琅槐县故城北。"郦道元注引《地理风俗记》曰："博昌东北八十里有琅槐乡，故县也。"又，《水经注·清水》引应劭《地理风俗记》："河内，殷国也，周名之为南阳，又曰'晋始启南阳'，今南阳城是也，秦始皇改曰修武。"又见《汉书·地理志》修武注引应劭。

8.《旧君讳议》

《隋志》有《汝南君讳议》二卷，不题撰人。《左传》成公十年疏云：

---

① 孙启治、陈建华：《中国古佚书辑本目录解题》，上海古籍出版社2017年版，第411页。

"汉末,有汝南应劭作《旧君讳议》云:'昔者周穆王名满,晋厉公名州满,又有王孙满,是同名不讳。'"按此,则《旧君讳议》作者为应劭。《风俗通·讳》篇云:"汝南主簿应劭议,宜为旧君讳,论者皆互有异同。"《三国志·吴书·张昭传》注云:"时汝南主簿应劭议宜为旧君讳,论者皆互有异同,事在《风俗通》。昭著论曰:'周穆王讳满,至定王时有王孙满者,其为大夫,是臣协君也。又厉王讳胡,及庄王之子名胡,其比众多。'"侯康《补后汉书艺文志》曰:"应劭议既载《风俗通》而《隋志》别为一书者,盖诸家议论又自别行也。《左传》成十年疏引应劭《旧君讳议》,今以《张昭传》注覆之,则所引乃张昭之言非应劭之言。因其书并于应劭,故以应劭统之。"今从侯康说。

9.《淮南子注》

又,侯康《补后汉书艺文志》录有应劭《淮南子注》,引李善《文选》注为证:

《文选·长杨赋》"昔有强秦,封豕其土,窫窳其民,凿齿之徒相与摩牙而争之。"应劭《淮南子注》云:尧之时,窫窳、封豕、凿齿,皆为人害。窫窳类貙,虎爪食人。

按:《汉书·扬雄传》载《长杨赋》:"主人曰:'昔有强秦,封豕其土,窫窳其民,凿齿之徒相与摩牙而争之。'"师古注引应劭曰:"《淮南子》云,尧之时窫窳、封豨、凿齿皆为民害。窫窳类貙,虎爪食人。"明应劭乃是引用《淮南子》以注《汉书》,非有《淮南子注》一书,李善与侯康皆误。

虞光

虞光,虞翻高祖父,治孟氏《易》。《三国志·吴书·虞翻传》注引《虞翻别传》载虞翻奏疏曰:"臣高祖父故零陵太守光,少治孟氏《易》,曾祖父故平舆令成,缵述其业,至臣祖父凤为之最密。臣亡考故日南太守歆,受本于凤,最有旧书,世传其业,至臣五世。"

虞成

虞成,虞翻曾祖父,治孟氏《易》,见"虞光"条。

虞凤

虞凤，虞翻祖父，治孟氏《易》，见"虞光"条。

虞歆

虞歆，虞翻父，治孟氏《易》，见"虞光"条。《书钞》卷一〇二引《会稽典录》曰：虞歆，字文肃，历郡守，节操高厉。魏曹植为东阿王，东阿先有三十碑，铭多非实。植皆毁除之，以歆碑不虚，独全焉"。

虞放

虞放，杨震弟子，虞延从曾孙。《杨震传》云："[杨震死后]岁余，顺帝即位，樊丰、周广等诛死，震门生虞放、陈翼诣阙追讼震事。"

虞放事迹又见于《虞延传》："延从曾孙放，字子仲。少为太尉杨震门徒，及震被谮自杀，顺帝初，放诣阙追讼震罪，由是知名。桓帝时为尚书，以议诛大将军梁冀功封都亭侯，后为司空，坐水灾免。性疾恶宦官，遂为所陷，灵帝初，与长乐少府李膺等俱以党事诛。"虞放为司空事见《桓帝纪》延熹三年（160）："秋七月，司空盛允为司徒，太常虞放为司空。"

虞放因党锢被杀事见于《灵帝纪》建宁二年（169）："冬十月丁亥，中常侍侯览讽有司奏前司空虞放、太仆杜密、长乐少府李膺、司隶校尉朱寓、颍川太守巴肃、沛相荀翌昱、河内太守魏朗、山阳太守翟超皆为钩党，下狱，死者百余人，妻子徙边，诸附从者锢及五属。"

虞诩

虞诩，习《尚书》。《后汉书》卷五八《虞诩传》："虞诩字升卿①，陈国武平人也②。……诩年十二，能通《尚书》。"

---

① 李贤注："郦元《水经注》云武平城西南七里有《汉尚书令虞诩碑》，题云'君讳诩，字定安，虞仲之后'。定安盖诩之别字也。"
② 《御览》卷六四三引司马彪《续汉书》云："虞诩字升卿，陈留圉人。"其地籍与范书不同，周天游曰："今按陈国即汉故淮阳郡，章和二年改作陈国。圉，旧属淮阳，后入陈留郡。二县虽曾同郡，而相距较远。"并引《水经注》虞诩碑在武平城为正，云："据此恐当以范书为是。"

虞诩卒年，本传云："永和初，迁尚书令，以公事去官。朝廷思其忠，复征之，会卒。"则虞诩约卒于顺帝永和中（约139）。

虞诩事迹，本传云"后祖母终，服阕，辟太尉李修府，拜郎中"。安帝永初四年（110），羌胡反叛，谏言李修予以安抚为主。后为朝歌长，邓太后以诩为武都太守，顺帝永建元年（126），"代陈禅为司隶校尉"，数月，为议郎、尚书仆射。永和初，为尚书令。

此外，《来历传》云："明年〔安帝延光三年，124〕，中常侍樊丰与大将军耿宝、侍中周广、谢恽等共谮陷太尉杨震，震遂自杀。历谓侍御史虞诩曰：'耿宝托元舅之亲，荣宠过厚，不念报国恩，而倾侧奸臣，诬奏杨公，伤害忠良，其天祸亦将至矣。'遂绝周广、谢恽，不与交通。"则延光三年，虞诩为侍御史，本传不载。

虞诩事迹又见于周天游辑谢承《后汉书》卷四、司马彪《续汉书》卷四、张璠《后汉记》及《隶释》卷二〇载《水经注》所列《虞诩碑》。

爰延

爰延，通经。《后汉书》卷四八《爰延传》云："爰延字季平，陈留外黄人也。清苦好学，能通经教授。"

爰延事迹，本传云延顺帝时"县令陇西牛述好士知人，乃礼请延为廷掾，范丹为功曹，濮阳潜为主簿，常共言谈而已。后令史昭以为乡啬夫，仁化大行，人但闻啬夫，不知郡县。在事二年，州府礼请，不就"。"桓帝时征博士，太尉杨秉等举贤良方正，再迁为侍中"，后"拜五官中郎将，转长水校尉，迁魏郡太守，征拜大鸿胪"，以年老自免官归家。灵帝时特征，延不应征，病卒，卒年不详，约在灵帝世。

爰延之学，本传载其桓帝时上书云："臣闻之，帝左右者，所以咨政德也。故周公戒成王曰'其朋其朋'，言慎所与也。昔宋闵公与强臣共博，列妇人于侧，积此无礼，以致大灾。""其朋"语见《尚书·洛诰》周公戒成王曰："孺子其朋，孺子其朋，慎其往！"宋闵公事见于《公羊传》庄公十二年。

袁安

袁安，习孟氏《易》。《后汉书》卷四五《袁安传》云："袁安字邵公，汝南汝阳人也。祖父良，习孟氏《易》，平帝时举明经，为太子舍人；建武初，至成武令。安少传良学。为人严重有威，见敬于州里。"《袁安碑》："司徒公汝南女（按：汝）阳袁安召公，授《易》孟氏（学）。"

一、主要事迹

（1）永平三年（60）举孝廉，为郎中。《袁安碑》："永平三年二月庚午，以孝廉除郎中。"本传："后举孝廉。"李贤注引《汝南先贤传》："时大雪积地丈余，洛阳令身出案行，见人家皆除雪出，有乞食者。至袁安门，无有行路。谓安已死，令人除雪入户，见安僵卧。问何以不出。安曰：'大雪人皆饿，不宜干人。'令以为贤，举为孝廉。""袁安高卧"典出于此。

（2）永平四年（61），给事谒者。《袁安碑》："四［年］十一月庚午，除给事谒者。"

（3）永平五年（62），为东海阴平长。本传："除阴平长、任城令。"未载时间。《袁安碑》："五年四月乙□，迁东海阴平长。"

（4）永平十年（67），为任城县令。《袁安碑》："十年二月辛巳，迁东平（任）城令。"

（5）永平十三年（70）冬，为楚郡太守。《袁安碑》："十三年十二月丙辰，拜楚郡（太）守。"本传："永平十三年，楚王英谋为逆，事下郡覆考。明年，三府举安能理剧，拜楚郡太守。"按：本传，袁安为楚郡太守时为永平十四年（71），今从《碑》。

（6）永平十七年（74），为河南尹。《袁安碑》："十七年八月庚申，征拜河南尹。"本传："［为楚郡太守］岁余，征为河南尹。"今从《碑》。

（7）章帝建初八年（83），为太仆。《袁安碑》："［建］初八年六月丙申，拜太仆。"本传："在职［在河南尹职］十年，京师肃然，名重朝廷。建初八年，迁太仆。"按：本传云袁安在河南尹十年，以《碑》所记，从明帝永平十七年至章帝建初八年，正为十年。若从本传，袁安为河南尹在永平十五年，与本传所载不合。为太仆，议以为当还匈奴俘孥，事见本传。

（8）元和三年（86）为司空。《袁安碑》："元和三年五［月］丙子，拜司空。"《章帝纪》元和三年："五月丙子，司空第五伦罢，太仆袁安为司空。"

（9）元和四年（87）为司徒。《袁安碑》："四年六月己卯，拜司徒。"《章帝纪》章和元年（87）："六月戊辰，司徒桓虞免。癸卯，司空袁安为司徒，光禄勋任隗为司空。"本传："章和元年，代桓虞为司徒。"按：元和四年改元章和元年，实为同一年。为司徒，不惧权势，屡弹劾窦氏外戚，事见本传。

（10）和帝永元三年（91），和帝加元服，以袁安为宾。《袁安碑》："孝和皇帝，加元服，诏公为宾。"《和帝纪》："永元三年春正月甲子，皇帝加元服。"李贤注引《东观汉记》曰："和帝始加元服，时太后诏袁安为宾，赐束帛、乘马。"

（11）永元四年（92）卒。《袁安碑》："永元四年（三）月癸丑薨。闰月庚午葬。"《和帝纪》永元四年："三月癸丑，司徒袁安薨。闰月丁丑，太常丁鸿为司徒。"本传："［永元］四年春，薨，朝廷痛惜焉。"

袁安事迹又见于《东观汉记》（吴校本）卷一六，袁宏《后汉记》卷一〇、一三，周天游辑司马彪《续汉书》卷四，华峤《后汉书》卷二，殷芸《小说》及《汉碑集释》载《袁安碑》。

二、袁安之学

袁安之《易》学，本传载和帝永元三年（91）上书言不可立左鹿蠡王阿佟为北单于有云："夫言行君子之枢机，赏罚理国之纲纪。"此奏虽为周荣所草（见《后汉书·周荣传》），也当为袁安《易》义。"夫言行君子之枢机"见于《系辞上》："言行，君子之枢机。枢机之发，荣辱之主也。"

袁京

袁京，袁安之子，习孟氏《易》。《袁安传》云："安子京、敞最知名。京字仲誉。习孟氏《易》，作《难记》三十万言。初拜郎中，稍迁侍中，出为蜀郡太守。"生卒年不详。

袁敞

袁敞，安之子。《袁安传》云："敞字叔平，少传《易经》教授，以父任为太子舍人。和帝时，历位将军、大夫、侍中，出为东郡太守，征拜太仆、光禄勋。元初三年，代刘恺为司空。明年，坐子与尚书郎张俊交通，漏泄省中语，策免。敞廉劲不阿权贵，失邓氏旨，遂自杀。"则袁敞卒于安帝元初四年（117），生年不详。

袁敞事迹又见于《袁敞碑》（见高文《汉碑集释》）。

袁彭

袁彭，袁京之子，家学孟氏《易》。《袁京传》："[京]子彭，字伯楚。少传父业，历广汉、南阳太守。顺帝初，为光禄勋。行至清，为吏粗袍粝食，终于议郎。尚书胡广等追表其有清洁之美，比前朝贡禹、第五伦。未蒙显赠，当时皆嗟叹之。"生卒年不详。

《风俗通义·正失》篇亦载有袁彭事迹。

袁汤

袁汤，袁京之子，袁彭之弟，习孟氏《易》。《袁京传》云："彭弟汤，字仲河，少传家学，诸儒称其节，多历显位。桓帝初为司空，以豫议定策封安国亭侯，食邑五百户。累迁司徒、太尉，以灾异策免。卒，谥曰康侯。"袁宏《后汉记》卷二一桓帝永兴元年（153）载袁汤致仕之事，云致仕之后"数年卒"，卒年不详，当在桓帝世。李贤注引应劭《风俗通》曰："汤时年八十六，有子十二人。"

袁汤仕履，散见于范晔《后汉书》：《质帝纪》本初元年（146）："太仆袁汤为司空。"《桓帝纪》建和元年（147）九月："司空袁汤为司徒。"《桓帝纪》建和三年（149）："司徒袁汤为太尉。"《桓帝纪》永兴元年（153）："冬十月，太尉袁汤免，太常胡广为太尉。"

袁闳

袁闳，袁彭之孙，通经。《后汉书》卷四五有传，但无袁闳习经之语，唯有讲到汉末天下大乱，"百姓惊散，闳诵经不已"。袁闳习经事见于谢承《后汉书》："袁闳字夏甫，汝南人也。博览群书六艺，尝负笈寻师，变易姓名往来。"（《御览》卷七一一引）

袁闳事迹又见于《风俗通义·愆礼》、袁宏《后汉记》卷二二、皇甫谧《高士传》及《汝南先贤传》（《御览》卷五五六引）。

袁满来

袁满来，袁汤之孙，袁隗之子，家学孟氏《易》，少年早卒。其事迹见于蔡邕《袁满来碑》:"茂德休行,曰袁满来。太尉公之孙,司徒公之子。逸材淑姿,实天所授,聪远通敏,越龆龀在阙。明习《易》学,从诲如流。"又云:"降生不永,年十有五,四月壬寅,遭疾而卒。"按:《桓帝纪》建和三年(149):"司徒袁汤为太尉。"《灵帝纪》熹平元年(172):"十二月,司徒许栩罢,大鸿胪袁隗为司徒。"袁隗为袁汤第三子。蔡邕碑文不言袁满来具体卒年,故其生卒年不可考。

袁太伯

袁太伯,习《易》,著有《易章句》。侯康《补后汉书艺文志》有袁太伯《易章句》,见于《论衡·案书》篇:

> 案东番邹伯奇、临淮袁太伯、袁文术、会稽吴君高、周长生之辈,位虽不至公卿,诚能知之囊橐,文雅之英雄也。观伯奇之《元思》,太伯之《易童句》,文术之《咸铭》,君高之《越纽录》,长生之《洞历》,刘子政、杨子云不能过也。

按:"童""章",形近易误,当以《易章句》为是。

臧洪

臧洪,太学生。《后汉书》卷五八《臧洪传》云:"洪年十五,以父功拜童子郎,知名太学。"其余事迹详见本传。

翟酺

翟酺,明《诗》善纬。《后汉书》卷四八《翟酺传》云:"翟酺字子超,广汉雒人也。四世传《诗》。酺好《老子》,尤善图纬、天文、历算。"

翟酺事迹,本传云其早年因报舅仇,亡命于长安,后在凉州牧羊。遇赦,乃仕于郡,"征拜议郎,迁侍中"。安帝"延光三年,出为酒泉太守",迁京兆尹。"顺帝即位,拜光禄大夫,迁将作大匠",后卒于家。卒年不详,当在顺帝世。

其学行,本传言其劝修太学之事:"酺之为大匠,上言:'孝文皇帝始置一经博士,武帝大合天下之书,而孝宣论六经于石渠,学者滋盛,弟子万数。光武初兴,愍其荒废,起太学博士舍、内外讲堂,诸生横巷,为海内所集。明帝时辟雍始成,欲毁太学,太尉赵熹以为太学、辟雍皆宜兼存,故并传至今。而顷者颓废,至为园采刍牧之处。宜更修缮,诱进后学。'帝从之。酺免后,遂起太学,更开拓房室,学者为酺立碑铭于学云。"

翟酺事迹又见于《华阳国志·广汉士女赞》,周天游辑谢承《后汉书》卷三及蔡邕《翟先生碑》(《类聚》卷三七引)。

翟酺之作,本传云:"著《援神》《钩命解诂》十二篇。"而《华阳国志》载其所著书作"《援神契经说》",但《隋志》均不见载,早佚。

澹台敬伯

澹(也作"湛")台敬伯,薛汉弟子,习《韩诗》。《后汉书·儒林列传·薛汉传》云:"[薛汉]弟子犍为杜抚、会稽澹台敬伯、钜鹿韩伯高最知名。"陆玑《毛诗草木鸟兽虫鱼疏》亦云:"建武初,博士淮阳薛汉传父业,尤善说灾异谶纬,受诏定图谶。当世言《诗》推为长,后为千乘太守,坐事下狱死。弟子犍为杜抚、会稽澹台敬伯、钜鹿韩伯高最知名"实从范书说。

姚振宗《汉书艺文志拾补》云:"明欧大任《百越先贤志》云:'湛台敬伯,会稽人,受《韦氏诗》于淮阳薛汉。'则东汉之初,薛氏、湛台氏皆传《韦氏诗》,不仅武氏一家也。"按:今本《百越先贤志》云:"澹台敬伯,会稽人,受韩氏《诗》于淮阳薛汉。当时言诗者推汉为长。敬伯与犍为杜樵、巨鹿韩伯高为弟子最知名。"与姚振宗所言习《鲁诗》韦氏学不同,不知姚氏所依何据。

张霸

张霸,习公羊。《后汉书》卷三六《张霸传》云:"张霸字伯饶,蜀郡成都人也。年数岁而知孝让,虽出入饮食,自然合礼,乡人号为'张曾子'。七岁通《春秋》,复欲进余经,父母曰'汝小未能也',霸曰'我饶为之',故字曰'饶'焉。后就长水校尉樊鲦受严氏《公羊春秋》,遂博览五经。诸生孙林、刘固、段著等慕之,各市宅其傍,以就学焉。"又云:"初,霸以樊鲦删《严氏春秋》犹多繁辞,乃减定为二十万言,更名《张氏学》。"

张霸事迹,本传云霸和帝永元中为会稽太守,行儒学,"郡中争厉志节，习经者以千数，道路但闻诵声"。"后征，四迁为侍中。时皇后兄虎贲中郎将邓骘，当朝贵盛，闻霸名行，欲与为交，霸逡巡不答，众人笑其不识时务。后当为五更，会疾卒，年七十。数月邓氏败。"《华阳国志·先贤士女总赞》载有张霸事迹，言其"年老卒，葬河南"，与范书小异。《华阳国志·蜀郡士女赞》又载有其妻司马氏不从张霸陪葬事。按：邓太后卒于安帝建光元年（121），同年邓氏外戚败，邓骘、邓遵等自杀，事见《安帝纪》及其本传。此年张霸卒，年七十，则霸生于建武二十八年（52）。

张霸事迹又见于《东观汉记》（吴校本）卷一五、周天游辑谢承《后汉书》卷三及司马彪《续汉书》卷三。

张楷

张楷，张霸之子。《后汉书》卷三六《张霸传》："［霸］中子楷。楷字公超，通《严氏春秋》、古文《尚书》，门徒常百人。……恒讽诵经籍，作《尚书注》。"《御览》卷六一六引《孝德传》曰："张楷字公超，河南人也。至孝自然，丧亲哀毁，每读《诗》见《素冠》《棘人》，未尝不掩泗焉。"亦可考见张楷之《诗》学。

张楷事迹，本传云安帝时，"司隶举茂才，除长陵令，不至官。隐居弘农山中，学者随之，所居成市，后华阴山南遂有公超市。五府连辟，举贤良方正，不就"。汉安元年（142），顺帝特征，仍不应征。桓帝建和三年（149），"下诏安车备礼聘之，辞以笃疾不行。年七十，终于家"。按：袁宏《后汉记》卷二五灵帝中平五年（188）九月，"己未，诏曰：'顷选举失所，多非其人，儒法杂糅，学道浸微。处士荀爽、陈纪、郑玄、韩融、张楷，耽道乐古，志行高洁，清贫隐约，为众所归。其以爽等各补博士。'皆不至。"则张楷当卒于灵帝世。

张楷事迹又见于《东观汉记》（吴校本）卷一五、袁宏《后汉记》卷二五、周天游辑谢承《后汉书》卷三及华峤《后汉书》卷二。

张道陵

道教创始人，俗称"张天师"，通经。葛洪《神仙传》云："天师张道陵，字辅汉，沛国丰县人也。本太学书生，博采五经。"

张兴

张兴，习梁丘《易》。《后汉书·儒林列传·张兴传》云：

> 张兴字君上，颍川鄢陵人也。习梁丘《易》以教授。建武中，举孝廉为郎，谢病去，复归聚徒。后辟司徒冯勤府，勤举为教廉，稍迁博士。永平初，迁侍中祭酒。十年，拜太子少傅。显宗数访问经术。既而声称著闻，弟子自远至者，著录且万人，为梁丘家宗。十四年，卒于官。

张兴卒于明帝永平十四年（72），生年不详。其传梁丘《易》事又见于《序录》："又颍川张兴字君上，太子少傅。传梁丘《易》，弟子著录且万人，子鲂传其业。"

张鲂

张鲂，张兴之子，习梁丘《易》。《后汉书·儒林列传·张兴传》云："子鲂，传兴业，位至张掖属国都尉。"《序录》亦云："又颍川张兴（陆氏自注：字君上，太子少傅。）传梁丘《易》，弟子著录且万人，子鲂传其业。鲂官至张掖属国都尉。"

张辅

张辅，桓荣弟子，范书不载。周天游辑张璠《后汉记·和帝记》永元十六年（74）云："张辅事太常桓荣，勤力于学，常在师门，讲诵不怠。每朝会辄敢讲于上前，音动左右。"（《书钞》卷九八引）

张纲

张纲，张晧之子，《后汉书》卷五六有传，附于其父之后。《张纲传》云："（晧）子纲。……纲字文纪。少明经学。虽为公子，而厉布衣之节。"司马彪《续汉书》云："纲字文纪，少以三公子经明行修举孝廉，不就。"（《书钞》卷六二引）

其人事迹著名者，本传载顺帝汉安元年（142）为八使之一巡行天下。后梁冀荐举为广陵太守，年四十六卒于官。卒年不详，当在桓帝世。

张纲事迹又见于《东观汉记》（吴校本）卷一七、袁宏《后汉记》卷一九、周天游辑谢承《后汉书》卷四、司马彪《续汉书》卷四及《华阳国志·犍为士女赞》。按：张纲著述，史志未载。《文选》卷二三谢惠连《秋怀诗》及卷五九王简栖《头陁寺碑》李贤注引《张纲集》曰："书功金石，图形丹青。"盖唐代尚存，后佚。张纲文存见于严可均辑《全后汉文》卷四九。

张恭祖

张恭祖，郑玄师，《后汉书·郑玄传》云："又从东郡张恭祖受《周官》《礼记》《左氏春秋》《韩诗》、古文《尚书》。"《世说新语·文学》篇刘孝标注引《[郑]玄别传》："[郑玄]年二十一（桓帝建和元年，147），博极群书，精历数图纬之言，兼精算术，遂去吏，师故兖州刺史第五元先，就东郡张恭祖受《周礼》《礼记》《春秋传》。"唐史承节《郑康成祠碑》云："又从东郡张钦祖受《周官》《礼记》《左氏春秋》《韩诗》《古文尚书》。"（《全唐文》卷三三〇）阮元《山左金石志》："易'恭祖'为'钦祖'者，金避显宗允恭讳也。"王利器《郑康成年谱》云："今按：元先、恭祖皆字。"①

张汉直

张汉直，师从延笃，习《左传》。《风俗通义·怪神》篇云："[应劭]谨按：陈国张汉直，到南阳从京兆尹延叔坚读《左氏传》。"后续载张汉直遇鬼神事，于儒学无补，且又文繁，不录，

张衡

张衡，通五经，明天文，善文章，工巧计，实属古代百科全书式学者。《后汉书》卷五九《张衡传》云："张衡字平子，南阳西鄂人也。世为著姓。祖父堪，蜀郡太守。衡少善属文，游于三辅，因入京师，观太学，遂通五

---

① 王利器：《郑康成年谱》，齐鲁书社1983年版，第41页。

经，贯六艺。"《隶释》卷一九《张平子碑》言张衡："若夫好学，博古贯综，谟籍坟典丘索之流，经礼训诂之载，百家九流之辩，诗赋雅颂之辞，金匮壬板之奥，谶契图纬之文，音乐书画之艺，方技博弈之巧，自《洪范》彝伦以还，于若郯子之所习，介卢之所识者，网不该罗。"虽有夸大之嫌，却也不失偏颇。

张衡生卒，本传云："[衡]年六十二，永和四年卒。"张衡卒于顺帝永和四年（139），则衡生于章帝建初三年（78）。

一、主要事迹

（1）少年游太学，博通五经。本传："衡少善属文，游于三辅，因入京师，观太学，遂通五经，贯六艺。虽才高于世，而无骄尚之情。常从容淡静，不好交接俗人。"

（2）和帝永元中（89—105），举孝廉不就。本传云："永元中，举孝廉不行，连辟公府不就。"

（3）自殇帝延平元年（106）至安帝建光元年（121），凡十五年，不应征，作《二京赋》。本传："大将军邓骘奇其才，累召不应。"本传又云："时天下承平日久，自王侯以下，莫不逾侈。衡乃拟班固《两都》，作《二京赋》，因以讽谏。精思傅会，十年乃成。"从时序论之，衡作赋于前，邓骘征召在后。按：邓骘于延平元年为大将军，安帝建光元年邓太后卒，邓氏外戚遂败。如此，则《二京赋》当作成于和帝、安帝之际。

（4）安帝建光元年（121）至延光四年（125），征张衡为郎中、太史令，乃作《灵宪》《算罔论》。本传："安帝雅闻衡善术学，公车特征拜郎中，再迁为太史令。遂乃研核阴阳，妙尽璇机之正，作浑天仪，著《灵宪》《算罔论》，言甚详明。"本传言邓骘为大将军征召衡而不至，此言衡应征当在邓氏败而安帝亲政之后。

（5）顺帝永建元年（126）免太史令，永建五年（130）复为太史令。本传："顺帝初，再转，复为太史令。衡不慕当世，所居之官，辄积年不徙。自去史职，五载复还，乃设客问，作《应间》以见其志云。"李贤注引《张衡集》云："观者，观余去史官五载而复还，非进取之势也。"顺帝初转为何官不可考。

（6）阳嘉元年（132）造候风地动仪。本传："阳嘉元年，复造候风地动仪。"

（7）永和元年（136），为侍中，屡谏善言，为宦官所患，外出为河间相，乃作《思玄赋》。本传："后迁侍中，帝引在帷幄，讽议左右。尝问衡天下所疾恶者。宦官惧其毁己，皆共目之，衡乃诡对而出。阉竖恐终为其患，遂共谗之。衡常思图身之事，以为吉凶倚伏，幽微难明，乃作思玄赋，以宣寄情志。……永和初，出为河间相。"据《思玄赋》意，乃抒发不得意，应作于此时。

(8) 永和四年（139），为河间相三年，卒。本传："视事三年，上书乞骸骨，征拜尚书。年六十二，永和四年卒。"

张衡交友，崔瑗、第五颉。张衡与崔瑗交友事见于范书《张衡传》及《崔瑗传》。《隶释》所载《张平子碑》即为崔瑗所作，此碑亦见载于《水经注》。第五颉与张衡交友事见于《第五伦传》李贤注引《三辅决录注》："司隶校尉南阳左雄、太史令张衡、尚书庐江朱建、孟兴皆与颉故旧，各致礼饷，颉终不受。"

张衡事迹又见于袁宏《后汉记》卷一九、周天游辑司马彪《续汉书》卷四、《隶释》卷一九载《张平子碑》。

二、张衡著述

1. 诗文

本传言"所著诗、赋、铭、七言、《灵宪》《应间》《七辩》《巡诰》《悬图》凡三十二篇。"袁宏《后汉记》云："[张]衡所著述，皆传于世。"《隋志》载有《张衡集》十一卷，注云："梁十二卷，又一本十四卷，亡。"两《唐志》并载十卷，《宋志》六卷。张衡诗存见于明冯惟讷《诗纪·汉》卷三，丁福保《全汉诗》卷二，逯钦立《全汉魏晋南北朝诗·全汉诗》卷六。明张燮《七十二家集》辑有《张河间集》六卷，《汉魏六朝百三名家集》有《张河间集》二卷，文存见于严可均《全后汉文》卷五二至五五。

2. 《玄图》

本传李贤注"《悬图》"曰："《衡集》作'玄图'，盖玄与悬通。"盖唐时存也，后世乃佚。严可均《全后汉文》卷五五辑有《玄图》。侯康《补后汉书艺文志》云："[该书]必出张衡无疑，盖后人析出别行也。张溥辑衡集无《玄图》，当已失传。《御览》卷一引之云：'玄者，无形之类，自然之根，作于太始，莫之与先。'"按：《御览》卷一又引之曰："玄者，包含道德，构掩乾坤，囊括元气，禀受无原。"姚振宗《隋书经籍志考证》云扬雄《太玄》有《玄图》一篇，据《华阳国志》，张衡曾为《太玄》作注，或即此《玄图》。按：《华阳国志·蜀郡士女赞》云："扬雄，字子云，成都人也。……自刘向父子、桓谭等深敬服之。其玄渊源懿，后世大儒张衡、崔子玉、宋仲子、王子雍皆为注解。吴郡陆公纪尤善于《玄》，称雄圣人。"据此，张衡似也曾为扬雄作品做过注解，但具体情况已不可考。

3. 《灵宪》

《续汉书·天文志》刘昭注云："臣昭以张衡天文之妙，冠绝一代。所著《灵宪》《浑仪》，略具辰耀之本，今写载以备其理焉。"下引《灵宪》之文。《隋书·天文志》亦言张衡作《灵宪》："后汉张衡为太史令，铸浑天仪，总序经星，谓之《灵宪》。其大略曰……而衡所铸之图，遇乱埋灭，星官名数，今亦不存。"《隋志》及《新唐志》并载张衡《灵宪》一卷，《旧唐志》则作《灵宪图》一卷。据《玉海·天文类》，《崇文总目》有《灵宪图》三卷。按：据《隋书·天文志》所述及书目所志，《灵宪》之制当图文并茂，以文解图。又，《御览》卷一引张衡《灵宪注》曰："太素之前，幽清玄静，寂寞冥默，不可为象，厥中惟灵，如是者永久焉，斯谓冥茎，盖乃道根，道根既建，由无生有，太素始萌，萌而未兆，并体同色，坤屯不分。"今考其文实与《续汉书·天文志》刘昭注引《灵宪》文同，其实无注。又考刘昭引文，《灵宪》之制大约前有一序后乃正文。又，《晋书·天文志》言州郡躔次，曰"陈卓、范蠡、鬼谷先生、张良、诸葛亮、谯周、京房、张衡并云"云云，侯康曰："盖亦《灵宪》中语也。"据此，《灵宪》或有地理分野内容。但此书已佚，竟不可考。马国翰《玉函山房辑佚书》、洪颐煊《经典集林》、王谟《重订汉唐地理书钞》、严可均《全后汉文》并有辑本。

4. 《浑天仪》

《晋书·天文志上》："张平子既作铜浑天仪，于密室中以漏水转之，令伺之者闭户而唱之。"以为张衡作观天象之仪器而非著作。《宋书·天文志一》云："王蕃又记古浑仪尺度并张衡改制之文，则知斯器非衡始造，明矣。衡所造浑仪，传至魏、晋，中华覆败，沉没戎虏。"据《宋书》，浑天仪也当有制作之法，其法亦名《浑天仪》。但《续汉书·律历志下》刘昭注引张衡《浑仪》曰"赤道横带浑天之腹，去极九十一度十分之五"云云，似为观测之法，非浑天仪之制作法，其面目如何，竟不可考。《浑天仪》见于史志目录者，两《唐志》并载张衡《浑天仪》一卷，《隋志》有《浑天义》一卷，不言何人撰。姚振宗《隋书艺文志考证》云两者为同一书。洪颐煊《经典集林》辑有张衡《浑天仪》一卷，马国翰辑《浑仪》一卷，严可均《全后汉文》卷五五载。

因张衡能制作，制作必然有图，所以唐张彦远《历代名画记》载有张衡《地形图》及《浑天宣夜图》，张彦远又叙历代能画人名："后汉六人：赵岐、刘褒、蔡邕、张衡、刘旦、杨鲁。"此两图也可推知图文并俱，一如《浑天仪》。其实，此类图制，图文历来不可分离。如唐张彦远《历代名画记》又有《遁甲开山图》，《御览》卷一引《遁甲开山图》曰："有巨灵者，遍得元神之道，故与元气一时生混沌。"又曰："丽山氏分布元气，各生次序，产生山谷。"此为明证。

5.《黄帝飞鸟历》

张衡又明占候。《隋志》："《黄帝飞鸟历》一卷，张衡撰。"两《唐志》并载《黄帝飞鸟历》一卷，题张衡撰，与《隋志》同。

6. 注《易》与《周官》

本传言："［衡］著《周官训诂》，崔瑗以为不能有异于诸儒也。又欲继孔子《易》说《彖》《象》残缺者，竟不能就。"张衡所欲注《易》，今虽不可考，但究其方法而言，实仿照孔子"十翼"解说上下经，大约亦是费氏一路。张衡所作《周官训诂》，刘昭《续汉书·百官志·序》注引胡广说："刘君［刘珍］甚然其言，与邑子通人郎中张平子参议未定，而刘君迁为宗正、卫尉，平子为尚书郎、太史令，各务其职，未暇恤也。至顺帝时，平子为侍中典校书，方作《周官解说》，乃欲以渐次述汉事，会复迁河间相，遂莫能立也。"据胡广说，张衡作《周官训诂》在顺帝校书时，且书名《周官解说》，与本传不同。所谓"不能异于诸儒"，大约是指于《周官》训解无创见，然《隋志》不见著录，早佚。

7.《大象赋》

《宋志》："张衡《大象赋》一卷。"此赋不见载于隋唐志，为后出，或为伪作。另外，此赋不是文章之作，当言玄理，所谓"大象"乃指天地之象。如《崇文总目》有《大象元机歌》三卷，有《大象垂万列星图》三卷，皆是此类著作。《困学纪闻》卷九论辩甚详，可从：

>《大象赋》，《唐志》谓黄冠子李播撰。李台《集解》：播，淳风之父也。今本题杨炯撰，毕怀亮注。《馆阁书目》题张衡撰，李淳风注。薛士龙书其后曰："专本巫咸星赞，旁览不及《隋书》。时君能致之兰台，坐卧浑仪之下，其所论著，何止此耶？"愚观赋之末曰："有少微之养寂，无进贤之见誉。耻附耳以求达，方卷舌以幽居。"则为李播撰无疑矣。播仕隋高祖时，弃官为道士。时未有《隋志》，非旁览不及也。张衡著《灵宪》，杨炯作《浑天赋》，后人因以此赋附之，非也。

制作浑天仪，见前文。

三、制作

张衡又做指南车。《宋书·礼志五》云："指南车，其始周公所作，以送荒外远使。地域平漫，迷于东西，造立此车，使常知南北。鬼谷子云：'郑人取玉，必载司南，为其不惑也。'至于秦、汉，其制无闻。后汉张衡始复创造。汉末丧乱，其器不存。"所以崔瑗赞张衡"数术穷天地，制作侔造化，高才伟艺，与神合契"。（见《晋书·天文志上》引崔子玉为其碑铭，又见于范书本传论。）

张奂

张奂，习欧阳《尚书》。《后汉书》卷六五《张奂传》云："张奂字然明，敦煌渊泉人也。父惇，为汉阳太守。奂少游三辅，师事太尉朱宠，学欧阳《尚书》。初，《牟氏章句》浮辞繁多，有四十五万余言，奂减为九万言。后辟大将军梁冀府，乃上书桓帝，奏其《章句》，诏下东观。以疾去官，复举贤良，对策第一，擢拜议郎。"

张奂生卒，本传云："光和四年卒，年七十八。"则张奂卒于灵帝光和四年（181），生于和帝永元十六年（104）。

张奂事迹，范晔《后汉书》将皇甫规、张奂及段颎并为一传，意为此三人文武全才。考其本传，多载武事。如桓帝永寿元年（155），为安定属国都尉，后"迁使匈奴中郎将"，"延熹元年，鲜卑寇边，奂率南单于击之，斩首数百级"。延熹二年（159）"梁冀被诛，奂以故吏免官禁锢"。延熹六年（163），"在家四岁，复拜武威太守。……举尤异，迁度辽将军"。延熹"九年春，征拜大司农"。以大司农击匈奴，"建宁元年，振旅而还"。还朝之时，"大将军窦武与太傅陈蕃谋诛宦官，事泄，中常侍曹节等于中作乱，以奂新征，不知本谋，矫制使奂与少府周靖率五营士围武。武自杀，蕃因见害。奂迁少府，又拜大司农，以功封侯。奂深病为节所卖，上书固让，封还印绶，卒不肯当"。后陷党锢，光和四年（181）卒，年七十八。

张奂事迹又见于《东观汉记》（吴校本）卷一七，袁宏《后汉记》卷二二、二三，周天游辑司马彪《续汉书》卷四，谢承《后汉书》卷四，华峤《后汉书》卷三及干宝《搜神记》。

张奂著述

本传云："所著铭、颂、书、教、诫述、志、对策、章表二十四篇。"《隋志》："太常卿《张奂集》二卷,录一卷。"题曰"亡"。两《唐志》复载二卷。张澍《二酉堂丛书》辑有《张太常集》,严可均《全后汉文》卷六四辑有张奂文。

1.《尚书张氏章句》

张奂《尚书》学著述,一为减删《尚书牟氏章句》为九万言。张奂师事朱宠。朱宠,桓门弟子。《桓郁传》言:"郁经授二帝,恩宠甚笃,赏赐前后数百千万,显于当世。门人杨震、朱宠,皆至三公。"然李贤注引《邓骘传》曰:"朱宠字仲威,京兆人也。笃行好学,从桓荣受《尚书》,位至太尉。"与《桓郁传》所言宠乃桓郁弟子不同。按:朱宠《后汉书》无传,事迹唯见于范晔《后汉书·邓骘传》:"宠字仲威,京兆人,初辟骘府,稍迁颍川太守,治理有声。及拜太尉,封安乡侯,甚加优礼。"并无朱宠从桓郁受《尚书》事,疑李贤据别本《后汉书》。但不管如何,朱宠乃是桓门弟子无疑。如此,张奂初从朱宠受学当持《尚书桓君大小太常章句》,后奂删《尚书牟氏章句》,恐也并非简单减省辞句而已,其中也当采前师《桓君章句》,与《牟氏章句》取长补短。

2.《尚书记难》

张奂经学著述除《尚书张氏章句》外,本传云:"时禁锢者多不能守静,或死或徙。奂闭门不出,养徒千人,著《尚书记难》三十余万言。"如此,则著书事在陈蕃、窦武事败之后,党禁之时。所谓"难",乃指问难,也即师徒责问经义而著之竹帛。按:张奂著述今亡佚已久,后儒也不见辑佚。考《诗·旄丘》孔疏:"《释鸟》云:'鸟少美长丑,为鹠鸱。'陆玑云:'流离,枭也。自关西谓枭为流离,其子适长大,还食其母。'故张奂云'鹠鸱食母',许慎云'枭,不孝鸟'是也。"此为张奂经说之唯一遗存,但不知张奂说何经?按:《豳风·鸱鸮·序》云:"周公救乱也。成王未知周公之志,公乃为诗以遗王,名之曰《鸱鸮》焉。"但不闻张奂通《诗》,张奂言枭或说《尚书·金縢》而连及说《诗》。本传云建宁二年(169)张奂等上疏欲为陈蕃及窦武等改葬,其疏中云"昔周公葬不知礼,天乃动威",正用《金縢》说,袁宏《后汉记》卷二三(灵帝建宁二年):"又匈奴中郎将张奂上书曰:'昔周公既薨,成王葬不具礼,天乃大风,偃木折树。成王发书感悟,备礼改葬,天乃立反风,其木树尽起。'"其义更加

312

明白。

张奂有子张芝,即草圣也。本传云"长子芝,字伯英,最知名。芝及弟昶,字文舒,并善草书,至今称传之。"张怀瓘《书断》亦云:"张芝,字伯英,敦煌人,父焕,为太常,徙居弘农华阴。"引羊欣云:"张芝、皇象、钟繇、索靖,时并号'书圣',然张劲骨丰肌,德冠诸贤之首。"又云:"伯英章草、草、行入神,隶书入妙。"

张酺

张酺,习《尚书》。《后汉书》卷四五《张酺传》云:"张酺字孟侯,汝南细阳人,赵王张敖之后也。……酺少从祖父充受《尚书》,能传其业。又事太常桓荣。勤力不息,聚徒以百数。永平九年,显宗为四姓小侯开学于南宫,置五经师。酺以《尚书》教授,数讲于御前。以论难当意,除为郎,赐车马衣裳,遂令入授皇太子。"

张酺卒年,本传:"十六年,复拜为光禄勋。数月,代鲁恭为司徒。月余薨。"《和帝纪》永元十六年(104):"八月己酉,司徒张酺薨。"

张酺事迹又见于《东观汉记》(吴校本)卷一六,袁宏《后汉记》卷一三、一四,周天游辑司马彪《续汉书》卷四及华峤《后汉书》卷二。

张酺之学,重家法,不知变通。《后汉记》云:"初,贾逵明古学,曹褒制汉礼,酺常非之。及为太尉,上疏陈其不可,书五奏,上知酺守学不通,寝其奏。"周天游注云:"言守其家学师法,不博通诸家之言,尤不读古文学。"

考其疏议,有引《尚书》立说,如袁宏《后汉记》卷一三载张酺上疏中曰:"故蔡叔流言,周公原本而诛。"此用《蔡仲之命》:"惟周公位冢宰,正百工。群叔流言,乃致辟管叔于商;囚蔡叔于郭邻,以车七乘;降霍叔于庶人,三年不齿。"

张济

张济,张酺曾孙,通经。《张酺传》云:"曾孙济,好儒学,光和中至司空,病罢。及卒,灵帝以旧恩赠车骑将军、关内侯印绶。其年,追济侍讲有劳,封子根为蔡阳乡侯。"李贤注引华峤《后汉书》曰:"济字元江。灵帝初,杨赐荐济明习典训,为侍讲。"《杨赐传》:"初,赐与太尉刘宽、司空张济并入侍讲,自以不宜独受封赏,上书愿分户邑于宽、济。"张济其他事迹不可考，卒年不详。

张堪

张堪，习梁丘《易》。《后汉书》卷三一《张堪传》云："张堪字君游，南阳宛人也，为郡族姓。堪早年十六，受业长安，志美行厉，诸儒号曰'圣童'。"不云治何经。《御览》卷三八四引《东观汉记》曰："张堪字君游，年六岁（按：误，当为十六）受业长安，治梁丘《易》，才高而美，京师号曰'圣童'。"

张堪事迹，本传载有其光武时征公孙述并击匈奴事，后为渔阳太守，备匈奴，卒年不详，约在光武世。

张堪事迹除见于范书本传及《东观汉记》外，又见于袁宏《后汉记》卷六、周天游辑谢承《后汉书》卷二、司马彪《续汉书》卷三及华峤《后汉书》卷二。

张匡

张匡，习《韩诗》。《后汉书·儒林列传·张匡传》云："时，山阳张匡，字文通，亦习《韩诗》，作章句。后举有道，博士征，不就。卒于家。"陆玑《毛诗草木鸟兽虫鱼疏》亦云："山阳张匡皆习《韩诗》。匡为作章句，举有道征博士，不就。"

张匡事迹仅限于此，其人《韩诗》师承及章句面貌均不详。

张迁

张迁，治京氏《易》。《张迁碑》云："君讳迁，字公方，陈留己吾人也。"（按：碑载《明拓汉隶四种》，释文从高文《汉碑集释》）又云迁"孝弟于家，中謇于朝，治京氏《易》，聪丽权略，艺于从畋"。按：此碑立于中平三年（186），属吏民追思碑，无张迁生卒年的记载。张迁其余事迹俱见碑文。

张劭

张劭，范式之友，为诸生。《后汉书》卷八一《独行列传·范式传》

云:"范式字巨卿,山阳金乡人也,一名氾。少游太学,为诸生,与汝南张劭为友。劭字元伯。二人并告归乡里。"此后二人约期而会,终不食言,演绎了历史上著名的"范张相会"的故事。

其事又见于周天游辑谢承《后汉书》卷五《独行传》。

张玄

张玄,习公羊。《后汉书·儒林列传·张玄传》云:

> 张玄字君夏①,河内河阳人也。少习《颜氏春秋》,兼通数家法。建武初,举明经,补弘农文学,迁陈仓县丞。清净无欲,专心经书,方其讲问,乃不食终日。及有难者,辄为张数家之说,令择从所安,诸儒皆伏其多通,著录千余人。
>
> 玄初为县丞,尝以职事对府,不知官曹处,吏白门下责之。时,右扶风琅邪徐业,亦大儒也,闻玄诸生,试引见之,与语,大惊曰:"今日相遭,真解蒙矣!"遂请上堂,难问极日。
>
> 后玄去官,举孝廉,除为郎。会《颜氏》博士缺,玄试策第一,拜为博士。居数月,诸生上言玄兼说《严氏》《冥氏》,不宜专为《颜氏》博士。光武且令还署,未及迁而卒。

按:《冥氏春秋》传自西汉冥都。《汉书·儒林传》言《公羊春秋》的传授顺序云:"[堂溪]惠授泰山冥都。"《汉书补注》引宋祁曰:"萧该案:《周礼》冥氏,郑司农云:读如《冥氏春秋》之冥。"

张玄事迹又见于《东观汉记》(吴校本)卷一八。

张驯

张驯,习《左传》。《后汉书·儒林列传·张驯传》云:

> 张驯字子俊,济阴定陶人也。少游太学,能诵《春秋左氏传》。以大夏侯《尚书》教授。辟公府,举高第,拜议郎。与蔡邕共奏定六经文字。擢拜侍中,典领秘书近署,甚见纳异。多因便宜陈政得失,朝

---

① 《东观汉记》作"字居真",字形近而误,今以范书为正。

廷嘉之。迁丹阳太守，化有惠政。光和七年，征拜尚书，迁大司农。初平中，卒于官。

其事迹亦见于周天游辑谢承《后汉书》卷五《儒林传》："张驯字子隽，与蔡邕共定六经。拜侍中，典领秘书。驯儒雅敏达，有智慧。"(《书钞》卷五八引)

张禹

张禹，习欧阳《尚书》，桓荣弟子。《后汉书》卷四四《张禹传》："张禹字伯达，赵国襄国人也。"李贤注引《东观汉记》曰："禹好学，习欧阳《尚书》，事太常桓荣，恶衣食。"

张禹事迹，据本传，张禹明帝永平八年（65）举孝廉。章帝建初八年（83）为扬州刺史。元和二年（85），转为兖州刺史，元和三年（86），为下邳相。和帝永元六年（94），为大司农、太尉。殇帝延平元年（106），为太傅。安帝永初元年（107），与徐防、尹勤同封，封安乡侯。同年为太尉。《安帝纪》永初元年秋九月："庚寅，太傅张禹为太尉，太常周章为司空。"为太尉与司徒周防欲追封邓皇后父邓训，陈宠不肯从，见《陈忠传》。永初五年（111），免太尉官。本传："[永初]五年，以阴阳不和策免。七年，卒于家。"张禹卒于安帝永初七年（113），生年不详。

张禹事迹又见于《东观汉记》（吴校本）卷一六、周天游辑谢承《后汉书》卷八及司马彪《续汉书》卷四。

张贞

张贞，习《易》。《华阳国志·犍为士女赞》："黄帛，僰道人，张贞妻也。贞受《易》于韩子方，去家三十里，船覆，死。贞弟求丧经月，不得。帛乃自往没处躬访，不得，遂自投水中。大小惊眄。积十四日，持夫手浮出。时人为语曰：'符有先络僰道帛，求其夫，天下无有其偶。'县长韩子冉嘉之，召帛子，幸之，为县股肱。"

召驯

召驯①,习《韩诗》。《后汉书·儒林列传·召驯传》云:

> 召驯字伯春,九江寿春人也。曾祖信臣,元帝时为少府。父建武中为卷令,俶傥不拘小节。
>
> 驯小习《韩诗》,博通书传,以志义闻,乡里号之曰"德行恂恂召伯春"。累仕州郡,辟司徒府。建初元年,稍迁骑都尉,侍讲肃宗。拜左中郎将,入授诸王。帝嘉其义学,恩宠甚崇。出拜陈留太守,赐刀剑钱物。元和二年,入为河南尹。章和二年,代任隗为光禄勋,卒于官,赐冢茔陪园陵。

陆玑《毛诗草木鸟兽虫鱼疏》亦云:"时又有光禄勋九江召驯、阆中令巴郡杨仁、山阳张匡皆习《韩诗》。"

召驯事迹又见于《东观汉记》(吴校本)卷一八。

赵承

赵承,李固弟子。《后汉书·李固传》言固死后:"弟子赵承等悲叹不已,乃共论固言迹,以为《德行》一篇。"李贤注引谢承《后汉书》曰:"固所授弟子,颍川杜访、汝南郑遂、河内赵承等七十二人,相与哀叹悲愤,以为眼不复瞻固形容,耳不复闻固嘉训,乃共论集《德行》一篇。"赵承其他事迹无考,卒年不详。

赵戒

赵戒,赵典之父,明经。《后汉书》卷六三《李固传》:"因议立嗣,固引司徒胡广、司空赵戒。"李贤注引谢承《后汉书》曰:"[赵]戒字志伯,蜀郡成都人也。戒博学明经讲授,举孝廉,累迁荆州刺史。梁商弟让为南阳太守,恃椒房之宠,不奉法,戒到州,劾奏之。迁戒河间相。以冀部难理,整厉威严。迁南阳太守。纠豪杰,恤吏人,奏免中官贵戚子弟为令长

---

① 《桓郁传》作"召训"。

贪浊者。征拜为尚书令，出为河南尹，转拜太常。永和六年特拜司空。"按：《顺帝纪》永和六年（141）三月："太仆赵戒为司空。"则赵戒以太仆为司空，非太常，与谢承书不同。又《质帝纪》本初元年（146）六月："司空赵戒为司徒，与梁冀参录尚书事。"《桓帝纪》建和三年（149）："冬十月，太尉赵戒免。"则赵戒在质帝时为司徒，桓帝时为太尉。赵戒卒年不详，当在桓帝世。

赵戒事迹又见于《华阳国志·先贤士女总赞》。

赵典

赵典，赵戒之子，通群经。《后汉书》卷二七《赵典传》云："赵典字仲经，蜀郡成都人也。父戒，为太尉，桓帝立，以定策封厨亭侯。典少笃行隐约，博学经书，弟子自远方至。"李贤注引谢承《后汉书》曰："典学孔子七经、《河图》《洛书》，内外艺术，靡不贯综，受业者百有余人。"

赵典卒年，本传言"公卿复表典笃学博闻，宜备国师。会病卒。"李贤注引谢承《后汉书》曰："灵帝即位，典与窦武、王畅、陈蕃等谋共诛中常侍曹节、侯览、赵忠等，皆下狱自杀。"与范书不同。若依谢承书，则赵典卒于灵帝建宁元年（168），见《灵帝纪》。

赵典之学，本传载典上书言"鸟乌反哺"，其语用纬书说，《春秋·元命包》曰："乌，孝鸟也。"

赵典事迹又见于周天游辑谢承《后汉书》卷二、司马彪《续汉书》卷三及《华阳国志·先贤士女总赞》。

赵建章

赵建章，童子郎。《后汉书》卷五八《臧洪传》："洪年十五，以父功拜童子郎，知名太学。"李贤注"童子郎"引司马彪《续汉书》曰："左雄奏征海内名儒为博士，使公卿子弟为诸生，有志操者加其俸禄。及汝南谢廉、河南赵建章年始十二，各能通经，雄并奏拜童子郎。于是负书来学，去集京师。"

赵峻

赵峻，官至司隶校尉、太尉、太傅，但范书无传，仕履见于《顺帝冲帝质帝纪》。其习经事见于谢承《后汉书》："峻字伯师，下邳徐人也。峻承丰疾世，履贫俭。少丧二亲。为邑功曹吏，无车马，因相出飨，敕诸曹掾吏各自具车，不得共载从行。功曹书佐时召陈常曰：'相除录进。'峻□直，笈到，立传学《颜氏春秋》《鲁诗》。"（《书钞》卷一三九引）

赵牧

赵牧，习《春秋》，《孝明八王列传》云："元初三年，恭［刘恭，彭城靖王］以事怒子酺，酺自杀。国相赵牧以状上，因诬奏恭祠祀恶言，大逆不道。有司奏请诛之。恭上书自讼。朝廷以其素著行义，令考实，无征，牧坐下狱，会赦免死。"李贤注引挚虞《决录注》曰："牧字仲师，长安人。少知名，以公正称。修《春秋》，事乐恢。恢以直谏死，牧为陈冤得申。高第为侍御史、会稽太守，皆有称绩。及诬奏恭，安帝疑其侵，乃遣御史母丘歆覆案其事实，下牧廷尉，会赦不诛，终于家。"卒年不详，约在安帝世。

赵岐

赵岐，明经，作《孟子章句》。《后汉书》卷六四《赵岐传》云："赵岐字邠卿，京兆长陵人也。初名嘉，生于御史台，因字台卿，后避难，故自改名字，示不忘本土也。岐少明经，有才艺，娶扶风马融兄女。融外戚豪家，岐常鄙之，不与融相见。"

赵岐生卒，本传云："［岐］年九十余，建安六年卒。"赵岐卒于建安六年（201），则岐约生于安帝永初二年（108）。

一、主要事迹

（1）约顺帝永和五年（140）至桓帝建和元年（147），卧病在床。本传云："年三十余，有重疾，卧蓐七年，自虑奄忽，乃为遗令敕兄子曰：……其后疾瘳。"

（2）桓帝永兴二年（154），为司空房植掾。本传："永兴二年，辟司空掾，议二千石得去官为亲行服，朝廷从之。"按：据《桓帝纪》，房植永兴元年（153）为司空，永寿元年（155）免。

（3）延熹元年（158）至八年（165），赵岐为避祸乃逃难，后为北海安丘孙嵩所救，事见本传。本传又云："后诸唐死灭，因赦乃出。三府闻之，同时并辟。"《桓帝纪》延熹八年："三月辛巳，大赦天下。"

（4）延熹九年（166），为并州刺史，同年因党锢免。本传："九年，乃应司徒胡广之命。会南匈奴、乌桓、鲜卑反叛，公卿举岐，擢拜并州刺史。岐欲奏守边之策，未及上，会坐党事免，因撰次以为《御寇论》。"《桓帝纪》延熹九年："五月，太常胡广为司徒。六月，南匈奴及乌桓、鲜卑寇缘边九郡。秋七月，沈氐羌寇武威、张掖。诏举武猛，三公各二人，卿、校尉各一人。"正合赵岐本传所述。该年十二月："司隶校尉李膺等二百余人受诬为党人，并坐下狱，书名王府。"

（5）灵帝建宁元年（168）至中平元年（184），遭党锢。本传："灵帝初，复遭党锢十余岁。"按：党锢凡两次，前次桓帝延熹九年（166）十二月起，次年永康元年（167）六月"大赦天下，悉除党锢，改元元康"（《桓帝纪》）。第二次为灵帝建宁元年（168）九月起，中平元年（184），因张角起义，恐党人与张角联手，故解党锢。按：据赵岐本传所述，赵岐似应在元康元年遇赦出，次年再遭党锢。

（6）中平元年（184），党锢除，为议郎。本传："中平元年，四方兵起，诏选故刺史、二千石有文武才用者，征岐拜议郎。"

（7）中平二年（185）至六年（189），为张温长史、敦煌太守，为乱兵所执，后回长安。本传："车骑将军张温西征关中，请补长史，别屯安定。大将军何进举为敦煌太守，行至襄武，岐与新除诸郡太守数人俱为贼边章等所执。贼欲胁以为帅，岐诡辞得免，展转还长安。"按：《灵帝纪》中平二年，"八月，以司空张文为车骑将军，讨北宫伯玉。"

（8）献帝初平元年（190），为议郎、太仆。本传："及献帝西都，复拜议郎，稍迁太仆。"《献帝纪》初平元年二月："丁亥，迁都长安。"

（9）献帝初平三年（192）至兴平元年（194），与马日䃅巡行天下。本传："及李傕专政，使太傅马日䃅抚慰天下，以岐为副。日䃅行至洛阳，表别遣岐宣扬国命，所到郡县，百姓皆喜曰：'今日乃复见使者车骑。'……岐南到陈留，得笃疾，经涉二年，期者遂不至。"《献帝纪》初平三年："八月，遣日䃅及太仆赵岐，持节慰抚天下。"

（10）兴平元年（194），留荆州，荐孙嵩为青州刺史①，事见本传。

（11）建安元年（196），为太常。本传："曹操时为司空，举以自代。

---

① 《隶释》卷二〇列有《水经注》所载汉《孙嵩碑》，云："朱虚县汶水东北，汉青州刺史孙嵩墓西，有碑碣。"

光禄勋桓典、少府孔融上书荐之,于是就拜岐为太常。年九十余,建安六年卒。"按:据《献帝纪》及曹操本传,操于建安元年冬为司空,总揽大政。

赵岐事迹又见于周天游辑司马彪《续汉书》卷四,华峤《后汉书》卷三及袁宏《后汉记》卷二七、卷二九。

二、赵岐著述

1. 注《孟子章句》

本传云:"岐多所述作,著《孟子章句》《三辅决录》传于时。"赵岐所著《孟子章句》,宋以前史志书目称其为《孟子注》。如《隋志》:"《孟子》十四卷,齐卿孟轲撰,赵岐注。"《旧唐志》:"《孟子》十四卷,孟轲撰,赵岐注。"《新唐志》:"赵岐注《孟子》十四卷,孟轲撰。"均不题名《孟子章句》。宋《崇文总目》载《孟子》十四卷,亦作赵岐注。陈振孙《直斋书录解题》载录有"《孟子章句》十四卷",题"后汉太仆京兆赵岐邠卿撰",书名始与《后汉书》本传所载保持一致。赵岐《孟子章句》今保存于《十三经注疏》之《孟子注疏》中。

关于此书的写作动机与体例,赵岐《孟子题辞》云:"儒家惟有《孟子》闳远微妙,缊奥难见,宜在条理之科。于是乃述己所闻,证以经传,为之章句,具载本文,章别其旨,分为上、下,凡十四卷。"也即弘道立言,其体例具有章句体的典型性,具体来讲,就是"章别其旨""分章析句"。《孟子题辞》又言《孟子》在文帝时曾立博士,但武帝立五经博士,旋之即废。其写作目的大约是要发明《孟子》章旨,有为朝廷广立学的味道。

关于《孟子章句》的写作时间。《孟子题辞》中云:"知命之际,婴戚于天,遘屯离蹇,诡姓遁身,经营八纮之内,十有余年,心剿形瘵,何勤如焉!尝息肩弛担于济岱之间,或有温故知新雅德君子矜我劬瘁,眷我皓首,访论稽古,慰以大道,余困吝之中,精神遐漂,靡所济集,聊欲系志于翰墨,得以乱思遗老也。"按《赵岐传》载赵岐为逃避京兆尹唐玹的毒害,"岐遂逃难四方,江淮海岱,靡所不历"。后为北海孙嵩藏于自家墙屋复壁中数年,据《题辞》意,似此书作于孙嵩家中避难时。

2. 《三辅决录》

《后汉书·赵岐传》李贤注引赵岐《三辅决录》自序:"三辅者,本雍州之地,世世徙公卿吏二千石及高赀,皆以陪诸陵。五方之俗杂会,非一国之风,不但系于诗《秦》《豳》也。其为士好高尚义,贵于名行。其俗失则趣势进权,唯利是视。余以不才,生于西土,耳能听而闻故老之言,目能视而见衣冠之畴,心能识而观其贤愚。常以玄冬,梦黄发之士,姓玄名明,字子真,与余寤言,言必有中,善否之闲,无所依违,命操笔者书之。近从建武以来,暨于斯今,其人既亡,行乃可书,玉石朱紫,由此定矣,故谓之《决录》矣。"实则为地方性人物志。《三国志·荀彧传》注引挚虞《三辅决录》注:"恐时人不尽其意,故隐其书,唯以云象。"注解之事见于《晋书·挚虞传》。刘知几《史通·补注》云此书:"文言美辞,列于章句,委曲叙事,存于细书。"《隋志》及旧《唐志》并载赵岐撰、挚虞注《三辅决录》七卷,新《唐志》载十卷。今散入唐宋旧注及类书中,后世辑本有宛委山堂本,《说郛》本,张澍辑有赵岐撰、挚虞注《三辅决录》二卷(《二酉堂丛书》),茆泮林辑有赵岐撰挚虞注《三辅决录》一卷、补遗一卷,黄奭《黄氏逸书考》辑有赵岐撰挚虞注《三辅决录》一卷,马国翰《玉函山房辑佚书》有赵岐《三辅决录》一卷,王仁俊《玉函山房辑佚书续编》有《三辅决录》及注辑本各一卷。

3. 研习《周礼》

赵岐著述除上述以外,本传李贤注引《三辅决录注》曰:"岐娶马敦女宗姜为妻。敦兄子融尝至岐家,多从宾与从妹宴饮作乐,日夕乃出。过问赵处士所在。岐亦厉节,不以妹婿之故屈志于融也。与其友书曰:'马季长虽有名当世,而不持士节,三辅高士未曾以衣裾襒其门也。'岐曾读《周官》二义不通,一往造之,贱融如此也。"据此,则赵岐尚研习《周礼》。

4. 《御寇论》

此外,赵岐避祸安丘期间"作《厄屯歌》二十三章",又"因撰次以为《御寇论》",逯钦立《先秦汉魏晋南北朝诗》卷七有赵岐《江陵歌》一首。

三、其他

唐张彦远《历代名画记》又叙历代能画人名:"后汉六人:赵岐、刘褒、蔡邕、张衡、刘旦、杨鲁。"

赵翘

赵翘,杨宣弟子。《华阳国志·广汉士女赞》:"[杨宣]平帝时,命持节为讲学大夫,与刘歆共校书。居摄中卒。门生河南李吉,广汉严象、赵翘等皆作大儒。"

赵晔

赵晔，习《韩诗》。《后汉书·儒林列传·赵晔传》：

> 赵晔字长君，会稽山阴人也。少尝为县吏，奉檄迎督邮，晔耻于斯役，遂弃车马去。到犍为资中，诣杜抚受《韩诗》，究竟其术。积二十年，绝问不还，家为发丧制服。抚卒乃归。州召补从事，不就。举有道。卒于家。
>
> 晔著《吴越春秋》《诗细历神渊》。蔡邕至会稽，读《诗细》而叹息，以为长于《论衡》。邕还京师，传之，学者咸诵习焉。

陆玑《毛诗草木鸟兽虫鱼疏》亦云赵晔传《韩诗》："[杜]抚授会稽赵晔，举有道。"

赵晔事迹又见于周天游辑谢承《后汉书》卷五《儒林传》。

赵晔著述

1.《诗》学著述

本传作"《诗细历神渊》"。《隋志》："梁有《韩诗谱》二卷，《诗神泉[渊]》一卷，汉有道征士赵晔撰，亡。"按：避李渊讳改"源"为"泉"。两《唐志》不见载，早佚。《册府元龟·学校部》注释类有赵晔《诗道微》十一篇。《经义考》曰："赵氏晔《诗细》，《七录》作《诗谱》二卷，佚。"姚振宗云："朱氏谓《诗谱》即《诗细》，恐不然。"惠栋《后汉书补注》曰："《经籍志》曰'梁有《诗神泉》一卷'，以历言诗，犹《诗纬》之《汎历枢》也。"《三国志·吴书·虞翻传》裴注引《会稽典录》云："有道山阴赵晔，征士上虞王充，各洪才渊懿，学究道源，著书垂藻，骆驿百篇，释经传之宿疑，解当世之槃结，或上穷阴阳之奥秘，下摅人情之归极。"二人著书并举，亦略可验证赵晔本传载蔡邕之语不虚。据惠栋所论及以王充《论衡》内容推测，赵氏之书或以诗证史之类，大约发前人之所未发，亦得部分历史之真相，如古本《竹书纪年》言尧舜禹篡位云云，但其书早佚，不得而知。又，以诸儒所论，《诗谱》与《诗细》当分列二书，《诗细历神渊》《诗神泉》《诗道微》当为一书。

王仁俊《玉函山房辑佚书续编》有《韩诗赵氏学》一卷，从《吴越春秋》中采获赵晔说《诗》一处。惠栋《后汉书补注》曰："汉儒皆以《行苇》为公刘之诗。赵长君曰：'公刘慈仁，行不履生草，运车以避葭苇。'长君从杜抚受学，义当见《韩诗》也。"其文见《吴越春秋》卷一《吴太伯传》："其孙公刘，公刘慈仁，行不履生草，运车以避葭苇。"按：惠栋说过于凿实，《毛序·行苇》："忠厚也。周家忠厚，仁及草木，故能内睦九族，外尊事黄耇，养老乞言，以成其福焉。"《潜夫论·德化》篇："《诗》：'敦彼行苇，牛羊勿践履。方苞方体，惟叶泥泥。'公刘厚德，恩及草木，仁著于天下。"班彪《北征赋》："慕公刘之遗德，及行苇之不伤。"《后汉书·寇荣传》："公刘敦行苇，世称其仁。""公刘仁义"云云实为汉人通说，不必强分家法。

2. 《吴越春秋》

《隋志》将其归为杂史类，云："后汉赵晔又为《吴越春秋》。其属辞比事，皆不与《春秋》《史记》《汉书》相似，盖率尔而作，非史策之正也。"也即杂有小说家言。历代史志目录所载，《隋志》："《吴越春秋》十二卷，赵晔撰。"两《唐志》并载："《吴越春秋》十二卷，赵晔撰。"《郡斋读书志》亦载十二卷。《宋志》与《崇文总目》并载十卷，《崇文总目》云："唐皇甫遵注，初赵晔为《吴越春秋》十卷，其后有杨方者，以晔所撰为繁，又刊削之为五卷，遵乃合二家之书，考定而注之。"此为唐宋时《吴越春秋》卷数分合之大概。

赵昱

赵昱，习《公羊传》。赵昱《后汉书》无传，其事迹略见于《后汉书·陶谦传》及《三国志·魏书·陶谦传》，范书云："[赵]昱字符达，琅邪人。清己疾恶，潜志好学，虽亲友希得见之。为人耳不邪听，目不妄视。太仆种拂举为方正。"又言赵昱曾为陶谦别驾，后官至广陵太守，不云其人习经。赵昱明经事见于谢承《后汉书》："赵昱字符达，年十三，母尝病，经涉三月。昱惨戚消瘠，至目不交睫，握粟出卜，祈祷泣血，乡党称其孝。就处士东莞綦母君，公立精舍，受《公羊传》，兼该群业。至历年潜志，不窥园圃，亲疏希见其面。"（《三国志·魏书·陶谦传》裴注引）

赵昱苦学之事亦受到后人赞美。《困学纪闻》卷一一云："董仲舒三年不窥园，法真历年不窥园，赵昱历年潜思不窥园门，桓荣十五年不窥家园，何休不窥园者十七年。"

折像

折像，习京氏《易》。《后汉书》卷八二《方术列传·折像传》云："折像字伯式，广汉洛人也。……能通京氏《易》，好黄老言。……自知亡日，召宾客九族饮食辞诀，忽然而终。时年八十四。"卒年不详。

其事迹又见于《华阳国志·广汉士女赞》：

> 伯式玄照。折像，字伯式，洛人也。其先张江为武威太守，封南阳折侯，因氏焉。父国为郁林太守。家赀二亿，故奴婢八百人，尽散以施宗族，恤赡亲旧，葬死吊丧。事东平虞叔雅，以道教授门人，朋友自远而至。时人为谚曰："折氏客谁？朱云卿、段节英，中有佃子赵仲平，但说天文论五经。"

甄宇

甄宇，习《公羊传》。《后汉书·儒林列传·甄宇传》云："甄宇字长文，北海安丘人也。清净少欲。习《严氏春秋》，教授常数百人。建武中，为州从事，征拜博士，稍迁太子少傅，卒于官。"

甄宇事迹又见于《东观汉记》（吴校本）卷一八。

甄普

甄宇之子，《后汉书·儒林列传》："（甄宇）传业子普，普传子承。承尤笃学，未尝视家事，讲授常数百人。诸儒以承三世传业，莫不归服之。建初中，举孝廉，卒于梁相。子孙传学不绝。"

甄承

甄普之子，家学《公羊》，见上"甄普"条。

郑固

郑固，习欧阳《尚书》。《隶释》卷六有《郎中郑固碑》，云："君讳固,字伯坚,薯君元子也。"又云郑固"孝友著乎闺门,至行立乎乡党。初受业于欧阳,遂穷究于典籍,膺游夏之文学"。则郑固习欧阳《尚书》,博通书传。关于其生卒年,碑云:"延熹元年二月十九日诏拜郎中,非其好也,以疾固辞。未满期限,从其本规,乃遘凶愍,年四十二,其四月廿四日遭命陨身,痛如之何。"则郑固卒于桓帝延熹元年(158),生于安帝元初四年(117)。其余事迹俱见碑文。

《郑固碑》又载于欧阳修《集古录》。

郑弘

郑弘,习经。《后汉书》卷三三《郑弘传》云:"郑弘字巨君,会稽山阴人也。"又言"弘师河东太守焦贶",述其学不甚明晰。袁宏《后汉记》卷一二云:"郑弘字巨君,会稽山阴人也。曾祖自齐徙山阴。事博士焦贶。门徒数百人,当举明经,其妻劝贶曰:'郑生有卿相才,应此举者也。'从之。"又载有其自言"弘章句诸生,不达国体"云云,皆可证郑弘习经。其人事迹俱见范书本传及《后汉记》卷一二。

郑兴

郑兴,习《公羊传》《左传》及《周礼》,通历。《后汉书》卷三六《郑兴传》云:"郑兴字少赣,河南开封人也。少学《公羊春秋》。晚善《左氏传》,遂积精深思,通达其旨,同学者皆师之。天凤中,将门人从刘歆讲正大义,歆美兴才,使撰条例、章句、传诂,及校《三统历》。"袁宏《后汉记》卷六亦云:"兴字少赣,河南开封人。尝从刘歆学讲议,歆美其才,学者皆师之。"

一、主要事迹

(1) 王莽天凤(14—19)年间,受刘歆之命,作《左传》条例、章句等,又校正《三统历》,事见本传。

(2) 更始立(23),为丞相长史。本传:"更始立,以司直李松行丞相事,先入长安,松以兴为长史,令还奉迎迁都。"为长史,劝更始先平定赤眉军再入长安,更始不听,然以兴为谏议大夫,稍后免。本传云:"拜兴为谏议大夫,使安集关西及朔方、凉、益三州,还拜凉州刺史。会天水有反者，攻杀郡守，兴坐免。"按：《隗嚣传》，嚣于更始元年起兵陇西，据武威、金城、张掖等郡，所谓"天水有反者"，乃指隗嚣起兵事。

（3）建武元年（25），西奔投隗嚣。本传："时赤眉入关，东道不通，兴乃西归隗嚣，嚣虚心礼请，而兴耻为之屈，称疾不起。"《隗嚣传》："明年夏，赤眉入关，三辅扰乱。流闻光武即位河北，嚣即说更始归政于光武叔父国三老良，更始不听。……［嚣］亡归天水。复招聚其众，据故地，自称西州上将军。及更始败，三辅耆老士大夫皆奔归嚣。"据西土，劝隗嚣毋称王。

（4）建武六年（30），郑兴归光武。本传："及嚣遣子恂入侍，将行，兴因恂求归葬父母……促为办装，遂令与妻子俱东。时建武六年也。"杜林荐郑兴为太中大夫。本传："侍御史杜林先与兴同寓陇右，乃荐之曰：'窃见河南郑兴，执义坚固，敦悦《诗》《书》，好古博物，见疑不惑，有公孙侨、观射父之德，宜侍帷幄，典职机密。昔张仲在周，燕翼宣王，而诗人悦喜。惟陛下留听少察，以助万分。'乃征为太中大夫。"

（5）建武七年（31），因日食上疏光武，云宜缓刑罚，行仁政。又对光武郊祀事，认为不可以谶纬之说定郊祀，光武不悦。事见本传。

（6）建武九年（33），与吴汉征公孙述。本传："九年，使监征南、积弩营于津乡，会征南将军岑彭为刺客所杀，兴领其营，遂与大司马吴汉俱击公孙述。"

（7）建武十二年（36），留守成都。本传："述死，诏兴留屯成都。顷之，侍御史举奏兴奉使私买奴婢，坐左转莲勺令。是时丧乱之余，郡县残荒，兴方欲筑城郭，修礼教以化之，会以事免。"

（8）建武中（约建武十五年，39）去官教授，约卒于光武末。本传："兴去莲勺，后遂不复仕，客授阌乡，三公连辟不肯应，卒于家。"

郑兴事迹又见于《东观汉记》（吴校本）卷一五，袁宏《后汉记》卷六、周天游辑谢承《后汉书》、司马彪《续汉书》卷三及华峤《后汉书》卷二。

二、郑兴之学

本传言："兴好古学，尤明《左氏》《周官》，长于历数，自杜林、桓谭、卫宏之属，莫不斟酌焉。世言《左氏》者多祖于兴，而贾逵自传其父业，故有郑、贾之学。"

1.《春秋》学，通《左氏》与《公羊》

郑兴《左传》之师承，范书本传李贤注引《东观汉记》曰："兴从博士金子严为《左氏春秋》。"《后汉书·儒林列传》云："建武中，郑兴、陈元传《春秋左氏》学。"据本传，郑兴撰有《春秋左传章句》《条例》和《训诂》，但历代史志书目不见著录，也不见诸书征引。杜预《春秋左传集解序》云："古今言《左氏春秋》者多矣，今其遗文可见者十数家。然刘子骏创通大义，贾景伯父子、许惠卿，皆先儒之美者也，末有颍子严者，虽浅近亦复名家，故特举刘、贾、许、颍之违，以见同异。"甚至没有提到郑兴。但杜《序》又云："和帝元兴十一年，郑兴父子及歆创通大义奏上，《左氏》始得立学，遂行于世。"《序录》亦云："和帝元兴十一年，郑兴父子奏上《左氏》，乃立于学官，仍行于世，迄今遂盛行，二《传》渐微。"按：郑氏父子上《左传》诸章句、条例云云，其事可疑。《困学纪闻》卷六于此有辨：

> 《正义》云："和帝元兴十一年，郑兴父子奏上《左氏》，始得立学，遂行于世。至章帝时，贾逵上《春秋大义》四十条。"愚尝考和帝元兴止一年，安得有十一年？一误也。郑兴子众终于章帝建初八年，不及和帝时，二误也。章帝之子为和帝，先后失序，三误也。《释文序录》亦云"元兴十一年"，皆非也。

王说有据，可从。其实杜预、陆德明之误当袭自范书《郑兴传》所谓郑兴受刘歆之命作章句、条例及"创通大义"云云，而郑兴或并无《左传》著述。孔疏云："中兴以后，陈元、郑众、贾逵、马融、延笃、彭仲博、许惠卿、服虔、颍容之徒，皆传《左氏春秋》。"据孔颖达说，东汉传《左传》者只有郑兴之子郑众而无郑兴。

郑兴之公羊学，散见于本传载其言论中。如本传载更始初立，郑兴说更始曰："《春秋》书'齐小白入齐'，不称侯，未朝庙故也。"郑说义用《公羊》。《春秋》庄公九年"齐小白入于齐"，不言"齐侯小白"。于此，《公羊传》曰："曷为以国氏？当国也。其言入何？篡辞也。"

2. 治《周礼》

亦见本传。此外，贾公彦《序周礼废兴》引郑玄《周礼注序》云："世祖以来，通人达士大中大夫郑少赣，名兴，及子大司农仲师，名众，故议郎卫次仲、侍中贾君景伯、南郡太守马季长，皆作《周礼解诂》。"郑兴《周礼解诂》见于郑玄注《周礼》所引。马国翰《玉函山房辑佚书》有

《周礼郑大夫解诂》一卷，题郑兴撰。按：郑兴曾官至谏议大夫和太中大夫，故《周礼》疏云："郑司农者，郑众，字仲师。但《周礼》之内，郑康成所存注者有三家：司农之外，又有杜子春，郑大夫者，郑少赣。二郑皆康成之先，故言官不言名字。"所以郑玄《周礼注》称"郑大夫"说者即为郑兴注。

3. 校《三统历》

钱大昭《补续汉书艺文志》子部、顾怀三《补后汉书艺文志》史部象历类都著录有《三统历》，题郑兴撰，非是。《三统历》为刘歆所作，而郑兴只是校订而已。

郑众

郑众，郑兴之子，通群经，明历法，传附《郑兴传》之后。《郑众传》云："众字仲师。年十二，从父受《左氏春秋》，精力于学，明《三统历》，作《春秋难记条例》，兼通《易》《诗》，知名于世。"

一、主要事迹

本传云建武时，梁松为皇太子及山阳王刘荆聘郑众，郑众拒之，后梁松死，郑众因此获保。明帝"永平初，辟司空府，以明经给事中，再迁越骑司马，复留给事中"。永平八年（65），"显宗遣众持节使匈奴"。使匈奴时，不为屈节，有苏武之风。后郑众为"为军司马，使与虎贲中郎将马廖击车师。至敦煌，拜为中郎将，使护西域。会匈奴胁车师，围戊己校尉，［郑］众发兵救之"。《耿恭传》言建初元年（76）戊己校尉耿恭等苦战回中原，"中郎将郑众为恭已下洗沐易衣冠"，上疏称其功，与《郑众传》正合。郑众章帝时"迁武威太守，谨修边备，虏不敢犯。迁左冯翊，政有名迹。建初六年，代邓彪为大司农"。为大司农，谏以为不可复盐铁官。建初"八年，卒官"。

郑众事迹又见于《东观汉记》（吴校本）卷一五、袁宏《后汉记》卷一四、周天游辑司马彪《续汉书》卷三及华峤《后汉书》卷二。

二、郑众之学

1.《易》学

《后汉书·儒林列传》云："建武中，范升传孟氏《易》，以授杨政，而陈元、郑众皆传费氏《易》，其后马融亦为其传。"《隋志》："后汉陈元、郑众，皆传费氏之学。"据范书与《隋志》，郑众传费氏《易》但无相关《易》学著述。侯康《补后汉书艺文志》有郑众《周易注》，侯氏注云："[郑《周易注》] 诸家皆不著录。然史徵《周易口诀义·观·大象》引郑众曰：'从俗所为，顺民之教。故君子治人不求变俗。'《震》九四引郑众曰：'身既不安，岂能安众？'……则众于《易》似有成书。"又，《左传序》疏云："《易·下系辞》云《易》之兴也，其当殷之末世，周之盛德，当文王与纣之事。则谓《易·象》，爻象之辞也。郑玄案据此文，以为《易》是文王所作。郑众、贾逵、虞翻、陆绩之徒，以《易》有'箕子之明夷''东邻杀牛'，皆以为《易》之爻辞周公所作。"侯康云："此或是郑注《左传》之文，无以必其为《易》注也。"按：《左传》中无《易》之爻辞为何人所作之文，此为郑氏《易》注明矣。后儒辑本有黄奭《黄氏逸书考》有《郑众易义》，王仁俊《玉函山房辑佚书续编》有《周易郑司农注》一卷，《十三经汉注》有《易郑司农注》一卷。黄氏、王氏从《周易口诀义》采得四处。此外，王氏又从《周礼·春官·天府》郑玄注引郑司农说采得一处。

2.《诗》学

本传只载其"通《诗》"，不言何家《诗》。郑众传《毛诗》事见于《后汉书·儒林列传》《序录》及《隋志》。《后汉书·儒林列传》云："中兴后，郑众、贾逵传《毛诗》，后马融作《毛诗传》，郑玄作《毛诗》笺。"《隋志》："郑众、贾逵、马融，并作《毛诗传》。"《序录》："后汉郑众、贾逵传《毛诗》。"陆玑《毛诗草木鸟兽虫鱼疏》亦云："其后郑众、贾逵传《毛诗》。"据《隋志》，郑众作有《诗传》。王仁俊《玉函山房辑佚书续编》《十三经汉注》辑有郑众《毛诗先郑义》一卷。王氏从郑众《周礼注》中采得。侯康《补后汉书艺文志》著录有郑众《毛诗传》，云："其说今绝无存，惟旁见《周礼注》者。"与王仁俊意同。

3. 注《周礼》（不见载于本传）

《后汉书·儒林传》云："中兴，郑众传《周官经》。"《序录》亦云："王莽时，刘歆为国师，始建立《周官经》，以为《周礼》。河南缑氏杜子春受业于歆，还家以教授门徒，好学之士郑兴父子等并作《周礼解诂》。多往师之。"按：《序录》之说来自贾公彦《序周礼废兴》引马融《周官传》："徒有里人河南缑氏杜子春尚在，永平之初，年且九十，家于南山，能通其读，颇识其说，郑众、贾逵往受业焉。众、逵洪雅博闻，又以经书记传相证明为《解》，逵《解》行于世，众《解》不行。兼揽二家，为备多所遗阙。"据此，则郑众《周礼》之学来自杜子春而非其父郑兴。又引郑玄《周礼注序》云："世祖以来，通人达士大中大夫郑少赣，名兴，及子大司农仲师，名众，故议郎卫次仲、侍中贾君景伯、南郡太守马季长，皆作《周礼解诂》。"郑玄亦未明言郑众《周礼》之学为家学，盖传自杜子春。今二郑《周礼注》见于《周礼》郑玄注所引，《周礼》疏云："郑司农者，郑众，字仲师。但《周礼》之内，郑康成所存注者有三家：司农之外，又有杜子春，郑大夫者，郑少赣。二郑皆康成之先，故言官不言名字。"也即今郑玄注《周礼》引"郑司农云"乃是郑众之说。马国翰《玉函山房辑佚书》有《周礼郑司农解诂》六卷，题郑众撰。马氏序云："二郑解诂无所别，即因题焉。少赣遗说存者无多，读其子司农之遗注，固可见家学渊源也。"

郑众又有《婚礼文》，见于《晋书·礼志》《类聚》《通典》《御览》等书所引，马国翰《玉函山房辑佚书》有辑本一卷，亦见于严可均《全后汉文》卷二二。王仁俊《玉函山房辑佚书续编》作郑玄《婚礼谒文》，内容与马氏、严氏同。按：《晋书·礼志下》云："古者婚冠者皆有礼，郑氏醮文三首具存。"《类聚》《御览》引《婚礼谒文赞》称郑氏不称名。如《御览》卷六〇五："郑氏《婚礼谒文赞》曰：九子之墨，藏于松烟。"唯有《通典》卷五八引《百官六礼辞》明言作者为"后汉郑众"，而萧吉《五行大义》引《婚礼谒文》又作郑玄，王仁俊据以辑出，题郑玄。今不分，作并存。

4. 郑众善《左氏》学（见于本传）

《东观汉记》亦云："庐江献鼎，诏召郑众问齐桓公之鼎在柏寝台，见何书？《春秋左氏》有鼎事几？众对状，除为郎中。"（《御览》卷七五六引）杜预《春秋左传集解序》孔疏亦云："中兴以后，陈元、郑众、贾逵、马融、延笃、彭仲博、许惠卿、服虔、颖容之徒，皆传《左氏春秋》。"

郑众相关《左传》著述，本传云"作《春秋难记条例》"，史志著录，《隋志》："梁有《春秋左氏传条例》九卷，汉大司农郑众撰。"《旧唐志》："《春秋左氏传条例章句》九卷，郑众撰。"《新唐志》："郑众《牒例章句》九卷。"《序录》："《春秋左氏传条例章句》九卷，郑众撰。"细考诸书，皆九卷，名虽不同，实为一书。姚振宗《后汉书艺文志》也将三书合一。本传又云："建初六年，代邓彪为大司农。……其后受诏作《春秋删》十九篇。"按：郑众卒于建初八年（83），则此《春秋删》当作于建初六年（81）至建初八年这二年间。要之，郑众于左氏学有著作二：一为《左传难记条例》，或名《左传条例》，或名《左传条例章句》，或名《左传牒例章句》，其实一书。其说散见于孔颖达《左传正义》《礼记正义》、贾公彦《周礼疏》，《史记集解》等书。马国翰《玉函山房辑佚书》辑有《春秋牒例章句》一卷。其二为《左氏春秋删》，此书大约与孔奇《左氏删》类似，亦属《左传》之节略本。

又，何休《公羊解诂序》："至使贾逵缘隙奋笔，以为《公羊》可夺，《左氏》可兴。"徐彦疏云："贾逵者，即汉章帝时卫士令也。言'缘隙奋笔'者，庄、颜之徒说义不足，故使贾逵得缘其隙漏，奋笔而夺之，遂作《长义》四十一条，云《公羊》理短，《左氏》理长，意望夺去《公羊》而兴《左氏》矣。郑众亦作《长义》十九条十七事，专论《公羊》之短，《左氏》之长，在贾逵之前。何氏所以不言之者，正以郑众虽扶《左氏》而毁《公羊》，但不与谶合，帝王不信，毁《公羊》处少，兴《左氏》不强，故不言之。"据徐疏，似郑众又作有《左氏长义》一书，但此书既不见他人所述及诸志所载，也不见他书所引，尽为徐氏一家孤证，不足据。

5. 后儒以为郑众注《孝经》

《序录》列"右并注《孝经》"者汉儒有孔安国、马融、郑众、郑玄四家，不云郑众治何家？《隋志》云："又有古文《孝经》，与古文《尚书》同出，而长孙有《闺门》一章，其余经文，大较相似，篇简缺解，又有衍出三章，并前合为二十二章，孔安国为之传。至刘向典校经籍，以颜本比古文，除其繁惑，以十八章为定。郑众、马融，并为之注。"据《隋志》，则郑众乃注古文《孝经》。《隋志》载有"《孝经》一卷，郑氏注"。又云："梁有马融、郑众注《孝经》二卷，亡。"近人张心澂则以为"郑氏"当为郑众①。按：张说非是。前有郑氏注，后不当又重出郑众注，则前郑氏当为郑玄。

6. 注《国语》

本传不载郑众注《国语》。韦昭《国语解诂·序》云："至于章帝，郑大司农为之训注，解疑释滞，昭晰可观，至于细碎，有所阙略。"但郑氏《国语注》不见单独载于史志目录，已散入《国语》韦昭注中。《崇文总目》云："《春秋外传国语》二十一卷。原释左邱明撰，吴侍中领左国史亭

---

① 详见邓瑞全、王冠英编著《中国伪书综考》，黄山书社1998年版，第194页。

陵侯韦昭解，昭参引郑众、贾逵、虞翻、唐固，合凡五家为注，自所发正者，三百十事。"《直斋书录解题》亦云："《国语》注二十一卷，吴尚书仆射侍中吴郡韦昭撰。采郑众、贾逵、虞翻、唐固合五家为之注。"黄奭、马国翰据《国语》韦昭注、《文选》李善注、《书钞》所引有辑本。黄奭《黄氏逸书考》辑有郑众《国语解诂》一卷，马国翰《玉函山房辑佚书》有郑众《国语章句》一卷。侯康《补后汉书艺文志》引宋庠曰："后汉大司农郑众作《国语章句》，亡其篇数。"

7. 后儒又以为郑众注《论语》

钱大昭《补续汉书艺文志》有郑众《论语传》，钱氏注云："见《册府元龟》。"《册府元龟》卷六〇五"学校部·注释"："后汉郑众为大司农，传《毛诗》及《左氏条例章句》。又传《周官》《礼记》《论语》《孝经》。"按：郑氏《论语注》不见任何史志目录记载，钱氏乃推测，郑众传习《论语》未必有《论语》之作。

郑安世

郑安世，郑众之子，通经。《郑众传》云："[郑众]子安世，亦传家业，为长乐、未央厩令。延光中，安帝废太子为济阴王，安世与太常桓焉、太仆来历等共正议谏争。及顺帝立，安世已卒，追赐钱帛，除子亮为郎。"

郑玄

郑玄，字康成，后汉经学大师，遍注群经。郑玄《后汉书》卷三五有传，其事迹又见于袁宏《后汉记》卷二九、周天游辑司马彪《续汉书》卷三、李贤注及唐宋类书所引《郑玄别转》、《世说新语·文学》诸篇，皇甫谧《高士传》，晋伏琛《三齐略记》，殷芸《小说》及《后汉书·孔融传》等篇籍。《水经注》载有汉《郑康成碑》："高密县有厉阜。阜上有汉司农卿郑康成冢，石碑犹存。"（又见于《隶释》卷二〇）按：今人王利器先生《郑康成年谱》一书遍载郑玄世系、年谱、祠墓、著述、弟子、轶闻、祀典、评论，可谓一网打尽。

郑玄生卒，《郑玄传》言玄："其年[建安五年]六月卒，年七十四。"则玄卒于建安五年（200），生于顺帝永建二年（127）。永建二年为丁卯，《三国志·魏书·三少帝传》裴注引《[郑]玄别传》云："玄以丁卯岁生。"与范书记载暗合。其生日，《太平广记》卷二一五引《郑玄别传》云：

"七月戊寅，玄生。"

一、郑玄之学

本传云："郑玄字康成，北海高密人也。……遂造太学受业，师事京兆第五元先，始通京氏《易》、《公羊春秋》、三统历、《九章算术》。又从东郡张恭祖受《周官》《礼记》《左氏春秋》《韩诗》、古文《尚书》。以山东无足问者，乃西入关，因涿郡卢植，事扶风马融。"唐史承节《郑康成祠碑》同本传："公少为乡啬夫，不乐为吏，遂造太学，师事第五元，始通京氏《易》、《公羊春秋》《三统历》《九章算术》。又从东郡张钦祖受《周官礼记》《左氏春秋》《韩诗》、古文《尚书》。"唯有"张恭祖"作"张钦祖"，为避讳故，详"张恭祖"条。本传不载郑玄从马融受何学，只云："玄在门下，三年不得见，乃使高业弟子传授于玄。"又云："会融集诸生考论图纬，闻玄善算，乃召见于楼上，玄因从质诸疑义，问毕辞归。融喟然谓门人曰：'郑生今去，吾道东矣。'"考马融之学，于《易》则费氏，又注古文《尚书》，通毛氏《诗》，亦注三礼，尤明《服传》，通《论语》《孝经》，唯有不见马氏之注《春秋》。考郑玄之学，《春秋》三传稍弱，其学识消长与马融正合。本传又载郑玄从马融处离开后"玄自游学，十余年乃归乡里。家贫，客耕东莱，学徒相随已数百千人"。门徒千百人者，明郑学已成。但游学当无常师，郑玄十余年中又师从何人？已不可考。

弟子著名者，本传云有"山阳郗虑至御史大夫，东莱王基、清河崔琰著名于世"。后儒以为又有刘备。皮锡瑞《经学历史》云："昭烈帝尝自言周旋郑康成间，盖郑君避地徐州时，昭烈为徐州牧，尝以师礼事之。"《华阳国志》卷七《刘后主志》云："丞相诸葛亮时，有言公惜赦者，亮答曰：'治世以大德，不以小惠，故匡衡、吴汉不愿为赦。先帝亦言：吾周旋陈元方、郑康成间，每见启告治乱之道备矣，曾不语赦也。'"其余见于本传及经疏所载与康成问答者多人，如赵商、临硕等。（详见王利器《郑康成年谱·弟子》）

郑学之特点，本传云："郑玄括囊大典，网罗众家，删裁繁诬，刊改漏失，自是学者略知所归。"实则破除众家法，汇通群经。如《大雅·皇矣》："密人不恭，敢距大邦，侵阮徂共。"《毛传》："国有密须氏，侵阮遂往侵共。"郑笺云："阮也、徂也、共也，三国犯周，而文王伐之。密须之人，乃敢距其义兵，违正道，是不直也。"孔疏引《书传》云："文王受命三年伐密须，则阮、徂、共又在伐密之前。四年伐混夷，仍以天子之命命将率。

则文王伐此三国之时，叛殷之形未著，密须在其统内，故得征兵也。密须之君，虽不达天命，亦是民之先觉者也。疑周将叛殷，故拒其征发。"引张融云："晁岂能具数此时诸侯，而责徂、共非国也？《鲁诗》之义，以阮、徂、共皆为国名。是则出于旧说，非郑之创造。"按：郑玄笺毛用《鲁诗》义，此所谓一经之内不拘家法；又用《尚书大传》以证《毛传》，此所谓汇通群经，不拘古今。

二、郑玄著述

《隋志》："又有《郑玄集》二卷，录一卷，亡。"两《唐志》复载二卷。张燮《汉魏六朝名家集》辑有《郑康成集》一卷，卢见曾刻"雅雨堂丛书"有《郑司农集》一卷，严可均《全后汉文》卷八四辑有郑玄文。

本传言："凡玄所注《周易》《尚书》《毛诗》《仪礼》《礼记》《论语》《孝经》《尚书大传》《中候》《乾象历》，又著《天文七政论》《鲁礼禘祫义》《六艺论》《毛诗谱》《驳许慎五经异义》《答临孝存周礼难》，凡百余万言。"李贤注："按：谢承《[后汉]书》载玄所注与此略同，不言注《孝经》，唯此书独有也。"玄死后，其"门人相与撰玄答诸弟子问五经，依《论语》作《郑志》八篇"。唐史承节《郑康成祠碑》亦云："门人相与撰公答诸弟子问五经，依《论语》作《郑志》八篇。公所注《周易》《尚书》《毛诗》《仪礼》《周官礼记》《孝经》《尚书大传》《中修》《乾象历》，又著《天文七政论》《鲁礼□祫义》《六艺论》《毛诗谱》《驳许慎五经异义》《答临孝存周礼难》，凡百余万言。"略述如下：

1. 注《周易》

《后汉书·儒林列传》云："建武中，范升传孟氏《易》，以授杨政，而陈元、郑众皆传费氏《易》，其后马融亦为其传。融授郑玄，玄作《易注》，荀爽又作《易传》，自是费氏兴，而京氏遂衰。"《隋志》："后汉陈元、郑众，皆传费氏之学。马融又为其传，以授郑玄。玄作《易注》，荀爽又作《易传》。"《序录》引范书亦云："京兆陈元、扶风马融、河南郑众、北海郑玄并传费氏《易》。"此外又从张恭祖习京氏《易》。《四库全书》收录有宋王应麟《周易郑康成注》一卷。《提要》云："[郑]玄注多言互体，并取《左传》《礼记》《周礼》《正义》中论互体者八条，以类附焉。考玄初从第五元先受京氏《易》，又从马融受费氏《易》，故其学出入于两家。然要其大旨，费义居多，实为传《易》之正脉。"

郑注《周易》历代史志目录所载，《隋志》："《周易》九卷，后汉大司农郑玄注。"《旧唐志》易类"又九卷，郑玄注"，《新唐志》"郑玄注《周易》十卷"，《序录》载有郑玄《周易注》十卷，陆氏注云"《录》一卷。《七录》云十二卷"。按：九卷、十卷之分只有目录之别，九卷、十二卷之分盖篇章有分合。九卷者，经上下二篇及易传七篇（彖辞、象辞及系辞不分上下）；十二卷者，经上下及易传十篇。此书唐宋间散佚严重，《崇文总目》只载有一卷，云："今惟《文言》《说卦》《序卦》《杂卦》合四篇，余皆逸，指趣渊确，本去圣之未远。"

后世辑本，宋王应麟辑有《周易郑康成注》三卷附《易赞》《易论》一卷，明姚士粦辑有郑玄《易解》一卷附《后语》一卷，朱彝尊《经义考》有《郑氏周易注》，黄奭《黄氏逸书考》有郑玄《周易注》一卷附《易赞》《易论》一卷，袁钧《郑氏佚书》有郑玄《易注》九卷附《易论》《易赞》一卷，孔广林《郑学十八种》有郑玄《周易注》十二卷附《易赞》《易论》一卷，曹元弼撰有《周易郑注笺释》十六卷附《易赞》《易论》一卷。诸家辑本大抵从《释文》《周易集解》《周易正义》等书采得，详略不一。又：郑玄曾习京氏《易》，故清陶方琦《汉孳室遗著》辑有《郑易马氏学》一卷、《郑易京氏学》一卷。

考郑氏《易注》，有《易赞》《易论》之名。《世说新语·文学》刘孝标注引郑玄序《易》"《易》之为名也，一名而函三义"云云，即《周易正义》所引《易赞》《易论》之文，则此二篇或为郑玄《易注》之序文。清郑珍《郑学录》也说："《易赞》《书赞》止是《易》《书》注一序耳，非别一种。"甚是。

2.《尚书》学著述

（1）郑学于《尚书》学则习古文《尚书》。《后汉书·儒林列传》云："扶风杜林传古文《尚书》，林同郡贾逵为之作训，马融作传，郑玄注解，由是古文《尚书》遂显于世。"《经义考》因之，云："马、郑所注实佚杜林漆书古文。"《隋志》与此略同——"后汉扶风杜林，传古文《尚书》，同郡贾逵为之作训，马融作传，郑玄亦为之注"，而小异——"然其所传，唯二十九篇，又杂以今文，非孔旧本。自余绝无师说。"也即：马、郑所注古文《尚书》，其篇章实为今文二十八篇，《释文》所载马融《尚书》注文，斑斑可考。所不同者，只有文字之差异，仅此而已，至于其余逸书十六篇，马融云："绝无师说。"贾、马、郑诸人皆未注。然《序录》云："[陆德明] 按：今马、郑所注并伏生所诵，非古文也。孔氏之本绝，是以马、郑、杜预之徒皆谓之《佚书》。王肃亦注今文，而解大与古文相类，或肃私见孔传而秘之乎？"《序录》将后出伪古文视为真，将马、郑之文视为伪，此又本末倒置矣。

（2）郑注《尚书》，《隋志》载："《尚书》九卷，郑玄注。"《旧唐志》："《尚书》九卷，郑玄注。"《新唐志》："郑玄注《古文尚书》九卷。"《序录》载有郑玄《尚书注》九卷。宋人书目已不见载，当佚。后儒辑本，宋王应麟辑有郑玄注古文《尚书》十一卷，黄奭《黄氏逸书考》有郑玄《尚书古文注》十卷，袁钧辑有郑玄《尚书注》九卷。

（3）郑玄又有《书赞》《书论》。王仁俊《玉函山房辑佚书续编》辑有郑玄《书赞》一卷，采自《尧典正义》，又见于《书序·正义》《武成·正义》、《汉志》颜师古注。朱彝尊《经义考》亦录有郑玄《书赞》。侯康曰："[《书赞》《书论》] 盖皆在《书注》九卷之中，无容别出。郑君注《易》，亦有《易赞》《易论》，《经义考》不载其名，而独载《书赞》，是为例不纯也。"据《易赞》《易论》与郑玄《易注》的关系来考论，《书赞》《书论》实为《尚书注》之序，当在其中。

（4）郑玄又注《尚书大传》。《隋志》载："《尚书大传》三卷，郑玄注。"按：郑玄注《大传》，两《唐志》误作伏生注：《旧唐志》"《尚书畅训》三卷，伏胜注"，《新唐志》"伏胜注《大传》三卷"。宋人不误。如《宋志》："伏胜《大传》三卷，郑玄注。"《崇文总目》载有《尚书大传》三卷，《直斋书录解题》载《尚书大传》四卷，《郡斋读书志》载《尚书大传》三卷，皆题伏生撰，郑康成注。郑注《大传》后儒有多种辑本：朱彝尊《经义考》辑有郑玄《尚书大传注》，孙之騄辑有郑玄注《尚书大传》三卷、补遗一卷，惠栋辑有郑玄注《尚书大传》四卷、补一卷，卢见曾辑有郑玄注《尚书大传》四卷、补遗一卷、续补遗一卷、考异一卷，《四库全书》亦有郑玄注《尚书大传》四卷、补遗一卷，陈寿祺辑有郑玄注《尚书大传》三卷，黄奭《黄氏逸书考》辑有郑玄《尚书大传注》一卷，袁钧《郑氏佚书》辑有郑玄《尚书大传注》三卷，又有郑玄《尚书五行传注》一卷，又有郑玄注《尚书略说》一卷，孔广林《郑学十八种》辑有郑玄《尚书大传注》四卷，皮锡瑞辑《尚书大传疏证》（郑玄注）七卷，王闿运有《补注尚书大传》（郑玄注）七卷。

（5）后儒又以郑氏曾为《尚书》注音。《隋志》载："梁有《尚书音》五卷，孔安国、郑玄、李轨、徐邈等撰。"《序录》列有作《尚书音》者四人：孔安国、郑玄、李轨、徐邈。陆德明按："汉人不作音，后人所托。"又托郑氏论《尚书》义，如《隋志》："梁有《尚书义问》三卷，郑玄、王肃及晋五经博士孔晁撰。"《旧唐志》："《尚书释问》四卷，郑玄注。王粲问，田琼、韩益正。"此类《义问》《释问》书，皆魏晋人所撰，引前儒为说而已，非郑氏、王氏旧作。

3.《诗》学著述

郑玄注《毛诗》，陆玑《毛诗草木鸟兽虫鱼疏》云："其后郑众、贾逵传毛诗，马融作毛诗传，郑玄作《毛诗笺》。"《后汉书·儒林传》："中兴后，郑众、贾逵传《毛诗》，后马融作《毛诗传》，郑玄作《毛诗笺》。"《序录》："后汉郑众、贾逵传《毛诗》，马融作《毛诗注》，郑玄作《毛诗笺》，申明毛义难三家，于是三家遂废矣。"《隋志》："郑众、贾逵、马融，并作《毛诗传》，郑玄作《毛诗笺》。"然郑玄先从张恭祖习《韩诗》，后笺《毛诗》，所以郑注三礼与毛笺往往有不同者，后儒以为原因盖在于此。

《毛诗》郑笺，《隋志》载："《毛诗》二十卷，汉河间太傅毛苌传，郑氏笺。"《旧唐志》："《毛诗诂训》二十卷，郑玄笺。"《新唐志》："郑玄笺《毛诗诂训》二十卷。"《序录》："《毛诗故训传》二十卷。郑氏笺。"《宋志》《直斋书录解题》《郡斋读书志》并作二十卷，今存《十三经注疏》中。

郑玄又作《诗谱》。《序录》："郑玄《诗谱》二卷。"陆氏自注："徐整畅、太叔裘隐。"《旧唐志》："《毛诗谱》二卷，郑玄撰。"《新唐志》："又《[诗]谱》三卷。"《宋志》："郑玄《诗谱》三卷。"《直斋书录解题》载郑玄《诗谱》三卷，《郡斋读书志》载郑玄《诗谱》一卷。何为《诗谱》？《诗谱序》孔疏云："郑于《三礼》《论语》为之作序，此谱亦是序类，避子夏序名，以其列诸侯世及诗之次，故名谱也。"据孔疏，郑氏《毛诗谱》乃是其《毛诗笺》之序耳。其书《隋志》不见著录，当在郑笺之中。《隋志》有："《毛诗谱》三卷，吴太常卿徐整撰。"又"《毛诗谱》二卷，太叔求及刘炫注。"据《序录》陆德明注，则唐时郑、徐、太叔三家已杂糅不分。唐宋间又散佚，今本乃欧阳修缀合而成。《直斋书录解题》云："汉郑康成撰，欧阳修补亡。其序云：庆历四年至绛州得之，有注而不见名氏。《谱序》自'周公致太平'已上皆亡之，取孔氏《正义》所载补足之，因为之注。自此以下即用旧注。考《春秋》《史记》，合以毛、郑之说，补《谱》之亡者，于是其书复完。"《郡斋读书志》亦云"欧阳永叔补其阙，遂成全书"。《郑学录》曰："孔冲远撰《诗正义》以《谱》说散置风雅颂诸题下而条疏之，其旁行者无从载。以后传本浸佚，故《崇文总目》无之。至庆历间，欧阳永叔于绛州得一本，其文有注而不见名字，又首尾残缺，《国谱》悉颠倒错乱，因取已所注《诗图》十四篇，以补《谱》之亡者。凡补《谱》十五，补文字二百七，增损涂乙，改正八百八十三，而郑《谱》复完。今行世者皆欧阳本也。"王谟《汉魏遗书钞》有辑本一卷。

后儒又认为郑玄作《毛诗音》。《旧唐志》："《毛诗诸家音》十五卷，郑玄等注。"《新唐志》："郑玄等《诸家音》十五卷。"《序录》载为《诗》音者九人，其中汉人唯有郑玄一人，但据陆氏"汉人不为音"之说，恐又是假托。

4.《礼》学著述

《后汉书·儒林列传》云："中兴，郑众传《周官经》，后马融作《周官传》，授郑玄，玄作《周官注》。玄本习《小戴礼》，后以古经校之，取其义长者，故为郑氏学。玄又注小戴所传《礼记》四十九篇，通为《三礼》焉。"《序录》全引范书成文。《隋志》言《周官》传习云："是后马融作《周官传》，以授郑玄，玄作《周官注》。"言《仪礼》："汉末，郑玄传小戴之学，后以古经校之，取其于义长者作注，为郑氏学。"（按：小戴之学，乃是指小戴《仪礼》学，非指《礼记》，详"曹褒"条。）言汉代《礼记》之传习："戴德删其烦重，合而记之，为八十五篇，谓之《大戴记》。而戴圣又删大戴之书，为四十六篇，谓之《小戴记》。汉末马融，遂传小戴之学（按：此处"小戴之学"是指小戴编定的《礼记》）。融又定《月令》一篇、《明堂位》一篇、《乐记》一篇，合四十九篇；而郑玄受业于融，又为之注。"郑玄通注三《礼》，略述如下：

（1）郑注《周礼》。郑玄本传言从张恭祖受《周礼》，与《儒林列传》《序录》及《隋志》记载从马融受学不同。贾公彦《序周礼废兴》引郑玄《周礼注序》只说马融作《周礼解诂》，且郑注《周礼》只引杜子春及郑兴、郑众三人，而无引马季长片语，核其《郑玄传》所载所谓马融三年不谋面，郑玄于马融处或未受《周礼》马氏注。郑注《周礼》，《隋志》载："《周官礼》十二卷，郑玄注。"《旧唐志》："《周官礼》十三卷，郑玄注。"《新唐志》："[郑玄]注《周官》十三卷。"《序录》载郑玄《[周官]注》十二卷。《宋志》："郑玄《周礼注》十二卷。"《崇文总目》："《周礼》十二卷，郑康成注。"《直斋书录解题》《郡斋读书志》均载郑康成注《周礼》十二卷。按：《周礼》六官，分为上下，正十二卷。两《唐志》载十三卷者，当"二"误作"三"。今入《十三经注疏》中，作四十二卷。

（2）郑注《仪礼》。《旧唐志》："《仪礼》十七卷，郑玄注。"《新唐志》："[郑玄]注《仪礼》十七卷。"《序录》："郑玄注《仪礼》十七卷。"《宋志》："郑玄《古礼注》十七卷。"《崇文总目》："《仪礼》十七卷，郑康成注。"《直斋书录解题》《郡斋读书志》均作"《仪礼》十七卷，郑氏注"。《仪礼》十七篇，每篇一卷，正合十七卷。今入《十三经注疏》，为五十卷。

（3）郑玄别注《丧服》。《隋志》："《丧服经传》一卷，郑玄注。""《丧服谱》一卷，郑玄注。"《旧唐志》："《丧服纪》一卷，郑玄注。""《丧服变除》一卷，郑玄撰。"《新唐志》："郑玄《丧服变除》一卷，注《丧服纪》一卷。"侯康曰："本在十七篇之中，当时盖自别行也。"马国翰《玉函山房辑佚书》从《通典》《礼记正义》辑有《郑氏丧服变除》一卷，题郑玄撰。马氏序云："其丧服经传注即注《仪礼·丧服》篇也。晋宋诸儒好治丧礼，于是郑注《丧服》别有单行之本，故隋唐志亦别著于录。《隋志》之谱即《唐志》之《变除》。盖因大戴之书而申明之，或其书中衍为图谱，故《隋志》取其标目欤？"又，洪颐煊《经典集林》辑有《郑玄丧服变除注》，黄奭《黄氏逸书考》辑有郑玄注《丧服变除》，丁晏《逸礼扶微》辑有《郑玄丧服变除》，袁钧《郑氏佚书》有《丧服变除》一卷，孔广林《郑学十八种》有《丧服变除》一卷附《变除注》。

（4）郑玄注《礼记》。《隋志》："《礼记》二十卷，汉九江太守戴圣撰，郑玄注。"《旧唐志》："《小戴礼记》二十卷，戴圣撰，郑玄注。"《新唐志》："郑玄注《小戴圣礼记》二十卷。"《序录》："郑玄《（礼记）注》二十卷。"《宋志》："郑玄《礼记注》二十卷。"《崇文总目》《直斋书录解题》《郡斋读书志》并载《礼记》二十卷，题郑康成注。今入《十三经注疏》，为六十三卷。

（5）郑玄又作《三礼图》。《隋志》："《三礼图》九卷，郑玄及后汉侍中阮谌等撰。"马国翰有辑本一卷，其序云："考聂崇义《三礼图》引郑氏图、阮氏图，又引旧图，皆一书之文。"大约隋唐以后其具体作者已相混淆。详见"阮谌"条。

（6）郑玄又作《三礼目录》。《隋志》："《三礼目录》一卷，郑玄撰。"《旧唐志》："《三礼目录》一卷，郑玄注。"《新唐志》："《三礼目录》一卷。"宋人书目不见载，已佚。今散见于唐宋旧经疏中。王谟《汉魏遗书钞》有郑玄《三礼目录》一卷，臧庸也辑有《郑氏三礼目录》一卷，黄奭《黄氏逸书考》有郑玄《三礼目录》一卷，袁钧《郑氏佚书》有郑玄《三礼目录》一卷，孔广林《郑学十八种》有《三礼目录》一卷，胡匡衷撰有《郑氏仪礼目录校证》（见《皇清经解续编》）。按：《序录》载郑玄《周礼注》十二卷，陆氏自注引郑玄《三礼目录》云："二郑信同宗之大儒，今赞而辨之。"贾公彦《序周礼废兴》引郑玄《周礼注序》云："谓二郑者，同宗之大儒，明理于典籍，粗识皇祖大经《周官》之义，存古字，发疑正读，亦信多善，徒寡且约，用不显传于世。今赞而辨之，庶成此家世所训也。"两下比较，陆氏所引《三礼目录》乃是节引《周礼注序》，如此，郑氏《三礼目录》也当为郑注《三礼》之序（按：姚振宗《后汉艺文志》亦有此说）。

后儒又以为郑玄曾作《三礼音》。《隋志》："梁有郑玄、王肃、射慈、射贞、孙毓、缪炳［《礼记》］音各一卷。"又有"梁有李轨、刘昌宗音各一卷，郑玄［《仪礼》］音二卷，亡"。《旧唐志》"《周官音》三卷郑玄撰"，又"《仪礼音》二卷"，又"《礼记音》二卷，郑玄注，曹耽解"。《新唐志》"郑玄《［周礼］音》三卷"，又，"［郑玄］《礼记音》三卷，曹耽解"。《序录》载有作《三礼音》人，其中有郑玄，陆氏注云："［郑玄］《三礼音》各一卷。"又有曹耽，陆氏注云："字爱道，谯国人，东晋安北咨议参军。《礼记音》二卷。"将《序录》与两《唐志》相比较，唐时两人之书或已羼杂。马国翰《玉函山房辑佚书》从《释文》采获二十余处，成《周礼郑氏音》一卷。

（7）郑玄又作《鲁礼禘祫义》。《后汉书》本传言郑玄作《鲁礼禘祫义》，但《隋志》及两《唐志》皆不见载。按郑玄《驳五经异义》云："三年一祫，五年一禘，百王通义，以《礼谶》所云，故作《禘祫志》。"（《诗·閟宫》孔疏引）所以后儒有两称。其文散见于《毛诗正义》《礼记正义》等疏中。清儒有多种辑本：王谟《汉魏遗书钞》辑有郑玄《鲁礼禘祫志》一卷，黄奭《黄氏逸书考》有郑玄《鲁礼禘祫义》一卷，马国翰《玉函山房辑佚书》有郑玄《鲁礼禘祫义》一卷，袁钧《郑氏佚书》有《鲁礼禘祫义》一卷，孔广林《郑学十八种》有《鲁礼禘祫义》一卷，皮锡瑞撰有《鲁礼禘祫义疏证》。王谟曰："诸经《正义》多引郑氏《鲁禘祫志》，本传作《鲁禘祫义》，《隋志》俱不著录而别有《礼议》二十卷，则《禘祫志》乃《礼议》中一篇目也。"

（8）后儒又疑郑玄曾注《大戴礼》。《大戴礼记·明堂》："二、九、四、七、五、三、六、一、八。"郑玄注云："法龟文也。"黄宗羲《易学象数论》："然郑玄注《小戴礼》，未尝注《大戴礼》，在《艺文志》可考。今之所传，亦后人假托为之也，其疏略不出于郑氏，明矣。"姑且录而存疑。

王仁俊《玉函山房辑佚书续编》辑有郑玄《婚礼谒文》一卷，据萧吉《五行大义》题。按：《婚礼谒文》作者或郑玄或郑众，详见"郑众"条。今存疑。

郑氏礼学之作，又有《新唐志》："郑玄注《礼议》二十卷。"《宋志》又载："郑玄《礼记月令注》一卷。"多为假托，一并录之存疑。

5.《春秋》学之作

郑玄不注《春秋》三传。《后汉书·儒林传》《隋志》及《序录》皆不言郑氏有《春秋》专门训诂之书。唯本传言郑玄党锢之时，杜门不出。"时任城何休好《公羊》学，遂著《公羊墨守》《左氏膏肓》《穀梁废疾》；玄乃发《墨守》，针《膏肓》，起《废疾》。休见而叹曰：'康成入吾室，操吾矛，以伐我乎！'"事又见《后汉书·儒林列传·何休传》及《序录》："又何休作《左氏膏肓》《公羊墨守》《穀梁废疾》。郑康成箴《膏肓》，发《墨守》，起《废疾》，自是《左氏》大兴。"按：《世说新语·文学》云："郑玄欲注《春秋传》，尚未成时，行与服子慎遇宿客舍，先未相识，服在外车上与人说己注传意。玄听之良久，多与己同。玄就车与语曰：'吾久欲注，尚未了。听君向言，多与吾同。今当尽以所注与君。'遂为服氏注。"此小说家言，不足信。①

何休与郑玄之书均佚，今所见者多为经疏所引，且二人之说往往杂糅，一如许慎《五经异义》及郑玄之驳。后世辑本，《四库全书》经部春秋类有郑玄《箴膏肓》一卷，武億辑有《箴膏肓》一卷，黄奭《黄氏逸书考》有郑玄《箴左氏膏肓》一卷，袁钧《郑氏佚书》有《箴膏肓》一卷，孔广林《郑学十八种》有《箴左氏膏肓》一卷，刘逢禄撰有《箴膏肓评》一卷。王仁俊《玉函山房辑佚书续编》有郑玄《春秋左传郑氏义》一卷。王氏从《郑志》论《春秋》文采获三处。

王谟《汉魏遗书钞》有何休《公羊墨守》一卷，《旧唐志》："《春秋公羊墨守》二卷，何休撰，郑玄发。"实则二者不可分。清儒辑本大抵两者混同，如《四库全书》经部春秋类有郑玄《发墨守》一卷，武億辑有郑玄撰《发墨守》一卷，黄奭《黄氏逸书考》辑有《发公羊墨守》一卷，袁钧《郑氏遗书》有《发公羊墨守》一卷，刘逢禄撰有《发墨守评》一卷。诸家辑本往往如此。又，王仁俊《十三经汉注》有《春秋公羊郑氏义》一卷，实则一条，采自慧琳《一切经音义》。龙璋《小学蒐佚》下编辑有郑玄《公羊注》一卷，文同王氏。

此外，郑氏《春秋》之作，《隋志》又有："《驳何氏汉议》二卷，郑玄撰。"及"《春秋十二公名》一卷，郑玄撰。亡"。二书均佚。

6.《论语》学著述

《隋志》云："汉末，郑玄以《张侯论》为本，参考《齐论》、古《论》而为之注。"《序录》："安昌侯张禹受《鲁论》于夏侯建，又从庸生、王吉受《齐论》，择善而从，号曰'张侯论'……郑玄就《鲁论》张、包、周之篇章，考之《齐》《古》，为之注焉。"何晏《论语集解序》："汉末，大

---

① 吴承仕《经籍旧音序录》认为此事可信，详见余嘉锡《世说新语笺疏》。

司农郑玄就《鲁论》篇章考之《齐》《古》，为之注。"按诸文所述，郑玄于《论语》之整理凡有二事。一校订文字，即以《张侯论》为基础，参校《齐论》《古论》，形成自己的底本；二是为《论语》注释，其注保留于《论语集解》《经典释文》、各类经疏、小学专书、史注及唐宋类书所引。《敦煌遗书》亦有《论语》郑氏注。《论语》郑注本，《隋志》有："《论语》十卷，郑玄注。"又"《论语》九卷，郑玄注，晋散骑常侍虞喜赞"。《序录》有郑玄《［论语］注》十卷。《旧唐志》有"《论语》十卷郑玄注，虞喜赞"，"又十卷，郑玄注"。《新唐志》有："《论语》郑玄《注》十卷。"

郑玄似又注《古文论语》。《隋志》云："古《论》先无师说，梁、陈之时，唯郑玄、何晏立于国学，而郑氏甚微。"《隋志》亦载有："梁有《古文论语》十卷，郑玄注。"

宋王应麟辑有郑玄注《古文论语》二卷附录一卷，王谟《汉魏遗书钞》辑有郑玄《论语注》一卷，宋翔凤辑有《论语郑氏注》十卷，黄奭《黄氏逸书考》辑有郑玄《论语注》一卷，劳格辑有《论语郑注》，马国翰《玉函山房辑佚书》有《论语郑注》十卷，袁钧《郑氏佚书》有《论语注》十卷，孔广林《郑学十八种》有郑玄《论语注》十卷，钱玫辑有《论语郑注》一卷，王仁俊《十三经汉注》有《论语郑氏注》一卷，龙璋《小学蒐佚》下编补有《郑注论语》一卷，陈鳣《论语古训》及余萧客《古经解钩沉》并有辑本。俞樾有《论语郑义》一卷，专论郑玄注《论语》之义。

郑玄又撰《孔子弟子目录》。《隋志》："《论语孔子弟子目录》一卷，郑玄撰。"《旧唐志》："《论语篇目弟子》一卷，郑玄注。"《新唐志》："［郑玄］《论语篇目弟子》一卷。"宋人书目不见载，已佚。后世辑本，清陈鳣辑有《论语孔子弟子目录》，马国翰《玉函山房辑佚书》有《论语孔子弟子目录》一卷，孔广林辑有郑玄《论语篇目弟子》一卷，王谟《汉魏遗书钞》辑有郑玄《孔子弟子目录》一卷，黄奭《黄氏逸书考》辑有郑玄《论语篇目弟子》一卷。王谟辑本序曰："是书之亡已久，其名次无得考，独赖裴骃《史记集解》于列传下时引《目录》，证诸弟子籍里如鲁人卫人，可考见者三十有八人。窃意裴氏当日必犹见《目录》原书，与《史记》大略相同，故采其异者注本传，其同者不复注也。"

郑玄其他《论语》著述，《新唐志》又有郑玄"注《论语释义》一卷"，其书早佚，具体面貌不可考。

7.《孝经》学著述

郑玄是否注《孝经》？范书本传所开列郑注书目中有，而李贤注引谢承《后汉书》却无。唐刘肃《大唐新语》卷九引有郑玄《孝经序》，但是《郑志》所列郑玄所注书目录并无《孝经》,南齐陆澄(《南齐书》本传)、《序录》《隋志》、孔颖达《礼记·王制》疏并怀疑。如《序录》云:"世所行郑《注》相承以为郑玄。按《郑志》及《中经簿》无,唯中朝穆帝集讲《孝经》,云以郑玄为主。检《孝经注》与康成注五经不同,未详是非。"《隋志》云:"又有郑氏注,相传或云郑玄,其立义与玄所注余书不同,故疑之。"《唐会要》卷七七载开元七年(719)刘知几疑。侯康《补后汉书艺文志》有详细辩论。其注大抵见于《释文》、经疏史注、《文选》李善注、唐宋类书及《群书治要》等所引。

但郑注《孝经》据史志目录所载,似不曾断。《隋志》:"《孝经》一卷,郑氏注。"《旧唐志》:"《孝经》一卷,郑玄注。"《新唐志》:"郑玄《[孝经]注》一卷。"《崇文总目》《直斋书录解题》及《宋志》并载郑玄《孝经注》一卷,且同前儒所疑非郑康成撰。

后世辑本,朱彝尊《经义考》有《郑氏孝经注》,王谟《汉魏遗书钞》有郑玄《孝经注》一卷,日人冈田挺之辑有《孝经郑注》一卷,洪颐煊有《孝经郑注补证》一卷,臧庸有《孝经郑氏解辑》一卷,黄奭《黄氏逸书考》有郑玄《孝经解》一卷,陈鳣辑有《孝经郑氏注》一卷,严可均有《孝经郑注》一卷,劳格有《孝经郑注》一卷,袁钧《郑氏佚书》有郑玄《孝经注》,孔广林《郑学十八种》有郑玄《孝经注》,孙季咸辑有《孝经郑注附音》,皮锡瑞撰有《孝经郑注疏》二卷,曹元弼撰有《孝经郑氏注笺释》三卷。

8.《六艺论》

本传载郑玄所著书中有《六艺论》——群经总义之作。《隋志》载有:"《六艺论》一卷,郑玄撰。"《旧唐志》:"《六艺论》一卷,郑玄注。"《新唐志》:"郑玄《六艺论》一卷。"《日本国见在书目》亦载一卷,题郑玄撰,方叔机注。宋人书目不见载,已佚。今散见于经疏、《路史》及唐宋类书。

后世辑本,陈鳣辑有郑玄《六艺论》一卷,王谟《汉魏遗书钞》有郑玄《六艺论》一卷,臧庸辑有郑玄《六艺论》一卷,洪颐煊《经典集林》辑有郑玄《六艺论》一卷,黄奭《黄氏逸书考》辑有郑玄《六艺论》一卷,马国翰《玉函山房辑佚书》有郑玄《六艺论》一卷,严可均《全后汉文》卷八四辑有郑玄《六艺论》,孔广林《郑学十八种》有郑玄《六艺论》一卷,皮锡瑞撰有《六艺论疏证》一卷。

9. 遍注纬书

《隋志》云:"宋均、郑玄并为谶律之注。"见于《隋志》所著录:

"《易纬》八卷,郑玄注。梁有九卷。《尚书纬》三卷,郑玄注,梁六卷。《尚书中候》五卷,郑玄注。梁有八卷,今残缺。《礼纬》三卷,郑玄注,亡。"《旧唐志》:"《书纬》三卷,郑玄注。《诗纬》三卷,郑玄注。"《新唐志》:"郑玄注《书纬》三卷,注《诗纬》三卷。"《宋志》:"郑玄《周易文言注义》一卷。《易乾凿度》三卷,《易纬》七卷,《易纬稽览图》一卷,《易通卦验》二卷,并郑玄注。"《文献通考》引《崇文总目》有《易纬》九卷,题宋均注。但钱东垣据《厚斋易学》引《总目》云"《周易纬》九卷,汉郑康成注"。《直斋书录解题》有《易纬》七卷,题郑康成注。又有《易稽览图》三卷、《易通卦验》二卷、《易乾凿度》二卷,皆题郑康成注,虽互相有出入,但大抵不出《易纬》之外。《郡斋读书志》载有《易乾凿度》二卷、《周易纬稽览图》二卷、《周易纬是类谋》一卷、《周易纬辨终备》一卷、《周易纬干元叙制记》一卷、《周易纬坤灵图》一卷、《易通卦验》二卷,皆郑玄注。

10.《汉律章句》

《晋书·刑法志》云:"秦汉旧律,后人生意,各为章句,叔孙宣、郭令卿、马融、郑玄诸儒,章句十有余家,览者益难。天子[魏明帝]于是下诏:'但用郑氏章句,不得杂用余家。'"按:此郑玄所撰《汉律章句》晋时尚存,但不见历代书目著录,早佚。

11. 注《孟子》

《后汉书》本传不言郑玄注《孟子》,只见于《隋志》及两《唐志》载郑玄注《孟子》七卷。《隋志》载:"《孟子》七卷,郑玄注。"《旧唐志》:"《孟子》又七卷,郑玄注。"《新唐志》:"郑玄注《孟子》七卷。"传世《孟子》各注本均不见引用,早佚。马国翰《玉函山房辑佚书》有《孟子郑氏注》一卷,王仁俊《十三经汉注》亦有《孟子郑氏注》一卷。马氏辑本序以为后人依托,又将郑玄诸书之注中涉及《孟子》者采入辑本,恐非其旧。洪颐煊《读书丛录》曰:"《史记·五帝本纪》'尧知子丹朱之不肖',《索隐》:'郑玄云:肖,似也。不似言,不如人也。'疑即《孟子注》。"或是。

12. 后儒以为郑玄注《尔雅》

王仁俊《玉函山房辑佚书续编》及《十三经汉注》各辑有《尔雅郑注》一卷,题郑玄注。按:本传及《郑志》不言郑玄注《尔雅》,《史记·五帝本纪·索隐》所引一处只题郑氏,不言郑玄。王氏辑本恐误。

13. 作杂技书

如《隋志》:"《九宫经》三卷,郑玄注。《九宫行棋经》三卷,郑玄注。"《旧唐志》子部五行家："《九宫行棋经》三卷，郑玄撰。《九旗飞变》一卷，郑玄撰，李淳风注。"《新唐志》："郑玄注《九宫行棋经》三卷。"

14. 注《汉宫香方》

《郡斋读书志》卷三："《香谱》一卷，右皇朝洪刍驹父撰。集古今香法，有郑康成汉宫香，《南史》小宗香，《真诰》婴香，戚夫人迫驾香，唐员半千香，所记甚该博。然《通典》载历代祀天用水沉香独遗之，何哉？"王仁俊《玉函山房辑佚书续编》据《墨庄漫录》卷二《汉宫香方》郑康成注，采得一处，题为《汉宫香方郑注》一卷。

后儒为何以为郑玄注《汉宫香》？或由郑玄精研《礼》所致。《困学纪闻》卷三云："取萧祭脂，曰'其香始升'；为酒为醴，曰'有飶其香'。古所谓香者如此。韦彤《五礼精义》云：'祭祀用香，今古之礼，并无其文。《隋志》曰："梁天监初，何佟之议郁鬯萧光，所以达神。与其用香，其义一也。"考之殊无依据，开元、开宝礼不用。'"

15. 其他

郑玄其他著述见于他书者，有《日月交会图》（郑玄注），载唐张彦远《历代名画记》。

又，侯康《补后汉书艺文志》录有郑康成《字指》，引孙志祖《读书脞录》云："隋唐志无此书，《文选》注有，疑误。"按：《文选》注只作"《字指》"，无关郑玄片字，孙志祖、侯康皆误。

郑均

郑均，习《尚书》。《后汉书》卷二七《郑均传》："郑均字仲虞，东平任城人也。少好黄老书。"不云治经。其习经事见于《御览》卷五一五引《东观汉记》："郑均字仲虞……治《尚书》，好黄老。"

除范书及《东观汉记》外，其事迹又见于周天游辑谢承《后汉书》卷二。

郑遂

郑遂，李固弟子。《后汉书·李固传》言固死后："弟子赵承等悲叹不已，乃共论固言迹，以为《德行》一篇。"李贤注引谢承《后汉书》曰："固所授弟子，颍川杜访、汝南郑遂、河内赵承等七十二人，相与哀叹悲愤，以为眼不复瞻固形容，耳不复闻固嘉训，乃共论集《德行》一篇。"

郅恽

郅恽，治《韩诗》。《后汉书》卷二九《郅恽传》云："郅恽字君章，汝南西平人也。年十二失母，居丧过礼。及长，理《韩诗》《严氏春秋》，明天文历数。""后令恽授皇太子《韩诗》，侍讲殿中。""又免归，避地教授，著书八篇。以病卒。"

郅恽事迹，本传云王莽时，天下乱，恽西至长安，上书王莽言天命不可违，劝王莽禅位，莽将其下狱，后遇赦出。建武三年（27），逃至庐江。太守欧阳歙辟为功曹，恽不就。后"客居江夏教授，郡举孝廉，为上东城门候"。又"令恽授皇太子《韩诗》，侍讲殿中。……再迁长沙太守。……又免归，避地教授，著书八篇。以病卒"。卒年不详，约在光武末。

郅恽事迹又见于《东观汉记》（吴校本）卷一四，袁宏《后汉记》卷七，周天游辑华峤《后汉书》卷二，应劭《风俗通义·过誉》。王应麟《困学纪闻》卷八云郅恽引《孟子》与今本语小异。

郅恽之《韩诗》学，本传载："后既废，而太子意不自安，恽乃说太子曰：'久处疑位，上违孝道，下近危殆。昔高宗明君，吉甫贤臣，及有纤介，放逐孝子。'"尹吉甫放逐伯齐，为《韩诗·小卞》义，《毛诗》序以为太傅作，与韩不同。

郅伯夷

郅伯夷，郅恽之孙，通经。《风俗通义·怪神》载有郅伯夷夜遇神怪事，云：

> 北部督邮西平郅伯夷，年三十馀，大有才决，长沙太守郅君章孙也，日晡时到亭，敕前导人，录事掾白："今尚早，可至前亭。"曰："欲作文书，便留。"吏卒惶怖，言当解去，传云："督邮欲于楼上观望，亟扫除。"须臾便上，未冥楼镫，阶下复有火，敕："我思道，不可见火，灭去。"吏知必有变，当用赴照，但藏置壶中耳。既冥，整服坐诵《六甲》《孝经》《易》本，讫，卧有顷，更转东首，絮巾结两足愤冠之，密拔剑解带，夜时，有正黑者四五尺，稍高，走至柱屋，因覆伯夷，伯夷持被掩足，跣脱几失，再三，徐以剑带系魅脚，呼下火上，照视老狸正赤，略无衣毛，持下烧杀，明旦发楼屋，得所髡人结

百余，因从此绝。

按：郅伯夷入夜读经，又是郅恽之孙，当通经。

挚恂

挚恂，马融岳父兼其师。《后汉书》卷六〇《马融传》云："马融字季长，扶风茂陵人也。……初，京兆挚恂以儒术教授，隐于南山，不应征聘，名重关西，融从其游学，博通经籍。恂奇融才，以女妻之。"李贤注引《三辅决录注》曰："恂字季直，好学善属文，隐于南山之阴。"

其人事迹又见于皇甫谧《高士传》：

> 挚恂字季直，伯陵之十二世孙也。明《礼》《易》，遂治五经，博通百家之言。又善属文，词论清美。渭滨弟子，扶风马融、沛国桓驎等，自远方至者十余人。既通古今，而性复温敏，不耻下问，故学者宗之。尝慕其先人之高，遂隐于南山之阴。初马融如恂受业，恂爱其才，因以女妻之。融后果为大儒，文魁当世，以是服恂之知人。永和中，常博求名儒，公卿荐恂行侔颜闵，学拟仲舒，文参长卿，才同贾谊，实瑚琏器也，宜在宗庙，为国顾辅。由是公车征，不诣。大将军窦武举贤良，不就。清名显于世，以寿终，三辅称奖。

钟皓

钟皓，明《诗》通《律》。《后汉书》卷六二《钟皓传》云："钟皓字季明，颍川长社人也。为郡著姓，世善刑律。皓少以笃行称，公府连辟，为二兄未仕，避隐密山，以《诗》《律》教授门徒千余人。"

钟皓仅仕为郡吏，朝廷前后九辟不就，年六十九，卒于家。卒年不详。钟皓本传云皓年稍长于陈寔，则其卒年约在灵帝世。

钟兴

钟兴，习《公羊》，师从丁恭。《后汉书·儒林列传·钟兴传》云：

> 钟兴字次文，汝南汝阳人也。少从少府丁恭受《严氏春秋》。恭荐

兴学行高明，光武召见，问以经义，应对甚明。帝善之，拜郎中，稍迁左中郎将。诏令定《春秋》章句，去其复重，以授皇太子。又使宗室诸侯从兴受章句。封关内侯。兴自以无功，不敢受爵。帝曰："生教训太子及诸王侯，非大功邪？"兴曰："臣师于恭。"于是复封恭，而兴遂固辞不受爵，卒于官。

周党

周党，明《公羊》。《后汉书》卷八三《逸民列传·周党》云："周党字伯况，太原广武人也。……初，乡佐尝众中辱党，党久怀之。后读《春秋》，闻复仇之义，便辍讲而还，与乡佐相闻，期克斗日。既交刃，而党为乡佐所伤，困顿。乡佐服其义，舆归养之，数日方苏，既悟而去。自此以来身修志，州里称其高。"

所谓《春秋》复仇之义，乃公羊大复仇之义。《春秋》庄公四年："纪侯大去其国。"《公羊传》曰："大去者何？灭也。孰灭之？齐灭之。曷为不言齐灭之？为襄公讳也。齐襄公九世祖哀公亨于周，纪侯谮之也，故襄公仇于纪。九世犹可复仇乎？虽百世可也。"

其人卒年，本传载周党"建武中，征为议郎，以病去职，遂将妻子居渑池。……党遂隐居渑池，著书上下篇而终"。具体卒年不详，约在光武、明帝之际。

周党事迹又见于《东观汉记》（吴校本）卷一七、一八，袁宏《后汉记》卷二五，《御览》卷五一〇引嵇康《高士传》。周党复仇事又见于《风俗通义·过誉》，及《御览》卷四四一引杜预《女记》："申屠蟠奏记外黄令梁配云：'昔太原周党，感《春秋》之义，辞师复仇，当时论者，犹高其节。'"

周防

周防，习古文《尚书》。《后汉书·儒林列传·周防传》：

> 周防字伟公，汝南汝阳人也。父扬，少孤微，常修逆旅，以供过客，而不受其报。
>
> 防年十六，仕郡小吏。世祖巡狩汝南，召掾史试经，防尤能诵读，拜为守丞。防以未冠，谒去。师事徐州刺史盖豫，受古文《尚书》。经

明，举孝廉，拜郎中。撰《尚书杂记》三十二篇，四十万言。太尉张禹荐补博士，稍迁陈留太守，坐法免。年七十八，卒于家。

周防事迹又见于周天游辑谢承《后汉书》卷五《儒林列传》。

周举

周举，周防之子，通五经。《儒林列传·周防传》云："［防］子举，自有传。"《后汉书》卷六一《周举传》云："周举字宣光，汝南汝阳人，陈留太守防之子。防在《儒林传》。举姿貌短陋，而博学洽闻，为儒者所宗，故京师为之语曰：'五经纵横周宣光。'"周举卒年在桓帝建和三年（149）。本传："建和三年卒。"

周举之学，本传云其纵横五经。考其本传所引经立论，阳嘉三年（134）对灾异，引《易》曰"天尊地卑，乾坤以定"，又"二仪相交，乃生万物，万物之中，以人为贵"，为其明《易》之文。又言灾异之现乃五行失序，是从《洪范五行传》，乃今文家法。周举于冲帝永憙元年（145）议殇帝、顺帝昭穆次序云："《春秋》鲁闵公无子，庶兄僖公代立，其子文公遂跻僖于闵上。孔子讥之，书曰：'有事于太庙，跻僖公。'《传》曰：'逆祀也。'及定公正其序，经曰'从祀先公'，为万世法也。"于事见《左传》，于义则《春秋》通义。又，为李郃幕僚时，周举劝郃当谏言顺帝应妥善安置阎太后，本传云："举谓郃曰：'昔郑武姜谋杀严公，严公誓之黄泉；秦始皇怨母失行，久而隔绝，后感颍考叔、茅焦之言，循复子道。书传美之。'"郑庄公事见《左传》隐公元年。

周举事迹又见于《东观汉记》（吴校本）卷一七、袁宏《后汉记》卷一九、周天游辑谢承《后汉书》卷四、司马彪《续汉书》卷四。

周磐

周磐，通群经。《后汉书》卷三九《周磐传》云："周磐字坚伯，汝南安成人，征士燮之宗也。祖父业，建武初为天水太守。磐少游京师，学古文《尚书》《洪范五行》《左氏传》，好礼有行，非典谟不言，诸儒宗之。"

据本传，周磐章帝时，举孝廉。"和帝初，拜谒者，除任城长，迁阳夏、重合令，频历三城，皆有惠政。后思母，弃官还乡里"。后朝廷屡征不到。

周磐卒年，本传云："建光元年［121］，年七十三，岁朝会集诸生，讲论终日，因令其二子曰：'编二尺四寸简，写《尧典》一篇，并刀笔各一，以置棺前，云不忘圣道。'其月望日，无病忽终，学者以为知命焉。"则周磐生于建武二十五年（49）。

周磐之学，除古文《尚书》《左传》外，也习《韩诗》。本传云："［磐］居贫养母，俭薄不充。尝诵《诗》至《汝坟》之卒章，慨然而叹，乃解韦带，就孝廉之举。"义见《韩诗》。李贤注："《韩诗［序］》曰：'汝坟，辞家也。'其卒章曰：'鲂鱼赪尾，王室如毁，虽则如毁，父母孔迩。'薛君《章句》：'赪，赤也。毁，烈火也。孔，甚也。迩，近也。言鲂鱼劳则尾赤，君子劳苦则颜色变。以王室政教如烈火矣，犹触冒而仕者，以父母甚迫近饥寒之忧，为此禄仕。'"《韩诗》唐时尚存，故李贤引用注之。

周磐事迹也见于周天游辑谢承《后汉书》卷三、司马彪《续汉书》卷三。

周荣

周荣，明经。《后汉书》卷四五《周荣传》云："周荣字平孙，庐江舒人也。肃宗时，举明经，辟司徒袁安府。"袁安举奏窦宪之疏章，皆为荣所草拟。窦氏败后，荣由郾令拔擢为尚书令，后为颍川太守、山阳太守。卒于家，卒年不详，当在和帝世。

周荣事迹又见于《东观汉记》（吴校本）卷一六。

周生

周生，失其名字，后汉《论语》名家，著有《论语章句》。何晏《论语集解序》曰："安昌侯张禹本受《鲁论》，兼讲《齐》说，善者从之，号曰'张侯论'，为世所贵。包氏、周氏《章句》出焉。"皇侃《论语义疏》云："包氏，包咸也；周氏，不悉其名也。"陆德明《序录》云："后汉包咸、（陆德明自注：字子长，吴人，大鸿胪。）周氏（陆氏自注：不详何人。）并为《章句》，列于学官。"《隋志》言及《论语》在后汉的传习时亦云："周氏、包氏为之章句，马融又为之训。"以包咸、马融和周氏并言，此周氏当是后汉人。姚振宗《后汉书·艺文志》以周生烈为此周生，非是。周生烈说《论语》见于何晏《论语集解序》："近故司空陈群、太常王肃、博士周生烈皆为《义说》。"《三国志·王肃传》云："自魏初征士敦煌周生烈。"

陈寿注："臣松之按：此人姓周生，名烈。何晏《论语集解》有烈《义例》，余所著述，见晋武帝《中经簿》。"则周生烈乃是魏初人，而非汉人。

又，《隶释》卷一四载石经《论语》残文：

贾诸？贾之分！包周□□□□盖肆乎其肆也。□周（下阙）曰言□而在于萧墙之内。盍、毛、包、周无"于"（下阙）。

按：上文为石经《论语》后蔡邕诸人之校勘记，其中有盍（通何）、包（包咸）、周氏、毛氏四家，则此包、周并列之周生当为后汉世而蔡邕之前者。又考《释文·论语·学而》陆德明曰："郑［玄］校周［生］之本以《齐》《古》，读正凡五十事。"如此，则周生又在郑玄之前。《序录》云："魏吏部尚书何晏集孔安国、包咸、周氏、马融、郑玄、陈群、王肃、周生烈之说，并下己意为《集解》，正始中上之，盛行于世，今以为主。"如此，则周生当在包咸之后而在马融之前。

周氏《论语章句》今佚，其异文见于汉石经《论语》（见上文所引）。马国翰《玉函山房辑佚书》辑有《论语周氏章句》一卷，尽采石经异文及《经典释文》中鲁读异文，恐不妥。

周燮

周燮，通群经。《后汉书》卷五三《周燮传》云："周燮字彦祖，汝南安城人……十岁就学，能通《诗》《论》；及长，专精《礼》《易》。"

周燮事迹，本传云燮"始在髫龀，而知廉让"，"非身所耕渔，则不食"。后举孝廉、贤良方正，燮"皆以疾辞"。安帝延光二年（123），朝廷征燮及南阳冯良，二人固辞。"燮、良年皆七十余终"，卒年不详，约在安帝世。

周燮事迹又见于周天游辑谢承《后汉书》卷三、华峤《后汉书》卷二。

周泽

周泽，习《公羊春秋》。《后汉书·儒林列传·周泽传》云：

周泽字稺都，北海安丘人也。少习《公羊严氏春秋》，隐居教授，门徒常数百人。建武末，辟大司马府，署议曹祭酒。数月，征试博士。

中元元年，迁黾池令。奉公克己，矜恤孤羸，吏人归爱之。永平五年，迁右中郎将。十年，拜太常。

此后，因德行清正，与孙堪并称"二稺"。永平十二年，行司徒事，因不合明帝意，仍为太常。"[永平] 十八年，拜侍中骑都尉。后数为三老五更。建初中致仕，卒于家。"卒年不详。

周泽事迹又见于《东观汉记》（吴校本）卷一八、周天游辑司马彪《续汉书》卷五《儒林传》。

朱勃

朱勃，习《韩诗》。朱勃《后汉书》无传，其事迹见于《后汉书》卷二四《马援传》："[朱] 勃字叔阳，年十二能诵《诗》《书》。常候援兄况。勃衣方领，能矩步，辞言娴雅，援裁知书，见之自失。"李贤注引《续汉书》曰："勃能说《韩诗》。"《马援传》又载朱勃上书曰：

> 《诗》云："取彼谮人，投畀豺虎，豺虎不食，投畀有北。有北不受，投畀有昊。"此言欲令上天而平其恶。惟陛下留思竖儒之言，无使功臣怀恨黄泉。臣闻《春秋》之义，罪以功除；圣王之祀，臣有五义。若援，所谓以死勤事者也。愿下公卿平援功罪，宜绝宜续，以厌海内之望。

所引《诗》，见《小雅·巷伯》。《春秋》义见《公羊传》僖公十七年："夏灭项。孰灭之？齐灭之。曷为不言齐灭？为桓公讳也，以桓公尝有继绝存亡之功，故君子为之讳也。"五义之祀见《礼记·祭法》："夫圣王之制祀也，法施于民则祀之，以死勤事则祀之，以劳定国则祀之，能御大灾则祀之，能捍大患则祀之。"可见朱勃之学非专为《韩诗》。

朱勃生卒年，袁宏《后汉记》卷四云："援少有大志，诸兄奇之。年十余岁，平陵朱勃与援同年，能说《韩诗》，援才能书，退有惭色。"马援生于成帝永始四年（前13，详见"马援"条），朱勃亦同。本传又载马援卒时（建武二十五年，49），朱勃上书讼其冤，书中有言"臣年已六十"，亦可证朱勃年岁。书报，归田里，卒年不详。

朱勃事迹又见于《东观汉记》（吴校本）卷一二。

朱勃著述，《隋志》言梁有云阳令《朱勃集》二卷，亡。两《唐志》

复载二卷，严可均《全后汉文》卷一七辑为一卷。

朱伥

朱伥，丁鸿弟子，《后汉书》无传。《丁鸿传》曰："[白虎会议后]门下由是益盛，远方至者数千人。彭城刘恺、北海巴茂、九江朱伥皆至公卿。"

朱伥事迹，《来历传》云安帝延光三年（124）："[来]历乃要结光禄勋祋讽，宗正刘玮，将作大匠薛皓，侍中闾丘弘、陈光、赵代、施延，太中大夫朱伥、第五颉，中散大夫曹成，谏议大夫李尤，符节令张敬，持书侍御史龚调，羽林右监孔显，城门司马徐崇，卫尉守丞乐闱，长乐、未央厩令郑安世等十余人，俱诣鸿都门证太子无过。"则朱伥安帝末为太中大夫。

《来历传》又云："顺帝即位，朝廷咸称社稷臣，于是迁为卫尉。祋讽、刘玮、闾丘弘等先卒，皆拜其子为郎；朱伥、施延、陈光、赵代等并为公卿，任职。"顺帝即位于延光四年（125），次年改元永建。《顺帝纪》永建元年（126）："长乐少府九江朱伥为司徒。"《周举传》亦云："后长乐少府朱伥代［李］郃为司徒，举犹为吏。"则延光四年顺帝即位，朱伥为长乐少府。永建二年（127）免司徒官。《顺帝纪》永建二年："司徒朱伥罢。"按：袁宏《后汉记》卷一八顺帝永建元年冬十月"丁亥，司徒朱伥以疾疫罢"。与范书相差一年，袁书或误。朱伥卒年不详。

朱伥事迹又见于《风俗通义·十反》，中云："司徒九江朱伥，以年老，为司隶虞诩所奏，耳目不聪明。"又云："又伥年且九十，足以惛愦，义当自引，以避贤路。"按：以永建二年为九十计，朱伥约生于建武十三年（37）。

朱宠

朱宠，桓郁弟子。《桓郁传》言："郁经授二帝，恩宠甚笃，赏赐前后数百千万，显于当世。门人杨震、朱宠，皆至三公。"李贤注引《邓骘传》曰："朱宠字仲威，京兆人也。笃行好学，从桓荣受《尚书》，位至太尉。"按：今《邓骘传》云："宠字仲威，京兆人，初辟骘府，稍迁颍川太守，治理有声。及拜太尉，封安乡侯，甚加优礼。"并无朱宠从桓郁受《尚书》事，疑李贤据别本《后汉书》。

朱宠为太尉事又见《顺帝纪》永建元年（126）："大鸿胪朱宠为太尉。"次年免官，《顺帝纪》永建二年（127）："太尉朱宠罢。"卒年不详，约在顺帝世。

朱宠事迹又见于袁宏《后汉记》卷一八、周天游辑谢承《后汉书》卷八及华峤《后汉书》卷三。

朱晖

朱晖，习经。朱穆祖父。《后汉书》卷四三《朱晖传》："朱晖字文季，南阳宛人也。……初，光武与晖父岑俱学长安，有旧故。及即位，求问岑，时已卒，乃召晖拜为郎。晖寻以病去，卒业于太学。性矜严，进止必以礼，诸儒称其高。"

朱晖事迹，明帝时，东平王刘苍辟为从事，明帝以晖为卫士令、临淮太守，后犯法免官。肃宗时为尚书仆射、太山太守、尚书令、骑都尉。"和帝即位，窦宪北征匈奴，晖复上疏谏。顷之，病卒。"则朱晖卒于和帝永元元年（89）。

朱晖事迹又见于《东观汉记》（吴校本）卷一六、周天游辑谢承《后汉书》卷三及华峤《后汉书》卷二。

朱颉

朱颉，朱晖之子，朱穆之父，明儒学。《朱晖传》："［晖］子颉，修儒术，安帝时至陈相。颉子穆。"其他事迹不详。

朱穆

朱晖之孙。《后汉书》卷四三《朱穆传》载其少时醉心于学云："穆字公叔。年五岁，便有孝称。父母有病，辄不饮食，差乃复常。及壮耽学，锐意讲诵，或时思至，不自知亡失衣冠，颠队坑岸。其父常以为专愚，几不知数马足。穆愈更精笃。"李贤注引谢承《后汉书》曰："穆少有英才，学明五经。"本传又云："时同郡赵康叔盛者，隐于武当山，清静不仕，以经传教授。穆时年五十，乃奉书称弟子。"朱穆五十岁时为桓帝建和三年（149）。

朱穆生卒，本传云："延熹六年，（穆）卒，时年六十四。"则朱穆生于和帝永元十二年（100）。蔡邕为其谥号曰"文忠先生"。

朱穆事迹又见于袁宏《后汉记》卷二〇至卷二二、周天游辑谢承《后汉书》卷三、司马彪《续汉书》卷四、袁山松《后汉书》卷三及张璠《后汉记》。

朱穆之文，《本传》言："所著论、策、奏、教、书、诗、记、嘲，凡二十篇。"多"矫时之作"。李贤注引袁山松《后汉书》曰："穆著论甚美，蔡邕尝至其家自写之。"本传又载其《崇厚论》，李贤注从《朱穆集》引《绝交论》。《隋志》集部载有"益州刺史《朱穆集》二卷，录一卷"。题曰"亡"。两《唐志》并载有《朱穆集》二卷，李贤注《后汉书》引用《穆集》，今佚。严可均《全后汉文》卷二八辑有朱穆文，存诗一首《与刘伯宗绝交诗》，见于明冯惟讷《诗纪·汉》卷三，丁福保《全汉诗》卷二，逯钦立《先秦汉魏晋南北朝诗》卷六。

朱穆又参与作《东观汉记》。《史通·古今正史》篇："至元嘉元年，复令太中大夫边韶、大军营司马崔寔、议郎朱穆、曹寿杂作孝穆、崇二皇及顺烈皇后传，又增《外戚传》入安思等后，《儒林传》入崔篆诸人。"

朱明叔

朱明叔，杨充之师。《华阳国志·梓潼士女赞》："杨充，字盛国，梓潼人也。少好学，求师遂业，受古学于扶风马季长、吕叔公、南阳朱明叔、颍川白仲职，精研七经。"按：四人皆称字。又"受古学"云云，则四人皆古文家，然除马融外，其余三人名皆不显。

朱佑

朱佑（"佑"又常作"祐"），字仲先，光武功臣，《光武纪》建武元年（25）："偏将军朱祐为建义大将军。"但朱祐文武兼备，《后汉书》卷二二《朱佑传》云："佑为人质直，尚儒学。""佑初学长安，帝往候之，佑不时相劳苦，而先升讲舍。后车驾幸其第，帝因笑曰：'主人得无舍我讲乎？'"皆可考其通儒学。朱佑卒年，本传云："［建武］二十四年，卒。"建武二十四年为公元48年。

朱佑事迹又见于周天游辑司马彪《续汉书》卷二、华峤《后汉书》卷一。

祝睦

《隶释》卷七有《山阳太守祝睦碑》及《山阳太守祝睦后碑》，其后碑由故吏王堂等立，中云："［睦］入学修《韩诗》、严氏《春秋》，七典并立。"按：七典即七经，详"蔡湛"条。祝睦生卒年，前碑云："年六十有八，延熹七年八月丁巳卒。"则祝睦卒于延熹七年（164），生于和帝永元九年（97）。其余事迹俱见碑文。

卓茂

卓茂，东汉名儒，习《鲁诗》。传见《后汉书》卷二五。《卓茂传》云："卓茂字子康，南阳宛人也。父祖皆至郡守。茂，元帝时学于长安，事博士江生，习《诗》《礼》及历算，究极师法，称为通儒。……初辟丞相府史，事孔光，光称为长者。"《御览》卷二二一、《类聚》卷四八引赵岐《三辅决录》亦云："卓茂，字子康，元帝时游学长安，以儒行为给事黄门郎。"范书李贤注："江生，鲁人江翁也。昭帝时为博士，号《鲁诗》宗。"按：李贤注有误。《汉书·儒林传》言宣帝时"汝南尹更始翁君本自事千秋，能说矣，会千秋病死，征江公孙为博士。刘向以故谏大夫通达待诏，受《穀梁》，欲令助之。江博士复死，乃征周庆、丁姓待诏保宫，使卒授十人。自元康中始讲，至甘露元年，积十余岁，皆明习"。与《后汉书》及李贤注不同。若依《后汉书》卓茂本传，《汉书·儒林传》言江博士早卒于宣帝时，则卓茂不能在元帝时从江生受学；若依李贤注，则与《汉书·儒林传》所载宣帝时立为博士不合；若依《后汉书》本传，《汉书·儒林传》言江博士死于宣帝甘露元年（前53）之前，从甘露元年至建武四年（28）长达八十一年，假定江博士卒时卓茂二十岁，则茂卒时寿达百岁，事亦不合情理。且卓茂生于元帝初元年间（详见下文），李贤注误。

卓茂事迹，据本传，卓茂平帝时为高密令，更始立（23），以卓茂为侍中祭酒。光武即位（25），封茂褒德侯，拜太傅。《光武纪》建武元年（25）："甲申，以前密令卓茂为太傅。"

卓茂交友，本传云："初，茂与同县孔休、陈留蔡勋、安众刘宣、楚国龚胜、上党鲍宣六人同志，不仕王莽时，并名重当时。"

卓茂生卒年。《光武纪》建武四年（28）："太傅卓茂薨。"范书李贤注引《东观记》曰封褒德侯时"茂时年七十余矣"，则茂大约生于元帝初元年间（前46年左右）。

卓茂事迹又见于《东观汉记》（吴校本）卷一三、袁宏《后汉记》卷三及周天游辑司马彪《续汉书》卷二。

宗资

宗资，习经。范晔《后汉书》无传。《后汉书》卷六七《党锢列传》："后汝南太守宗资任功曹范滂，南阳太守成瑨亦委功曹岑晊。"李贤注引谢承《后汉书》曰："宗资字叔都，南阳安众人也。家代为汉将相名臣。祖父均，自有传。资少在京师，学孟氏《易》、欧阳《尚书》。举孝廉，拜议郎，补御史中丞、汝南太守。署范滂为功曹，委任政事，推功于滂，不伐其美。任善之名，闻于海内。"

范晔《后汉书》所散见宗资事迹，多为武事。如《桓帝纪》延熹三年（160）："太山贼叔孙无忌攻杀都尉侯章。十二月，遣中郎将宗资讨破之。"

宗资卒年不详。《灵帝纪》李贤注："按：今邓州南阳县北有宗资碑，旁有两石兽，镌其膊一曰天禄，一曰辟邪。"则宗资碑唐时尚存。此碑又见于欧阳修《集古录》。

宗资事迹除见于前引谢承《后汉书》外，又见于《文选》卷五五刘峻《广绝交论》李善注引《东观汉记》（吴校本）卷一七及周天游辑司马彪《续汉书》卷五。

左雄

左雄，《后汉书》卷六一有传，但不言其习经。其习经事见于袁宏《后汉记》卷一八："雄字伯豪，南阳郡涅阳人也。居贫好学经，常以'服勤不足，学足。学者懈怠，宜崇经术，缮治太学'。既为尚书而陈之，帝从其言，更增弟子科，除儒者为郎百余人。"

左雄事迹有涉于儒学者，有为官尚书令，上书朝廷应修缮太学、褒崇经术；又奏征海内名儒为博士，及荐谢廉、赵雄为童子郎；荐周举等经明行修者，皆见本传。

左雄生卒年，本传云雄："永和三年卒。"生年不详。

左雄事迹又见于袁宏《后汉记》卷一八。

参考文献

[1]〔汉〕伏生.尚书大传[M].〔汉〕郑玄,注.丛书集成初编本.北京:中华书局,1985.

[2]〔汉〕韩婴.韩诗外传笺疏[M].屈守元,注.成都:巴蜀书社,1998.

[3]〔汉〕司马迁.史记[M].三家注本.北京:中华书局,1959.

[4]〔汉〕司马迁.史记会注考证[M].〔日〕泷川资言,注.北京:新世纪出版社,2009.

[5]〔汉〕桓谭.新辑本桓谭新论[M].朱谦之,校辑.北京:中华书局,2009.

[6]〔汉〕赵晔.吴越春秋汇校汇考[M].周生春,注释.上海:上海古籍出版社,1997.

[7]〔汉〕班固.汉书[M].〔唐〕颜师古,注.北京:中华书局,1962.

[8]〔汉〕刘珍,等.东观汉记校注[M].吴树平,校注.北京:中华书局,2008.

[9]〔汉〕王充.论衡校释[M].黄晖,注.北京:中华书局,1990.

[10]〔汉〕王符.潜夫论笺校正[M].汪继培,注.北京:中华书局,1985.

[11]〔汉〕应劭.风俗通义校释[M].吴树平,注.天津:天津人民出版社,1980.

[12]〔汉〕孔鲋.孔丛子校释[M].傅亚庶,校释.北京:中华书局,2011.

[13]〔三国·蜀〕常璩.华阳国志校注[M].刘琳,校注.成都:巴蜀书社,1984.

[14]〔三国·吴〕陆玑.毛诗草木鸟兽虫鱼疏[M].文渊阁四库全书本.台北:商务印书馆,1986.

[15]〔魏〕王肃.孔子家语疏证[M].〔清〕陈士珂,注.上海:上海书店,1987.

[16]〔晋〕陈寿．三国志［M］．〔南朝·宋〕裴松之，注．北京：中华书局，2006．

[17]〔晋〕皇甫谧．高士传［M］．丛书集成初编本．上海：商务印书馆，1937（民国二十六年）．

[18]〔晋〕袁宏．后汉记校注［M］．周天游，校注．天津：天津古籍出版社，1987．

[19]〔北魏〕郦道元．合校水经注［M］．〔清〕王先谦，校．北京：中华书局，2009．

[20]〔北齐〕颜之推．颜氏家训集解［M］．王利器，注．北京：中华书局，1993．

[21]〔北齐〕魏收．魏书［M］．北京：中华书局，1974．

[22]〔南朝·宋〕刘义庆．世说新语笺疏［M］．〔梁〕刘孝标，注．〔清〕余嘉锡，笺疏．上海：上海古籍出版社，1993．

[23]〔南朝·宋〕范晔．后汉书［M］．〔唐〕李贤，注．北京：中华书局，1965．

[24]〔梁〕萧统．文选［M］．〔唐〕李善，注．上海：上海古籍出版社，1986．

[25]〔梁〕沈约．宋书［M］．北京：中华书局，1974．

[26]〔梁〕萧子显．南齐书［M］．北京：中华书局，1974．

[27]〔唐〕成伯玙．毛诗指归［M］．文渊阁四库全书本．台北：商务印书馆，1986．

[28]〔唐〕陆德明．经典释文［M］．北京：中华书局，1983．

[29]〔唐〕房玄龄．晋书［M］．北京：中华书局，1974．

[30]〔唐〕李延寿．南史［M］．北京：中华书局，1974．

[31]〔唐〕李延寿．北史［M］．北京：中华书局，1974．

[32]〔唐〕魏征．隋书［M］．北京：中华书局，1973．

[33]〔唐〕杜佑．通典［M］．北京：中华书局，1988．

[34]〔唐〕刘知几．史通通释［M］．〔清〕浦起龙，注．上海：上海古籍出版社，1978．

[35]〔唐〕许敬宗．日藏弘仁本文馆词林校证［M］．罗国威，校正．北京：中华书局，2001．

[36]〔唐〕释道宣．广弘明集［M］．影印文渊阁四库全书本．上海：上海古籍出版社，1987．

[37]〔唐〕徐坚．初学记［M］．北京：中华书局，2004．

[38]〔唐〕虞世南．北堂书钞［M］．北京：学苑出版社，1998．

[39]〔唐〕欧阳询，等．艺文类聚［M］．上海：上海古籍出版社，1982．

[40]〔唐〕白居易．白氏六帖事类集［M］．北京：文物出版社，1987．

[41]〔唐〕马总．意林［M］．子部珍本丛刊本．北京：线装书局，2012．

[42]〔唐〕李泰，等．括地志辑校［M］．贺次君，辑校．北京：中华书局，1980．

[43]〔唐〕林宝．元和姓纂［M］．郁贤皓，陶敏，整理．北京：中华书局，1994．

[44]〔五代〕刘昫，等．旧唐书［M］．北京：中华书局，1975．

[45]〔宋〕李昉，等．太平御览［M］．北京：中华书局，1985．

[46]〔宋〕王钦若，等．册府元龟［M］．周勋初等校定．南京：凤凰出版社，2006．

[47]〔宋〕章樵注．古文苑［M］．影印文渊阁四库全书本．台北：台湾商务印书馆，1986．

[48]〔宋〕王应麟．玉海艺文校证［M］．武秀成，赵庶阳，校证．南京：凤凰出版社，2013．

[49]〔宋〕洪适．隶释（含续）［M］．影印洪氏晦木斋刻本．北京：中华书局，1986．

[50]〔宋〕程大昌．演繁露［M］．全宋笔记本．郑州：大象出版社，2010．

[51]〔宋〕程大昌．程氏考古编（含续）［M］．全宋笔记本．郑州：大象出版社，2010．

[52]〔宋〕王钦臣．王氏谈录［M］．全宋笔记本．郑州：大象出版社，2010．

[53]〔宋〕王观国．学林［M］．全宋笔记本．郑州：大象出版社，2010．

[54]〔宋〕洪迈．容斋随笔［M］．孔凡礼，点校．北京：中华书局，2005．

[55]〔宋〕王应麟．困学纪闻［M］．〔清〕翁元圻，等注．栾保群，田松青，吕宗力，点校．上海：上海古籍出版社，2008．

[56]〔宋〕欧阳修，宋祁，等．新唐书［M］．北京：中华书局，1975．

[57]〔宋〕王应麟．诗考［M］．文渊阁四库全书本．台北：台湾商务印书馆，1986．

[58]〔宋〕章如愚．山堂考索［M］．北京：中华书局，1992．

[59]〔宋〕徐天麟. 东汉会要 [M]. 上海：上海古籍出版社, 1978.

[60]〔宋〕郑樵. 通志 [M]. 北京：中华书局, 1987.

[61]〔宋〕陈振孙. 直斋书录解题 [M]. 徐小蛮, 顾美华, 点校. 上海：上海古籍出版社, 1987.

[62]〔宋〕晁公武. 郡斋读书志校证 [M]. 孙猛, 校证. 上海：上海古籍出版社, 1990.

[63]〔宋〕王尧臣, 等. 崇文总目（附补遗）[M].〔清〕钱东垣, 等, 辑释. 丛书集成初编本. 上海：商务印书馆, 1937年（民国二十六年）.

[64]〔宋〕王应麟. 汉书艺文志考证 [M]. 二十五史初编本. 北京：中华书局, 1955.

[65]〔元〕马端临. 文献通考 [M]. 杭州：浙江古籍出版社, 1988.

[66]〔明〕陈镐. 阙里志 [M]. 北京图书馆古籍珍本丛刊本. 北京：书目文献出版社, 1990.

[67]〔明〕朱睦㮮. 授经图 [M]. 文渊阁四库全书本. 台北：台湾商务印书馆, 1986.

[68]〔清〕阮元. 十三经注疏（附校勘记）[M]. 北京：中华书局, 2009.

[69]〔清〕惠栋. 易汉学 [M]. 丛书集成初编本. 上海：商务印书馆, 1937（民国二十六年）.

[70]〔清〕李道平. 周易集解纂疏 [M]. 潘雨廷, 点校. 北京：中华书局, 1994.

[71]〔清〕皮锡瑞. 尚书大传疏证 [M]. 续修四库全书本. 上海：上海古籍出版社, 2002.

[72]〔清〕阎若璩. 尚书古文疏证 [M]. 黄怀信, 吕翊欣, 校点. 上海：上海古籍出版社, 2010.

[73]〔清〕陈乔枞. 今文尚书经说考 [M]. 续修四库全书本. 上海：上海古籍出版社, 2002.

[74]〔清〕陈乔枞. 三家诗遗说考 [M]. 续修四库全书本. 上海：上海古籍出版社, 2002.

[75]〔清〕王先谦. 诗三家义集疏 [M]. 吴格, 点校. 北京：中华书局, 1987.

[76]〔清〕陈立. 春秋公羊义疏 [M]. 续修四库全书本. 上海：上海古籍出版社, 2002.

[77]〔清〕廖平．穀梁古义疏［M］．郜积意，点校．北京：中华书局，2012．

[78]〔清〕钟文烝．穀梁补注［M］．续修四库全书本．上海：上海古籍出版社，2002．

[79]〔清〕刘文淇．春秋左氏传旧注疏证［M］．北京：科学出版社，1959．

[80]〔清〕段玉裁．说文解字注［M］．南京：江苏古籍出版社，1997．

[81]〔清〕余萧客．古经解钩沉［M］．文渊阁四库全书本．台北：台湾商务印书馆，1986．

[82]〔清〕陈寿祺．五经异义疏证［M］．曹建墩，校点．上海：上海古籍出版社，2012．

[83]〔清〕陈立．白虎通疏证［M］．吴则虞，点校．北京：中华书局，1994．

[84]〔清〕万斯同．儒林宗派［M］．文渊阁四库全书本．台北：台湾商务印书馆，1986．

[85]〔清〕朱彝尊．经义考［M］．北京：中华书局，1998．

[86]〔清〕张金吾．两汉五经博士考［M］．丛书集成初编本．上海：商务印书馆，1937（民国二十六年）．

[87]〔清〕唐晏．两汉三国学案［M］．北京：中华书局，1986．

[88]〔清〕王先谦．后汉书集解［M］．北京：中华书局，1984．

[89]〔清〕卢弼．三国志集解［M］．北京：中华书局，1982．

[90]〔清〕严可均．全上古三代秦汉三国六朝文［M］．北京：中华书局，1958．

[91]〔清〕永瑢，等．四库全书总目提要［M］．北京：中华书局，1965．

[92]〔清〕余嘉锡．四库提要辨证［M］．北京：中华书局，1980．

[93]〔清〕章学诚．文史通义校注［M］．叶瑛，注释．北京：中华书局，1994．

[94]〔清〕王鸣盛．十七史商榷［M］．北京：商务印书馆，1937．

[95]〔清〕钱大昕．廿二史考异［M］．北京：商务印书馆，1937．

[96]〔清〕赵翼．廿二史札记校证［M］．王树民，校证．北京：中华书局，2013．

[97]〔清〕王谟．增订汉魏丛书［M］．重庆：西南师范大学出版社，2011．

[98]〔清〕马国翰．玉函山房辑佚书［M］．上海：上海古籍出版社，1983．

[99]〔清〕王仁俊．玉函山房辑佚书续编［M］．续修四库全书本．上海：上海古籍出版社，2002．

[100]〔清〕黄奭．黄氏逸书考［M］．上海：上海古籍出版社，1996．

[101]〔清〕王昶．金石萃编［M］．北京：中国书店，1985．

[102]〔清〕顾炎武．日知录［M］．陈垣，校注．合肥：安徽大学出版社，2007．

[103]〔清〕钱大昭．补续汉书艺文志［M］．二十五史补编本．北京：中华书局，1955．

[104]〔清〕侯康．补后汉书艺文志［M］．二十五史补编本．北京：中华书局，1955．

[105]〔清〕顾怀三．补后汉书艺文志［M］．二十五史补编本．北京：中华书局，1955．

[106]〔清〕姚振宗．后汉艺文志［M］．二十五史补编本．北京：中华书局，1955．

[107]〔清〕曾朴．补后汉书艺文志并考［M］．二十五史补编本．北京：中华书局，1955．

[108]〔清〕章宗源．隋书经籍志考证［M］．二十五史补编本．北京：中华书局，1955．

[109]〔清〕皮锡瑞．经学通论［M］．北京：中华书局，1954．

[110]〔清〕皮锡瑞．经学历史［M］．周予同，注．北京：中华书局，2004．

[111]〔清〕康有为．新学伪经考［M］．北京：北京联合出版公司，2014．

[112]［日］安居香山，中村璋八．纬书集成［M］．石家庄：河北人民出版社，1994．

[113]［日］兴膳宏，川合康三．隋书经籍志详考［M］．东京：汲古书院，1995．

[114]吴承仕．经典释文序录疏证［M］．北京：中华书局，1984．

[115]胡玉缙．四库全书总目提要补正［M］．王欣夫，辑．上海：上海书店出版社，1998．

[116]王国维．观堂集林［M］．彭林整理．石家庄：河北教育出版社，2003．

［117］章太炎．章太炎全集［M］．上海：上海人民出版社，1985．

［118］刘师培．刘申叔遗书［M］．南京：江苏古籍出版社，1997．

［119］钱穆．两汉经学今古文平议［M］．北京：商务印书馆，2001．

［120］杨树达．汉书窥管［M］．上海：上海古籍出版社，1984．

［121］马宗霍．中国经学史［M］．上海：上海书店，1984．

［122］徐复观．徐复观论中国经学史二种［M］．上海：华东师范大学出版社，2010．

［123］朱维铮．周予同经学史论著选集［M］．上海古籍出版社，1983．

［124］李学勤．十三经注疏［M］．北京：北京大学出版社，1999．

［125］周天游．八家后汉书辑注［M］．上海：上海古籍出版社，1986．

［126］中国科学院图书馆．续修四库全书总目提要［M］．北京：中华书局，1993．

［127］孙启治，陈建华．中国古佚书辑本目录解题［M］．上海：上海古籍出版社，2017．

［128］逯钦立，辑．先秦汉魏晋南北朝诗［M］．北京：中华书局，1983．

［129］费振刚，等．全汉赋校注［M］．广州：广东教育出版社，2005．

［130］王根林，黄益元，曹光甫．汉魏六朝笔记小说大观［M］．上海：上海古籍出版社，1999．

［131］高文．汉碑集释：修订本［M］．开封：河南大学出版社，1997．

［132］尹海江．汉书艺文志辑论［M］．成都：西南交通大学出版社，2013．